广 视 角 · 全 方 位 · 多 品 种

盘点年度资讯　预测时代前程

社会科学文献出版社

# 2010年版皮书

权威·前沿·原创

社会科学文献出版社
SOCIAL SCIENCES ACADEMIC PRESS (CHINA)

## 1. 经济蓝皮书

### 2010年中国经济形势分析与预测

陈佳贵 李 扬 主编 　2009年12月出版 　49.00元

▲ 本书为"总理基金项目"，由中国社会科学院副院长、经济学部主任陈佳贵及中国社会科学院副院长李扬担任主编，中国社会科学院经济研究所所长刘树成、数量经济与技术经济研究所所长汪同三任副主编，联合国内权威专家学者共同编写，深度解析了全球金融危机背景下2009年中国经济的发展，并在此基础上对2010年中国的经济形势作出科学的预测。

## 2. 社会蓝皮书

### 2010年中国社会形势分析与预测

汝 信 陆学艺 李培林 主编 　2009年12月出版 　49.00元

▲ 中国社会科学院核心学术品牌之一，荟萃国内主要学术单位的多名社会学学者的原创成果。以社会学的视角来分析2009年中国的社会发展问题，并在此基础上，针对未来可能出现的社会热点、焦点问题作出科学的预测，并提供相应的对策建议。

## 3. 文化蓝皮书

### 2010年中国文化产业发展报告

张晓明 主编 　2010年4月出版 　59.00元（估）

▲ 本书由中国社会科学院文化研究中心与文化部、上海交通大学国家文化产业创新与发展研究基地共同编写，内容上涵盖了我国的文化产业分析及政策分析。既有全国文化产业发展的宏观分析，又有文化产业内不同行业的年度发展分析，是研究我国文化发展问题的难得的年度报告。

## 4. 经济信息绿皮书

### 中国与世界经济发展报告（2010）

王长胜 主编 　2009年12月出版 　69.00元（估）

▲ 本书由国家信息中心主编。全书论述在全球金融危机演变的背景下中国及世界经济发展问题，高屋建瓴，从宏观角度及全球经济一体化的背景考虑我国经济发展的定位、战略目标、战略重点、战略对策等深层次问题。

## 5. 世界经济黄皮书

### 2010年世界经济形势分析与预测

王洛林 李向阳 主编　　2010年1月出版　　49.00元

▲　　本书由中国社会科学院世界经济与政治研究所编写，中国社会科学院特邀顾问、研究生院教授王洛林及中国社会科学院世界经济与政治研究所副所长李向阳两位作为本书主编。本书从2009年世界经济发展的现状出发，对2010年世界经济形势发展形势作出预测和分析。

## 6. 国际形势黄皮书

### 全球政治与安全报告（2010）

李慎明 王逸舟 主编　　2009年12月出版　　49.00元

▲　　本书由中国社会科学院的相关学者专家编写，着眼于国际关系发展的全局，对2009年国际关系发展的新的动态作出研究与分析，并对2010年国际关系可能出现的新的重大动态作出前瞻性的分析与预测。

## 7. 欧洲蓝皮书

### 欧洲发展报告（2009～2010）

周　弘 主编　　2010年2月出版　　79.00元（估）

▲　　本书由中国社会科学院欧洲研究所及中国欧洲学会联合编写，从政治、经济、法制进程、社会文化和国际关系以及国别等角度，对欧洲的年度发展形势作出全面的分析与论述。本书对研究欧洲问题的学者和需要了解欧洲的读者有重要的参考意义。

## 8. 亚太蓝皮书

### 亚太地区发展报告（2010）

李向阳 主编　　2010年3月出版　　79.00元（估）

▲　　本书由中国社会科学院亚洲太平洋研究所的专家学者编写，本书从经济、政治与社会、国际关系等角度系统地论述了2009年亚太地区发生的重大事件，并在此基础上对2010年亚太地区的发展作出科学的展望。

## 9. 农村经济绿皮书

### 中国农村经济形势分析与预测（2009～2010）

中国社会科学院农村发展研究所 国家统计局农村社会经济调查司　著

2010年4月出版　　49.00元（估）

▲　农村经济发展及研究的两大权威部门联合，针对2009年中国农业和农村发展和运行状况加以调查，系统分析农村发展中存在的各种社会问题，对社会各界关注的热点和难点问题进行科学分析，并在此基础上对2010年中国农村经济发展趋势提供了科学的预测。

## 10. 人口与劳动绿皮书

### 中国人口与劳动问题报告No.11（2010）

蔡昉　主编　　2010年9月出版　49.00元（估）

▲　本书关注中国当前人口的总量与增量情况，在人口学预测的基础上，研究我国人口总量及劳动力人口的数量与结构问题，提出随着"人口红利"的消失，我国劳动力供给方面可能带来的一些重要变化。本书对关心我国经济发展动力以及就业研究的人群有重要的参考意义。

## 11. 环境绿皮书

### 中国环境发展报告（2010）

杨东平　主编　　2010年5月出版　59.00元（估）

▲　本书由"自然之友"组织编写，汇集了学者、记者、环保人士等众多视角，考察中国年度的环境发展态势，附加经典案例分析，并提供翔实的环境保护资料索引。本书可供研究环境发展领域的学者进行研究参考，也适合对资源环境感兴趣的一般人群进行阅读。

## 12. 旅游绿皮书

### 2010年中国旅游发展分析与预测

张广瑞　主编　　2010年5月出版　59.00元（估）

▲　本书由中国社会科学院旅游研究中心组织编写，内容涉及2009年度我国旅游业发展的状况及未来发展态势。本书深入分析旅游业相关的各类因素的影响状况，并对旅游业的热点问题进行分析，提供其产业运行方面的深入思考。

## 13. 教育蓝皮书

### 中国教育发展报告（2010）

杨东平　柴纯青　主编　　2010年3月出版　　49.00元（估）

▲　本书由著名教育学家杨东平任主编，代表了中国教育的国际视野和专家立场，对于我国当前的教育改革进行了专业性的研究与分析，对关系我国教育发展的人群有重要的参考意义。本书同时推出英文版，是皮书系列中首批"走出去"的皮书。

## 14. 法治蓝皮书

### 中国法治发展报告（2010）

李　林　主编　　2010年9月出版　　68.00元（估）

▲　中国社会科学院法学研究所主创，对中国年度法治现状和法治进程进行客观的记述、分析、评价和预测。总结回顾了2009年我国法治发展所取得的一系列进步，并在此基础上，对接下来2010年我国法治发展情况进行了科学的探讨。

## 15. 就业蓝皮书

### 2010年中国大学生就业报告

王伯庆　主编　　2010年5月出版　　98.00元（估）

▲　这是一份基于科学的数据调查、借助于统计学和劳动经济学的科学体系来研究高等教育的全新报告，也是一个结果导向的评价系统。本书供高校的各级管理者、各级政府的教育管理官员、高等教育的研究者和招募大学毕业生的企业参考使用，对于高考生和求职的大学生而言也是一本了解就业市场的重要参考书。

## 16. 区域蓝皮书

### 中国区域经济发展报告（2009～2010）

戚本超　景体华　主编　　2010年3月出版　　69.00元（估）

▲　由北京市社会科学院、河北省社会科学院、上海社会科学院、广东省社会科学院等单位的专家联手编写，是对中国区域经济最全面、最深入的分析和预测。内容上涉及我国区域发展领域的新近动态，并提供2010年我国各个不同区域发展的科学预测。

## 17. 长三角蓝皮书

### 长三角发展报告（2010）

上海社会科学院 主编　　2010年5月出版　　59.00元（估）

▲　上海社会科学院、江苏省社会科学院、浙江省社会科学院强强联合，共同发布《长三角蓝皮书》，对中国最具活力和竞争力的长三角地区的经济、社会发展进行全面解读与预测。

## 18. 东北蓝皮书

### 中国东北地区发展报告（2010）

辽宁省社会科学院等　主编　　2010年9月出版　　69.00元（估）

▲　本书由东北地区的社会科学院联合编写，汇集了吉林、辽宁、黑龙江和内蒙古社会科学界学者的研究成果，同时也汇集了东北地区有关部门和院校专家的一些理论思考和理论探索。本书是顺应东北地区振兴战略形势而推出的一本蓝皮书，对东北地区的发展状况及态势提供了科学的分析与预测。

## 19. 中部蓝皮书

### 中国中部地区发展报告（2009）

河南社会科学院　主编　　2010年6月出版　　59.00元（估）

▲　本书由中部六省社会科学院联合编创，在承接东部产业结构升级，迎来发展良机的背景下，对中部地区2009年经济、社会发展状况进行了分析，并对2010年我国中部地区各省市的发展作出科学的展望。

## 20. 西部蓝皮书

### 中国西部经济发展报告（2010）

姚慧琴　主编　　2010年7月出版　　79.00元（估）

▲　本书由教育部人文社会科学重点研究基地——西北大学中国西部经济发展研究中心组织编写，汇集全国长期研究西部经济发展问题的众多专家学者的研究成果，对国家实施西部大开发战略进行了动态跟踪，并对西部经济发展中的重大理论与现实问题进行了深度分析。

## 21. 城市竞争力蓝皮书

### 中国城市竞争力报告No.8（2010）

倪鹏飞　主编　　2010年5月出版　　79.00元（估）

▲　本书由著名城市经济学家倪鹏飞担任主编，汇集了众多研究城市经济问题的专家、学者关于城市竞争力方面的最新研究成果。本书评述客观、内容丰富，基于详尽的基础数据，科学构建各项指标，对各级政府、有关研究机构、社会公众具有重要的决策参考及借鉴意义。

## 22. 中国省域竞争力蓝皮书

### 中国省域经济综合竞争力发展报告（2009~2010）

李建平　黄茂兴　主编　　2010年3月出版　　238.00元（估）

▲　本书在科学界定省域经济综合竞争力的基础上，紧密跟踪前沿研究动态，利用科学的指标体系及数学模型，深入分析当前我国省域经济综合竞争力的特点、变化趋势及动因，对我国31个省市区综合经济竞争力进行了比较分析。

## 23. 金融蓝皮书

### 中国金融发展报告（2010）

李　扬　主编　　2010年6月出版　　79.00元（估）

▲　本书由中国社会科学院副院长李扬担任主编，从多个方面对中国金融业总体发展状况进行分析和预测。本书对2009年我国的金融领域发生的各个重大事件进行了评述，对金融领域内研究及工作人群具有重要的参考和借鉴意义。

## 24. 房地产蓝皮书

### 中国房地产发展报告No.7（2010）

牛凤瑞　主编　　2010年4月出版　　59.00元（估）

▲　本书由中国社会科学院组织编写，汇集了众多研究城市房地产经济的专家学者关于城市房地产方面研究的最新成果。本书秉承客观公正、科学中立的宗旨和原则，追踪我国房地产市场的最新资讯，并对未来房地产市场发展的态势进行了深度分析。

# 经济类

**经济蓝皮书**
2010年中国经济形势分析与预测
著(编)者: 陈佳贵 李扬 等 2009年12月出版/估价: 49.00元

**经济蓝皮书春季号**
中国经济前景分析——2010年春季报告
著(编)者: 陈佳贵 等 2010年5月出版/估价: 49.00元

**经济信息绿皮书**
中国与世界经济发展报告(2010)
著(编)者: 王长胜 2009年12月出版/估价: 69.00元

**宏观经济蓝皮书**
中国经济增长报告(2010)
著(编)者: 刘霞辉 2010年3月出版/估价: 49.00元

**农村经济绿皮书**
中国农村经济形势分析与预测(2009~2010)
著(编)者: 中国社会科学院农村发展研究所
国家统计局农村社会经济调查司
2010年4月出版/估价: 49.00元

**民营经济蓝皮书**
中国民营经济发展报告(2009~2010)
著(编)者: 黄孟复 2010年7月出版/估价: 69.00元

**发展和改革蓝皮书**
中国经济发展和体制改革发展报告(2010)
著(编)者: 邹东涛 欧阳日辉 2010年10月出版/估价: 98.00元

**城乡创新发展蓝皮书**
城乡一体化发展报告(2010)
著(编)者: 傅崇兰 2010年10月出版/估价: 58.00元

**城市蓝皮书**
中国城市发展报告No.3(2010)
著(编)者: 牛凤瑞 2010年5月出版/估价: 78.00元

**城市竞争力蓝皮书**
中国城市竞争力报告No.8(2010)
著(编)者: 倪鹏飞 2010年5月出版/估价: 79.00元

**省域竞争力蓝皮书**
中国省域经济综合竞争力发展报告(2009~2010)
著(编)者: 李建平 黄茂兴 2010年3月出版/估价: 238.00元

**企业蓝皮书**
中国企业竞争力报告(2010)
著(编)者: 金培 2009年11月出版/估价: 69.00元

**民营企业蓝皮书**
中国民营企业竞争力报告No.6(2010)
著(编)者: 刘迎秋 徐志祥 2010年11月出版/估价: 59.00元

**中国总部经济蓝皮书**
中国总部经济发展报告(2009~2010)
著(编)者: 赵弘 2009年11月出版/估价: 55.00元

**金融中心蓝皮书**
中国金融中心发展报告(2010)
著(编)者: 王力 2010年10月出版/估价: 58.00元

**就业蓝皮书**
中国大学生就业报告(2010)
著(编)者: 王伯庆 2010年5月出版/估价: 98.00元

**人才蓝皮书**
中国人才发展报告(2010)
著(编)者: 潘晨光 2010年6月出版/估价: 65.00元

**人口与劳动绿皮书**
中国人口与劳动问题报告No.11(2010)
著(编)者: 蔡昉 2010年9月出版/估价: 49.00元

**商业蓝皮书**
中国商业发展报告(2010)
著(编)者: 荆林波 2010年3月出版/估价: 49.00元

**商品市场蓝皮书**
中国商品市场竞争力报告(2010)
著(编)者: 荆林波 2010年10月出版/估价: 59.00元

# 社会类

**社会蓝皮书**
2010年中国社会形势分析与预测
著(编)者: 陆学艺 李培林 2009年12月出版/估价: 49.00元

**社会保障绿皮书**
中国社会保障发展报告No.4(2010)
著(编)者: 陈佳贵 王延中 2010年5月出版/估价: 59.00元

**老年蓝皮书**
中国老年发展报告（2010）
著(编)者：田雪原　2010年10月出版 / 估价：58.00元

**教育蓝皮书**
中国教育发展报告（2010）
著(编)者：杨东平　柴纯青　2010年3月出版 / 估价：49.00元

**环境绿皮书**
中国环境发展报告（2010）
著(编)者：杨东平　2010年5月出版 / 估价：59.00元

**气候变化绿皮书**
应对气候变化报告（2010）
著(编)者：潘家华　2010年10月出版 / 估价：68.00元

**民族蓝皮书**
中国民族发展报告No.2（2010）
著(编)者：郝时远　王希恩　2010年6月出版 / 估价：59.00元

**宗教蓝皮书**
中国宗教报告（2010）
著(编)者：金泽　邱永辉　2010年3月出版 / 估价：59.00元

**法治蓝皮书**
中国法治发展报告（2010）
著(编)者：李林　2010年9月出版 / 估价：68.00元

**妇女绿皮书**
中国性别平等与妇女发展报告（2009~2010）
著(编)者：蒋永平　姜秀花　2010年3月出版 / 估价：79.00元

**妇女发展蓝皮书**
中国妇女发展报告（2009~2010）：妇女与传媒
著(编)者：王金玲　2010年2月出版 / 估价：59.00元

**妇女生活蓝皮书**
2009~2010年：中国女性生活状况报告
著(编)者：韩湘景　2010年4月出版 / 估价：49.00元

**妇女教育蓝皮书**
中国妇女教育发展报告（2009~2010）
著(编)者：宋胜菊　2010年8月出版 / 估价：68.00元

**政府创新蓝皮书**
和谐社会与政府创新（2009~2010）
著(编)者：俞可平　2010年3月出版 / 估价：78.00元

**电子政务蓝皮书**
中国电子政务发展报告（2010）
著(编)者：王长胜　2010年4月出版 / 估价：55.00元

**创新蓝皮书**
创新型国家建设报告（2010）
著(编)者：詹正茂　2010年6月出版 / 估价：79.00元

**民间组织蓝皮书**
中国民间组织报告（2009~2010）
著(编)者：黄晓勇　2009年12月出版 / 估价：59.00元

**企业公民蓝皮书**
中国企业公民报告（2010）
著(编)者：王再文　2010年7月出版 / 估价：58.00元

**企业社会责任蓝皮书**
中国企业社会责任研究报告（2010）
著(编)者：陈佳贵　2010年10月出版 / 估价：59.00元

**慈善蓝皮书**
中国慈善发展报告（2010）
著(编)者：杨团　2010年8月出版 / 估价：59.00元

# 文化类

**文化蓝皮书**
中国文化产业发展报告（2010）
著(编)者：张晓明　2010年4月出版 / 估价：59.00元

**公共文化蓝皮书**
中国公共文化服务发展报告（2010）
著(编)者：张晓明　2010年10月出版 / 估价：59.00元

**文化创新蓝皮书**
中国文化创新发展报告（2010）
著(编)者：文化部文化科技司　武汉大学国家文化创新研究中心
2009年11月出版 / 估价：98.00元

**文化遗产蓝皮书**
中国文化遗产事业发展报告（2010）
著(编)者：刘世锦　林家彬　苏杨　2010年11月出版 / 估价：69.00元

**科学传播蓝皮书**
中国科学传播报告（2010）
著(编)者：詹正茂　2010年6月出版 / 估价：79.00元

# 区域类

**区域蓝皮书**
中国区域经济发展报告（2009～2010）
著(编)者：戚本超　景体华　2010年3月出版/估价：69.00元

**北京蓝皮书**
北京经济发展报告（2009～2010）
著(编)者：梅松　2010年3月出版/估价：59.00元

**北京蓝皮书**
北京社会发展报告（2009～2010）
著(编)者：戴建中　2010年3月出版/估价：49.00元

**北京蓝皮书**
北京文化发展报告（2009～2010）
著(编)者：张泉　2010年2月出版/估价：49.00元

**北京蓝皮书**
北京城乡发展报告（2009～2010）
著(编)者：黄序　2010年2月出版/估价：59.00元

**北京蓝皮书**
北京公共服务发展报告（2009～2010）
著(编)者：张耘　2010年2月出版/估价：58.00元

**北京蓝皮书**
中国社区发展报告（2009～2010）
著(编)者：于燕燕　2010年2月出版/估价：59.00元

**上海蓝皮书**
上海经济发展报告（2009）
著(编)者：陈维　2010年2月出版/估价：49.00元

**上海蓝皮书**
上海社会发展报告（2010）
著(编)者：卢汉龙　2010年1月出版/估价：59.00元

**上海蓝皮书**
上海文化发展报告（2010）
著(编)者：叶辛　2010年3月出版/估价：59.00元

**上海蓝皮书**
上海资源环境发展报告（2010）
著(编)者：王泠一　2010年3月出版/估价：59.00元

**广州蓝皮书**
中国广州经济发展报告（2010）
著(编)者：李江涛　朱名宏　2010年6月出版/估价：59.00元

**广州蓝皮书**
中国广州社会发展报告（2010）
著(编)者：涂成林　2010年5月出版/估价：49.00元

**广州蓝皮书**
中国广州文化发展报告（2009～2010）
著(编)者：王晓玲　2010年8月出版/估价：59.00元

**广州蓝皮书**
中国广州科技发展报告（2010）
著(编)者：涂成林　2010年6月出版/估价：49.00元

**广州蓝皮书**
中国广州城市建设发展报告（2010）
著(编)者：涂成林　2010年7月出版/估价：49.00元

**广州蓝皮书**
中国广州创意产业发展报告(2010)
著(编)者：卢一先　范旭　舒扬　2010年7月出版/估价：65.00元

**广州蓝皮书**
中国广州汽车产业发展报告（2010）
著(编)者：李江涛　2010年9月出版/估价：49.00元

**深圳蓝皮书**
深圳经济发展报告（2010）
著(编)者：乐正　2010年3月出版/估价：68.00元

**深圳蓝皮书**
深圳社会发展报告（2010）
著(编)者：乐正　2010年5月出版/估价：59.00元

**深圳蓝皮书**
深圳劳动关系发展报告（2010）
著(编)者：汤庭芬　2010年1月出版/估价：78.00元

**经济特区蓝皮书**
中国经济特区发展报告（2010）
著(编)者：钟坚　2010年4月出版/估价：79.00元

**河南蓝皮书**
2010年河南经济形势分析与预测
著(编)者：刘永奇　河南省统计局　2010年4月出版/估价：49.00元

**河南蓝皮书**
2010年河南社会形势分析与预测
著(编)者：焦锦淼　2010年2月出版/估价：49.00元

**河南蓝皮书**
河南文化发展报告（2010）
著(编)者：赵保佑　2010年2月出版 / 估价：59.00元

**河南蓝皮书**
河南城市改革发展报告（2010）
著(编)者：焦锦淼　2010年7月出版 / 估价：55.00元

**陕西蓝皮书**
陕西经济发展报告（2010）
著(编)者：杨尚勤　2010年2月出版 / 估价：59.00元

**陕西蓝皮书**
陕西社会发展报告（2010）
著(编)者：杨尚勤　2010年2月出版 / 估价：59.00元

**陕西蓝皮书**
陕西文化发展报告（2010）
著(编)者：杨尚勤　2010年2月出版 / 估价：49.00元

**四川蓝皮书**
2010年四川经济形势分析与预测
著(编)者：侯水平　2010年8月出版 / 估价：55.00元

**四川蓝皮书**
四川文化产业发展报告（2010）
著(编)者：侯水平　2010年7月出版 / 估价：59.00元

**武汉蓝皮书**
武汉经济社会发展报告（2010）
著(编)者：刘志辉　2010年5月出版 / 估价：49.00元

**武汉城市圈蓝皮书**
武汉城市圈经济社会发展报告（2009～2010）
著(编)者：李春洋　2010年2月出版 / 估价：79.00元

**武汉城市圈蓝皮书**
武汉城市圈房地产发展报告（2009～2010）
著(编)者：王涛　2010年6月出版 / 估价：89.00元

**郑州蓝皮书**
郑州文化发展报告（2010）
著(编)者：窦志力　2010年1月出版 / 估价：49.00元

**浙江服务业蓝皮书**
2009浙江省服务业发展报告
著(编)者：浙江省发展和改革委员会　2010年2月出版 / 估价：68.00元

**温州蓝皮书**
2010年温州经济社会发展形势分析与预测
著(编)者：王春光　2010年3月出版 / 估价：59.00元

**海南蓝皮书**
海南经济发展报告（2010）
著(编)者：刘仁伍　2010年3月出版 / 估价：49.00 元

**辽宁蓝皮书**
2010年辽宁经济社会形势分析与预测
著(编)者：曹晓峰　方晓林　张卓民　2010年2月出版 / 估价：59.00元

**东北蓝皮书**
中国东北地区发展报告（2010）
著(编)者：辽宁省社科院　等　2010年9月出版 / 估价：69.00元

**环渤海蓝皮书**
环渤海区域经济发展报告（2010）
著(编)者：周立群　2010年5月出版 / 估价：59.00元

**长三角蓝皮书**
长三角发展报告（2010）
著(编)者：上海社会科学院　2010年5月出版 / 估价：59.00元

**珠三角蓝皮书**
珠三角发展报告（2010）
著(编)者：中山大学港澳珠三角研究中心　2010年4月出版 / 估价：59.00

**中部蓝皮书**
中国中部地区发展报告（2009）
著(编)者：河南社会科学院　等　2010年6月出版 / 估价：59.00元

**西部蓝皮书**
中国西部经济发展报告（2010）
著(编)者：姚慧琴　2010年7月出版 / 估价：79.00元

**长株潭城市群蓝皮书**
长株潭城市群发展报告（2010）
著(编)者：张萍　2010年8月出版 / 估价：69.00元

**泛北部湾蓝皮书**
泛北部湾合作发展报告（2010）
著(编)者：古小松　2010年8月出版 / 估价：65.00元

**福建经济竞争力蓝皮书**
福建经济综合竞争力报告（2009～2010）
著(编)者：王秉安、罗海成　2010年9月出版 / 估价：49.00元

**环海峡经济区蓝皮书**
环海峡经济区发展报告（2010）
著(编)者：李闯格、王秉安　2010年9月出版 / 估价：49.00元

**海峡西岸蓝皮书**
海峡西岸经济区发展报告(2010)
著(编)者：叶飞文　2010年9月出版 / 估价：49.00元

**香港蓝皮书**
香港经贸发展报告（2010）
著(编)者：荆林波　2010年4月出版 / 估价：49.00元

**澳门蓝皮书**
澳门发展报告（2010）
著(编)者：吴志良　2010年1月出版 / 估价：79.00元

**台湾蓝皮书**
台湾经贸发展报告（2010）
著(编)者：荆林波　2010年4月出版 / 估价：49.00元

# 行业类

**住房绿皮书**
中国城市住房发展报告（2010）
著(编)者：倪鹏飞　2009年11月出版 / 估价：69.00元

**房地产蓝皮书**
中国房地产发展报告NO.7（2010）
著(编)者：牛凤瑞　2010年4月出版 / 估价：59.00元

**汽车蓝皮书**
中国汽车产业发展报告（2010）
著(编)者：国务院发展研究中心产业经济研究部
　　　　　中国汽车工程学会　大众汽车集团
2010年1月出版 / 估价：59.00元

**医疗卫生绿皮书**
中国医疗卫生发展报告（2010）
著(编)者：张文鸣　2010年11月出版 / 估价：68.00元

**食品药品蓝皮书**
食品药品安全与监管政策研究报告（2010）
著(编)者：上海市食品药品安全研究中心
2010年4月出版 / 估价：69.00元

**金融蓝皮书**
中国金融发展报告（2010）
著(编)者：李扬　2010年6月出版 / 估价：79.00元

**金融蓝皮书**
中国商业银行竞争力报告（2010）
著(编)者：王松奇　2010年4月出版 / 估价：49.00元

**金融蓝皮书**
中国金融生态报告（2010）
著(编)者：李扬　2010年4月出版 / 估价：49.00元

**金融蓝皮书**
中国理财产品分析与评价报告（2010）
著(编)者：殷剑峰　2010年5月出版 / 估价：59.00元

**产权市场蓝皮书**
中国产权市场发展报告（2009～2010）
著(编)者：曹和平　2010年7月出版 / 估价：59.00元

**资本市场蓝皮书**
中国场外交易市场发展报告（2010）
著(编)者：高峦　2010年11月出版 / 估价：58.00元

**财经蓝皮书**
中国服务业发展报告NO.9（2010）
著(编)者：裴长洪　2010年12月出版 / 估价：49.00元

**旅游绿皮书**
2010年中国旅游发展分析与预测
著(编)者：张广瑞　2010年5月出版 / 估价：59.00元

**交通蓝皮书**
中国交通发展报告（2010）
著(编)者：韩峰　崔民选
2010年10月出版 / 估价：58.00元

**体育产业蓝皮书**
中国体育产业发展报告（2008～2009）
著(编)者：中国体育产业研究中心
2010年3月出版 / 估价：59.00元

**餐饮蓝皮书**
中国餐饮产业发展报告（2010）
著(编)者：杨柳　2010年6月出版 / 估价：49.00元

**循环经济蓝皮书**
中国循环经济发展报告（2010）
著(编)者：齐建国　2010年3月出版 / 估价：79.00元

**会展经济蓝皮书**
中国会展经济发展报告（2010）
著(编)者：王方华　2010年4月出版 / 估价：55.00元

**商会蓝皮书**
中国商会发展报告（2009～2010）
著(编)者：黄孟复　2010年9月出版 / 估价：98.00元

**传媒蓝皮书**
中国传媒产业发展报告（2010）
著(编)者：崔保国　2010年4月出版 / 估价：79.00元

**广告主蓝皮书**
中国广告主营销传播趋势报告（2009～2010）
著(编)者：黄升民　杜国清　2010年8月出版 / 估价：68.00元

**能源蓝皮书**
中国能源发展报告（2010）
著(编)者：崔民选　2010年5月出版 / 估价：80.00元

**煤炭蓝皮书**
中国煤炭工业发展报告（2010）
著(编)者：岳福斌　2010年9月出版 / 估价：50.00元

**电力蓝皮书**
中国电力工业发展报告（2010）
著(编)者：张安华　2010年10月出版 / 估价：58.00元

**农业竞争力蓝皮书**
中国农业竞争力发展报告（2009～2010）
著(编)者：郑传芳　2010年9月出版 / 估价：89.00元

**林业竞争力蓝皮书**
中国林业竞争力发展报告（2009～2010）
著(编)者：郑传芳　2010年9月出版 / 估价：89.00元

**茶叶产业蓝皮书**
中国茶叶产业发展报告（2010）
著(编)者：荆林波　2010年4月出版 / 估价：49.00元

**测绘蓝皮书**
中国测绘发展研究报告（2010）
著(编)者：徐永清　2010年8月出版 / 估价：58.00元

# 国际类

**世界经济黄皮书**
2010年世界经济形势分析与预测
著(编)者：王洛林　李向阳　2010年1月出版 / 估价：49.00元

**国际形势黄皮书**
全球政治与安全报告（2010）
著(编)者：李慎明　王逸舟　2009年12月出版 / 估价：49.00元

**世界社会主义黄皮书**
世界社会主义跟踪研究报告（2009～2010）
著(编)者：李慎明　2010年1月出版 / 估价：79.00元

**上海合作组织黄皮书**
上海合作组织发展报告（2010）
著(编)者：吴恩远　2010年5月出版 / 估价：79.00元

**美国蓝皮书**
美国发展报告（2010）
著(编)者：黄平　2010年4月出版 / 估价：79.00元

**欧洲蓝皮书**
欧洲发展报告（2009～2010）
著(编)者：周弘　2010年2月出版 / 估价：79.00元

**亚太蓝皮书**
亚太地区发展报告（2010）
著(编)者：李向阳　2010年3月出版 / 估价：79.00元

**中东非洲黄皮书**
中东非洲发展报告（2009～2010）
著(编)者：杨光　2010年3月出版 / 估价：79.00元

**拉美黄皮书**
拉丁美洲与加勒比发展报告（2009～2010）
著(编)者：苏振兴　2010年4月出版 / 估价：79.00元

**俄罗斯东欧中亚黄皮书**
俄罗斯东欧中亚国家发展报告（2010）
著(编)者：吴恩远　2010年4月出版 / 估价：79.00元

**日本蓝皮书**
日本发展报告（2010）
著(编)者：李薇　2010年4月出版 / 估价：79.00元

**日本经济蓝皮书**
日本经济与中日经贸关系发展报告（2010）
著(编)者：王洛林　2010年4月出版 / 估价：79.00元

**韩国蓝皮书**
韩国发展报告（2010）
著(编)者：牛林杰　2010年3月出版 / 估价：79.00元

**越南蓝皮书**
越南国情报告（2010）
著(编)者：古小松　2010年7月出版 / 估价：49.00元

注：2010年起，每册皮书将附赠100元的皮书数据库阅读卡。

权威　前沿　原创

# 创社科经典　　出传世文献

## 社会科学文献出版社
### SOCIAL SCIENCES ACADEMIC PRESS(CHINA)

社会科学文献出版社成立于1985年，是直属于中国社会科学院的人文社会科学专业学术出版机构。

成立以来，特别是1998年实施第二次创业以来，依托于中国社会科学院丰厚的学术出版和专家学者两大资源，坚持"创社科经典，出传世文献"的出版理念和"权威、前沿、原创"的产品定位，走学术产品的系列化、规模化、市场化经营道路，取得了令人瞩目的成绩，销售收入等主要效益指标取得了年平均增长20%以上的发展速度，先后策划出版了著名的图书品牌和学术品牌"皮书"系列、获得国家图书奖和"五个一工程奖"的《世界沧桑150年——〈共产党宣言〉发表以来世界发生的主要变化》、《甲骨学一百年》、《二十世纪中国民俗学经典》以及"全球化译丛"、"经济研究文库"、"社会理论译丛"等一大批既有学术影响又有市场价值的系列图书，使社会科学文献出版社的知名度和美誉度日益提高，确立了人文社会科学著作出版的权威地位。

基于人才的优势和创新的理念，通过准确的市场定位和科学的发展规划，社会科学文献出版社在选题策划、主题出版与主题营销、品牌推广、数字出版等方面取得了领先，虽然目前还不能称为大社、强社，但对专业学术出版的坚持与执着以及先进的经营理念和科学的管理方式已经使社会科学文献出版社具备了现代企业快速发展与大规模成长的条件。在新的发展时期，社会科学文献出版社结合社会的需求、自身的条件以及行业的发展，提出了新的创业目标，那就是：精心打造人文社会科学成果推广平台，发展成为一家集图书、期刊、声像电子和网络出版物为一体，面向高端读者和用户，具备独特竞争力的人文社会科学内容资源供应商。

规划皮书行业标准，引领皮书出版潮流
发布皮书重要资讯，打造皮书服务平台

中国皮书网
www.pishu.cn

皮书博客
blog.sina.com.cn/pishu

中国皮书网全新改版，增值服务大众

请到各地书店皮书专架/专柜购买，也可办理邮购

咨询/邮购电话：010-59367028 邮箱：duzhe@ssap.cn
邮购地址：北京市西城区北三环中路甲29号院3号楼华龙大厦13层学术传播中心
邮　　编：100029
银行户名：社会科学文献出版社发行部
开户银行：工商银行北京东西南支行
账　　号：0200001009066109151
网上书店　电话：010-59367070　QQ：168316188
网　　址：www.ssap.com.cn;www.pishu.cn

BLUE BOOK

权 威 · 前 沿 · 原 创

社会蓝皮书
BLUE BOOK
OF CHINA'S SOCIETY

# 2010年
# 中国社会形势分析与预测

## SOCIETY OF CHINA
## ANALYSIS AND FORECAST
## (2010)

主　编／汝　信　陆学艺　李培林
副主编／陈光金　李　炜　许欣欣

社会科学文献出版社
SOCIAL SCIENCES ACADEMIC PRESS (CHINA)

# 法 律 声 明

"皮书系列"（含蓝皮书、绿皮书、黄皮书）为社会科学文献出版社按年份出版的品牌图书。社会科学文献出版社拥有该系列图书的专有出版权和网络传播权，其 LOGO（ ▊ ）与"经济蓝皮书"、"社会蓝皮书"等皮书名称已在中华人民共和国工商行政管理总局商标局登记注册，社会科学文献出版社合法拥有其商标专用权，任何复制、模仿或以其他方式侵害（ ▊ ）和"经济蓝皮书"、"社会蓝皮书"等皮书名称商标专有权及其外观设计的行为均属于侵权行为，社会科学文献出版社将采取法律手段追究其法律责任，维护合法权益。

欢迎社会各界人士对侵犯社会科学文献出版社上述权利的违法行为进行举报。电话：010－59367121。

社会科学文献出版社

法律顾问：北京市大成律师事务所

# 主要编撰者简介

汝 信　男，教授，汉族，1931 年出生，江苏吴江人，1949 年毕业于上海圣约翰大学，1956 年攻读著名学者贺麟先生黑格尔哲学专业研究生，毕业后留哲学所从事研究工作，1978 年晋升研究员，任哲学所副所长，1981～1982 年，在美国哈佛大学作访问学者，1982～1998 年先后任中国社会科学院副院长，并曾兼任哲学所所长，国务院学位委员会副主任。现任中国社会科学院学部委员、咨询委员会顾问。在国内外学术机构中曾担任的主要职务有：中华全国美学学会会长、中国政治学会会长以及国际哲学与人文科学理事会副主席、东德科学院外籍院士、韩国启明大学名誉哲学博士等。主要从事西方哲学史特别是德国古典哲学、美学的研究。主要著作有《黑格尔范畴论批判》（与姜丕之合著，上海人民出版社，1961），《西方美学史论丛》及《西方美学史论丛续编》（上海人民出版社，1963），《西方的哲学和美学》（山西人民出版社，1978），《美的找寻》（中国社会科学出版社，1992）。此外还有译著多种，并主编《西方著名哲学家评传》（10 卷）、《世界文明大系》（12 卷）和《当代韩国》（季刊）等。

陆学艺　男，江苏省无锡人，研究员。曾任中国社会学会会长，中国社会科学院社会学研究所所长。现任中国社会科学院社会政法学部荣誉学部委员，中国农村社会学研究会会长。主要研究领域：农村经济社会的发展研究。曾就农村实行家庭联产承包责任制、农村改革和发展等问题发表了大量的论文、调查报告和著作，主要有《农业发展的黄金时代》、《联产责任制研究》、《当代中国农村与中国农民》等。主编了《社会主义初级阶段中的社会学》、《社会学》、《中国社会发展报告》、《中国社会形势分析与预测》、《当代中国社会阶层研究报告》、《当代中国社会流动》等著作。

李培林　男，山东省济南市人。博士，研究员，中国社会科学院社会学研究所所长，中国社会学会常务副会长，《社会学研究》主编。主要研究领域：发展社会学、组织社会学、工业社会学。主要代表作：《村落的终结》、《社会结构转型——中国经济体制改革的社会学分析》、《和谐社会十讲》、《另一只看不见的手——社会结构转型》、《转型中的中国企业：国有企业组织创新论》（合著）、《新社会结构的生长点》（合著）、《社会冲突与阶级意识——当代中国社会矛盾问题研究》（合著）、《国有企业社会成本分析》（合著）、《中国社会发展报告》（主编）、《中国新时期阶级阶层报告》（主编）等。

**陈光金** 男，湖南省醴陵市人。博士，研究员，中国社会科学院社会学研究所副所长。主要研究领域：农村社会学、社会发展、私营企业。主要研究成果：《中国乡村现代化的回顾与前瞻》、《新经济学领域的拓疆者——贝克尔评传》、《当代中国社会阶层研究报告》（合著）、《当代英国瑞典社会保障》、《内发的村庄》（合著）、《中国小康社会》（合著）、《当代中国社会流动》（合著）、《多维视角下的农民问题》（合著）等。

**李 炜** 男，陕西省西安市人。博士，副研究员，中国社会科学院社会学研究所社会发展室主任。主要研究领域：发展社会学、社会分层、社会研究方法。主要研究成果：《当代中国社会阶层研究报告》（合著）、《当代中国社会流动》（合著）、《农民工在中国社会转型中的经济地位和社会态度》（论文、合著）、《当代中国社会阶层的主观性建构和客观实在》（论文、合著）、《中韩两国社会阶级意识比较研究》（论文）。

**许欣欣** 女，北京市人。博士，中国社会科学院社会学研究所副研究员。1996～2007 年，先后于美国哥伦比亚大学、杜克大学、韩国国立首尔大学、德国柏林自由大学做访问学者。主要研究领域：社会结构变迁、社会分层与社会流动、农村社会学。主要研究成果：《当代中国结构变迁与社会流动》（专著）、《中国城镇居民贫富差距演变趋势》（论文）、《从职业评价与择业取向看中国社会结构变迁》（论文）、《社会、市场、价值观：整体变迁的征兆》（论文）、《中国乡村建设与改造的案例研究》（研究报告）、《韩国农协的形成与发展及其对中国的启示》（论文）。

# 中文摘要

本报告是中国社会科学院"社会形势分析与预测"课题组的 2009 年年度分析报告（社会蓝皮书），由中国社会科学院社会学研究所组织研究机构专家、高校学者以及国家政府研究人员撰写。

本报告立足于国家权威的统计数据或严格科学的社会调查，全面跟踪 2009 年中国社会发展进程，深入解读中国未来的社会发展趋势，深刻分析影响中国社会发展的重大事件和热点问题。

本报告指出，2009 年，中国努力克服国际金融危机的影响，正逐步从危机冲击中恢复过来。新中国成立 60 周年重大庆典和天安门广场的辉煌阅兵式，展现了我国 60 年建设的伟大成就，反映了改革开放 30 多年的巨大变化，也标示了未来 30 年发展的新起点。2009 年全年国内生产总值增长达到 8% 以上，城乡居民收入稳定增长，居民消费价格总水平涨幅 4% 左右；城镇新增就业可达 1100 多万人，就业形势的紧张得到控制；覆盖城乡的社会保障体系建设快速推进；粮食生产再创历史新高，实现近 40 年来首次连续 6 年增产。但是，收入差距扩大趋势尚未扭转，扩大国内消费受到限制；就业问题依然突出，劳动争议增多；环境保护面临各种困难，发展低碳经济任务艰巨。然而，从经济复苏、就业恢复、消费增长、物价稳定等经济社会发展的关键指标来看，中国将率先走出国际金融危机的阴影，进入发展的新成长阶段。

本报告认为，中国进入工业化、城市化发展的中期，破除城乡二元结构、实现城乡一体化成为发展的新要求，人民生活进入大众消费阶段，国民教育进入大众教育阶段，社会保障进入构建覆盖全民体系的新阶段，这些都标志着中国进入发展的新成长阶段。所谓新成长阶段，一方面意味着我国经济增长速度将重新进入 8% 以上的新一轮增长周期，另一方面意味着新一轮增长周期的推动力，与过去相比将发生明显变化，将更加依赖于产业结构升级、经济社会结构转型和国内消费增长。

# Abstract

This is the 2009 Annual Report (Blue Book of China's Society) from Research Group on "The Analysis and Forecast of China's Social Development", Chinese Academy of Social Sciences (CASS). Researchers and scholars from various research institutions, universities and government departments report on statistical data released by the government or social science surveys. This report focuses on the current social development, provides insight into the social trends of China's future, and gives in depth analysis of the significant events and hot issues that impact China's social development.

The report notes that in 2009, China made great efforts to overcome the international financial crisis, and is gradually recovering from the crisis. The grand ceremony of 60th anniversary of PRC and the brilliant parade in Tiananmen Square, showing China's great achievements in the past 60 years, reflecting the great changes of 30 years of reform and opening up, and also marking a new starting point of the development of the next 30 years. The GDP growth of 2009 exceeded 8% ; income of urban and rural residents grew steadily; the overall level of consumer price increased about 4%. With 11 million of new jobs created in urban areas, the pressure of unemployment was lessened. Development of the social security system which would cover urban and rural areas advanced rapidly. New record of grain production was set, which made the first consecutive growth for 6 years over 40 years. However, the income disparity remains significant; increase of domestic demand is limited; unemployment issue is still serious and labor disputes increased; environmental protection is challenging and the development of low-carbon economy is arduous. Yet, based on the key indicators of economic and social development, such as economic recovery, employment reactivation, consumption growth and price stability, China will be the first out of the shadow of the international financial crisis and enter a new stage of growth.

China has stepped into the middle stage of industrialization and urbanization. Breaking down the urban-rural dual structure and achieving urban-rural integration became the new demands of development. And China has entered in the new phase of mass consumption, mass education, and universal access to social security system. All these facts marked that China has stepped into a new stage of growth. And this new stage of growth means that on the one hand, China will resume a new cycle of GDP growth rate over 8% ; on the other hand, there will be dramatic change in the driving force of the growth. Compared with the past, the new stage will be marked by upgrading of the industrial structure, transformation of the economic and social structure, and expansion of the domestic demand.

# 目 录

皮书数据库阅读**使用指南**

# CONTENTS

# Reports on Special Subjects

# Reports on Social Strata

# Appendix

# 前　言

本书是中国社会科学院"社会形势分析与预测"课题组第 18 本分析和预测社会形势的年度社会蓝皮书。现在这个年度社会蓝皮书已经有了英文版本，由国际著名学术出版社（Brill）在全世界发行。十几年来，课题组逐渐提高研究报告的质量，努力使之成为一本被广泛阅读和引用的中国社会形势年度分析报告。

2010 年的社会蓝皮书有以下几个突出的方面。

**1. 中国逐步从国际金融危机的冲击中走出**

2009 年是中华人民共和国成立 60 周年，中国举行了盛大庆典仪式，同时 2009 年也是中国经济社会发展受到国际金融危机深刻影响的一年。中国快速采取了一系列重大措施，保增长、保民生、保稳定，有效地抵御和化解了国际金融危机的影响。从经济复苏、就业恢复、消费增长、物价稳定等经济社会发展的关键指标来看，中国将率先走出国际金融危机的阴影，进入发展的新成长阶段。

**2. 中国进入发展的新成长阶段**

我国进入工业化、城市化发展的中期，破除城乡二元结构、实现城乡一体化成为发展的新要求，人民生活进入大众消费阶段，高等教育进入大众化阶段，社会保障进入构建覆盖全民体系的阶段，这些都标志着我国进入发展的新成长阶段。所谓新成长阶段，一方面意味着我国经济增长速度将重新进入 8% 以上的新一轮增长周期，另一方面意味着新一轮增长周期的推动力与过去相比将发生明显变化，将更加依赖产业结构升级、经济社会结构转型和国内消费增长。

**3. 中国改革从主要是经济改革过渡到全面改革**

改革开放 30 多年，虽然伴随着经济体制的改革，其他领域也都进行了改革，但主要的改革路径还是经济体制的改革。当前，社会主义市场经济体制已经基本建立，但经济社会结构的巨大变迁要求各方面的体制继续进行适应这种巨大变迁的改革，改革从经济领域扩展到全面改革，当前比较突出的问题就是要进行涉及就业、收入分配、教育、医疗卫生、社会保障、城乡管理、事业单位运行、社

区、社会组织的社会改革。

本书的作者来自专业的研究和调查机构、大学及政府有关研究部门，除总报告外，各位作者的观点，只属于作者本人，既不代表总课题组，也不代表作者所属的单位。

本书涉及的大量统计和调查数据，由于来源不同、口径不同、调查时点不同，所以可能存在着不尽一致的情况，请读者在引用时认真进行核对。

本课题的研究受到中国社会科学院的重点资助，本课题的研究活动的组织、协调，以及总报告的撰写，均由中国社会科学院社会学研究所负责。

本年度"社会蓝皮书"由李培林、陈光金、李炜、许欣欣、范雷、刁鹏飞、田丰负责全部统稿，汝信、陆学艺审定了总报告，阎明、李荣荣翻译和审校了本书的英文摘要，胡刚负责课题的事务协调和资料工作。社会科学文献出版社社长谢寿光及本书编辑邓泳红、郑嬿、秦静花，中国社会科学院科研局学术秘书刘白驹等，也为本书的出版做了大量工作，在此表示诚挚的谢意。

编　者

2009 年 11 月 21 日

# 中国进入发展的新成长阶段

## ——2009~2010 年中国社会发展形势分析与预测

中国社会科学院"社会形势分析与预测"课题组

李培林　陈光金 执笔*

**摘　要**：2009 年是中华人民共和国成立 60 周年，中国举行了盛大庆典仪式，同时 2009 年也是中国经济社会发展受到国际金融危机深刻影响的一年。中国快速采取了一系列重大措施，保增长、保民生、保稳定，有效地抵御和化解了国际金融危机的影响。2009 年全年国内生产总值增长达到 8% 以上，城乡居民收入稳定增长，居民消费价格总水平涨幅 4% 左右；城镇新增就业可达 1100 多万人，就业形势的紧张得到控制；覆盖城乡的社会保障体系建设快速推进；粮食生产再创历史新高，实现近 40 年来首次连续 6 年增产。但是，收入差距问题依然严峻，扩大内需受到限制；就业问题依然突出；环境保护任务艰巨。然而，从经济复苏、就业恢复、消费增长、物价稳定等经济社会发展的关键指标来看，中国将率先走出国际金融危机的阴影，进入发展的新成长阶段。这一方面意味着我国经济增长速度将重新进入 8% 以上的新一轮增长周期，另一方面意味着新一轮增长周期的推动力，与过去相比将发生明显变化，将更加依赖于产业结构升级、经济社会结构转型和国内消费增长。

**关键词**：结构调整　社会发展　新成长阶段

---

\* 李培林，中国社会科学院社会学研究所所长、研究员；陈光金，中国社会科学院社会学研究所副所长、研究员。

2009 年，中国努力克服国际金融危机的影响，正逐步从危机冲击中恢复过来，进入经济社会发展的新成长阶段，并在危机后时期获得新的发展机遇和动力。新中国成立 60 周年重大庆典，展现了我国 60 年建设的伟大成就，反映了改革开放 30 多年的巨大变化，也标示着未来 30 年发展的新起点。

# 一　2009 年中国社会发展的总体形势

2009 年，我国出台了一系列重大措施，保增长、保民生、保稳定，有效地抵御和化解了国际金融危机的影响，全年国内生产总值增长将达到 8% 以上，经济结构进一步优化；城乡居民收入稳定增长，居民消费价格总水平涨幅 4% 左右；城镇新增就业可达 1100 多万人，就业形势的紧张局面得到控制。

**1. 经济增长企稳向好的态势基本形成**

2009 年前三季度，我国国内生产总值 217817 亿元，按可比价格计算，同比增长 7.7%，增长速度呈逐季回升态势，一季度增长 6.1%，二季度增长 7.9%，三季度增长 8.9%，全年经济增长将超过 8%。2009 年 9 月份，我国采购经理人指数（PMI）升至 54.3%，这已是连续 7 个月位于临界点 50% 上方，也是 2008 年 5 月以来的最高值，表明制造业活动处于总体扩张状态。同时，9 月份制造业从业人员指数为 53.2%，已连续 4 个月达到临界点以上，显示随着制造业经济的企稳，劳动力需求进一步增加。

2009 年前三季度，全社会固定资产投资总额 155057 亿元，比上年同期增长 33.4%。国家财政税收在减少企业税负、促进增长的背景下，扭转了负增长局面，5~9 月份连续 5 个月实现增长。2009 年前三季度累计，全国财政收入 51518.87 亿元，比上年同期增长 5.3%。

农业农村经济稳定发展。2009 年我国全年粮食生产再创历史新高，实现近 40 年来首次连续 6 年增产，夏粮总产量达到 2467 亿斤。通过实施粮食最低收购价、增加国家收储等及时主动的市场调控措施，有效稳定了丰收后的农产品价格，保证农民增产增收。

**2. 城乡居民收入和消费持续增长**

2009 年前三季度，城镇居民人均可支配收入 12973 元，同比增长 9.3%，扣除价格因素，实际增长 10.5%；农村居民人均现金收入 4307 元，比上年同期增长 8.5%，扣除价格因素，实际增长 9.2%。前三季度农村居民现金收入较上年同期回落 11.1 个百分点，是近 6 年来同期增幅较低水平，估计全年农民人均纯收入将比上年增长 6% 左右。

为了稳定农民的收入增长，2009 年中央财政落实支农惠农资金 7161.4 亿元，比上年增长 20.2%，特别是加大了对农民的补贴力度，安排粮食直补、农资综合补贴、良种补贴、农机具购置补贴，4 项补贴约 1230.8 亿元。

随着居民收入增长，居民储蓄和消费都有所增长。从居民储蓄方面看，2009 年 1~9 月份，居民储蓄存款余额从 236872.25 亿元增加到 259615.94 亿元，增加近 2.3 万亿元。消费的增长更加明显。2009 年前三季度，社会消费品零售总额 89676 亿元，同比增长 15.1%；扣除价格因素，实际增长 17.0%，增幅比上年同期提高 2.8 个百分点。其中，城市消费品零售额 61013 亿元，同比增长 14.8%；县及县以下消费品零售额 28663 亿元，同比增长 16.0%。

消费增长对经济增长恢复发挥了重要作用。据测算，2009 年前三季度，最终消费对 GDP 增长率的贡献达到 4 个百分点。

**3. 就业形势基本稳定并好于预期**

2009 年前三季度，我国就业局势保持总体稳定，劳动力市场上岗位空缺与求职人数的比率持续回升，需求人数增加，城镇新增就业 851 万人；全国城镇登记失业人员 915 万人，城镇登记失业率为 4.3%，下岗失业人员再就业 402 万人，就业困难人员实现就业 120 万人。预计全年我国城镇新增就业人数有望达到上年的水平，即在 1100 万人以上。

为应对金融危机对我国就业带来的严重冲击，从 2008 年 9 月底至 2009 年 2 月初，国务院和有关部门制定并实施了一系列稳定和扩大就业的政策措施，特别是促进农民工和大学毕业生就业的政策措施。据统计，仅 2009 年上半年，全国通过缓缴、降低费率两项措施，当期直接减轻企业负担 166 亿元。

农民工就业形势明显比 2009 年初预期的要好。2009 年 2 月，全国大约有 2000 万农民工在春节前因金融危机失去工作提前返乡，春节前返乡的 7000 万农民工中有 80% 春节后返城，但其中只有 1100 万人春节后暂时找到工作；随着经济复苏，从 6 月份开始农民工就业情况明显好转，东南沿海部分城市甚至重新出现"招工难"问题。根据人力资源和社会保障部对全国 250 个行政村农民工的就业状况进行直报的情况，与 2008 年 8~9 月份农民工外出总人数相比，到 2009

年 10 月底，已经返城的农民工达到了 97% 左右。到 2009 年第三季度末，全国农村外出务工劳动力 15198 万人，比第二季度末增加 101 万人，增长 0.67%。据国家统计局对全国 31 个省（区、市）近 20 万农村劳动力外出务工的监测，2009 年前三季度，在西部地区务工的劳动力持续增长，增长幅度为 4.7%，西部成为农村外出劳动力就业增长最快的地区。从外出务工农民的收入变化看，在西部地区务工的劳动力月均收入 1382 元，增加 57 元，增长 4.3%，增幅高于中部地区 1.1 个百分点，高于东部地区 1.8 个百分点。

大学毕业生的就业形势基本稳定，通过实施促进高校毕业生就业的一系列措施，大学毕业生的就业情况也好于预期。根据教育部统计，截至 2009 年 9 月 1 日，高校毕业生就业率达到 74%。但是根据调查，受市场不景气的影响，大学毕业生初职的平均工资水平明显下降，过去的一些高校热门专业，大学毕业生就业反而出现较大困难。

**4. 覆盖城乡的社会保障体系建设快速推进**

城乡医疗保险制度建设取得突出进展。2009 年年中，中央出台《关于深化医药卫生体制改革的意见》（以下简称《意见》），城镇居民基本医疗保险制度全面推开，关闭和破产企业退休人员医疗保险问题有了突破性进展。按照该《意见》要求，今后三年，各级政府将向医药卫生体制改革投入 8500 亿元，其中中央财政投入 3318 亿元。2009 年上半年，城镇职工和居民参加医保的人数已达 3.36 亿人，参加新型农村合作医疗的农村人口达 8.3 亿人，两者合计达 11.66 亿人。在扩大医疗保险覆盖面的同时，医疗保障水平也逐步提高，职工医疗保险、城镇居民医疗保险以及新型农村合作医疗，都在现有报销比例的基础上提高了最高支付限额，住院费用报销比例比上年平均提高 5 个百分点以上。

养老保障建设迈出新的步伐。2009 年 9 月 1 日，国务院正式颁布《开展新型农村社会养老保险指导意见》，要求新型农村社会养老保险试点到 2009 年底要覆盖全国 10% 左右的县（市）。新型农村社会养老保险改变了以前主要由农民自己缴费、自我储蓄的模式，实行个人缴费、集体补助和政府补贴相结合，特别是中央财政对地方进行补助，并且直接补贴到农民。这是继国家取消农业税、实行农业直补和新型农村合作医疗等一系列惠农政策之后的又一项重大惠农政策。新型农村养老保险制度建立起来后，广大农民将可享受个人账户和国家财政普惠式支撑的养老金。在城镇养老保险制度建设方面，国家出台了城镇企业职工基本养老保险关系转移接续暂行办法，提高全国城镇养老保险体系一体化水平。到目前为止，全国已有 25 个省份实行了养老保险省级统筹。国家还出台了农民工参加基本养老保险办法，规定在城镇就业并与用人单位建立劳动关系的农民工应当参加基本养老保险。这也是统一全国养老保险体系的一个重要步骤。

城乡最低生活保障制度建设事业继续发展。到 2009 年 7 月，全国城镇共有 1120.5 万户、2232.8 万人获得最低生活保障；农村有 2141.6 万户、4534 万余人获得最低生活保障。

**5. 社会治安形势转好保证了社会和谐稳定**

2009 年，我国继续保持对刑事犯罪活动的严打高压态势，不断加大社会治安整治力度，社会治安大局总体保持稳定，为新中国成立 60 周年创造了良好的社会秩序环境。2009 年 1 ~ 10 月，全国公安机关共立各类刑事犯罪案件 444.3 万起，比上年同期上升 14.8%。与此同时，全国公安机关进一步加大打击有组织犯罪的工作力度，2009 年 1 ~ 10 月，共查获各类犯罪集团 4.5 万个，比上年同期下降 3.1%，有组织犯罪滋生蔓延的土壤和空间被大大压缩，集团犯罪突出的势头明显收敛。

在新中国成立 60 周年庆典期间，全国大量志愿者参与了维护社会秩序的志愿工作，创造了群防群治的社会安全新局面，社会安全感保持了较高水平。

**6. 反腐败和打击黑社会赢得社会广泛支持**

2009 年以来，国家进一步加大了反腐败工作力度，新一轮反腐风暴声势浩大，一批大案要案被查办，显示了中央反腐败的决心和勇气。特别是商业贿赂治理加大力度，2009 年 1 ~ 6 月，全国检察机关共立案查办商业贿赂案件 6277 件、6842 人，涉案总金额人民币 9.18 亿元；其中查办涉嫌要案的处级以上干部 797 人（含厅级 46 人）。据"透明国际"2009 年 10 月发布的全球反腐报告清廉指数，中国名列第 72 位，这是我国在国际清廉指数排序中连续第三年实现进步。

打击黑社会性质有组织犯罪，是 2009 年引起广泛关注的重大事件。2009 年 7 月，国家启动新一轮全国打黑除恶专项斗争，这是继 2000 年首次启动全国性反黑行动以来的第三轮反黑风暴。在 2009 年的反黑风暴中，影响最突出的是重庆市打击黑社会性质有组织犯罪的重大举措。从 2009 年 6 月起，重庆连续端掉 14 个大型黑社会犯罪团伙，缉捕了 1544 名犯罪嫌疑人，469 名逃犯被境内外追捕，一批涉黑企业主落马。到目前为止，重庆检方共立案查办在打黑除恶斗争中

暴露出来的职务犯罪案件 47 件、52 人，涉及县处级以上要案 20 人、厅级干部 10 人，涉及政法干警 29 人、行政执法人员 4 名。反腐反黑斗争被誉为 "民心工程"，在全国引起了巨大反响。

**7. 社会舆论和社会心态总体稳定积极**

2009 年，中国经历了严重的金融危机冲击，也发生了一些重大群体性事件。这些都对社会舆论和社会心态产生了一定影响。但是，综合各方面情况来看，本年度我国社会舆论比较积极，社会心态基本稳定。特别是经济发展稳定转好的态势和 60 年国庆庆典，对社会舆论和社会心态产生了积极影响。

互联网已成为影响社会舆论的主要新兴媒体，据中国互联网信息中心调查，截至 2009 年 6 月底，中国网民达到 3.38 亿人，比 2008 年底增长了 4000 万人；全国互联网普及率达到 25.5%，超过世界平均水平。网民对各种热点问题的跟帖评论，大多数都显得理性和平稳。政府对网络舆论的反应提速，从中央到地方初步形成了政府对网络民意的监测、反馈和吸纳机制。

根据调查结果，城乡居民总体生活满意度趋稳，处于接近 "比较满意" 的水平；国家经济状况、国家自豪感、政府管理信心度等宏观因素指标普遍上升；社会保障、物价波动承受力等指标也有所提升；但未来收入增长、未来生活水平提升的信心度呈下降趋势，个人经济状况满意度仍是影响城镇居民生活感受的首要因素。

# 二　2009 年中国社会发展面临的主要问题

2009 年，中国社会发展遇到国内国际因素引起的一些新问题和新挑战。

**1. 中小企业处境艰难，就业压力依然很大**

在国际金融危机的冲击下，中国出口贸易锐减，吸纳就业较多的中小企业的发展受到严重影响。尽管 2009 年政府出台了一系列政策，帮助中小企业解危脱困，但中小企业仍然面临融资困难等诸多问题，这对就业状况产生了较大影响。2009 年第二季度全国部分城市劳动力市场监测结果显示，在所有求职人员中，失业人员所占比重为 50.4%，其中从未就业的青年失业人员占求职人员总数的 22.6%，其余多数为 40～50 岁年龄较大的劳动力。根据劳动力市场监测结果，2009 年第二季度，16～24 岁、25～34 岁、35～44 岁、45 岁以上四个年龄组的岗位空缺与求职人数的比率分别为 0.80、0.97、0.90 和 0.85，形成年龄较轻与较大两个群体面临更大就业压力的格局。2009 年，全国应届高校毕业生 610 万人，从劳动力市场的供求对比看，初中及以下、高中、大专、本科、硕士以上各文化程度的岗位空缺与求职人数的比率分别为 0.98、0.89、0.78、0.71 和 0.71，呈现教育水平越高、求职反而越困难的局面。另外，根据该项监测，在所有求职的失业人员中，应届高校毕业生所占比重为 9.6% 左右。因此，对未来大学生就业形势的严峻性要有充分的估计。

**2. 收入差距问题依然突出，扩大内需面临困难**

从收入方面来看，2009 年出现了一个与近两年不同的情况，即城乡居民收入增长速度的差距再次拉大，估计 2009 年城镇居民可支配收入的增长速度与农民人均纯收入的增长速度将相差 4～5 个百分点。2008 年城镇居民家庭人均可支配收入实际增长 8.4%，农民家庭人均纯收入实际增长 8.1%，城乡居民收入增长速度几乎持平，城乡居民收入比从 2007 年的 3.33：1 下降到 2008 年的 3.31：1，是过去十几年来从未出现的可喜局面。但 2009 年受国际金融危机的影响，农民外出务工经商的收入受到很大影响，从而影响到农民整体收入的增长，城乡居民收入之比和增长速度之比都将再次扩大。

尽管 2009 年前三季度社会消费品零售总额同比实际增长 17.0%，比上年同期加快 2.8 个百分点，但与扩大内需的要求仍然不相适应。根据调查，我国居民家庭消费率呈现随收入增长而递减的规律，中低收入家庭过低的消费率和过高的储蓄倾向，主要还是受收入状况的限制和子女教育、医疗和住房等大额消费预期的影响，因此调整收入分配结构和完善社会保障体系是扩大内需的重要条件。目前我国经济增长还主要靠投资拉动，转变经济发展方式必须解决好居民消费率过低这个问题。

**3. 部分企业劳动关系紧张，劳动争议处于多发状态**

在国际金融危机的影响下，就业压力的增加也对我国劳动关系产生了影响。2009 年上半年，仅全国法院系统受理的劳动争议案件就达到近 17 万件，与上年相比增长 30%；而且劳动争议纠纷案件已经成为全国法院系统受理的民事案件中增长幅度最快、涉及范围最广、影响程度最深、社会关注最多的案件类型。部分地区案件增长尤为明显，在东南沿海一些省份，劳动争议仲裁和法院受理案件数的增幅，低的在 40% 以上，高的超过 150%。

农民工是提起劳动争议最多的雇工群体，他们的维权意识日益增强。与以往相比，2009 年，农民工维权的重点已经开始从讨回欠薪转向社会保障，最受他们关注的是养老保险政策方面的实际问题，由此引发的劳动争议在全部劳动争议案件中的比重迅速上升。总的来说，从全国来看，农民工工资被拖欠的现象大大减少，因而农民工的维权诉求已从争取薪资利益转向寻求长远保障，随着 20 世纪 80 年代进入劳动力市场的第一代农民工即将到达退休年龄，这个问题将会日益凸显。

**4. 群体性事件影响广泛，环境保护欠账引发的事件增多**

2009 年上访和群体性事件仍然呈现数量增多的态势，特别是一些重大事件，如 2009 年 6 月 17 日发生的湖北石首群体性事件，7 月 24 日发生的吉林通钢群体性事件，10 月 12 日发生的山西吕梁煤矿群体性事件，都产生了广泛的社会影响。这些事件有的属于侵害职工和群众利益造成的"直接利益群体性事件"，有的属于社会不满情绪的宣泄造成的"无直接利益群体性事件"。多数群体性事件的诉求以民生和经济利益居多，如提升劳动福利待遇、提高移民补偿标准、抗议企业污染环境、追究医疗责任并追索补偿等。

尤其值得注意的是，近年来，环境污染引发的群体性事件以年均 29% 的速度递增，对抗程度总体上明显高于其他群体性事件。2009 年前三季度，全国爆发了几起引起广泛关注的环保事件。其中比较突出的，一是陕西凤翔血铅事件，在该事件中，851 人血铅超标，其中 174 名中、重度铅中毒儿童需要住院进行排铅治疗；二是内蒙古赤峰市水污染事件，该市新城区因水污染事件接受门诊治疗人数达到 4020 人，住院留观 88 人；三是湖南武冈儿童血铅中毒事件，80 多个儿童出现血铅超标症状，其中高铅血症 38 人，轻度中毒 28 人，中度中毒 17 人。根据环保部门的分析，在 21 世纪以来发生的全国十大环保事件中，发生在 2009 年的竟有 6 起之多。

此外，2009 年发生的群体性事件还呈现另外一个重要特征，即越来越多地以"集体散步"、"集体购物"、"集体喝茶"、"集体休息"等形式来表示抗议和反映诉求。

**5. 经济类刑事犯罪频发，非法传销活动猖獗**

2009 年，刑事犯罪总量仍在高位运行，新型犯罪继续增多，犯罪的智能化、暴力化、组织化特征日益突出，特别是黑恶势力犯罪、严重暴力犯罪、网络诈骗犯罪、多发性侵财犯罪等犯罪形式，严重危害公共安全，严重破坏经济社会秩序。另外，受国际金融危机和全球性经济衰退影响，由经济纠纷引发的暴力讨债、绑架、哄抢等"民转刑"案件更加突出，侵财犯罪、非法集资等案件增多趋势明显。

除此之外，2009 年引起社会热议的涉及经济社会秩序的治安问题中，最突出的是非法传销活动。非法传销活动虽然存在已久，但在当前就业形势紧张的情况下，却变得格外猖獗，受害者众多，被群众称为"经济邪教"。在南方个别县级市，聚集的传销人员甚至超过百万人，有的传销组织头目甚至组织上万传销人员围堵执法人员和相关政府机关。

**6. 国家安全形势日趋复杂，国外敌对势力煽动分裂活动加剧**

在新中国 60 周年庆典前夕，国外敌对势力的煽动分裂活动也明显加剧。2009 年 7 月 5 日，继在西藏拉萨发生的打砸抢烧暴力犯罪事件之后，在境外民族分裂势力的策划煽动和国内"三股势力"的组织下，新疆乌鲁木齐发生严重打砸抢烧暴力犯罪事件，造成 197 人死亡、1786 人受伤，严重影响了社会和谐稳定。

# 三　中国将进入国际金融危机后的新成长阶段

从经济复苏、就业恢复、消费增长、物价稳定等经济社会发展的关键指标来看，我国将率先走出国际金融危机的阴影，进入新一轮的增长周期。而从工业化、城镇化进程和居民消费的发展阶段来看，我国开始进入国际金融危机后的新成长阶段。所谓新成长阶段，一方面意味着我国经济增长速度将重新进入 8% 以上的新一轮增长周期，另一方面意味着新一轮增长周期的推动力，与过去相比将发生明显变化，将更加依赖产业结构升级、经济社会结构转型和国内消费增长。这个新成长阶段呈现的一些新特征，与过去相比有了很大的不同。

**1. 工业化、城市化进程进入中期加速的新成长阶段**

根据国际经验，国内生产总值中农业增加值下降到 5% 以下，就业结构中农业劳动者比重下降到 30% 以下，城市化水平超过 50%，标志着经济社会结构的重大转型。从我国产值结构、就业结构和城乡结构这三大结构来看，都已进入结构转换阶段。在我国国内生产总值中，农业增加值的比重 2010 年将下降到 10% 以下，2015 年将下降到 6% 左右；在就业结构中，农业劳动者的比重 2010 年将

下降到38%以下，2015年将下降到33%左右；在城乡结构中，2010年以城镇常住人口代表的城市化水平将达到48%左右，2012年或2013年将超过50%的结构转换临界点，2015年将达到53%左右。这些指标表明，中国总体上已经进入工业化、城市化进程的中期加速阶段，经济结构和社会结构将发生深刻转换。

**2. 社会结构变迁进入破除城乡二元结构的新成长阶段**

城乡二元结构和城乡发展的巨大差距是中国非均衡发展的一个长期的和突出的问题。随着工业化和城市化进入结构转换阶段，城乡一体化发展成为新的发展要求。破除城乡二元结构，不仅仅要消除现代工业和传统农业之间的壁垒，还要逐步消除城乡之间在就业、教育、医疗、社会保障、户籍等社会体制方面的障碍。破除城乡二元结构将成为我国发展史上产生深远影响的重大举措。

**3. 人民生活进入大众消费的新成长阶段**

2008年我国GDP为300670亿元，总人口13.28亿人，人均GDP 22640元，按2008年12月31日人民币兑美元汇率（1美元兑换6.83元人民币）计算，人均GDP为3313美元；2009年如果GDP增长8%，人均GDP将达到3500美元左右。按国际惯例，当人均收入超过3000美元时，居民消费升级将成为常态。我国2009年城乡居民的恩格尔系数分别降低到37%和43%左右，按照联合国粮农组织的标准，可以说总体上已经达到从小康到宽裕的居民消费阶段。住房和汽车等大额家庭消费开始进入普及阶段，教育、医疗、通信、旅游、文化等消费支出的比例迅速增加，这些特征都表明，我国总体上已经开始进入大众消费的新成长阶段。

**4. 高等教育进入大众教育的新成长阶段**

我国已经实现了普及九年义务教育，职业教育和专业学位教育迅速发展，2009年我国高等教育的毛入学率达到24%左右，中国高等教育迈入大众化阶段，国民素质显著提高，我国正从人口大国和人力资源大国向人力资源强国转变，大众教育的新成长阶段已经到来。

**5. 社会保障进入构建覆盖全民体系的新成长阶段**

近几年来，我国社会保障扩大覆盖面的工作进展快速，覆盖城乡的最低生活保障体系基本建立，以城镇职工医疗保险、城镇居民医疗保险和新型农村合作医疗为主干的覆盖全民的医疗保障体系初步形成，覆盖城乡的养老保障体系快速推进，到2020年以基本养老保险、基本医疗保险和最低生活保障三项制度为支柱的覆盖城乡的社会保障体系将基本形成，我国已进入社会保障体系的新成长阶段。

**6. 改革从主要是经济改革过渡到全面改革的新成长阶段**

改革开放 30 多年来，虽然伴随着经济体制的改革，其他领域也都进行了改革，但主要的改革路径还是经济体制的改革。当前，社会主义市场经济体制已经基本建立，但经济社会结构的巨大变迁要求各方面的体制继续进行适应这种巨大变迁的改革，改革从经济领域扩展到全面改革，当前比较突出的问题就是要进行涉及就业、收入分配、社会保障、城乡社会建设、社会管理、事业单位运行、社区、社会组织的社会改革。

# 四　新成长阶段的发展趋势和主要任务

2009 年中国社会发展虽然面临不少矛盾和问题，但由于比较成功地应对了国际金融危机的冲击，经济形势明显好转，社会发展方面也在协调发展方向上取得了重要进展。2010 年，中国经济社会将继续朝着经济社会协调发展的方向迈进。

**1. 转变发展方式，深化社会经济结构调整**

转变发展方式，一是要从经济增长过度依赖投资和出口转变到更多地依赖国内消费，这次国际金融危机告诉我们，过度依赖投资和出口的增长方式是不可持续的，未来 30 年的经济增长必须以国内消费的扩大为基础；二是要从经济增长低成本的量的扩张转变到增加技术含量的质的提高，从"中国制造"转变到"中国品牌"，促进产业的升级换代；三是从以资源和环境为代价的发展转变到节约资源、保护环境的发展，从主要依靠工业推动转变到更多地依靠现代服务业的推动，大力发展低碳经济。

在 4 万亿元投资计划的执行中，要更加关注民生特别是就业，更加关注城乡和区域协调发展，更加关注结构调整和自主创新，更加关注节能减排和生态建设，促使经济增长与结构调整相互促进，力争在应对危机中实现国民经济升级转型。尤其是在破除城乡二元结构方面，要下大力气进一步推动城乡经济社会统筹和协调发展。利用扩大内需的机遇，使政策支持和资金投入进一步向农业、农民和农村倾斜，更好地发挥农村地区巨大的市场潜力。要积极稳妥地推进城镇化，

形成经济增长新的重要推动力。

**2. 调整收入分配结构，不断提高人民生活水平**

改革开放 30 多年来，人民生活水平不断提高，但是近十几年来，国民收入中居民收入所占的比重不断降低，初次分配中劳动收入所占的比重不断降低，居民家庭的消费率不断降低，居民家庭的恩格尔系数下降缓慢且出现徘徊，这些都影响到国内消费的增长。不断提高居民的收入和消费水平，不仅对于扩大消费、转变发展方式至关重要，而且对于人民保持积极的社会心态和稳定的发展预期也至关重要。

要采取有效措施，扭转收入差距扩大的趋势，否则将会加剧社会矛盾，影响社会稳定。要注重通过调整收入分配的结构来扩大中等收入者群体，减少低收入者和贫困者的比例。调整收入分配结构，既要理顺初次分配中劳动报酬和资本收益的比例关系，理顺国家、企业和居民三者收入在国民收入中的比例关系，更要发挥财政、税收、社会保障、社会福利等杠杆在再分配中的调整作用，大力推进慈善事业等三次分配的发展。

要把调整收入分配作为扩大内需、提高人民生活水平、促进共同富裕、维护社会和谐稳定的一项战略措施。进一步加大民生建设力度，强化就业、社会保障、教育、医疗、住房等民生领域的各项制度建设，推进公共服务均等化建设，逐步消除群众的后顾之忧，稳定居民的消费预期。

**3. 促进中小企业发展，扩大就业和发挥劳动力比较优势**

尽管我国已经进入产业升级阶段，但在促进经济社会发展的资本、技术和劳动力三要素中，劳动力还是我国的比较优势。中小企业是我国目前吸纳劳动力的主渠道，促进中小企业的发展是未来解决我国就业问题的重要选择。但目前我国中小企业发展仍显不足，远低于发达国家的每千人拥有企业 45 个左右的水平。

在未来的新成长阶段，制定振兴和促进中小企业发展的战略，是扩大就业、提高收入、鼓励创新、稳定社会的重要任务。为此，需要加大对中小企业的扶持力度，重点支持中小企业提高创新能力、促进节能减排、提高产品质量、改善安全生产条件和拉动就业。要进一步完善与市场相关的政策和法律体系，切实缓解中小企业融资难问题。

**4. 加快建设社会保障体系，构建覆盖全民的社会安全网**

从长远来看，老龄化的过程将在未来 10 年中使我国社会总扶养比下降趋势和劳动力充分供给情况发生转折性变化，家庭结构的快速变化也将对我国的家庭代际养老方式形成严峻挑战。加快建设社会保障体系，构建覆盖全民的社会安全网，不仅是提高人民生活水平、扩大内需的要求，也是适应人口和家庭结构变化、稳定社会的要求。

近几年我国社会保障法制建设快速推进。2009 年，我国发布了《医药卫生体制改革近期重点实施方案（2009～2011 年）》，要求三年内我国基本医疗保障制度覆盖城乡全体居民；颁布了《国家职业病防治规划（2009～2015 年）》，规划到 2015 年，有劳动关系的劳动者工伤保险覆盖率要达到 90%；还出台了《开展新型农村社会养老保险指导意见》，推进新型农村社会养老保险建设的进程。2010 年，要抓紧出台已经公开征求意见的《养老保险转移接续办法》和《农民工参加养老保险办法》，特别是加快《社会保险法》的审议出台。

**5. 大力推进基本公共服务均等化，加快城乡一体化发展**

城乡发展不平衡，农村消费难以振兴，始终是我国扩大消费、保持经济持续增长的一个难题。当前我国已进入破除城乡二元结构、城乡一体化发展的新阶段，要把大力推进基本公共服务均等化作为突破口，加大对农村的投入。要加大对农村教育的投入，普遍提高劳动力的文化水平和劳动技能；加大对农村医疗卫生的投入，进一步改善农民的健康状况；加大对农村的社会保障投入，应对人口老龄化和家庭结构变动对传统家庭养老方式的挑战；加大对农村文化设施的投入，改善农民的精神文化生活；加大对农村低收入者和贫困人群的扶持，进一步消除贫困。

**6. 建立适合新时期新阶段的社会运行机制，促进社会和谐稳定**

在目前我国体制性摩擦和结构性矛盾交织、利益失衡和价值冲突并存的发展阶段，除了要加快提高人民生活水平、发展民生和社会事业、调节收入分配、完善社会保障体系等之外，还要致力于探索适合新时期新阶段的社会运行机制。

一是有效利益协调机制。在诸如企业改制、农村征地和城乡拆迁等易于发生利益冲突的领域，要建立多方参与及第三方评估这样的公平参与和公正裁决机制，避免政府唱独角戏，避免其他强势力量的操控和对弱势利益的侵害，降低社会热点问题引发利益冲突的可能性。

二是弹性利益维权机制。当前民众的维权意识显著提高，而各种利益矛盾又千差万别，完全靠基层政府解决利益矛盾和利益冲突难以运作。要建立多种群众

反映利益诉求的渠道，发挥工会、青年团、妇联和各种社会组织在服务群众、反映群众诉求、调节利益纠纷等方面的作用，建设富有弹性的维权机制。*

三是合理利益补偿机制。改革开放 30 多年发展迅速，但政府、单位、企业、集体也积累了许多历史欠债问题，对这些问题要本着负责任的态度，拿出一定的资金设立补偿基金，突出解决一批历史上积累的对居民欠债的问题，保持社会的和谐稳定。

### 7. 实施全面的社会改革，加强社会建设

中国的经济改革为发展提供了强大的社会动力。社会改革的目的，也是要为发展继续提供强大动力。要通过调整收入分配结构，扭转收入差距不断扩大的趋势，培育大众消费能力，更多地依靠内需支撑经济增长；要通过深化社会改革、加强社会建设和完善社会管理制度，建立适应市场经济和现代社会流动的社会体制，保证社会的和谐稳定；要通过医疗机构、教育系统和文化组织的改革，建立起有效运行、服务公益的非营利机构体系；要通过发展和完善社会保障制度，努力使社会安全网覆盖全民，为家庭规避市场经济和社会变迁的风险构建安全保障体系；要通过推进社区建设，构筑基层公共服务的平台，把社会问题解决在基层；要通过发展社会组织，建立服务社会、反映诉求、吸纳就业和治理社会的新渠道。

# China Steps into a New Stage of Growth

—Analysis and Forecast, 2009 – 2010

**Abstract**：2009 marked the 60th anniversary of the People's Republic of China with a grand ceremony held in Beijing, China. Meanwhile, China was deeply affected by the international financial crisis. In response, a number of prompt measures were taken by the Chinese government to ensure economic growth, people's livelihoods and social stability, which effectively reduced the impact of the international financial crisis. The GDP growth of 2009 exceeded 8% ; income of urban and rural residents grew steadily; the overall level of consumer price increased about 4% . With 11 million of new jobs created in urban areas, the pressure of employment was lessened. Development of the social security system which would cover urban and rural areas advanced rapidly. New record of grain production was set, which made the first consecutive growth for 6 years over 40 years. However, the income disparity remains significant; increase of domestic demand is limited; employment issue is still serious; environmental protection is challenging. Yet, based on the key indicators of economic and social development, such as economic recovery, employment reactivation, consumption growth and price stability, China will lead to recover from the international financial crisis and move into a new stage of growth. On the one hand, China will resume a new cycle of GDP growth rate over 8% ; on the other hand, there will be dramatic change in the driving force of the growth. Compared with the past, the new stage will be marked by upgrading of the industrial structure, transformation of the economic and social structure, and expansion of the domestic demand.

**Key Words**: Structural Adjustment; Social Development; New Stage of Growth

# 发 展 篇

REPORTS ON SOCIAL DEVELOPMENT

# 2009 年中国城乡居民
# 收入和消费状况

吕庆喆*

**摘 要:** 2009 年,我国城乡居民收入继续保持增长,城镇居民收入增幅加快,农村居民收入增幅有所放缓;与此同时,居民生活水平进一步提高,消费结构得到升级,生活质量不断改善,全面建设小康社会进展顺利;但是也出现了居民消费率(居民消费占 GDP 比重)和居民平均消费倾向(居民消费支出与收入之比)下降、居民之间消费差距扩大、消费与储蓄和投资的比例失衡等问题。本文针对这些问题提出了相关政策建议。

**关键词:** 居民收入 居民消费 生活质量

---

* 吕庆喆,国家统计局统计科学研究所研究室主任、高级统计师。

# 一 城乡居民收入持续增长，收入来源日益多元化

**1. 城乡居民收入持续快速增长**

2009 年 1 ~ 9 月，城镇居民人均可支配收入为 12973 元，扣除价格因素，实际增长 10.5%，增幅比上年同期提高 2.1 个百分点；农村居民人均现金收入 4307 元，扣除价格因素，实际增长 9.2%，但增幅比上年同期回落 1.8 个百分点。其中，工薪收入 1493.0 元，同比增长 9.9%；家庭经营收入 2391.8 元，同比增长 5.5%；财产性收入 112.9 元，同比增长 11.8%；转移性收入 308.9 元，同比增长 26.3%。

**2. 城乡居民收入结构发生变化，收入来源日益多元化**

城乡居民收入在快速增长的同时，收入构成也发生了变化。作为城镇居民收入主体的工薪收入占全部收入的比重 2008 年为 66.2%，比 2000 年降低了 5.0 个百分点；经营净收入、财产性收入比重有所上升，成为城镇居民收入增长的亮点，经营净收入比重为 8.5%，财产性收入比重为 2.3%，分别比 2000 年提升 4.6 个和 0.3 个百分点（见表 1）。

**表 1 城镇居民收入结构的变化**

单位：%

| 收入项目 | 2000 年 | 2001 年 | 2002 年 | 2003 年 | 2004 年 | 2005 年 | 2006 年 | 2007 年 | 2008 年 |
|---|---|---|---|---|---|---|---|---|---|
| 工薪收入 | 71.2 | 69.9 | 70.2 | 70.7 | 70.6 | 68.9 | 68.9 | 68.7 | 66.2 |
| 经营净收入 | 3.9 | 4.0 | 4.1 | 4.5 | 4.9 | 6.0 | 6.4 | 6.3 | 8.5 |
| 财产性收入 | 2.0 | 1.9 | 1.2 | 1.5 | 1.6 | 1.7 | 1.9 | 2.3 | 2.3 |
| 转移性收入 | 22.9 | 23.6 | 24.5 | 23.3 | 22.9 | 23.4 | 22.8 | 22.7 | 23.0 |
| 合　计 | 100 | 99.4 | 100 | 100 | 100 | 100 | 100 | 100 | 100 |

如表 2 所示，作为农村居民收入主体的家庭经营收入占纯收入的比重 2008 年为 51.2%，比 2000 年降低了 12.1 个百分点；2008 年农村居民人均工薪收入为 1853.7 元，比 2000 年增长 1.6 倍，占纯收入的比重为 38.9%，比 2000 年上升了 7.7 个百分点，工薪收入已经成为农民增加收入的重要来源；2008 年，农村居民现金收入达 5737.0 元，比 2000 年的 2381.6 元增长 1.4 倍，货币收入率提

高到 85.6%，比 2000 年的 75.7% 增加了 9.9 个百分点。农民收入货币化程度提高，可支配能力增强，必将推动农民收入增长方式和消费方式的转变，使农民的生产、生活消费越来越多地纳入全社会的市场经济循环中来，进而促进农民增收步伐的加快。

**表 2　农村居民收入结构的变化**

单位：%

| 收入项目 | 2000 年 | 2001 年 | 2002 年 | 2003 年 | 2004 年 | 2005 年 | 2006 年 | 2007 年 | 2008 年 |
|---|---|---|---|---|---|---|---|---|---|
| 工薪收入 | 31.2 | 32.6 | 33.9 | 35.0 | 34.0 | 36.1 | 38.3 | 38.6 | 38.9 |
| 家庭经营收入 | 63.3 | 61.7 | 60.0 | 58.8 | 59.5 | 56.7 | 53.8 | 53.0 | 51.2 |
| 财产性收入 | 2.0 | 2.0 | 2.0 | 2.5 | 2.6 | 2.7 | 2.8 | 3.1 | 3.1 |
| 转移性收入 | 3.5 | 3.7 | 4.0 | 3.7 | 3.9 | 4.5 | 5.0 | 5.4 | 6.8 |
| 纯收入 | 100 | 100 | 100 | 100 | 100 | 100 | 100 | 100 | 100 |

## 二　城乡居民消费水平明显提高，消费结构明显优化

### 1. 城乡居民消费水平明显提高

随着我国经济快速发展，城乡居民收入大大提高，人均消费支出大幅增长，消费水平明显提高。2008 年，全国居民人均消费水平为 8183 元，比 2000 年的 3632 元增长 1.25 倍，扣除价格因素，年均增长 7.8%。其中，农村居民人均消费水平为 3756 元，比 2000 年的 1860 元增长 1 倍多，扣除价格因素，年均增长 5.6%；城镇居民人均消费水平为 13526 元，比 2000 年的 6850 元增长 97.5%，扣除价格因素，年均增长 6.4%。

从收入五分组来看农村居民生活消费水平（未考虑价格因素影响），2000~2008 年，尽管不同收入组居民消费水平存在差异，但总体上普遍增长较快，年均生活消费增长幅度均超过 10%。其中：低收入组 2000 年的生活消费支出人均 977 元，到 2008 年提高到 2145 元，年均增长 10.33%；中等收入组人均生活消费支出由 1501 元提高到 3286 元，年均增长 10.29%；高收入组人均生活消费支出由 3086 元提高到 6854 元，年均增长 10.49%（见表 3）。

表3　农村居民家庭收入五分组生活消费水平比较

单位：元/人

| 分　　组 | 低收入户<br>（20%） | 中低收入户<br>（20%） | 中等收入户<br>（20%） | 中高收入户<br>（20%） | 高收入户<br>（20%） |
|---|---|---|---|---|---|
| 2000 年 | 977 | 1233 | 1501 | 1877 | 3086 |
| 2003 年 | 1065 | 1378 | 1733 | 2189 | 3756 |
| 2005 年 | 1548 | 1913 | 2328 | 2879 | 4593 |
| 2008 年 | 2145 | 2653 | 3286 | 4191 | 6854 |
| 2000～2008 年<br>年均增长（%） | 10.33 | 10.05 | 10.29 | 10.56 | 10.49 |

从收入五分组来看城镇居民的消费水平（未考虑价格因素影响），2000～
2008 年，不同收入组居民消费水平存在差异，从低收入户组到高收入户组，每
组年均生活消费支出增长幅度逐渐加大。其中：低收入户 2000 年的生活消费支
出人均 2899.1 元，到 2008 年提高到 5374.6 元，年均增长 8.02%；中等收入户
人均生活消费支出由 4794.6 元提高到 10344.7 元，年均增长 10.09%；高收入户
人均生活消费支出由 8135.7 元提高到 22296.8 元，年均增长 13.43%（见表4）。

表4　城镇居民家庭收入五分组生活消费水平比较

单位：元/人

| 分　　组 | 低收入户<br>（20%） | 中低收入户<br>（20%） | 中等收入户<br>（20%） | 中高收入户<br>（20%） | 高收入户<br>（20%） |
|---|---|---|---|---|---|
| 2000 年 | 2899.1 | 3947.9 | 4794.6 | 5894.9 | 8135.7 |
| 2003 年 | 3066.8 | 4557.8 | 5848.0 | 7547.3 | 12066.9 |
| 2005 年 | 3708.3 | 5574.3 | 7308.1 | 9410.8 | 15575.9 |
| 2008 年 | 5374.6 | 7993.7 | 10344.7 | 13316.6 | 22296.8 |
| 2000～2008 年<br>年均增长（%） | 8.02 | 9.22 | 10.09 | 10.72 | 13.43 |

从社会消费品零售总额情况看，国内市场销售继续保持快速增长，但增速有
所放缓。2009 年 1～9 月，社会消费品零售总额为 89676.1 亿元，同比增长
15.1%，但比上年同期的 22.0% 下降 6.9 个百分点。从分地区看，城市社会消费
品零售额为 61012.6 亿元，同比增长 14.8%，增幅比上年同期下降 7.9 个百分
点；县及县以下社会消费品零售额为 28663.5 亿元，同比增长 16.0%，增幅比上

年同期下降 4.6 个百分点。从分行业看，批发和零售业消费品零售额为 75401.7 亿元，同比增长 15.0%，增幅比上年同期下降 7.0 个百分点；住宿和餐饮业消费品零售额为 12980.4 亿元，同比增长 17.4%，增幅比上年同期下降 7.4 个百分点。

**2. 城乡居民生活消费结构明显优化**

（1）恩格尔系数下降。恩格尔系数是衡量居民生活质量最重要的指标之一，一般说来，随着居民生活水平的提高，恩格尔系数呈下降的趋势。虽然近两年由于食品价格的上涨，城乡居民家庭恩格尔系数有所回升，但从长期趋势看，仍然呈下降趋势。城镇居民恩格尔系数由 2000 年的 39.4% 下降到 2008 年的 37.9%，下降了 1.5 个百分点；农村居民恩格尔系数由 2000 年的 49.1% 下降到 2008 年的 43.7%，下降了 5.4 个百分点。

（2）发展型和享受型消费比重提高。随着电视机的普及和网络信息化的高速发展，城乡居民也意识到知识和信息的重要性，对文化教育等发展性投入不断增大。2008 年，城镇居民人均文化娱乐用品及服务支出为 736.1 元，比 2000 年增长了 1.79 倍，年均增长 13.67%；农村居民人均教育文化娱乐服务支出为 314.5 元，比 2000 年增长了 68.45%，年均增长 6.74%。

随着收入的提高，城乡居民亦开始更多地关注自己的身心健康，过去大病小治、小病不治的现象有了较大改变。2008 年农村居民家庭人均用于医疗保健支出为 246.0 元，比 2000 年增长 1.81 倍，年均增长 13.78%；城镇居民家庭人均医疗保健支出为 786.2 元，比 2000 年增长 1.47 倍，年均增长 11.98%，其中，用于滋补保健品支出为 82 元，比上年增长 22.6%，占年人均医疗保健支出的 10.4%。

（3）服务性支出比重提高。随着居民生活水平的提高，城乡居民家庭服务社会化趋势愈来愈明显，服务性消费的需求不断上升，居民消费支出逐步向服务性消费支出分流。2008 年，城镇居民人均服务性消费支出 2919 元，占消费支出的比重达 26.0%。农村居民生活消费支出中，服务性支出由 2000 年的人均 447 元提高到 2008 年的 1042 元，占生活消费支出的比重由 26.7% 提高到 28.5%，提高了 1.8 个百分点。

（4）农村居民货币消费支出比重持续提高。农村居民货币收入率的提高，促进了农村居民购买力的提高。农村居民生活消费现金支出由 2000 年的 1284.7

元提高到 2008 年的 3159.4 元，年均增长 11.91%；现金消费支出占生活消费总支出的比重由 2000 年的 76.9% 提高到 2008 年的 86.3%，提高了 9.4 个百分点。

# 三 城乡居民生活质量明显改善

## 1. 食品消费质量提高，营养结构不断改善

民以食为天，从"食"的变化中，可以反映出一个社会的贫富盛衰，可以体味社会历史的变迁。2008 年，农村居民人均食品支出 1599 元，比 2000 年增长 94.8%，年均增长 8.7%；城镇居民人均食品支出 4260 元，比 2000 年增长 1.16 倍，年均增长 10.11%。城乡居民在食品消费支出增长的同时，饮食更加注重营养，膳食结构更趋合理，消费质量不断提高。从食品消费结构来看，农村居民人均粮食消费量由 2000 年的 250 千克降到 2008 年的 199 千克，城镇居民由 2000 年的 82.3 千克降到 2007 年的 77.6 千克。从食品的营养性角度看，肉、禽、蛋、奶等动物性食品消费显著增加，营养结构有所改善。农村居民人均肉禽及制品的消费量由 2000 年的 18.3 千克上升到 20.2 千克，奶及其制品由 2000 年的 1.1 千克上升为 3.4 千克；城镇居民猪肉的消费量由 2000 年的 16.7 千克上升到 19.3 千克，鲜奶由 2000 年的 9.9 千克上升为 15.2 千克。

随着城乡居民收入水平的提高和生活观念的转变，以及生活节奏的加快，居民在外用餐次数明显增多，消费额迅速增加，占食品支出的比重也越来越大。2000 年农村居民人均在外饮食支出为 64 元，到 2008 年已达 209 元，增加 145 元，增长 2.3 倍，占食品支出的比重从 7.8% 提高到 13.1%。2008 年城镇居民人均在外饮食支出 878 元，占食品支出的比重达 20.6%，比 2000 年增加 5.9 个百分点。

## 2. 衣着消费实现成衣化、时尚化

近年来，城乡居民的衣着需求也发生了转变，人们的穿着更加注重服装的质地、款式和色彩的搭配，服装的名牌化、时装化和个性化成为人们的一种追求，成衣化倾向也成为衣着消费的主流。农村居民人均购买各种服装支出由 2002 年的 61.1 元增加到 2008 年的 142 元，增长 1.32 倍，购买各种服装数量由人均 1.4 件增加到 2.7 件。2008 年城镇居民人均衣着消费支出为 1166 元，比 2000 年的 500.5 元增长 1.33 倍，其中用于购买成衣的支出人均 839 元，占衣着消费支出的

72.0%，人均购买成衣 7.7 件。服饰的变化是以经济的发展为前提的，同时也反映了人们的思想观念随着时代的变化而变化，服饰的变化是人们生活质量提高的一个表现。

**3. 家庭耐用消费品越来越现代化、高档化**

城乡居民生活最显著的变化体现在耐用消费品不断升级。改革初期以彩电、洗衣机、电冰箱、录音机等为主要代表的所谓"新四件"大件消费，已经成为居民家庭普遍拥有的耐用消费品。2008 年，每百户城镇居民彩电拥有量已达到 133 台，洗衣机、电冰箱的拥有量也分别达到了 94.7 台和 93.6 台，录音机早已被组合音响等中高档影音耐用品取代；每百户农村居民彩电拥有量已达到 99.2 台，洗衣机、电冰箱的拥有量也分别达到了 49.1 台和 30.2 台。伴随着收入的增加，城乡居民家庭设备的更新和升级更是如火如荼，空调、家用电脑、家用汽车、移动电话等电气化、现代化的新的消费品走进了千家万户，并迅速发展壮大。1986 年，每千户城镇居民才拥有 1.3 台空调，而 2008 年平均每户城镇居民就拥有 1 台空调；2008 年，每百户城镇居民拥有家用电脑 59.3 台、家用汽车 8.8 辆、移动电话 172 部，分别比 1997 年增长 21.8 倍、45.3 倍和 100.2 倍。2008 年农村居民家庭平均每百户年末拥有摩托车 52.45 辆，比 2000 年增加 21.94 辆，增长 1.4 倍；电话机 67 部，增加 40.63 部，增长 1.54 倍；移动电话 96.13 部，增加 91.81 部，增长 21.25 倍；空调 9.8 台，增加 8.5 台，增长 6.4 倍；家用计算机 5.36 台，增加 4.89 台，增长 10.4 倍。

**4. 居住条件和居住环境极大改善**

农村居民居住条件和居住环境明显改善。2008 年，农村居民人均居住支出为 678.8 元，比 2000 年增加 420.4 元，增长 1.63 倍，年均增长 12.8%。人均住房使用面积由 2000 年的 24.8 平方米增加到 2008 年的 32.4 平方米，增加 7.6 平方米。其中，砖木结构和钢筋混凝土结构住房占 87.3%，比 2000 年的 79.6% 提高了 7.7 个百分点。在农村居民住房面积增加的同时，居住条件也有了极大改善。2008 年使用水冲式卫生厕所的农户占 17.5%，比 2000 年提高 10.5 个百分点，而无厕所的农户占 7.4%，比 2000 年减少 6.3 个百分点；使用清洁燃油、燃气、电和沼气等的农户占 28.6%，比 2000 年提高 21.2 个百分点；饮用自来水的农户占 43.2%，比 2000 年提高 15.5 个百分点，而饮用浅井水、江河湖泊塘等非卫生水的农户占 24.4%，比 2000 年减少 10.9 个百分点；有 42.4% 的农户住宅外有水泥或柏油状路面，比 2004 年提高了 18.3 个百分点，而住宅外为土路等非硬质路面的农户占 34.5%，比 2004 年减少了 15.9 个百分点。

近年来，由于大量住宅建成使用，许多城镇居民家庭告别设施简陋的住房，迁入宽敞明亮、设施齐全的楼房，居住条件明显改善。2008 年，城镇居民人均住房使用面积增加到 23.0 平方米，比 1985 年的 8.6 平方米增长了 1.7 倍。其中，有 4.5% 的城镇居民家庭住上了单栋住宅，83.0% 的城镇居民家庭住在单元房中，仅有 12.5% 的家庭还住在筒子楼及平房中。住房设施的改善更为明显，2008 年，住房内有独用自来水的家庭达 98.4%，有厕所、浴室的家庭为 79.1%，有空调设备或暖气的家庭为 62.9%。大部分居民家庭的厨房摆脱了烟熏火燎，用上了快捷清洁的炊用燃料。2008 年，87.3% 的家庭使用管道煤气和液化石油气，以煤为主要燃料的家庭比重降到了 8.3%。

**5. 交通工具快速更新，出行更加快捷**

改革开放前，城镇居民出行主要使用的是公交车、铁路、轮船等公共交通工具。改革开放后，随着经济的快速发展，人民生活节奏加快，交流和沟通成为城镇居民生活中必不可少的需求，交通消费在消费支出中开始占据重要地位。2008 年，城镇居民人均交通消费 804 元，比 2000 年增长 4.0 倍，占消费支出比重的 7.2%，比 2000 年上升 4.0 个百分点。传统的交通通信方式已不能满足城镇居民越来越迫切的出行和沟通需求，人们追求更加方便、快捷的现代化交通方式。公共交通工具不再是出行的唯一选择，家用汽车、摩托车、电动车已经进入普通家庭，2008 年城镇居民用于购买、使用家庭交通工具的支出为 466 元，占所有交通费用的 58.0%，每百户城镇居民拥有家用汽车 8.8 辆，比 2000 年增长 16.7 倍。

改革开放前，农村居民交通运输工具主要是自行车、人力板车，乡村间基本都是土路。经过 30 多年的发展建设，农村交通基础设施明显改善。2008 年农村公路通车里程达 312.5 万公里，比 1978 年增长了近 4 倍，农村公路路网已经延伸到高原、山区，延伸到少数民族地区、贫困老区，全国乡镇通沥青（水泥）路率达 88.7%。随着农村居民与外界的交流日益扩大，现代化的交通通信工具迅速进入农村居民家庭，交通和通信支出也快速增长。2008 年每百户农村居民拥有摩托车 52.5 辆，比 2000 年增长 1.4 倍；购买交通工具支出人均 90 元，比上年增加 10 元多，增长 12.7%；交通客运费支出人均 56 元，比上年增加 1 元多，增长 2.2%。

### 6. 文化精神生活日益充实

旅游成为城镇居民休闲度假的新方式。随着人们生活水平的提高和生活观念的转变，特别是五天工作日的实行，以及从 1998 年开始增加的"五一"、"十一"长假，居民外出旅游越来越成为度假的首选方式。从短途的城市周边游、周末的省内游，到长假的国内游、出境游；旅游方式也从简单的跟团游逐步发展到自助游。城乡居民用于旅游的支出逐年增长，旅游人数不断攀升。2008 年国内旅游人数达 17.12 亿人次，比 2000 年增长 1.3 倍；人均旅游花费达 511.0 元，比 2000 年增长 19.8%。旅游受到了越来越多居民的喜爱和推崇，已成为人们陶冶情操、增长见识的重要途径。

文化设施不断增加，娱乐方式趋于多样化。随着城乡居民物质生活水平的不断提高，人们开始不断追求精神文化生活，文娱类消费日益受到居民的青睐。人们的休闲娱乐方式已从过去简单的"在家看电视，出门看电影"的单调生活变得丰富多彩起来，茶楼、酒吧、咖啡屋、书屋、度假村等多种休闲娱乐场所如雨后春笋般呈现在人们的面前，人们的闲暇生活更加丰富。此外，随着运动场所的不断增加，随处可见的社区健身一角，各大体育馆、游泳馆，各种健身房、瑜伽练功馆，都成了人们热衷的锻炼场所。居民家庭的教育投资理念也不断增强，无论是成人工作之余的充电，还是子女的课外兴趣班，居民的教育支出大幅增长。据统计，2008 年，城镇居民人均文化娱乐用品及服务支出为 736.1 元，比 2000 年增长了 1.79 倍，年均增长 13.67%；农村居民人均教育文化娱乐服务支出为 314.5 元，比 2000 年增长了 68.45%，年均增长 6.74%。

## 四 居民生活消费存在的主要问题

### 1. 居民消费率不断下降

尽管改革开放以来居民消费保持了较快的增长，但低于同期经济增长速度。由于居民消费慢于经济增长，居民消费率（即居民消费占 GDP 比重）呈不断下降的趋势。如表 5 所示，1978 年居民消费率为 48.8%，20 世纪 80 年代基本都在 50% 左右波动，但 90 年代以后逐年下降，2008 年降至 35.3%，比 1978 年下降了 13.5 个百分点。在这个过程中，城镇居民和农村居民对全体居民消费的影响也此消彼长，发生了很大的变化，城镇居民消费的影响逐步扩大，农村居民消费的影响逐步减小，1990 年，城镇居民消费规模第一次超过农村居民，成为居民消费的主导部分。之后，这一趋势不断强化，2008 年，在居民消费中，城镇居民消费的比重已达到 74.8%，农村居民消费的比重只有 25.2%，农村居民消费率也降到历史最低点，只有 8.9%。

表5　1978~2008 年居民消费率

单位：%

| 年份 | 居民消费率 | 农村居民 | 城镇居民 | 年份 | 居民消费率 | 农村居民 | 城镇居民 |
|------|-----------|---------|---------|------|-----------|---------|---------|
| 1978 | 48.8 | 30.3 | 18.5 | 2000 | 46.4 | 15.3 | 31.1 |
| 1979 | 49.1 | 30.6 | 18.5 | 2005 | 37.7 | 10.2 | 27.6 |
| 1980 | 50.8 | 30.7 | 20.0 | 2006 | 36.3 | 9.5 | 26.8 |
| 1985 | 51.6 | 31.0 | 20.7 | 2007 | 35.6 | 9.1 | 26.5 |
| 1990 | 48.8 | 24.2 | 24.6 | 2008 | 35.3 | 8.9 | 26.4 |
| 1995 | 44.9 | 17.8 | 27.0 | | | | |

## 2. 居民消费差距不断扩大

在居民消费不断增长的过程中，城乡差距和地区差距都在扩大。

从城乡差距看，不仅消费总额的差距在扩大，而且人均消费水平的差距也在扩大。2008 年，城镇居民与农村居民消费总额之比（农村居民消费总额 = 1）为 3.0，比 1978 年提高了 2.4；城镇居民和农村居民人均消费水平之比（农村居民人均消费水平 = 1）为 3.6，比 1978 年提高了 0.7。消费总额的城乡差距相对较小，但差距扩大得快，人均消费水平的城乡差距较大，但差距扩大得慢，特别是自 2000 年以来，城乡居民人均消费水平差距呈稳定的态势，基本都在 3.6 左右。

从地区差距看，人均消费水平地区间的差距较大，且呈不断扩大的趋势。在全国 31 个省（区、市）中，1993 年以来，全体居民人均消费水平最高的地区一直是上海市，最低的地区主要是西藏，有些年份是贵州或甘肃。1993 年，人均消费水平最高与最低地区之比（最低地区人均消费水平 = 1）为 5.3，2008 年扩大到 7.8，比 1993 年提高 2.5。分农村和城镇居民看，农村居民人均消费水平的地区差距比城镇居民的地区差距大一些，其中农村居民的地区差呈不断扩大的趋势，城镇居民的地区差相对比较稳定，但近几年有扩大的趋势。

## 3. 居民平均消费倾向逐步下降

居民平均消费倾向是指居民消费支出与收入之比，反映居民当期获得的收入用于当期消费的多少。城镇居民平均消费倾向等于城镇居民人均消费性支出与人均可支配收入之比，农村居民平均消费倾向等于农村居民人均消费支出与人均纯收入之比。如表6所示，20世纪90年代以来，居民平均消费倾向除了少数年份外基本上是逐年下降，由1990年的0.85下降至2008年的0.727，下降了0.123。其中，城镇居民平均消费倾向由1990年的0.847下降至2008年的0.712，下降了0.135，比居民平均消费倾向下降的幅度大。这表明城镇居民的收入用于即期消费的部分逐步减少，用于储蓄的部分逐步增加。农村居民平均消费倾向的变动可以分两个阶段，第一个阶段是1990～1999年，平均消费倾向逐年下降，由1990年的0.852降至1999年的0.714，下降了0.138，这一阶段农村居民消费倾向下降，储蓄倾向增加；第二个阶段是2000年以后，平均消费倾向基本呈逐年上升的趋势，2008年升至0.769，比2000年的0.741提高了0.028。这一阶段农村居民消费倾向增加，储蓄倾向下降。

**表6  1990～2008年居民平均消费倾向**

| 年份 | 居民消费 | 农村居民 | 城镇居民 | 年份 | 居民消费 | 农村居民 | 城镇居民 |
| --- | --- | --- | --- | --- | --- | --- | --- |
| 1990 | 0.850 | 0.852 | 0.847 | 2001 | 0.760 | 0.736 | 0.774 |
| 1994 | 0.823 | 0.833 | 0.814 | 2002 | 0.769 | 0.741 | 0.783 |
| 1995 | 0.828 | 0.831 | 0.825 | 2003 | 0.760 | 0.741 | 0.769 |
| 1996 | 0.813 | 0.816 | 0.810 | 2004 | 0.757 | 0.744 | 0.762 |
| 1997 | 0.793 | 0.774 | 0.811 | 2005 | 0.765 | 0.785 | 0.757 |
| 1998 | 0.770 | 0.736 | 0.798 | 2006 | 0.754 | 0.789 | 0.740 |
| 1999 | 0.757 | 0.714 | 0.789 | 2007 | 0.740 | 0.779 | 0.725 |
| 2000 | 0.774 | 0.741 | 0.796 | 2008 | 0.727 | 0.769 | 0.712 |

**4. 消费与投资的比例失调**

消费增速远低于投资增速，消费与投资的增速差距扩大，消费与投资的比例失调。自2001年以来，全社会固定资产投资实际增长速度快于社会消费品零售总额增长速度（见图1）。

虽然投资需求和消费需求的增长在短期内都可以拉动经济增长，但是，在长期内，投资增长和消费增长对经济增长的意义是不同的。消费是生产过程的最终环节，它使商品的价值和效用得以最终实现，一切产品只有进入了消费阶段，生产过程才算最终完成。但是，投资具有"二重性"，本期增加的企业固定资产投

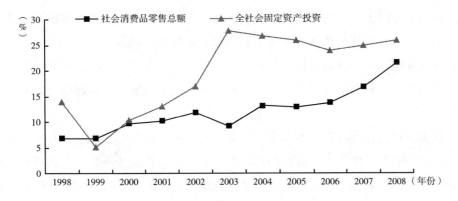

图 1　全社会固定资产与消费品零售总额增速比较

资和政府基本建设投资既会扩大当期的总需求，又会按照一定的比例形成资本存量，使得下一期的社会生产能力扩大，从而增加下一期的总供给能力。经济增长中如果消费需求增长与投资需求增长的比例失调，过分依赖投资来拉动经济增长，虽然可以实现短期的总需求和总供给的平衡，但是长期内总需求的增长将难以跟上总供给的增长，生产过剩的状况会日益严重，宏观经济将会严重失衡。目前，我国消费与投资的增速差距的扩大已经导致消费品相对过剩。

**5. 消费与储蓄的比例失调**

1991～2008 年，我国社会消费品零售总额与居民储蓄存款的比例呈现逐步下降的趋势（见表 7），由 1991 年的 1.02 下降到 2008 年的 0.50，下降了一半多。

表 7　1991～2008 年社会消费品零售总额与居民储蓄存款比例

| 年份 | 社会消费品零售总额/居民储蓄存款 | 年份 | 社会消费品零售总额/居民储蓄存款 |
| --- | --- | --- | --- |
| 1991 | 1.02 | 2000 | 0.61 |
| 1992 | 0.94 | 2001 | 0.58 |
| 1993 | 0.94 | 2002 | 0.55 |
| 1994 | 0.87 | 2003 | 0.51 |
| 1995 | 0.80 | 2004 | 0.50 |
| 1996 | 0.74 | 2005 | 0.48 |
| 1997 | 0.68 | 2006 | 0.47 |
| 1998 | 0.62 | 2007 | 0.52 |
| 1999 | 0.60 | 2008 | 0.50 |

在一定程度上，我们可以认为消费零售总额占储蓄存款的比例能够代表消费与积累的比例。从社会消费品零售总额与储蓄存款的比例逐步下降的趋势可以看出，目前我国存在消费增长过慢、积累过度的现象。在储蓄存款猛增的同时，居民消费的增长却相对疲软，社会消费品零售总额的增长速度几乎都低于同期储蓄增长速度。

积累是扩大社会再生产的源泉，任何社会要扩大再生产，都必须有一定的积累，在积累效果不变或不断提高的情况下，积累的增长就意味着社会物质技术基础的增强。但是积累过度会导致消费增长缓慢，影响未来积累的进一步增长，不利于促进生产的发展和人民的物质文化水平的不断提高。

## 五　提高居民生活消费水平的建议

### 1. 调整收入分配关系

收入是消费的基础，是影响居民消费最直接、最重要的因素。改革开放以来，我国国内生产总值年均增长 9.8%，而城镇居民人均可支配收入年均实际增长 7.2%，农村居民人均纯收入年均实际增长 7.1%，大部分年份经济增长都快于居民收入的增长。2007 年，劳动者报酬占国内生产总值比重为 39.7%，与发达国家水平相比还有很大提升空间。城乡居民平均消费倾向一起呈下降趋势，至 2008 年已下降到 0.727，说明要扩大消费需求就需要大力提高整体居民收入水平。

### 2. 着重提高农村居民和城乡低收入群体收入

农村居民消费有很大提升空间，从耐用消费品拥有量看，2008 年每百户城镇居民拥有家用电脑 59.3 台，农村居民为 5.4 台；每百户城镇居民拥有洗衣机 94.7 台，农村居民为 49.1 台；每百户城镇居民拥有电冰箱 93.6 台，农村居民为 30.2 台；每百户城镇居民拥有照相机 39.1 架，农村居民为 4.4 架；每百户城镇居民拥有空调 100 台，农村居民为 9.8 台。农村居民边际消费倾向高于城市居民，2008 年，城镇居民边际消费倾向为 0.56，农村居民边际消费倾向为 0.65。促进农村居民增收对其消费的拉动作用将十分明显。

城乡低收入群体平均消费倾向明显高于高收入群体，提高他们的收入将能大大拉动该群体消费，从而更大地撬动全社会消费。更重要的是提高他们的收入能帮助其改善生活质量，切实促进社会和谐稳定。

### 3. 促进消费结构升级

中等收入群体边际消费倾向较高。西方发达国家的经验也表明，中等收入群体的消费能力和消费意愿强，是拉动消费的主要力量。培育稳定的中等收入群体对于逐步形成相对合理的"两头小，中间大"的"橄榄形"社会阶层结构十分关键。要从城乡居民的收入环境及消费环境出发，研究农村市场、城市市场及城市中不同收入群体的消费需求，针对高、中、低不同收入消费群体的需求进行市场细分，整合市场资源，进行商品和服务的特色化经营，逐步改变消费品市场结构性过剩与结构性短缺并存的现状。

### 4. 提高城镇居民的消费倾向

有研究表明，居民消费收入差距扩大会降低居民的消费倾向，因为低收入者消费能力不足，高收入者边际消费倾向递减。因此，收入差距越大，对全体居民消费倾向的负向拉动作用就越大。1995～2008 年，城镇居民最高收入与最低收入差距扩大了将近 5 倍，城乡收入差距扩大了近 1 倍，这是造成居民消费倾向下降 0.101 的一个重要的原因。

通过收入分配政策调整收入差距，实际上就是在居民收入持续增长的同时，不断提高中低收入群体收入增长的幅度。一是通过规定最低工资标准，严格规范劳动保险计划，提高居民在收入初次分配中的比重；二是在收入再分配中，通过所得税和财产税等税收手段调节高收入者的收入，通过鼓励性的资本转移政策和经常转移政策实现收入由高向低的转移，提高中低收入者特别是低收入者的收入水平；三是通过进一步完善财政转移支付制度，抑制地区间收入差距的扩大。

### 5. 增加基础教育、基本医疗和社会保障的投入

在增加公共教育经费总支出的同时，着重调整政府对基础教育和高等教育公共支出结构，适当加强基础教育投入，扩大公共教育经费支出对居民的受惠面，提高全体公民的基础教育水平。增加公共医疗卫生支出，扩大社会医疗保险范围，逐渐降低个人卫生支出比重。在社会保障方面，一方面要形成由政府、企业和个人共同承担的社会保障收入来源；另一方面，要增加社会保障支出项目、扩大社保的覆盖面。应强化政府在公共教育、医疗卫生和社会保障方面的职能，为居民生活构建"学有所教、病有所医、老有所养、困有所帮"的社会安全保护体系。这既是提高居民即期消费倾向、降低储蓄率的前提，也是减缓外部冲击、增强经济增长稳定性的有力保障。

# Income and Consumption Conditions of the Urban and Rural Residents in China, 2009

**Abstract:** In 2009, income of Chinese urban and rural residents continues rising. The income growth rate of urban residents has increased while that of rural residents has slightly decreased. At the same time, living standards get further improvement, consumption structure upgraded and quality of life keeps improving. The progress of constructing Well-Off society marches forward. Meanwhile, some problems have emerged as well, such as the decline of household consumption rate (the proportion of household consumption to GDP) and average propensity to consume (the percentage of income spent), the widening gap between consumption among residents, and the imbalance between consumption and savings/investment. Policy recommendations are made in this paper in order to resolve these problems.

**Key Words:** Income of Residents; Consumption of Residents; Quality of Life

# 2009 年：国际金融危机下的就业形势和政策

莫 荣 赵立卫 陈 兰*

**摘 要**：国际金融危机对我国就业的冲击之大，前所未有。导致企业现有就业岗位大约减少 8%，城镇失业率上升，这是最近 6 年来未出现过的情况。在国际金融危机对我国就业的冲击中，受到影响较大的群体是农民工和大学毕业生。中央政府实施了更加积极的就业政策，就业形势已经开始好转，2009 年能够实现新增就业 900 万个，把城镇登记失业率控制在 4.5% 左右。

**关键词**：国际金融危机 就业状况 就业政策

## 一 2009 年就业形势分析

### （一）全国累计实现城镇新增就业 851 万人，为全年目标的 94%；城镇登记失业率为 4.3%，就业形势总体保持稳定

2009 年 1 ~ 9 月，城镇新增就业 851 万人，完成全年 900 万目标的 94.5%[①]；下岗失业人员再就业 402 万人，完成全年 500 万目标的 80.4%；就业困难人员实现就业 120 万人，完成全年 100 万目标的 120%。截至第三季度末，全国城镇登

---

\* 莫荣，人力资源和社会保障部劳动科学研究所副所长、研究员，所学术委员会主任，中国劳动学会企业人力资源专业委员会会长；赵立卫，人力资源和社会保障部劳动科学研究所副研究员；陈兰，人力资源和社会保障部劳动科学研究所助理研究员。

① 人力资源和社会保障部 2009 年第三季度新闻发布会，http：//www. lm. gov. cn/gb/news/2009 - 10/23/content_ 330603. htm。

记失业人员 915 万人，城镇登记失业率为 4.3%，与上季度末持平。

2008 年 7 月至 2009 年 9 月底，政府组织汶川地震灾区对口就业援助，共实现有组织劳务输出 65.2 万人，其中省外 47.5 万人；灾区劳动者实现本地就业人数 135.7 万人，其中公益性岗位安置 21.9 万人。

2009 年前三季度实施特别职业培训计划，全国共开展各类职业培训 2000 多万人次，全国参加职业技能鉴定人数为 956.9 万（2008 年同期为 884 万），获取职业资格证书人数为 813.6 万（2008 年同期为 751 万），其中新增技师和高级技师 16.4 万（2008 年同期为 15.4 万）。

### （二）劳动力市场岗位空缺与求职人数的比率持续回升，需求人数同比增加了 16.2%

中国劳动力市场信息网监测中心在全国 102 个城市公共职业介绍服务机构搜集的劳动力市场职业供求状况信息表明[1]：2009 年第三季度，用人单位通过劳动力市场招聘各类人员约 576.7 万人，进入市场的求职者约 610.5 万人，岗位空缺与求职人数之比约为 0.94。

分区域来看，东、中、西部的岗位空缺与求职人数之比分别为 0.99、0.89、0.87；在东部地区，环渤海、长江三角洲、珠江三角洲、闽东南地区的岗位空缺与求职人数之比分别为 1、0.99、0.84 和 0.98。

2009 年第三季度与上季度相比，需求人数、求职人数分别增加了 57.2 万人和 17.4 万人，各增长了 11.3% 和 3.0%。分区域来看，东部城市 2009 年第三季度的需求人数和求职人数分别比上季度增加了 50.4 万人和 20.2 万人，各增长了 16.3% 和 5.8%；中部城市 2009 年第三季度的需求人数和求职人数分别比上季度减少了近 1 万人和 3.7 万人，各下降了 0.8% 和 2.7%；西部城市 2009 年第三季度的需求人数和求职人数比上季度分别增长了 10.7% 和 1%。在东部地区，长江三角洲、闽东南地区的供求人数均有较大增长，需求人数分别比上季度增加了 33.3 万人和 15 万人，各增长了 20.7% 和 32.3%；求职人数分别比上季度增加了 14.6 万人和 11.7 万人，各增长了 8% 和 23.2%；珠江三角洲地区的供求人数下

---

① 中国劳动力市场信息网监测中心，《2009 年第三季度部分城市公共就业服务机构市场供求状况分析》。

降幅度较大，需求人数和求职人数分别比上季度减少了 4.1 万人和 5.9 万人，各下降了 32.8% 和 36.9%；环渤海地区的需求人数比上季度增长了 5.7%，求职人数比上季度下降了 1.9%。

2009 年第三季度与 2008 年同期相比，需求人数和求职人数分别增加了 66 万人和 77.4 万人，各增长了 14.2% 和 16.2%。分区域来看，东部城市 2009 年第三季度的需求人数和求职人数分别比 2008 年同期增加了 56 万人和 64.5 万人，各增长了 18.9% 和 22.1%；中部城市 2009 年第三季度的用人需求和求职人数分别增加了 9.4 万人和 8.2 万人，各增长了 8.7% 和 6.7%；西部城市 2009 年第三季度的用人需求和求职人数分别增长了 0.9% 和 7.3%。在东部地区中，环渤海、长江三角洲、闽东南地区城市的用人需求分别增加了 12.2 万人、34.5 万人和 12.2 万人，各增长了 16%、22% 和 24.7%；求职人数分别增加了 19.8 万人、31.1 万人和 15.5 万人，各增长了 28.6%、19.4% 和 33.2%；珠江三角洲城市的用人需求和求职人数分别减少了 3.5 万人和 3.3 万人，各下降了 29.7% 和 24.6%。

### （三）从总量结构看，第三产业的用人需求依然占主体地位

第一、二、三产业需求人数所占比重依次为 2.2%、39.6% 和 58.2%。2009 年第三季度与 2008 年同期相比，第二产业的需求比重上升了 1.6 个百分点，第三产业的需求比重下降了 1 个百分点。

从行业需求来看，81.6% 的企业用人需求集中在制造业、批发和零售业、住宿和餐饮业、居民服务和其他服务业、租赁和商务服务业、建筑业，以上各行业的用人需求比重分别为 33.6%、15.8%、11.9%、9.9%、6.3% 和 4.1%（见图 1）。其中，制造业和建筑业的用人需求分别占第二产业全部用人需求的 85% 和 10.4%，二者合计为 95.4%；批发和零售业、住宿和餐饮业、居民服务和其他服务业、租赁和商务服务业的用人需求分别占第三产业全部用人需求的 27.1%、20.4%、17.0% 和 10.8%，四项合计为 75.3%。

第二产业中，2009 年第三季度制造业的需求比重与上季度和 2008 年同期相比分别上升了 1.7 和 2.6 个百分点；建筑业的需求比重与上季度持平，比 2008 年同期下降了 0.4 个百分点。第三产业各行业中，与上季度和 2008 年同期相比，批发和零售业、住宿和餐饮业的需求比重均有所下降。

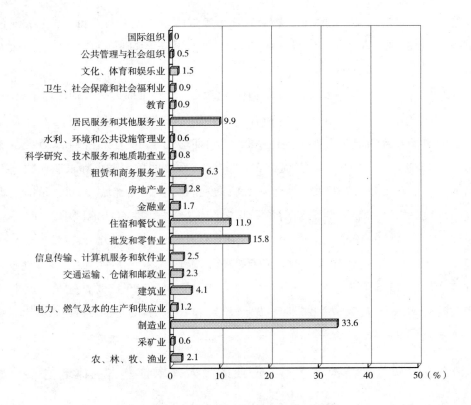

图1 按行业分组的需求比重

**（四）从用人单位看，96.4%的用人需求集中在企业，机关、事业单位的用人需求比重仅占0.8%，其他单位的用人需求比重为2.8%**

在企业用人需求中，内资企业占75.7%，其中私营企业、有限责任公司和股份有限公司的用人需求较大，所占比重分别为27.0%、25.5%和9.0%，国有、集体企业的用人需求比重仅为5.1%；港、澳、台商投资企业的用人需求比重为6.2%；外商投资企业的用人需求比重为8.3%；个体经营的用人需求比重为9.8%（见图2）。

2009年第三季度与2008年同期相比，内资企业的用人需求比重增长了3个百分点，港、澳、台商投资企业的需求比重下降了2.2个百分点，外商投资企业的用人需求比2008年同期下降了1.3个百分点。

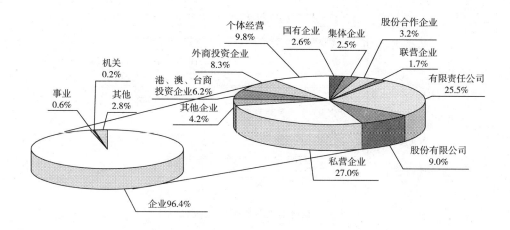

**图 2　按用人单位性质分组的需求比重**

## （五）从各类职业的需求状况看，生产运输设备操作工、商业和服务业人员是用人需求的主体

生产运输设备操作工、商业和服务业人员是用人需求的主体，所占比重分别为 36.3% 和 33.2%，二者合计约占全部用人需求的 69.5%。此外，专业技术人员、办事人员和有关人员的用人需求也比较大，所占比重分别为 11.6% 和 10.1%。

2009 年第三季度与 2008 年同期相比，商业和服务业人员的需求比重上升了 0.1 个百分点，生产运输设备操作工的需求比重上升了 3.5 个百分点。

从求职情况看，求职人员相对集中的职业也是生产运输设备操作工、商业和服务业人员，其所占比重分别为 31.5% 和 29.7%，两者合计约占总求职人数的 61.2%。办事人员和有关人员、专业技术人员的求职比重分别为 14% 和 12.7%。

2009 年第三季度与 2008 年同期相比，商业和服务业人员的求职比重上升了 0.3 个百分点，生产运输设备操作工的求职比重上升了 1.7 个百分点。

从供求状况对比来看，商业和服务业人员、生产运输设备操作工、农林牧渔水利生产人员的劳动力需求大于供给，其岗位空缺与求职人数之比分别为 1.02、1.05 和 1.07（见图 3）。

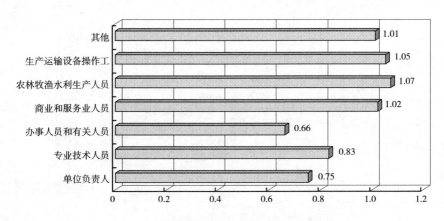

图3 按职业类别分组的供求人数对比

## （六）在所有求职人员中，失业人员①所占比重为51.8%

其中，新成长失业青年占23.7%（在新成长失业青年中应届高校毕业生占42.2%），就业转失业人员占16.1%，其他失业人员占12%；外来务工人员的比重为36.9%，外来务工人员是由本市农村人员和外埠人员组成，其所占比重分别为15%和21.9%。

2009年第三季度与上季度相比，失业人员的求职比重上升了1.4个百分点，其中，新成长失业青年的求职比重上升了1.1个百分点，就业转失业人员的求职比重下降了0.4个百分点，其他失业人员的比重上升了0.7个百分点；外来务工人员中，本市农村人员的求职比重基本持平，外埠人员的求职比重下降了1.4个百分点。

2009年第三季度与2008年同期相比，失业人员的求职比重上升了3.3个百分点，其中，新成长失业青年的求职比重上升了2.1个百分点，就业转失业人员的比重上升了1.1个百分点，其他失业人员的比重上升了0.1个百分点；外来务工人员中，本市农村人员的求职比重上升了0.9个百分点，外埠人员的求职比重下降了1.5个百分点。

## （七）劳动力市场的结构特征依然明显

分性别组，男性求职人数多于女性，所占比重分别为55.6%和44.4%。从

---

① 失业人员＝新成长失业青年＋就业转失业人员＋其他失业人员。

供求状况对比看，男性的岗位空缺与求职人数的比率为 0.91，女性的岗位空缺与求职者比率为 0.99。

分年龄组，16～24 岁、25～34 岁、35～44 岁、45 岁以上各年龄组的岗位空缺与求职人数的比率分别为 0.85、1.06、0.96 和 0.94。

分文化程度组，初中及以下、高中、大专、本科、硕士及以上各文化程度的岗位空缺与求职人数的比率分别为 1.07、0.96、0.82、0.78 和 0.76。

分技术等级，各技术等级的岗位空缺与求职人数的比率均大于 1，劳动力需求大于供给。其中高级工程师、高级技师和技师的岗位空缺与求职人数的比率较大，分别为 2.28、2.24 和 1.95。

用人单位对技术等级有明确要求的占总需求人数的 49.5%，主要集中在初级技能人员、中级技能人员和技术员、工程师，其所占比重合计为 42.6%。

## 二　金融危机对我国就业的冲击和挑战

### (一) 金融危机对我国就业的冲击之大，前所未有

**1. 国际金融危机传导到我国，一开始就严重冲击了实体经济和就业**

一方面，危机首先影响外向型企业和外部投资及其就业。由于外部需求骤降，订单锐减，出口增速迅速下降，由 2008 年 3 月的增长 30.6%，下降到 2009 年 3 月的 -17.1%，下降了 47.7 个百分点。按照出口每变化一个百分点影响 20 万个就业机会来计算，相当于减少了大约 950 万个就业机会。大量出口加工型企业和外贸企业受到直接冲击后陷入经营困境，部分抗风险能力差的中小企业倒闭，一大批工人失业或放长假。同时，由于资金链断裂，外部投资也大幅减少，使外商在建和拟建投资项目受到影响，对实体经济和就业也产生了不利影响。

另一方面，危机通过产业链迅速向实体经济蔓延。我国作为出口产品的生产方，在出口企业受到严重影响的同时，为其提供能源、原材料、物流和服务的企业也随之受到影响，其中资源性行业因国际大宗商品市场价格的大幅下滑和国内需求的减弱受损较大，不少企业陷入困境；进而通过产业链和消费等途径迅速波及房地产、建筑、建材、钢铁、纺织、装备制造及旅游等行业，由沿海地区向内陆地区扩展，对我国经济和就业造成严重冲击。

**2. 金融危机突发性的影响与我国经济结构中固有矛盾的叠加，使就业矛盾更加尖锐突出**

金融危机对我国经济和就业的影响具有突发性的特点，在 2008 年下半年集中爆发，适逢我国经济出现下行苗头，加上我国经济体系自身存在的产能过剩、对外需依赖过高、中小企业生存环境不良、抗风险能力弱等固有矛盾，使金融危机对经济和就业的影响进一步加剧。

从就业方面看，我国人力资源市场的供求本来就相当紧张，失业人员再就业、城镇新增劳动力就业和农业富余劳动力转移就业形成了"三峰叠加"，而就业结构中能够大量吸纳就业的第三产业发展迟缓，劳动力素质不适应企业需求问题突出，就业的总量矛盾和结构性矛盾在中长期内难以缓解。在金融危机突如其来的冲击下，本来已经十分突出的就业矛盾骤然加剧，异常尖锐。

**3. 金融危机导致企业现有就业岗位大约减少 8%，城镇失业率上升，这是最近 6 年来未出现过的情况**

受金融危机影响，企业现有就业岗位大幅减少。人力资源和社会保障部对部分省区的抽样调查显示，2008 年 10 月至 2009 年 1 月，平均有 40% 的企业出现过岗位净减情况，全部监测企业的岗位增减相抵为净减，减幅达到 - 8.1% 。

在金融危机对我国就业的冲击中，农民工最先受到影响。农民工占第二产业全部从业人员的 58% ，占加工制造业从业人员的 68% ，特别是沿海出口加工型企业的农民工就业人数众多，因金融危机造成的失业、待岗或返乡情况严重。据国家统计局的调查，2009 年春节前，有 1200 多万农民工因受金融危机的影响暂时失去就业岗位返乡，占外出农民工总量的 8.5% 。

城镇失业率上升，困难群体就业更加困难。2008 年末，城镇登记失业率同比上升 0.2 个百分点，较上年增加了 56 万人，为近三年来的最高点。企业在金融危机的影响中往往最先裁掉灵活就业群体，大量灵活就业人员转为失业，而经济形势的恶化进一步导致他们再就业困难程度加深。

城镇就业需求的减少导致大学生就业矛盾更加突出。2009 年，高等院校毕业生达到 610 万人的新高，比 2008 年高出 9% ，而就业主渠道的企业招收人数却减少了两成。2009 年上半年抽样调查中，城镇 16 ~ 24 岁青年失业率超过 11% ，比平均失业率高出一倍。

**（二）金融危机的影响尚未见底，对经济尤其是就业的影响仍将持续较长时间**

**1. 源自美国的金融危机已经演变为席卷全球的实体经济危机，经济危机具有周期性的特点，我国经济与世界经济联系紧密，难以独善其身**

从历史经验和经济理论来看，经济危机一般要经历"危机—萧条—复苏—繁荣"这样一个完整的周期，经济通常需要 2～3 年或更长时间才能进入恢复阶段。从目前情况看，外部经济特别是各主要经济体的下滑尚未见底，外需短期内难以回升，而要恢复到前几年处于膨胀时期的投资和消费的难度就更大了，因而我国出口的恢复将是一个长期的过程。

总体来看，我国国民经济正处于趋稳回升的重要阶段，但部分经济指标（如外贸增长率、CPI、用电量等）仍然处于同比下滑或波动较大阶段，回升过程中还存在不确定、不稳定的因素，加上外需持续疲软、国内消费不足、财政投入拉动缺乏持续性、民间投资还没有启动，以及出现通货膨胀的预期等，都给未来经济走势增加了不确定性。

同时，中西部所受的影响开始显现出来，一些新的问题开始暴露。在河北、云南等地，金融危机的影响呈现"来得晚、影响深、走得迟"的特点，大范围的资源型企业陷入困境。就全国范围看，钢铁、纺织等几个主要行业的下滑尚未见底，出口型加工业企业仅 30% 恢复到正常生产水平。中小企业陷入困境，工业和信息化部调查表明，2009 年 1～3 月份部分中小企业订单同比下降 20%～30%，有些甚至达到 50%。

**2. 我国经济无论短期恢复还是长期可持续发展，必须主要依靠扩大内需来实现，而失业的增加、收入的减少，不仅直接造成生产和消费的减少，还将影响我国调整内需的战略，在短期和长期均对经济和就业的增长形成负面的影响**

当前就业表现为三个特点：一是新增就业岗位被企业岗位流失抵消。2008 年 10 月份到 2009 年 6 月份，全国企业岗位流失率为 8%，推算大约有 620 万人失去工作岗位，而新增就业 750 万人，增减相抵，仅增加 130 万个工作岗位。二是工作收入减少。大批返城实现就业的农民工中，普遍存在就业岗位不稳定、报酬减少的现象。三是就业状况虽有好转，但基础不稳固。新增就业人员中，灵活

就业人员占 30% ~ 40%，这一群体的社保覆盖面仅一半左右，没有社保支撑的群体就业处于不稳定状态。

就业岗位和工作时间的同时减少，导致劳动者收入下降，从而引发消费的萎缩，进一步影响就业和重整信心。一方面，劳动者因就业和工时减少导致的收入减少，造成消费萎缩，必然进一步引起经济的衰退和就业的减少；另一方面，大量失业人员的存在，对就业者形成巨大压力，直接影响了他们的就业预期，进而缩减自身消费，也影响了经济增长的基础。

**3. 应对危机的政策落实及效果显现需要一段时间，经济走势对就业的影响也具有滞后性，就业形势恢复到常态尚需时日**

一是从中央政策到地方具体落实需要一定时间。中央制定的经济发展和就业新政需要层层落实，各地也要根据本地区的具体情况加以调整和补充并具体实施，客观上需要一定时间才能将各项政策真正落实到位，充分发挥应有作用。

二是应对危机经济政策的效果显现具有延展性。一般而言，投资对经济的影响除了当期影响外，还有一年左右的延展期，等项目最终完成才会真正发挥作用。而货币政策作为总量调控政策，往往要经过更长时间才会发生作用。

三是从历史经验和理论研究来看，经济走势对就业的影响具有滞后性。就业总量通常比经济增长、发电量等指标滞后一个季度，而外贸对就业的影响则会滞后 3 ~ 4 个季度才能显现出来。

**4. 失业率的变化是经济变化的"晴雨表"，当前世界各主要经济体的主要经济指标和失业率均处于下降通道，金融危机的影响尚未见底**

美联储预计 2009 年经济下滑幅度为 - 1% ~ - 1.5%，失业率将达到 10.1%。欧盟委员会发布的报告估计，欧盟经济在 2009 年将缩减 4%，预计欧元区经济 2010 年将萎缩 0.1%，欧盟 27 个国家的失业人数在 2010 年将达到 10.9%。

据国际劳工组织最新报告估计，2009 年全球失业率从 2007 年的 5.7% 升至 2009 年的 6.5% ~ 7.4%，全球失业人数将上升至 2.10 亿 ~ 2.39 亿人，比 2007 年增加了 2900 万 ~ 5900 万人。同时，估计全球一半工作岗位受到严重冲击，工作中的贫困人口比 2007 年约增加 2 亿人。

### （三）金融危机对我国就业提出的重大挑战

**1. 金融危机对我国就业的冲击凸显就业供大于求的总量性矛盾，并使得结构性矛盾尖锐化，急需出台组合性的政策予以解决**

金融危机对就业的冲击表现在四个方面：一是企业岗位大量流失，大批农民工失去原有工作岗位。二是需求减少使城镇新增劳动力的就业渠道堵塞，加剧了大学生及其他城镇群体的就业困难。三是灵活就业群体受到冲击较大。灵活就业群体的市场需求下降，新增就业中 30% ~40% 是灵活就业，主要得益于社保补贴支撑，但目前只有约半数劳动者享受社保补贴。四是在就业总量供需矛盾增大的同时，结构性矛盾更加突出，加大了解决问题的难度。

另一方面，面对严峻而错综复杂的就业局面，常态下解决就业、失业的政策措施明显不足，急需采取宏观和微观、应急和长效、直接和间接等多种组合性政策措施和渠道解决诸多就业难题。

既要从启动内需、减缓冲击影响、保持经济持续平稳增长的宏观经济角度入手，通过保增长来保就业，又要在保增长的各项政策中，充分体现就业优先的原则，通过保企业，特别是扶持中小企业和发展劳动密集型企业来实现稳定和促进就业；既要根据实际需要，制定和采取各种临时性措施满足当前的迫切需要，又要从长计议，扩大和深化教育培训，提高劳动者素质，解决结构性矛盾；既要关注经济发展，又要努力提高人力资源和社会保障工作水平，加强服务能力建设。做好上述工作，特别是搞好政策的总体组合和长短结合，相当重要而紧迫，这对我们应对危机的能力构成重大挑战。

**2. 对外需和投资过高依赖的经济发展模式难以为继，加快调整转向以内需为支撑的经济发展模式势在必行，这对就业工作提出了新的更高的要求**

过高依赖外需和外部投资的经济发展模式调整势在必行。我国外贸加工业的主要市场是欧美、日本等发达国家和地区，相当部分外部投资也来源于此。而欧美、日本等发达国家和地区是本次金融危机的重灾区，金融危机已演变为实体经济危机，普遍出现经济停滞和衰退、投资和消费锐减的情况。由于经济危机具有自身的规律性，其经济在短期内难以走出困境，恢复到正常水平尚需时日。这意味着我国外需和外部投资在短期内难以恢复到以往水平，中长期内也很难获得快速增长。

我国对外出口中很大一部分是低端加工产品，而支撑这一格局的劳动力成本的比较优势在未来也会逐渐失去。发展中国家工业化的过程，也是社会整体劳动生产率逐步提高的过程。经济学告诉我们，在存在企业竞争和劳动力自由流动的条件下，工资必然要反映劳动生产率状况，因此，劳动力成本必然不断上升。以劳动力成本优势为支撑的低端出口加工业将逐渐丧失竞争优势，以外需为主要支撑的经济发展模式必然随之改变，扩大内需在经济发展中的作用成为不二选择。

因此，推动出口产品结构调整、推动产业升级成为必然选择。在全球经济一体化日益深化的背景下，我国参与国际产业分工的基本趋势不会改变，保持对外贸易的稳健增长仍然是经济发展的必然要求。但在劳动力成本不断上升的趋势下，保持对外贸易比较优势的途径是保持劳动生产率与工资的同步增长。这就要求我国调整出口产品结构，提高出口产品的附加值，以相同的人工成本创造更多价值。这意味着当前调整产业结构、推动产业升级的必然性，对劳动者的素质提出了更高的要求。

**3. 在新增就业受到影响的同时，如何稳定就业、减少岗位流失成为影响全局的重要问题**

严峻的就业形势充分说明，稳定就业与新增就业同等重要。一是在金融危机的冲击下，我国企业就业存量在2008年底减少了8%，企业就业岗位增减相抵为净减少。新增就业的成果大部分被存量流失抵消。二是在实体经济下滑的情况下，增加就业本身就十分困难。因此，采取积极措施稳定现有就业岗位，是稳定就业局势的关键。三是就业与经济发展关系密切，经济增长是拉动就业的引擎，就业也是支撑经济发展的重要力量。维持就业存量，保住就业岗位，是维持社会产能、保民生促消费的重要途径，也是保稳定的基础。

近十年来，在经济增长向好的背景下，促进就业关注的重点是新增就业，而对稳定就业的关注不够，相关政策措施缺乏。面对严峻的现实，必须将稳定就业放在与新增就业同等重要的位置，制定和采取相应的政策措施，加大保存量、保岗位的力度。特别需要指出的是，中小企业是吸纳就业的主力，但在危机的背景下，大量中小企业深陷困境，发展环境紧缩，政策关注不够，必然影响就业的稳定和扩大。

**4. 金融危机的冲击暴露出人力资源和社会保障工作能力的严重不足，能否适应新形势和新要求，加强人力资源和社会保障工作能力建设成为重大挑战**

一方面，危机中公众对就业服务和职业培训提出了更高要求。一是，当前就业市场信息和监控不足。如灵活就业、正规就业部门中的非正规就业群体的就业稳定性差，处于失业风险的最前沿，但这部分群体的就业和失业情况按现有信息统计体系无法掌握。再如，占吸纳就业主流地位的大量小企业或微型企业的雇用情况不在当前常态统计范围之内，成为掌握社会就业全貌及制定相关政策的盲点。二是，我国目前基本没有建立失业预警系统。部分地区已建立的失业预警系统存在技术、制度和管理层面的不足，未真正发挥应有的作用。危机来临时，难以作出及时判断和启动应对预案。三是，农民工没有接受充足的职业培训。在危机中，农民工及其他就业困难群体大量失业或就业稳定性不足，其中很重要的原因是职业技能不足，综合素质不高。

另一方面，社会保障体系覆盖面窄，保障程度不够。突出表现在对城镇灵活就业群体和非就业群体的保障不足，农村人口的医疗保障程度较低，农村养老保险制度尚未真正建立，社保制度难以适应劳动者跨地域流动和身份转换等。在危机冲击下，上述问题更加凸显。

## 三  我国应对金融危机的就业政策

### （一）就业政策措施快速有力、统筹兼顾、突破创新

#### 1. 出手快，力度大

为应对金融危机对我国就业带来的严重冲击，国务院和有关部门制定并实施了一系列稳定和扩大就业的政策措施，主要包括国务院下发的一个综合性的政策措施文件，国务院办公厅下发的农民工工作、大学生就业和创业带动就业三个文件，以及人力资源和社会保障部等部门联合发布的特别培训计划、就业服务系列活动和减轻企业负担稳定就业的三个文件，它们共同构成了应对金融危机的就业新政策。这七个文件从 2008 年 9 月底至 2009 年 2 月初出台，到 2009 年 5～6 月份各省及地级市也全部出台了配套政策。从中央到地方，政策出台之快，力度之大，含金量之高，历史少有。

这些政策措施主要涉及六方面的内容和目标：一是通过经济发展拉动就业。实行大规模投资拉动就业计划，结合 4 万亿元投资计划，两年共拉动 2416 万个就业岗位。二是帮扶企业克服困难，努力稳定就业。实行"五缓四减三补两协

商"的援企稳岗计划，2009 年计划为企业减负 2000 亿元，稳定 2000 万个就业岗位。三是加大政策扶持力度，鼓励自主创业。实施促进创业带动就业计划，2009 年计划扶持城乡劳动者 150 万人创业，带动 450 万人就业。四是针对重点人群特点，统筹安排就业。把高校毕业生就业摆在当前就业工作的首位，2009 年努力实现 500 万以上毕业生就业；做好农民工就业工作，通过"春风行动"帮助 800 万农民工转移就业；做好城镇失业人员特别是就业困难人员再就业工作，通过就业援助行动帮助 100 万困难人员实现再就业。五是推出特别职业培训计划，提高劳动者就业能力。2009 年计划组织 1500 万城乡劳动者参加职业培训。六是加强公共就业服务，改善就业环境。2009 年计划为 2500 万城乡劳动者提供免费公共就业服务。

**2. 组合性强，统筹兼顾，长短结合**

这些政策的制定和实施体现了五个结合：一是积极就业政策与宏观经济政策更加紧密地结合；二是扩大就业与稳定就业相结合；三是实施短期应急的对策措施与形成长效机制相结合；四是政府引导与市场调节相结合；五是中央政策资金投入与发挥地方主动性相结合。

**3. 在稳定就业、失业应急、自主创业政策方面实现突破**

应该特别指出的是，目前实施的就业新政有三个首次突破。

（1）首次提出了稳定就业的政策措施。我国 2002 年以来实施的积极就业政策，主要把扩大和促进就业放在经济社会发展的突出位置，取得了很好的效果。金融危机发生以来，部分企业生产经营遇到困难，就业压力明显增大，就业形势日趋严峻，稳定企业现有岗位成为当务之急。政府及时出台一系列稳定就业的政策措施，通过缓缴五项社会保险费、降低四项社会保险费率减轻企业负担，使用失业保险基金支付社会保险补贴和岗位补贴来稳定就业岗位，从而鼓励困难企业尽量不裁员或少裁员，稳定就业局势。这是积极就业政策实施以来，首次提出并实行的稳定就业的政策，填补了积极就业政策的空白，实现了稳定就业与扩大就业并举。

（2）首次从国家层面启动了危机下的失业应急政策措施，为建立长效的失业预警机制提供了很好的经验。2008 年起正式实施的《就业促进法》明确要求县级以上人民政府建立失业预警制度，对可能出现的较大规模的失业实施预防、调节和控制。失业预警制度有别于常规的就业和失业政策措施，它是在就业出现非常规情况下采取的非常规政策措施。由于法律实施的时间短，各地的失业预警制度还未真正建立，更谈不上启动实施了。在应对金融危机冲击中，政府首次从国家层面启动了应对失业的应急政策措施，包括在安排 4 万亿元政府投资和重大建设项目时考虑拉动就业因素、加大信贷对服务业和中小企业的支持、启动社会保障的费用延期征缴和减免、使用失业保险基金帮助企业减负稳岗、实施特别培训计划、规范企业裁员行为等。这些措施既涉及宏观经济政策，也包含了就业和社会保障政策，为以后解决突发性的、大规模失业问题提供了很好的经验，也为建立长效失业应急预案奠定了很好的基础。

（3）首次启动了创业促就业，成为应对危机的一个新支撑点。我国扩大就业有四条基本渠道：一是企业和单位吸纳就业，二是政府开发公益性岗位安置就业，三是劳动者灵活就业，四是自主创业。在当前及今后一个时期我国就业形势严峻，前三条渠道对扩大就业的作用受限的情况下，促进创业带动就业就成为实施积极就业政策的重要举措，是应对国际金融危机、稳定我国就业形势的有效途径。政府通过强化创业服务和创业培训，改善创业环境，在市场准入、场地安排、税费减免、小额担保贷款、免费就业服务和职业培训等方面给予扶持，形成政策扶持、创业培训、创业服务"三位一体"的工作机制，鼓励更多的城乡劳动者通过自主创业实现就业。通过自主创业，劳动者个人不仅靠自找项目、自筹资金、自主经营、自负盈亏、自担风险来实现新的就业，而且带动其他劳动者就业，能产生创业的就业倍增效应。即使今后有一些创业者失败了，创业精神和政府的扶持也会促使他们再次创业，这也是这次应对金融危机解决就业问题与十年前解决下岗失业人员就业问题的最大区别。

## （二）现行就业政策实施的积极作用

### 1. 实施更加积极的就业政策稳定了就业局势，就业市场出现了积极变化

2009 年第二季度人力资源市场岗位空缺与求职者比例为 0.88，比第一季度提高了 0.02；第二季度城镇登记失业率为 4.3%，但失业人数比第一季度减少了 9 万人，出现了趋稳的态势。新增就业也呈现波动中回升的趋势，2009 年 1~6 月，全国城镇新增就业 569 万人，完成全年目标任务 900 万人的 63%。月均新增就业 95 万人，扭转了 2008 年第四季度快速下滑（月均 59 万人）的

趋势。

目前总体就业形势比较稳定，主要得益于四方面的因素。首先，积极就业政策的多年实施已有一定的工作基础，仍在继续发挥作用。比如对困难群体实行就业援助早已列入《就业促进法》，地方政府也一直没有放松困难群体的就业工作，尽管危机对就业的冲击较大，但由于政策的继续实施，这部分群体的就业依然保持快速增长的态势。其次，由于地区经济结构的差异，中西部地区在第一波金融危机冲击中受到的影响较小。在沿海地区就业量受重大损失的同时，中西部地区受到的影响较小，新增就业数高于往年同期，因此新增就业还在延续增长，有利于总体就业局势的稳定。再次，我国国内消费需求保持了增长的势头，弥补了部分外需减少的损失。政府对内需的启动快，进而带动服务业发展和就业增加。2009 年上半年，社会消费品同比增长 15%，扣除物价实际增长16.6%，同比加快 3.7 个百分点。最后，就业新政在扩大就业、稳定就业上开始发挥作用。针对金融危机的就业新政，有些地区落实较快，已取得初步成效。政府大规模投资拉动就业也开始见效，并增强了企业和劳动者对未来的信心和期望。

**2. 保企业、稳定岗位的政策在部分地区开始发挥效应，带动企业不减员、少裁员**

据人力资源和社会保障部 5 省 15 个失业动态重点监测城市的快速调查，在连续七八个月企业岗位增减相抵总量净减后，已开始出现回稳增加的苗头。监测城市 2009 年 6 月企业解除或终止劳动关系人数为 258349 人，企业岗位增减相抵净增 1510 个，增幅 0.23%，岗位总体流失速度放缓。

作为稳定就业政策的"五缓四减三补贴"的社会保险政策，切实减轻了部分困难企业的负担，发挥了稳定就业岗位的作用。截至 2009 年 6 月底，全国通过缓缴、降低费率两项措施，当期直接减轻企业负担 166 亿元；已运用结余的失业保险基金 17.9 亿元补贴支持 6000 多户困难企业，稳定职工 318 万人。

**3. 开展特别职业培训计划和强化公共就业服务，使劳动者素质提高和就业环境改善有了新的进展**

特别培训计划的出台，以及用失业保险支持企业进行职工培训，从短期来看，保证了部分困难企业职工能够留在企业中，并稳定了暂时找不到工作的劳动者情绪；从长远看，提高了劳动者的职业技能素质，改善了劳动力市场供需不匹配状况，适应了未来劳动力需求变化，充分发挥了职业培训稳定就业和解决结构性就业矛盾的作用。2009 年上半年，全国共开展了 1214 万人次的职业培训，其中困难企业职工培训 121 万人次，农民工培训 537 万人次，城镇失业人员培训 239 万人次，新成长劳动力培训 149 万人次，创业培训 52 万人次。

**4. 就业政策举措的综合作用确实使企业和劳动者得到了实惠，增强了信心，激发了活力**

就业政策实施后，各地创造了不同模式和经验，相应的服务设施、培训手段、服务质量有所提高，使劳动者得到了实惠，就业局面有所好转。

（1）创业环境得到改善，创业服务有所跟进。截至 2009 年 7 月底，29 个省份出台了创业带动就业的实施办法，82 个城市开展了创业型城市创建活动，探索建立组织领导、政策支持、创业培训、创业服务和工作考核"五个体系"，为创业者提供更好的创业环境。一些地区还通过设立专项基金、开辟创业园区等措施，鼓励农民工返乡创业和高校毕业生创业。农民工创业有了新进展，有的地区把推进返乡农民工就业创业工作摆到与招商引资工作同等重要位置，规定凡法律、法规未禁止的行业和领域均向各类创业主体开放，将小额担保贷款范围和现有下岗失业人员创业的税收优惠政策延伸到返乡农民工和其他初始创业者。

（2）农民工就业形势总体稳定。2009 年春节前后 3 个月，有 7000 万农民工流动，但没有出现大规模农民工滞留城市或在城乡间盲目流动的现象。目前，农民工就业总体比较稳定，95% 的农民工又回到城市并找到工作。

（3）大学生初次就业状况总体比较稳定。2009 年 6 月份，大学生初次就业率已达到 68% 左右，就业形势基本稳定。这既得益于政府部门对高校毕业生就业工作的加强，及时采取措施，开辟城乡基层、中小企业和非公有制企业、科研项目、自主创业的四条渠道，强化就业服务、就业见习、就业援助三项举措；更重要的是政府对高校毕业生就业工作的重视，把它放在工作首位，增强了大学生对未来的信心，稳定了人心；同时大学生的就业观念开始发生转变，工作期望也更趋实际。

（4）困难群体就业得到较好安置。2009 年上半年，全国共帮助 79 万就业困难人员实现再就业，完成全年目标任务的 79%，其中对灵活就业人员的社保补贴稳住了一半的困难群体就业。

# The Employment Situation and Relevant Policies under International Financial Crisis

Abstract: The impact of the international financial crisis on Chinese employment situation has been unprecedented. Existing jobs decreased by 8% and unemployment rate rose, which had not been seen for the last six years. Migrant workers and college graduates are most vulnerable groups affected by the crisis. With the proactive employment policy of the central government, the employment situation is improving. Approximately 9 millions of new jobs have been created in 2009 and registered unemployment rate controlled to about 4.5%.

Key Words: International Financial Crisis; Employment Situation; Employment Policy

# 2009 年中国社会保险事业

王发运 李 宇*

**摘　要**：2009 年中国社会保障工作在朝着人人享有社会保障方面迈出了坚实有力的步伐，医疗保险加快全覆盖，新型农村养老保险启动试点，以城乡居民最低生活保障、全民养老保险、全民医疗保险为主体的覆盖城乡的社会保障体系框架基本形成，但也面临着社会保险关系转移难、事业单位养老保险改革难等突出问题。

**关键词**：社会保险体系　改革　试点

2009 年是应对国际金融危机，努力稳定就业局势的一年。2008 年末以来，金融危机席卷全球，中国经济受到严重冲击，出口急剧下滑，部分企业生产经营遇到困难，就业压力明显增大。为减轻企业负担，稳定就业局势，国家实行"五缓四减"政策，允许困难企业在一定期限内缓缴社会保险费，阶段性降低医疗、失业、工伤和生育保险费率。2009 年 8 月，为加大对中小企业的扶持力度，国务院常务会议又决定将对困难中小企业的阶段性缓缴社会保险费或降低费率政策执行期延长至 2010 年底。到 2009 年 9 月底，各地通过降低费率共计减收医疗、工伤、生育保险费 100 多亿元，累计缓缴养老、医疗、工伤、生育四项社会保险费近 70 亿元。社会保障政策进入宏观经济政策工具箱，这还是第一次。

2009 年是社会保障政策的制定方式发生重大变化的一年。早在 2008 年 10 月 14 日，深化医药卫生体制改革的意见率先走出部委大院，向全国公开征求意见。同年 12 月 28 日，全国人大常委会办公厅向社会全文公布社会保险法草案，广泛

---

* 王发运，人力资源和社会保障部社会保险事业管理中心研究人员，主要研究社会保障；李宇，首都经济贸易大学副教授，主要从事社会保障基本理论、社会保障基金管理、社会保险精算等问题研究。

征求意见。2008 年以来，农民工参加养老保险办法、养老保险关系转移接续办法、新型农村养老保险的意见、工伤保险条例修订都在社会上公开征求意见，引起社会关注。仅社会保险法，全国人大常委会有关方面就收到 47511 件意见，其中通过中国人大网提出的有 47324 件，通过主要报刊刊登的有 21 件，来信提出的有 166 件。主要门户网站的网民跟帖 2 万多条，相关博客文章 200 多篇。对于涉及国民利益的社保问题，能够从少数人埋头研究制定的圈子里走出来，上升到全民讨论和立法程序，这本身就是法治建设的巨大进步，标志中国政府正在向服务型政府转变。

2009 年还是社会保障事业大发展，朝着人人享有社会保障目标大跨越的一年。经验证明，每当经济危机爆发的时候，往往也是社会保障事业大发展的时候。1929～1933 年经济危机，促成了 1935 年美国通过《社会保障法》，建立老遗残保障制度，至今运转良好，奠定了美国经济增长方式良性循环的基础，担当起美国社会发展道路铺路机的重任。1997 年亚洲金融危机后，为促进经济结构调整和国有企业改革，中国实行"两个确保"，建立"三条保障线"，加快形成了城镇社会保障体系框架。2009 年中国社会保障事业的发展再一次体现了经济危机与社保事业发展的这种伴生关系。经过多年的高速增长，中国经济发展已经进入了新的阶段，即把扩大内需作为保增长的根本途径，把加快发展方式转变和结构调整作为保增长的主攻方向。而要有效扩大内需，就必须加快完善社会保障体系，解决"横"在居民消费前面的医疗、养老等问题，解除老百姓的后顾之忧。从这个意义上说，完善的社会保障体系是促进经济增长方式转变的制度保证，甚至可看做经济增长的"第四驱动力"。为此，中共中央政治局集体学习，专门研究社会保障问题，并加快了覆盖城乡社会保障体系建设步伐。这一年，社会保障政策出台之密集、工作推动之有力、社会反响之强烈，是多年来少有的。这一年，重大制度建设取得突破性进展，但同时社会保障工作还面临着很多难题。

## 一　医疗保险加快走向全覆盖

2009 年 4 月 6 日，众所瞩目的新医改方案终于揭开神秘面纱，成为中国医药卫生体制改革进程中一个历史性的日子。《医药卫生体制改革近期重点实施方案（2009～2011 年）》的推出，标志着具有里程碑意义的医疗改革方案全面实施。

无独有偶，经过了 40 年的激烈争论，经历了几任总统的不懈努力，经过了多次挫折，2009 年 11 月 9 日，美国医疗保险改革方案在众议院涉险过关，奥巴马政府的医改方案向前迈进了一大步。各界对此给予高度评价。美国众议院议长佩洛西把这份医改案与众议院 1935 年通过的社会保障法案相提并论，路透社认为美国朝着 40 年来最大的医保政策变革迈出了重要一步。美国医改的艰难充分说明医药卫生体制改革是一个世界性难题。比较中美两国的医改方案，有很多共同的地方，例如两国都坚持实行医疗保险，没有实行免费医疗。都将扩大覆盖面放在重要位置，中国到 2011 年，医疗保险要覆盖 90% 的城乡人口，美国打算把医保覆盖率扩大到 96%。两国政府对低收入人群参加医疗保险都提供补贴，中国对就业困难人员参加职工医疗保险、城镇居民参加居民医保、农民参加新型农村合作医疗都提供补贴；美国则将从 2013 年起，对中低收入人士由政府补助购买医保。两国都投入巨额资金，2009～2011 年中国各级政府将投入 8500 亿元，其中中央政府投入 3318 亿元；美国预计 10 年内耗资大约 1 万亿美元。当然，不同的地方也很多，比如制度设计不同，中国基本医疗保险分为职工医保、居民医保和新型农村合作医疗，美国则没有这么复杂，其大企业职工医疗保险主要由私人机构承办等。

对于新医改，社会各方给予了积极评价，认为政府主导的思路非常清晰，无论是政府加大投入、全民医保、重点扶持基层卫生机构，还是实行基本药物制度等，都体现了政府责任的回归。改革的渐进性符合国情，财政负担也符合国情，既让各级政府负担得起，也能让社会和公民个人充分参与，还能保证"看病难、看病贵"问题从根本上缓解。但也有不同意见，中国著名肝胆外科专家、全国政协委员黄洁夫就提醒："医改更应把重点放在体制改革，而不仅仅看投入多少。"有人认为，医疗制度改革仅仅有"方向正确"肯定不行，如何确保其有效执行才是成败的关键，应该建立一种问责和监督制度来配套新医改的实施，明确各级主管部门具体的权限和责任，明确监督和问责的具体办法，保证改革不走样，并得到不打折扣的实施。有人指出，新医改方案可圈可点之处很多，但就国家基本药物制度来讲，却留下不小的瑕疵。国家基本药物目录和基本医疗保险药品目录各自为政，没有合二为一，依然各吹各的号，各唱各的调，两者的割裂给

医保和财务人员带来很多麻烦，严重影响到社会公平。

另外，2009年3月1日，位于陕西省北部的神木县颁布《全民免费医疗实施办法（试行）》，一石激起千层浪，各方褒贬不一。赞同者认为，神木是公益医疗的先行者，代表着新医改的方向，切实解决了"看病贵"的积弊难题。批评者认为全民免费医疗"勇气有余，务实不足"，有"乌托邦"之嫌，没有充分考虑到公民的道德风险；制度设计上存在种种漏洞，缺乏必要的监控机制，大量"小病也要住院"、"病好了也不出院"的情况，最终会让这项措施走向"灭亡"。半年多过去了，据神木县通报，截至2009年9月底，累计报销医药费7880万元，7个月的实际报销数额未超出测算范围。即使如此，多数人仍然认为难以在全国范围内推广。

为加快扩大医疗保险覆盖面，国家主要采取了三项措施。一是提前一年解决关闭破产企业退休人员参加医疗保险问题。这个问题困扰医疗保险工作好几年，但由于没有财政投入，迟迟得不到解决。2009年初，国务院要求争取用两年的时间妥善解决好这个问题，后来国务院常务会议又决定，提前一年时间即2009年底前，将关闭破产国有企业退休人员全部纳入当地城镇职工基本医疗保险，中央财政为此新安排一次性补助资金429亿元。二是提前全面推开城镇居民医保。城镇居民医保原计划在2010年实施，2009年国务院即要求全面推开，并将在校大学生全部纳入，比原定时间又提前了一年。2009年4月，人力资源和社会保障部、财政部联合发出通知，要求2009年全国所有城市都要开展城镇居民基本医疗保险工作，参保率力争达到50%以上，2009年前开展试点的城市参保率力争达到80%以上。三是适应灵活就业人员和农民工等的参保需求，调整有关参保政策，打通各种医疗保险制度通道，指导地方探索设立多个档次的筹资水平和相应待遇的保险层次，增强制度的灵活性和弹性。打破以人设制，允许部分困难从业人群在不同医保制度间进行选择，发挥城乡居民医保兜底的作用。国务院要求，2009年底职工医保、居民医保、新农合参保总人数达到12亿，人力资源和社会保障部据此确定了全年职工医保和居民医保扩面计划，即2009年底达到3.9亿人。2009年上半年很多地区扩面工作没有做到时间过半、计划完成过半，分析其中原因，主要有以下三个。一是底数不清。在人员流动频繁情况下，人户分离的情况很多，医保机构找不到人。另外，大量农村劳动力流入城市，还存在重复参保现象。二是地方财政补贴到位晚。三是医保机构缺乏手段。居民医疗保险实行自愿参加，不能搞强迫命令，扩面工作主要依靠宣传推动。2009 年第三季度后，各地普遍加大了扩面力度，10 月底，全国职工医保和居民医保参保人数达到 37451 万人。

基本医疗保险制度建立以来，医疗保险部门做了很多努力，降低个人医疗费用负担，但社会上反映看病贵的呼声仍很高。为缓解看病贵问题，国家采取了五项措施。一是提高医疗保险基金最高支付限额，从目前相当于当地平均工资或居民平均收入的 3～4 倍提高到 6 倍左右或以上，在更大程度上发挥医疗保障制度的共济功能，减轻大病重病患者的经济负担。为引导参保人到低级别医院就诊，优先考虑提高基层医疗机构的基金支付比例。二是积极开展城镇居民基本医疗保险门诊医疗费用统筹，扩大城镇居民医保受益范围。三是探索调整城镇职工基本医疗保险个人账户使用办法，适时开展城镇职工基本医疗保险门诊医疗费用统筹，逐步扩大和提高门诊费用的报销范围和比例，提高个人账户基金的共济能力和使用效率。四是加强医疗保险基金管理，控制结余基金总量，提高医疗保险基金使用效率。五是引入医疗服务和药品价格谈判机制，充分利用医疗保险"团购"地位，降低医疗服务价格和药品价格，使参保人以较低的价格享受较好的服务。

由于现行医疗保险统筹层次较低，参保人员跨统筹地区就医结算非常不方便，社会上意见也很多。对此，国务院要求加快提高医疗保险统筹层次，减少异地就医结算量，2011 年基本实现市级统筹，同时以异地安置退休人员为重点解决异地就医结算问题。各地也不等不靠，积极探索。长三角地区由上海市牵头，采取相互签订合作协议的办法，互相承认参保年限和实际缴费年限并合并计算，对在转出地已经参加城镇职工医保、后因跨地区流动的人，医疗保险关系需随同转移。

## 二  新型农村养老保险试点

近十年来，政府在公共财政覆盖农村方面做了很多工作，全面取消农业税，实行农业直接补贴，免除农村义务教育学杂费，建立新型农村合作医疗制度，深受广大农民群众的欢迎，他们称之为"种地不交税、上学不付费、看病不太贵"。但是，农民的基本养老保障问题迟迟没有出台政策。2008 年底，年近七旬的湖南农民付达信在北京车站"抢劫"后不跑不逃，静候警察抓他。他说，抢劫是为了解决"两年没吃过肉"的生活困难及"入狱养老"，恳请法官重判自己，希望能在监狱中度过余生。付达信案例说明，农民特别是老年农民的养老保险问题已经十分突出，土地养老、家庭养老无法从根本上解决老年农民的基本生活问题，建立农村社会养老保险制度非常迫切。特别是在全国普遍建立了城乡居民最低生活保障制度，2009年医疗保险又提出全覆盖后，农村居民养老保险制度缺失问题就更加突出。

实际上，早在1991年，民政部就开始在部分地区开展农村社会养老保险试点。但由于试点"以个人缴费为主、以集体补助为辅、政策适当倾斜"，政府基本没有投入，实际上是农民自己交钱养自己，自我储蓄式的"老农保"犹如"鸡肋"，农民对其根本没有积极性。即便参加了农村养老保险，养老金水平也非常低，月养老金不足3元的人很多。近年来，中央高度重视"三农"问题，提出建设社会主义新农村，部分地区开始探索新型农村养老保险（以下简称新农保），加大政府投入，全国有500个县开展了新农保试点，但各地做法不一，很不规范。

为促进社会公平正义，破除城乡二元结构，逐步实现基本公共服务均等化，使农民"养老不犯愁"，逐步解决后顾之忧，同时也为应对国际金融危机，扩大国内消费需求，加快完善覆盖城乡的社会保障体系，推动和谐社会建设和国家长治久安，2009年9月国务院印发《关于开展新型农村社会养老保险试点的指导意见》，开始建立个人缴费、集体补助、政府补贴相结合的新农保制度。新农保的制度创新，主要有两个方面。一是实行个人缴费、集体补助、政府补贴相结合的筹资办法，地方财政对农民缴费实行补贴。参加新农保的农村居民按规定缴纳养老保险费，缴费标准目前设为每年100元、200元、300元、400元、500元五个档次，各地还可以根据实际情况增设缴费档次，参保人自主选择档次缴费，多缴多得，国家依据农村居民人均纯收入增长等情况适时调整缴费档次。有条件的村集体对参保人缴费给予补助，补助标准由村民委员会民主确定。国家鼓励其他经济组织、社会公益组织、个人为参保人缴费提供资助。地方政府对参保人缴费给予补贴，补贴标准不低于每人每年30元，对选择较高档次标准缴费的，可给予适当鼓励，具体标准和办法由省级人民政府确定。对农村重度残疾人等缴费困难群体，地方政府为其代缴部分或全部最低标准的养老保险费。国家为每个新农保参保人建立终身记录的养老保险个人账户，个人缴费，集体补助及其他经济组织、社会公益组织、个人对参保人缴费的资助，地方政府对参保人的缴费补贴，全部计入个人账户。个人账户储存额目前每年参考中国人民银行公布的金融机构人民币一年期存款利率计息。二是实行基础养老金和个人账户养老金相结合的养老待遇，国家财政全额支付最低标准基础养老金，每人每月 55 元。地方政府可以根据实际情况提高基础养老金标准。对于长期缴费的农村居民，可适当加发基础养老金，提高和加发部分的资金由地方财政负担。个人账户养老金的月计发标准为个人账户全部储存额除以 139（与现行城镇职工基本养老保险个人账户养老金计发系数相同）。参保人死亡，个人账户中的资金余额，除政府补贴外，可以依法继承；政府补贴余额用于继续支付其他参保人的养老金。中央财政对中西部地区最低标准基础养老金给予全额补助，对东部地区补助 50%。年满 60 周岁、未享受城镇职工基本养老保险待遇的农村老年人，可以按月领取养老金。新农保制度的这两个显著特点，强调了国家对农民老有所养承担的重要责任，明确了政府资金投入的原则要求，这是与老农保仅靠农民自我储蓄积累的最大区别。国务院决定，2009 年新农保试点覆盖面为全国 10% 的县（市、区、旗），以后将逐步扩大试点，在全国普遍实施，2020 年之前基本实现对农村适龄居民的全覆盖。

新农保制度赢得了一片赞许声。在先期试点的地区，随着新农保的推行，广大农民的养老观念发生了重大变化，社会养老观念逐步深入人心。农村老人有了固定的经济收入，生活有了自信。新农保受到农民普遍欢迎，参保积极性高，有的农民称赞："一份养老金，顶好几个儿子！"社会上普遍认为这是惠及亿万农民、促进社会公平的重大改革，对这一制度的具体实施和完善充满期待。建立新农保制度，是破解农民社会养老历史难题、建立统筹城乡社会保障体系的第一步，它既有利于促进解决"三农"问题，也能有效拉动农村内需。从社会各方面的反应来看，推行新农保，要做好以下几个方面的工作。首先目前应建好试点，在试点基础上，尽快在全国推广，让所有农村老人及早享受到政策的实惠；要建章立制，加强管理，做好服务，形成一套完整的规章制度。其次，在具体实施层面要处处从农民利益出发，增强制度的灵活性和弹性，特别是政府补贴要及时到位，因为政府承担什么样的补贴责任，将直接影响这一制度的政策效果。人们期望政府补贴新农保的额度随着经济发展水平的提高不断调整，努力让农民的保险金待遇与实际生活水平相适应。再次，新农保在实行农民自愿参加，不搞强

追命令，不片面追求参保率的同时，还要坚持发挥农村传统养老保障方式的积极作用，子女仍然要承担赡养老人的责任。最后，要切实加强新农保基金监管，保证基金安全增值，实现参保农民收益最大化。

对新农保试点，地方政府非常积极，争相要求增加试点。一些地方在国家试点之外，还由省级财政出资，搞若干省级试点。有的地方政府认为到 2020 年基本覆盖全国的步子有点慢，要求加快进度。分析地方政府的这种积极性，一方面原因是对新农保试点，中央财政有补助，而且不同于对企业职工养老保险基金的缺口补助，这次中央财政不仅对中西部地区给予补助，对东部地区也给予适当补助；另一方面，这项工作是民心所向，搞得晚的市县会受到民众的压力。北京、天津、郑州等城市在新农保制度基础上，更是推出了城乡居民养老保障办法，建立全覆盖的养老保障制度。

当然，新农保试点刚刚起步，还有很多重大问题需要在实践中探索和进一步完善。首先，新农保个人账户养老金水平与个人账户资金投资收益关系极大，在找到稳妥的投资办法以前，新农保个人账户资金按照银行存款利率计息是否合适？其次，上亿农民工是否要同时参加企业职工养老保险和新农保，二者之间如何衔接？再次，55 元的月基础养老金水平可能偏低。但起步就是胜利，这项制度会越走越好，中国农民必将从中得到真正的实惠。

## 三　农民工的养老保险困惑

2007 年以来，国家加大打击力度，拖欠农民工工资的现象大大减少，农民工的诉求已从眼前薪资利益，转向寻求长远终身利益和自身的社会保障。2009 年 10 月 13 日，中央电视台《经济半小时》栏目报道：来自湖南衡阳 54 岁的易承芳，1987 年随丈夫来广州一家化妆品工厂打工，本想 2010 年就可以退休的她，突然发现尽管参加了养老保险，却无法到期在广州退休，领取广州市的养老金，原因就在于她在广州市缴纳养老保险费未满 15 年，而且她不能续缴到 15 年，这样她只有选择退保，领回个人账户内个人缴费部分及其利息。易承芳缴纳了 11 年的养老保险费只不过是存了 11 年的银行活期存款，"老有所养"对于她仍然遥远。随着第一代打工者逐渐到达退休年龄，易承芳的事例绝非个案，带有一定普遍性，突出地反映出当前养老保险制度的窘境。

1997 年国家统一企业职工养老保险制度，扩大养老保险覆盖范围，第一代打工者从此履行缴费义务，有了个人账户。由于农民工流动性强，更由于养老保险关系无法转移，每年年末绝大多数农民工回家前选择退保，没有退保的现在或多或少面临与易承芳同样的问题。

易承芳的困惑首先表明个别地方养老保险政策的僵化和缺乏人性化操作。之所以出现"无法退休"现象，原因在于政策设计欠缺弹性，以及有关单位在审核职工缴纳养老保险的个人资料时把关不严。既然政策规定职工在退休前必须缴足 15 年养老保险费用，那么就不该让年龄不符合条件的职工缴费，否则以未满15 年为由，拒绝给他们发放养老金，这样先允许后拒绝，责任明显不在农民工。让农民工个人来承担政策的过失后果，显然是不公平的。就农民工而言，当他们辛辛苦苦参保缴费十多年，最终却发现"缴了白缴"，也会对政府公信力特别是对养老保险制度的信任产生动摇。当然，由于农民工参加养老保险政策起步晚，还有许多不完善的地方，不可避免会出现政策上的漏洞，为此有必要灵活对待，尤其是在"无法退休"这个事项上，本着特事特办的原则，允许他们以个人缴费方式补足所差的年限，让他们在为之工作了十多年的地方退休，而不是简单地退回个人缴费部分及其利息，终止养老保险关系。如此处理，才能显出制度的人性化，也能杜绝制度的"死角"。

其次，易承芳的困惑说明对农民工落实国民待遇任务艰巨。社会保险本不应有地域范畴的狭隘概念，每一个参加社会保险的公民，无论迁徙到国家的哪一个角落都应享受与他们缴费相对应的社会保障，这既是社会保险政策制定的出发点，也是社会保险制度的责任。"划疆而治"的社会保险无疑违背了这一制度的初衷。目前养老保险统筹层次低，养老保险基金画地为牢，形成地方利益。在地方利益面前，外地人的权益往往会被排斥。近年来，一些地方为了解决一些历史遗留问题，相继制定了一些灵活政策，例如允许到达退休年龄而缴费年限不够的继续参保缴费，直至其符合待遇享受条件。但对农民工，这方面的政策总是有些躲躲闪闪。看来，落实国民待遇，特别是对农民工落实"省民待遇"或者所在城市的"市民待遇"任务还很艰巨。

易承芳的困惑还说明加快养老保险全国统筹非常必要。养老保险必须在全国"通存通兑"，实现"一卡通"。近年来养老保险省级统筹工作推进力度较大，2009 年底以前全国将基本实现。这样，可以从根本上磨平省内市、县之间的利

益分割，解决省内人员养老保险关系转移接续问题。但省级统筹只能缓解养老保险关系转移难，而不能从根本上解决转移难。特别是农民工，跨省流动性非常强，养老保险一日不全国统筹，他们就可能仍然漂泊在路上，被抛在半空中，无所依托。

## 四　事业单位养老保险改革进退两难

2009 年初，国务院决定在山西省、上海市、浙江省、广东省、重庆市先期开展事业单位养老保险制度改革试点，与事业单位分类改革试点配套推进，未进行试点的地区仍执行现行事业单位退休制度。国务院公布在五省市实行试点以后，在社会上尤其是试点地区的知识界引起了较大反响。由于担心引入统账结合制度和实行新退休待遇计发办法可能带来退休待遇的大幅降低，受"越改越少"的认识影响，在一些试点地区还出现了提前退休潮。有些全国人大代表建议国务院及人力资源和社会保障部暂停这一改革试点工作，并着手制定机关、事业、企业三者联动的养老保险制度改革方案。虽然五省市进行"事业单位养老保险制度改革试点"已经将近一年，但五个试点省市在实施过程中普遍出现"推进难"现象，多数省市仍在进行方案的调研、论证。

事业单位是中国的特有现象，是中国政治，经济、文化、社会体制的重要组成部分，承担着为社会提供大量公共服务和社会管理的职能，目前从业人员已经达到 3000 万人，特别是在教科文卫部门集中了大批高素质人才。事业单位养老保险制度改革遭遇巨大阻力和困境并非始自今日。早在 1992 年，原人事部就在云南、江苏、福建、山东、辽宁、山西等省开始局部试点，由于各地试点步调不一，最终没有形成全国统一的事业单位养老保险的全面改革方案。此次改革试点方案主要有五个方面的内容：一是与企业职工养老保险同样实行社会统筹与个人账户相结合，单位缴纳工资总额的 20% 左右，个人缴纳本人工资的 8% 左右，并建立个人账户；二是与企业职工基本养老金计发办法基本保持一致，但考虑到制度衔接，采取老人老办法，新人新办法；三是逐步实行省级统筹；四是建立养老金正常调整机制；五是建立职业年金制度。制度设计本身已经考虑到转制成本和衔接的合理性，但仍然刚一出台就引起轩然大波，分析原因主要有以下几个方面。一是政策宣传不到位，许多人不了解改革的真正意图，把改革误解为降低待遇水平，减轻国家负担。二是事业单位构成复杂，有承担社会管理职能参公管理的，有从事生产经营活动的，等等，而分类改革没有完全到位，难免产生混乱。三是对事业单位的实际情况估计不足。长期以来，事业单位主要参照党政机关模式实行管理，没有真正"分过家"，社会保障方面跟着机关走，"同吃一碗饭"已经成为习惯。即使在已经实行事业单位养老保险制度的地区，退休待遇也不和缴费挂钩，制度改革依然停留在现收现付、单位管理、平衡退休费用的初级阶段。特别是事业单位集中了大批的社会精英，其社会影响不容忽视。

事业单位养老保险如果不改革，就无法建立有利于人员流动的人事管理制度，人员管理就无法做到"能进能出"。事业单位改革又是一个系统工程，养老保险改革只是其中的一个配套措施，如果贸然单兵推进，难免受到太多的掣肘。中国社会保障制度改革基本遵循"先易后难"的路径展开，从阻力最小的地方开始，逐步向"深水区"推进。无疑，事业单位养老保险改革涉及人员多、范围大、政策性强，已经深入改革的"深水区"，各种利益观念激烈碰撞，难度之大可想而知。

从根本上来说，事业单位养老保险改革首先面临着公平性的质疑。长期以来，事业单位人员与公务员群体一同享受"铁保障"，现在只拿事业单位"开刀"显失公平，事业单位人员面临复杂的利益权衡和博弈，产生了强烈的被剥夺感，在经济、政治和社会心理层面都面临着考验。从方法上说，事业单位养老保险改革应与事业单位工资改革同步推进。实际上，公务员工资改革以后，其工资水平已高于事业单位，如果事业单位工资制度不改革，单纯推进养老保险改革显然不合时宜。而且，现行试点方案实施后有可能出现大量徘徊在"温饱线"上的教授和高级工程师。可喜的是，事业单位工资改革已经起步，国家从 2009 年 10 月 1 日起在公共卫生与基层医疗卫生事业单位实施绩效工资，2010 年 1 月 1 日以后在其他事业单位实施。

事业单位养老保险改革陷入两难还提示我们，社会保障改革必须有顶层设计，统筹考虑，全面推进。把各个群体单列出来，各搞一套养老制度，既不合理，也无法赢得理解和认可。不同的群体有不同的利益，有不同的诉求，我们的社会已经到了注重社会公平正义的阶段，任何一项政策出台前都要分析其涉及面，否则就会产生不公平现象，有违改革初衷。

总之，2009 年社会保障工作在朝着人人享有社会保障方面迈出了坚实有力的步伐，以城乡居民最低生活保障、全民养老保险、全民医疗保险为主体的覆盖城乡的社会保障体系框架基本形成，但也面临着社会保险关系转移难、事业单位养老保险改革难等突出问题。展望2010年，加快实现社会保险全覆盖，规范社会保险关系异地转移接续，提高社会保险统筹层次，尽快做到全国统筹，提高保障水平等，将成为工作重点。这既是各界群众对社会保障工作的期望，也是今后一个时期社会保障工作的主要努力方向。

# Social Insurance in China, 2009

**Abstract**：A solid step towards universal access to social security is taken in 2009. The process of full coverage of medical insurance is speeding up. Pilot projects of the new rural old-age insurance have been launched. The framework of the social security system which covers both urban and rural areas is being developed, which is composed of the urban and rural minimum living standard assistance, universal old-age insurance and universal medical insurance. However, difficulties in transferability of social insurance and reform of old-age insurance of the public service institutions remain.

**Key Words**：Social Security System；Reform；Pilot

# 2009 年中国教育发展报告

杨东平*

摘　要：2009 年各级各类教育稳步发展。严重的教育腐败、基础教育乱象等引发公众对教育的不满，显示各种深层次的教育问题仍然在发酵和暴露。正在制定中的《国家中长期教育改革和发展规划纲要》以及一系列相关事件，激起公众对深化教育改革的期望和热情。

关键词：教育改革　教育政策　农村教育　学术腐败

就 2009 年的中国教育来说，一方面各种深层的教育矛盾、教育问题仍然在发酵，处于高发状态；与此同时，从中央到地方，自上而下和自下而上的教育变革也在紧张的筹划和酝酿之中，中国教育正处于大变革的前夕。

## 一　2008 年教育基本情况

据教育部《2008 年全国教育事业发展统计公报》，到 2008 年底，实现"两基"验收的县（市、区）累计达到 3038 个，占全国总县数的 99.1%，"两基"人口覆盖率达到 99.3%。

2008 年，全国共有幼儿园 13.37 万所，比上年增加 0.46 万所，在园幼儿（包括学前班）2474.96 万人，比上年增加 126.13 万人。

而小学和初中阶段的学龄人口和学校则逐年减少，普通中小学校办学条件进一步改善，义务教育阶段的供求关系明显宽松。由表 1 可见，与 2000 年相比，

* 杨东平，北京理工大学教育科学研究所所长，教授，中国陶行知研究会常务副会长，21 世纪教育发展研究院院长，主要从事教育理论、教育公共政策、高等教育研究。

2008 年全国小学学校数下降了 45.6%，在校生数下降 20.6%；初中学校数下降
了 9.4%，在校生数下降了 10.7%。

表 1　2000～2008 年基础教育的基本情况*

| | 项　目 | 2000 年 | 2005 年 | 2008 年 |
|---|---|---|---|---|
| 小学 | 学校数（万所） | 55.36 | 36.62 | 30.09 |
| | 在校生数（万人） | 13013.25 | 10864.07 | 10331.51 |
| 初中 | 学校数（万所） | 6.39 | 6.25 | 5.79 |
| | 在校生数（万人） | 6256.29 | 6214.94 | 5584.97 |
| | 毛入学率（%） | 88.6 | 95 | 98.5 |
| | 毕业生升学率（%） | 51.1 | 69.68 | 83.4 |
| 高中 | 学校数（万所） | 3.62 | 3.15 | 3.08 |
| | 在校生数（万人） | 2517.68 | 4030.95 | 4576.07 |
| | 毛入学率（%） | 42.8 | 52.7 | 74.0 |

\* 初中、高中阶段统计均包括职业教育在内。

据预测，以 2020 年我国人口平均预期受教育年限达 12.8 年为目标，义务教
育阶段在校生总量将比 2008 年减少 1800 多万人。

高中阶段的在校生仍在增加。2008 年，高中阶段毛入学率 74.0%，比上年
提高 8 个百分点。其中普通高中在校生占 54.1%，中等职业教育在校生占
45.9%。

2008 年，全国各类高等教育总规模达到 2907 万人，高等教育毛入学率达到
23.3%。全国共有普通高等学校 2263 所，其中本科院校 1079 所，高职（专科）
院校 1184 所。高等教育招生数和在校生规模持续增加（见表 2）。

表 2　近年来普通高校招生的基本情况*

| 项　目 | 2003 年 | 2005 年 | 2006 年 | 2007 年 | 2008 年 | 2009 年 |
|---|---|---|---|---|---|---|
| 普通本专科招生数（万人） | 382.17 | 504.46 | 546.05 | 565.92 | 607.66 | 629 |
| 比上一年增长（%） | 19.24 | 12.77 | 8.24 | 3.64 | 7.38 | 4 |
| 研究生招生数（万人） | 26.89 | 36.48 | 39.79 | 41.86 | 44.64 | 50 |
| 比上一年增长（%） | 32.72 | 11.80 | 9.07 | 5.20 | 6.64 | 5 |
| 其中：硕士研究生（万人） | 22.02 | 31.00 | 34.20 | 36.06 | 38.67 | —— |
| 博士研究生（万人） | 4.87 | 5.48 | 5.60 | 5.80 | 5.98 | —— |

\* 2009 年数据为年初的计划数。

2009 年全国普通高校计划招生数 629 万，比上一年增长 4% ；预计平均录取率接近 62% ，比 2008 年提高近 5 个百分点。据统计，2009 年全国普通高校招生报名人数约 1020 万人，其中应届普通高中毕业生 750 万人，占 73.5% ，报名人数较 2008 年减少 3.8% ，达 80 余万人，引发社会热议。2009 年，继广东、山东、海南、宁夏、江苏后，辽宁、天津、浙江、安徽、福建等共 10 个省（区、市）实行高中新课程后高考新方案。

民办教育持续发展。2008 年，全国共有各级各类民办学校（教育机构）10.09 万所，比上年增加 0.57 万所，各类学历教育在校学生达 2824.4 万人，比上年增加 240.9 万人。各类民办学校在校生数占全体在校生数的比例如表 3 所示。

表3　2006～2008 年民办教育在校生所占比例

单位：%

| 各类教育 | 2006 年 | 2007 年 | 2008 年 |
|---|---|---|---|
| 幼儿园在园人数 | 34.26 | 36.99 | 39.68 |
| 普通小学在校生数 | 3.85 | 4.25 | 4.65 |
| 普通初中在校生数 | 6.61 | 7.19 | 7.67 |
| 普通高中在校生数 | 9.85 | 9.75 | 9.70 |
| 中等职业在校生数 | 11.20 | 12.96 | 13.98 |
| 民办高校(含独立学院)在校生数 | 16.13 | 18.55 | 19.86 |

资料来源：2006～2008 年《全国事业发展统计公报》。

民办教育在学前教育阶段快速增长，在高等教育领域却遭遇"寒流"。2009 年民办高校招生，生源普降四至五成。河北的廊坊大学城、西安的若干万人大学门庭冷落，甚至人去楼空。据分析，其原因包括公办高校扩招、中等职业教育分流、出国留学人数增加、大学生就业难、民办高校办学质量不高等。

2008 年，全国教育经费为 14500.74 亿元，比上年增长 19.37% ；其中国家财政性教育经费 10449.63 亿元，比上年增长 26.20% 。①

---

① 教育部、国家统计局、财政部：《2008 年全国教育经费执行情况统计公告》，2009 年 11 月 20日《中国教育报》。

## 二　重大事态和教育热点

**1. 国家制定《规划纲要》，教育部部长易人**

从 2008 年 8 月始，正式启动《国家教育改革与发展中长期规划纲要》（简称《规划纲要》）的制定工作，国务院领导确定了公开决策、问政于民、问计于民的工作方式。这被视为我国教育决策方式转变的重大创新之举。

2009 年 1 月，教育部发布公告，就研究制定《规划纲要》公开征求意见，公布了 11 个专题、36 个子课题的清单，获得强烈社会反响。截至 2 月 6 日，征集意见建议达到 110 多万条。2 月 6 日，《规划纲要》办公室公告，提出 4 个方面 20 个问题，继续公开征求意见。截至 2009 年 2 月 28 日，各界人士发表意见共 212.5 万余条。其中，教育部门收到电子邮件、信件 14000 多封，网民通过教育部门户网站发帖 11000 多条；社会网站、高校校园网上，各界发布事关教育改革的帖子 210 多万条。

这本来是一个很好的开端，但是，此后《规划纲要》的制定似乎又回到"内部人决策"的老路，虽然开了多次内部的专家座谈会，对文本进行了多轮内部征求意见和修改，但没有任何公开讨论和公开发布，社会舆论和公众的热情逐渐丧失，与 2009 年初万众期盼、积极参与的局面形成强烈的反差。

2009 年教师节前夕，温家宝总理到北京市第三十五中学听了 5 节课，其讲话认为"中国的教育还不适应经济社会发展的要求，不适应国家对人才培养的要求"，发出要求加快教育改革的信号。10 月 31 日，著名科学家钱学森去世，他关于中国大学为什么培养不出优秀的创新人才的谈话被称为"钱学森之问"，引发公众要求改革教育的强烈反响。10 月 31 日，全国人大常会第十一次会议经表决决定，免去周济的教育部部长职务，任命袁贵仁为教育部部长，再一次激起了全社会要求变革教育的热情。

**2. 金融危机对大学生就业和教育的影响**

2009 年一个重要事态，是 2008 年底发生的全球性金融危机对我国教育尤其是大学生就业的影响。2009 年初，国家各个部门采取多种措施保证大学生就业。

据北京大学教育学院的调查，金融危机使得已经严峻的高校毕业生就业问题更加凸显。毕业生毕业时"已确定单位"的比例为 34.6%，8 年来首次降到

40% 以下。"初次落实率"（包括"已签约"、"已确定单位，等待签约"、读研、出国、自由职业、灵活就业等）由 2007 年的 71.1% 下降为 2009 年的 65.0%，其中男性毕业生为 69.6%，而女性为 60.1%。硕士学历的毕业生降幅最大，下降了 18.7 个百分点；博士毕业生下降了 13.2 个百分点；专科生下降了 5.8 个百分点；本科生降幅最小，下降 4.4 个百分点。但毕业生起薪有所提高，主要原因是就业结构发生较大变化，国有企事业单位的就业比例明显上升。①

与此同时，教育培训市场和继续教育市场则逆市上扬，成为许多人转岗、充电、就学的选择。2007 年教育培训市场规模约为 3700 亿元，预计 2010 年将超过 5000 亿元。一批教育培训机构为国际风险投资所青睐，获得巨额资金。西方国家经济衰退，学费降低，增加招收海外学生，给中国留学生教育产生积极的拉动影响。据美国使馆新闻文化处和领事部的通报，2009 年度"门户开放报告"（Open Doors Report）数据显示，2008～2009 年度，共有赴美学习的中国留学生 98235 名，比上年度增长 21.1%。2009 年 1 月 1 日～11 月 15 日，美国驻华使团共签发了 9 万个学生签证和交流访问学者签证，比 2008 年增加了 23%。另一个值得关注的变化是，以往中国学生倾向于本科毕业后赴美深造，但 2009 年的报告显示，2008～2009 年度越来越多的中国留学生选择在本科阶段赴美学习。②

**3. 高考腐败和学术腐败事件频发**

2009 年是各类教育腐败大爆发的一年，包括高考腐败、学术腐败和高校干部腐败等不同类型。

近年来高考秩序得到治理，整体状况有所改善。但辽宁省松原市出现大面积舞弊现象，教师参与贩卖作弊工具，显示某些地区高考作弊呈组织化、集团化、高技术的新特点。另外一些典型的高考腐败案件，如贵州省罗彩霞被冒名顶替事件，反映出基层吏治腐败对高考制度的侵害。重庆市部分学生假冒少数民族学生获得加分，③ 浙江增设体育加分项目"三模三电"（航模、船模、车模，无线电测向、无线电通信、电子制作）测试，被指多数学生来自权势家庭。显示目前

---

① 原春琳：《金融危机对硕士研究生就业冲击最大》，2009 年 11 月 10 日《中国青年报》。

② 《美国驻华使馆：2009 中国留美学生上学年激增 23%》，搜狐出国频道，http://goabroad.sohu.com/20091119/n268337775.shtml/。

③ 重庆市最终取消了 31 名民族身份造假学生的录取资格，15 名干部被党内警告，见 2009 年 7 月 8 日《中国青年报》。

的高考加分项目制度由于缺乏规范和公正程序，正在被滥用为少数人谋取私利。据调查，2009年重庆19.6万考生，获得加分人数居然高达7万人，占35%以上。① 高考加分项目，按教育部规定有14项，而各地的各种优惠政策累计达192项之多。② 另一起著名丑闻，是中央音乐学院一名70岁的知名博士生导师与报考该校博士研究生的女学生发生肉体关系，并收受10万元贿赂，中央音乐学院已对当事教授作出严肃处理。它暴露了艺术院校招生中的"潜规则"。

高校频发学术腐败事件，涉及高层次的学校和学者。原浙江大学副教授贺海波盗用他人研究结果发表多篇论文，其博士后导师、中国工程院院士、浙江大学药学院院长李连达的名字也在这些"问题论文"上署名。浙江大学决定将贺海波开除出教师队伍，不再续聘李连达。上海大学教授、博士生导师陈湛匀因论文抄袭被免去该校学术委员会委员资格，并被撤销相关行政职务。郑州大学新闻与传播学院副院长贾士秋，因在高级职称评定中搞学术造假、提供虚假材料，被免去行政职务并被解除教授聘任。西南交通大学副校长黄庆因博士学位论文抄袭，被撤销博士学位和研究生导师资格。2009年院士候选人、武汉理工大学校长周祖德被曝论文抄袭，落选院士评选。辽宁大学副校长陆杰荣与在读博士杨伦联合署名发表的论文属抄袭一事已被确认，校方称陆荣杰不是事件直接责任人，抄袭系博士生一人所为。广州中医药大学校长徐志伟被举报其博士学位论文涉嫌抄袭。复旦大学新闻学院副教授许燕被举报论文抄袭，学校提出了处理意见。西安交通大学发生6位教授状告"长江学者"学术成果作假事件。

据九三学社对高校和科技界学术风气的调查，高达86%的人认为，学风不正的现象部分或普遍存在，显示我国这一问题的严重性，并强烈质疑我国科技大奖制度，如领导侵占他人科研成果、评审走过场、科技成果造假获奖、官本位主导科研课题分配等。这些显示，行政权力过大和缺乏监督机制成为学术腐败的主要根源。③

2009年9月，武汉大学原常务副校长陈昭方和原校党委常务副书记龙小乐因涉嫌受贿，被湖北省人民检察院批准逮捕，在中国高等教育界引发了"地

---

① 《"中学校长推荐制"如何规避造假》，2009年7月14日《新京报》社论。
② 程墨、罗曼：《加分公示：阳光高考的防腐剂》，2009年7月8日《中国教育报》。
③ 叶铁桥：《科技大奖可信度遭质疑》，2009年9月9日《中国青年报》。

震"。但这仍然只是"冰山一角"。近年来，仅武汉地区高校就发生了多起同类案件，如武汉理工大学原副校长李海婴、中南财经政法大学原副校长李汉昌、武汉科技大学原校长刘光临、武汉科技大学原党委书记吴国民、武汉科技大学原党委副书记杨永才、湖北大学原副校长李金和、三峡大学原书记陈少岚、湖北师范学院原党委书记丁杰、湖北中医药高等专科学校原校长高勇、湖北民族学院原书记彭振坤等人，均因贪污、受贿等被受审判刑。

**4. 高校自主改革悄然萌动**

在强大的社会压力下，高等学校的自主改革开始萌动，首先表现在高考招生制度改革上。

2009 年 11 月，继清华大学、上海交通大学、中国科学技术大学、西安交通大学、南京大学五所高校宣布联合自主招生后，北京大学、香港大学和北京航空航天大学也宣布将联手自主招生；北京交通大学、北京邮电大学、北京科技大学、北京林业大学、北京化工大学五所高校也将实行五校联考，全国高考招生正在从整齐划一的"齐步走"向多样化的方式转变。

我国首批"985 工程"中的 9 所高校（北京大学、清华大学、浙江大学、哈尔滨工业大学、复旦大学、上海交通大学、南京大学、中国科技大学、西安交通大学）建起我国首个名校联盟，签订了《一流大学人才培养合作与交流协议书》。根据协议，双方将互派"交换生"，互认本科学分，联合培养研究生，共同培养拔尖人才。

最令人瞩目的，是深圳市筹建中的南方科技大学（简称南方科大）。据介绍，这所"按全新理念和国际一流大学标准建设的重点大学"，将于 2010 年开始招生。近半师资将从海外引进，工学、商学、管理学将成为南方科大的三大学科支柱，比例为工学 30%、理学 20%、管理学 15%。深圳市委、市政府已决定以立法的形式颁布《深圳大学条例》，作为自主办学的依据，建立"党委领导、校长负责、教授治学、民主管理、依法治校"的现代大学制度，进一步扩大办学自主权，推进治理模式改革。南方科大已经通过校长遴选制度，聘任中国科技大学退休的朱清时教授出任校长，并确定了"去行政化"的办学宗旨。这种自下而上的教育创新实践，有可能成为打破大一统的行政化办学体制的启动机制和新的生长点。

国家也对一些教育政策进行了调整。国家改革研究生培养制度，将大幅增加专业硕士研究生的比例。我国研究生教育的突出问题就是对应用型人才培养规模较小，不能满足社会需求。据悉，目前我国每年招收的40多万研究生中，专业学位研究生仅占10%。教育部要求具有专业学位授权的招生单位以2009年为基数，按5%～10%的比例减少学术型招生人数，增加专业学位研究生招生。

新一轮本科高校评估试点也开始启动，将实行大的变革，不同层次的高校不再按照一个标准衡量，评估标准将从"评优"变成"合格评价"，同时鼓励学生、家长和社会公众的参与和监督。

**5. 义务教育均衡发展的冲突和较量**

公众对教育最不满意之处，就是中小学严重的应试教育和择校竞争，极大地损害了学生的身心健康，降低了教育质量，异化了教育功能，加重了家长负担。围绕学者对"奥数热"、考证热、择校热的声讨，各地政府重申规范中小学办学行为，促进义务教育均衡发展，制定了一些办法和目标，引发社会热议。

继山东省2008年刮起"素质教育风暴"，严厉整顿各种违法违规的办学行为，2009年江苏省通过立法规定"不得增加学生的课业负担"。广东省公布了《关于推进广东省义务教育均衡发展的实施意见》，力争用3～4年全面实现全省义务教育阶段适龄儿童少年入学机会均等，同时，禁止公办小学、初中学校"择校"行为和进行小学升初中选拔性招生，不得利用公共资源集中建设或支持少数窗口学校、示范学校。河南省政府办公厅出台了《关于规范中小学办学行为推进素质教育的意见》，严格规定中小学生家庭作业总量和保障睡眠时间，坚决制止随意组织学生参加各种统考、联考或其他竞赛、考级等现象，各地教育行政部门和学校不得以任何形式下达高考、中考升学指标，不得以高考、中考升学率或成绩为标准进行排名和奖惩，采取有效措施解决大班额问题。北京市实施《义务教育法》办法的规定，义务教育阶段适龄儿童、少年免试就近入学，不得通过考试或测试选拔录取学生，市教委2009年将加大对"小升初"不公平现象的清理力度。

成都市教育局敢于动真格的，严令封杀奥数培训，从规范学校办学行为等方面着手"整治奥数"。具体包括：教师校外兼职教奥数或私办奥数班将被严处甚至开除；民办学校小升初或初升高的"自主选拔试题"不得有奥数内容；公办学校以奥赛成绩选拔学生，校长最重可撤职；教师进修校、少年宫这些"半官方"培训机构停办奥数班。除封杀奥数培训外，还包括清理中考加分、严禁违规补课、规范招生行为等。

山东、浙江两省正在征求意见的《义务教育条例（草案）》，是否应当立法禁止有偿家教引起热议。山东省的《条例草案》规定"公办学校在职教师不得从事各种有偿补习活动"。浙江省的《条例草案》规定"学校教师在工作日期间不得从事有偿家教，或者到校外培训机构兼职兼课；在节假日期间不得组织学生接受有偿家教"。

成都市封杀奥数培训，山东、浙江禁止有偿家教等行动均引起激烈的社会争议，尤其是相当数量的家长赞同奥数和有偿家教，显示了教育政策背后利益格局的多样化，公众在一些基本价值上的混乱和模糊，也显示治理基础教育的乱象必须治本，在学校之间的均衡没有真正实现之前，一些治标的禁令就很难真正奏效。而促进义务教育阶段学校之间的均衡，更主要的是规范政府行为，依法行政，依法治教。

**6. 农村教育的新问题**

从 2009 年秋季起，中西部地区农村义务教育生均经费提高为小学 300 元/年、初中 500 元/年，达到中央出台的基准定额标准。将使农村中小学办学条件将得到较大改善，促进农村义务教育质量的不断提高。农村教育正面临新的形势，需要由数量增长向质量提升转变，有效地提高农村教育质量，同时保障农村学生的教育机会，促进教育公平。

从年初起，高校中农村学生减少和农村的教育危机频见报道。据教育部的数据，1989～2008 年，我国高校农村新生的比例总体在逐步增高，从 1989 年的 43.4% 到 2003 年与城市生源比例持平，2005 年已达 53%。但与此同时，来自部分重点大学的数据显示，农村学生的比例正在下降。如中国农业大学农村新生的比例，1999～2001 年均在 39% 左右；但 2002 年之后开始下降，2007 年跌至最低仅为 31.2%。南开大学近 3 年的数据，2006 年农村新生比例为 30%，2007 年为 25%，2008 年为 24%，下降趋势也比较明显。前几年北京大学、清华大学农村新生的比例均不足 20%。[①] 可见农村学生比例的下降，主要发生在研究型大学。

这主要来自高中阶段的城乡差距和阶层差距。变相的重点学校制度，以及"以钱择校"、"以权择校"的择校制度，极大地加剧了教育不公，使得中小学重点学校制度成为一种凝固和扩大社会差距的制度。例如，山东乳山县 2009 年重

---

① 袁新文：《重点高校农村学生越来越少》，2009 年 1 月 15 日《人民日报》。

点高中招生，录取分数线城乡有别，农村学生 678 分，城市学生为 601 分。教育资源更为匮乏、学习条件更为艰苦的农村学生，录取分数竟然比城里的学生高出 77 分！这是一种明显的歧视性政策。

大量撤并农村学校，导致出现新的上学难、上学贵的问题，农村学生流失辍学率增加，也十分令人关注和不安。广东省从 2000 起年开始调整农村中小学布局，以化州市为例，2007 年撤并教学点 105 个，2008 年撤并小学 207 所、初中 9 所，两年共撤并学校 321 所，占学校总数的 37.5%。大埔县的小学由 2002 年的 254 所减少到如今的 142 所，7 年时间共撤并小学 112 所，撤并比例为 44%。由于上学费用飙升，上学路途遥远，许多学生被迫辍学。① 在农村学校不断荒废、萎缩之时，县城小学成为校额班额巨大的"巨无霸"而不堪重负。据研究，在农村中小学布局调整过程中出现明显的辍学率反弹，其原因主要是农村家庭教育费用骤增，难以支撑。其次包括就学路途较远，存在安全隐患，以及新校教学质量不高，学校条件有限等。②

与此同时，农村大量兴建寄宿制学校，作为解决上学路途遥远和提高教育质量的新举措。但是，不少农村地区"一窝蜂"兴建的寄宿制学校，缺乏运转经费和教师编制，住宿和伙食条件差，正在产生新的教育问题。西北社会经济发展研究中心和中国科学院农业政策研究中心的学者共同组成的"农村教育行动计划"（REAP）项目组，通过对陕北、关中和陕南三个地区 144 所学校为期一年的跟踪调查后发现：因长期营养不良，样本区许多孩子的身体发育滞后。非寄宿学生的身高，比世界卫生组织同龄人的平均身高低 5 厘米，而寄宿学生的身高，比世界卫生组织同龄人的平均身高低 9 厘米。由于缺乏完整的家庭教育，寄宿制学生不仅身体发育滞后，并有可能出现心理发展畸形。对 2000 名样本学生的心理测试结果显示：寄宿制学生心理健康程度明显差于非寄宿学生。③

## 三　反思和预测

正视问题是解决问题的前提，是进一步改革和开放教育的前提。这既是人们

---

① 王宏旺：《农村中小学"撤点并校"八年之痛》，2009 年 4 月 1 日《南方农村报》。
② 于海波：《农村学校布局调整要警惕辍学率反弹》，《求是》2009 年第 16 期。
③ 柯进：《农村寄宿制学校学生的正常发育受阻》，2009 年 4 月 5 日《中国教育报》。

对新任教育部部长的期望，也是对正在制定之中的《国家教育改革和发展中长期规划纲要》（以下简称《规划纲要》）的期望。

**1. 通过公众参与做好《规划纲要》的制定**

《规划纲要》草案将向社会公开征求意见。如何将强大的社会压力转化为改革教育的实际动力，通过公众参与和公开讨论，使《规划纲要》真正成为能够引导中国教育在 21 世纪振兴的高水平的纲领性文件，是 2010 年最重要的教育事态，也是一个重大的挑战。制定教育改革规划绝不只是教育部的事，不应该由教育行政部门单方面说了算，需要进一步开放，更加公开和透明，从而"使规划编制过程成为发扬民主、集思广益的过程，成为统一思想、凝聚共识的过程"。在公开决策、问政于民的问题上，政府和教育主管部门需要学习，首先需要有开放的心态。中国教育正处于大变革的前夕，需要上下共同努力，去促成实质性的教育变革。

为了打破目前教育部单方面主导的格局，建议成立跨部门、跨领域、由社会各界人士，尤其是有经济界、科技界、公共管理、全国人大、民主党派等贤达人士参加、组成的评议组或评审会，参与《规划纲要》的修改，并使这一组织发育成一个常设性的教育咨询审议机构，成为教育决策科学化、民主化的一项制度建设。

**2. 政府依法行政，依法治教，是促进义务教育均衡发展的关键**

教育部部长易人，激起公众对改革教育的强烈愿望。在人民网开设的《我给新教育部部长递个话儿》栏目中，网友留言多达千条。有近 17 万网民参与"你对新一任教育部部长有何期盼"的网络调查，其中，"提高教师素质"、"减轻学生课业负担，实现素质教育"、"提高教师待遇"、"治理'校官'腐败"、"解决教育公平，打破地域教育差距"成为网民对新任教育部部长的"五大期盼"。

解决人民群众强烈不满的教育问题，遏止严重的应试教育、择校竞争、"奥数热"、考证热，关键是政府依法行政，依法治教。许多调查显示，一些地方的干部追求政绩（升学率、示范学校等）是导致基础教育乱象不止的主要推手。因此，规范中小学办学行为首先必须规范政府行为；其次，对各种不规范办学行为的查处必须动真格，而不是止于发文件；再次，真正恢复基础教育的正常秩序，切断以学校营利、以学生谋利的利益链，打破教育行政部门与重点学校之间形成的利益联盟，恢复公办教育的公共性、公益性。

### 3. 重视农村教育的新情况、新问题

在城乡基本实现免费的九年义务教育之后，数以千万计的城市农民工子女的教育，以及农村留守儿童的教育，成为最大的薄弱环节和教育不公的主要表现。与此同时，在快速城市化过程中，一些地方将"学校进城"作为施政目标大规模撤并农村学校，不仅高中进城，初中也进入县城，"乡村学校正静悄悄地走向集体消亡"。这一消灭农村教育的严峻现实，显示了农村和农民"被城市化"的进程和代价，它不仅是缺乏农民意愿和参与的，而且大量流动儿童、寄宿学校造成的亲子分离、家长进城陪读等，将深刻地改变农村的文化和教育生态，改变农村社会中教育与生活的关系、家庭模式甚至亲子关系，其对农村发展的影响至为深刻复杂，应当引起高度重视。

# Report on Development of Education
# in China, 2009

**Abstract**: In the year of 2009, education in China has made continued progress. However, people still feel dissatisfied with the corruption within the educational institutions and the poor elementary education, which indicates serious underlying problems. Meanwhile, people's expectation and enthusiasm for deepening the reform have been aroused by the "National Program for Medium- and Long-Term Educational Reform and Development Project Summary" and a series of related events.

**Key Words**: Education Reform; Educational Policy; Rural Education; Academic Corruption

# 中国医药卫生体制改革正式启动

顾 昕*

**摘　要：**2009 年，中国政府公布了《关于深化医药卫生体制改革意见》，新医改的主要目标是"建立覆盖城乡居民的基本医疗保障体系"。具体的目标和措施是，扩大现有公立医疗保险的覆盖面、提高政府的补贴水平、提高保障水平、推进医保付费机制的改革、推动医疗机构的治理变革等等。此项改革鼓励地方政府进行试点，力争三年后在总结经验的基础上进一步明确公立医院改革的具体路径。

**关键词：**全民医保　公立医院法人化　基本药物制度

2009 年，新一轮医疗卫生体制改革（以下简称新医改）正式启动了，这是中国社会经济发展中最为重大的事件之一。4 月 6 日，《中共中央国务院关于深化医药卫生体制改革意见》（中发〔2009〕6 号，以下简称《新医改方案》）公布，次日《医药卫生体制改革近期重点实施方案（2009～2011 年）》（国发〔2009〕12 号，以下简称《近期实施方案》）公布。[①]《新医改方案》提出了一些新的战略构想，为中国医疗卫生事业的改革与发展指出了新的方向。但同时，由于医疗卫生体制改革具有复杂性，在一些老问题尚未得到有效解决的同时还会产生一些新的问题，因此新医改必将面临一系列全新的挑战。如何应对这些挑战，有待中央和地方政府对新医改的各个环节给出更加具有操作性的配套实施方案。新医改究竟将如何落实，在很大程度上取决于各省级政府陆续发布的地方版实施方案。到 2009 年 11 月中旬，大约有 20 个省份陆续公布了各自的新医改实施方

---

\* 顾昕，北京大学政府管理学院教授。

① 参见卫生部网站，http：//www. moh. gov. cn/publicfiles/business/htmlfiles/mohzcfgs/s7846/200904/39847. htm。本文中引用"新医改方案"中的内容均出自此，不再注明其出处。

案。全国各省新医改实施方案的最终定稿，还要取决于 2010 年各地两会对有关预算的批准情况。

中央版《新医改方案》及《近期实施方案》明确了新医改的一大新方向，即"建立覆盖城乡居民的基本医疗保障体系"，简称"走向全民医保"。这正是以往的医改方案未能突出的地方，具有历史性的进步意义。在 2003 年之前，中国的医保体系主要限于城镇地区，由公费医疗和城镇职工基本医疗保险（以下简称城镇职工医保）组成。公费医疗的覆盖面越来越窄，而城镇职工医保的覆盖面愈来愈广。值得注意的是，尽管现在成为基本医疗保障体系的主干之一，但城镇职工医保的建立，一开始是为国企改革服务，为经济体制改革服务。这是一种比较狭窄的思维。至少在 2000 年之前，社会发展在中国公共政策的谱系中并没有独立的地位，而是从属于、依附于经济发展的内在要求。

自 2003 年以来，这种经济主导型的发展观慢慢被打破了。"促民生"成为中国政府新的施政纲领；社会保障体系的建设，成为"促民生"的核心之一。由此，中国的发展有了双轨道，社会发展与经济发展并驾齐驱。在医疗保障方面，作为政府补贴的公立自愿性医疗保险，新型农村合作医疗（以下简称新农合）和城镇居民基本医疗保险（以下简称城镇居民医保）陆续建立起来。《新医改方案》所明确的全民医保原则，不仅仅是促进新医改的新原则，而且也是推进整个社会经济发展的新原则。正是在这一点上，《新医改方案》具有超越医疗卫生体制改革的深远意涵。

新医改方案从起草到征求意见再到修改发布，历经两年半的时间，其决策过程不可谓不慎重。医疗卫生体制改革涉及面极广、专业性很强。这样一种公共政策展开全国范围内的公开讨论和征求意见，在中国是前所未有的，其进步意义值得肯定。更何况，在《新医改方案》的定稿过程中，决策部门吸纳了来自社会各界的好意见，为新医改注入了新的气息。据初步考察，《新医改方案》的定稿与征求意见稿之间，有 130 多处修改，其中多处修改超越了文字修饰，具有实质性的意涵。

## 一　全民医保的新探索

《新医改方案》中最为清楚的部分，当属有关医疗保障体系的论述。就医疗保障体系的健全而言，《新医改方案》无论在抽象的理念上还是在具体的措施上，都取得了实质性的突破。事实上，全民医保已经不仅仅是纸上的方案，而是正在变成现实。通向全民医保的轨道已经铺就，接下来的挑战是把轨道保养好并且适时更新换代；同时，全民医保列车的服务品质也要提高。根据《新医改方案》，健全医疗保障体系需要在如下四个方面进行了积极的探索。

第一，拓展医保覆盖面。新医改的《近期实施方案》明确，到 2011 年，基本医疗保障制度全面覆盖城乡居民；具体而言，城镇职工医保、城镇居民医保和新农合的参保率都要提高到 90% 以上。

随着城镇职工医保的巩固和城镇居民医保的启动，到 2008 年底，城镇基本医疗保障体系的覆盖率已经达到了 52.2%。另外，在城镇地区，少数人（包括公务员、行政部门职工和一些离退休者）依然享受公费医疗，另有一些人参加了各种各样的商业医疗保险，两者相加占城镇人口的 10% 左右。因此，城镇地区居民的医疗保障覆盖率，在 2008 年第一次突破了 60% 的大关。[①] 到 2008 年底，全国参加新农合人口达到 8.15 亿，已经超过了当年农村居民人口总数 7.21 亿，开始逼近农业户籍人口总数 8.82 亿。[②]

在 3 年内实现全民医保的新医改目标，在农村地区似乎并不困难，难点和关键在于城镇地区。随着城市化的不断推进，城镇居民人口在未来 3 年一定会突破 6 亿人，有可能在 2011 年达到 7 亿人。2007 年，城镇地区的就业人口为 2.9 亿，未来有可能会在 3.5 亿 ~ 4.0 亿之间。因此，分别面向就业人口和非工作人群的城镇职工医保和城镇居民医保，均面临着拓展覆盖面的严峻挑战。城镇居民医保必须要突破自愿性医疗保险所面临的"逆向选择"困境，而城镇职工医保则必须要解决民营企业逃避雇主社会保险缴费责任的问题。要在 3 年内实现城镇基本医疗保障体系 90% 的覆盖率目标，恐怕要各级政府付出极其艰苦的努力。如果中央政府和党的组织部门将基本医疗保障体系覆盖率作为地方政府官员政绩考核的重要指标之一，基本医疗保障体系覆盖率的拓展将得到保障。

第二，提高筹资水平。除了拓展覆盖面之外，健全基本医疗保障体系的另一

---

① 中华人民共和国卫生部编《2009 中国卫生统计年鉴》，中国协和医科大学出版社，2009，第 348、353 页。

② 中华人民共和国卫生部编《2009 中国卫生统计年鉴》，中国协和医科大学出版社，2009，第 347、353 页。

个重要方面是提高筹资水平。只有筹资水平足够高,方能实现看病治病时医保机构付大头、参保者付小头的医疗保障目标。要提高筹资水平,关键在于公共财政"补需方",即政府提供补贴,帮助民众参加公立医疗保险。[①]《新医改方案》提出,"中央政府和地方政府都要增加对卫生的投入,并兼顾供给方和需求方"。"补需方"是以往政府所忽略的,因此,"补需方"原则的确立正是《新医改方案》之新的所在。

更为可贵的是,"补需方"已经不仅仅停留在纸面上,而且落实在具体的实施之中。财政部副部长王军在有关新医改的新闻发布会上宣布,在未来的 3 年中,各级政府将新增预算开支 8500 亿元,用于推进五项新医改,其中 2/3 用于"补需方"。[②] 这是一项前所未有的公共财政新政。无论从何种角度来看,都意义非凡。8500 亿元的 2/3,多达 5666 亿元。这是一笔巨款,将主要投入两个领域:其一是公共卫生服务体系;其二是医疗保障体系。具体而言,《新医改方案》提出以下内容。

1. 从 2009 年开始,依照每人 15 元的标准新增公共卫生服务支出,并很快增加到每人 20 元,用于疾病预防控制、妇幼保健、环境卫生、健康促进等公共卫生服务。

2. "进一步完善城镇职工基本医疗保险制度,加快覆盖就业人口,重点解决国有关闭破产企业、困难企业等职工和退休人员,以及非公有制经济组织从业人员和灵活就业人员的基本医疗保险问题。"在 5666 亿元的巨款中,相当大的一部分将用来为关闭、破产、困难国有企业的职工和退休人员支付未来 10 年的医保缴费,一次性解决历史遗留问题。

3. 提高城镇居民基本医疗保险和新型农村合作医疗的政府补贴水平,从每人最低 80 元提高到 120 元。在很多地方,政府补贴水平早已超过了 80 元,甚至超过了 120 元,今后还会进一步提高。

4. 巩固和发展城乡医疗救助体系,为低收入者参加各种公立医疗保险埋单,同时为他们无力负担的医药费用自付部分提供援助。

---

① 顾昕、高梦滔、姚洋:《诊断与处方:直面中国医疗体制改革》,社会科学文献出版社,2006。

② 李雨思:《财政部副部长王军详解 8500 亿医改投入如何花》,载中国经济网,http://www.ce.cn/cysc/newmain/s/zyy/200904/08/t20090408_ 18739568.shtml。

所有这一切，都将使老百姓直接受惠。

第三，提高保障水平。随着医保筹资水平的提高，如何确保参保者获得适当的医疗保障，亦即如何把医保基金的钱花在患病的参保者身上，至关重要。目前，基本医疗保障体系的保障水平不高。各类医保基金支付的总额占医疗机构业务收入的比重依然不高，到2008年也不足四成（见表1）。这就是说，参保者看病治病时仅有四成弱的医药费用由基本医疗保障体系来支付。这个比例至少要变成七成，基本医疗保障体系才能切实发挥其应有的作用。

表1　基本医疗保障体系的支付水平（2004～2008年）

单位：亿元，%

| 年份 | 城镇职工医保基金支出 | 城镇居民医保基金支出 | 新农合基金支出 | 公费医疗支出 | 基本医疗保障体系支出总额 | 医疗机构的业务收入 | 医保支出所占的比重 |
| --- | --- | --- | --- | --- | --- | --- | --- |
| 2004 | 862.2 | | 26.4 | 323.5 | 1212.0 | 4194.7 | 28.9 |
| 2005 | 1078.7 | | 61.8 | 374.3 | 1514.8 | 4694.9 | 32.3 |
| 2006 | 1276.7 | | 155.8 | 374.6 | 1807.1 | 5196.9 | 34.8 |
| 2007 | 1561.8 | 10.1 | 346.6 | 376.0 | 2294.5 | 7016.3 | 32.7 |
| 2008 | 2019.7 | 63.9 | 662.3 | 378.0 | 3123.9 | 8181.4 | 38.2 |

资料来源：《中国统计年鉴》，2009；《中国劳动统计年鉴》，2008；《中国卫生统计年鉴》，2005～2009。

基本医疗保障体系保障水平不高的根本原因在于筹资水平较低。但是，目前普遍存在的一个问题是，很多地方城乡医保基金的结余额过高，导致参保者在现有可能的筹资水平上无法享受到本来应该享受的医疗保障。对此，《近期实施方案》提出了如下具体的改革措施："各类医保基金要坚持以收定支、收支平衡、略有结余的原则。合理控制城镇职工医保基金、城镇居民医保基金的年度结余和累计结余，结余过多的地方要采取提高保障水平等办法，把结余逐步降到合理水平。新农合统筹基金当年结余率原则上控制在15%以内，累计结余不超过当年统筹基金的25%。"

就全国而言，新农合基金每年都有一定的结余，结余率还很高。但可喜的是，在过去的若干年内，新农合基金当年结余率逐年下降，2004年是40.3%，到2008年已经下降到了15.6%（参见表2），累计结余相当于当年筹措资金的25.4%，非常接近新医改《近期实施方案》提出的指标。

**表 2　农村新型合作医疗基金的收支情况（2004～2008 年）**

单位：亿元，%

| 年份 | 基金收入 | 基金支出 | 当年结余 | 当年结余率 | 累计结余 | 累计结余相当于当年筹措资金的比重 |
|---|---|---|---|---|---|---|
| 2004 | 44.2 | 26.4 | 17.8 | 40.3 | 17.8 | 40.3 |
| 2005 | 82.5 | 61.8 | 20.7 | 25.1 | 38.5 | 46.7 |
| 2006 | 211.1 | 155.8 | 55.3 | 26.2 | 76.0 | 36.0 |
| 2007 | 423.3 | 346.6 | 76.6 | 18.1 | 131.9 | 31.2 |
| 2008 | 784.6 | 662.3 | 122.3 | 15.6 | 198.9 | 25.4 |

资料来源：《中国卫生统计年鉴》，2009，第 347 页；卫生部卫生经济研究所编《2008 中国卫生总费用研究报告》，2008 年 12 月，第 13、26 页。

　　2007 年，城镇居民医保基金收入为 43.0 亿元，但支出仅仅 10.1 亿元，不足 1/4，当年结余占当年收入的比重高达 76.5%。有一半的省份当年没有支出，唯有广东的当年结余率低于 15%。由于城镇居民医保自 2007 年下半年才开始试点，因此在基金结余控制上出现一些问题在所难免。2008 年，城镇居民医保基金的结余水平大幅度下降，为 39.9%。① 尽管如此，其结余率依然相当高，不仅高于新农合的基金结余率，而且也高于城镇职工医保的基金结余率。总而言之，城镇居民医保基金结余的控制，还有很大的改善空间。

　　历史最为悠久的城镇职工医保基金结余率普遍较高。到 2008 年底，全国城镇职工医保基金的累计结余额高达 3303.6 亿元。这是一笔巨款。当年，城镇职工医保基金的支出仅为 2019.7 亿元，也就是平均每月支出 168.3 亿元。② 依照这一支出水平，哪怕暂缓城镇职工医保的缴费，这一保险基金累计结余额都可以支付 19.6 个月。

　　公立医疗保险基金的钱，取之于民，应该用之于民。大量的医保基金沉淀下来，是极大的浪费。无论是从目前"扩内需、保增长、调结构、重民生"的短期需求来看，还是从健全医疗保障体系的长期目标来看，降低城乡医保基金的结余率，都是当前医保改革的重要工作之一，刻不容缓。《新医改方案》提出了改革意见——积极探索合理的结余水平，并适当调整结余率。这是新医改的新亮点

---

①　人力资源与社会保障部的数据，即将在《中国劳动统计年鉴》中公布。

②　中华人民共和国统计局编《2009 中国统计年鉴》，中国统计出版社，2009，第 945 页。

之一。

第四，厘清医保机构的定位。随着医保基金筹资水平与支付水平的提高，医保机构拥有了强大的团购能力，理论上有可能代表参保人的利益，以团购者的身份为参保者购买医药服务。但是，医保机构如何购买更好的医药服务呢？说白了，就是怎么"花钱"的问题。这是未来全民医保改革面临的一项全新挑战。

医保机构扮演医药服务购买者的角色，的确载入了《新医改方案》。可是，对于这一角色的演出剧本，《新医改方案》没有集中论述，而是分散在关于其他议题的论述之中，显得非常零散。要说明医保机构扮演医药服务购买者的角色，必须要依次说明白如下三件事情。

其一，购买内容。关于这一点，《新医改方案》第六条中写道："从重点保障大病起步，逐步向门诊小病延伸。"这意味着，在未来的三年内，基本医疗保障体系的支付将覆盖各类医疗服务。探索门诊服务的覆盖，是基本医疗保障体系未来三年的发展重点之一。

其二，买卖双方的谈判机制。关于这一点，《新医改方案》第十一条中写道："积极探索建立医疗保险经办机构与医疗机构、药品供应商的谈判机制，发挥医疗保障对医疗服务和药品费用的制约作用。"

其三，支付方式的选择。关于这一点，《新医改方案》第十二条中写道："强化医疗保障对医疗服务的监控作用，完善支付制度，积极探索实行按人头付费、按病种付费、总额预付等方式，建立激励与惩戒并重的有效约束机制。"

由此可见，关于医保机构购买医药服务的重要环节，《新医改方案》都有所论及，但是其支离破碎的论述方式有损于其指导意义的充分实现。

其中，最为重要的改革就是如何付费。付费者可以引导收费者，因此医保机构作为团购者理应有办法让医疗机构成为正常的市场主体，即具有强烈的性价比意识，针对患者的具体病情，合理诊疗，合理用药。在全民医保的情形下，如果医疗机构不合理诊疗、用药的情形依然故我，那么主要的问题就出在医保机构的付费环节。

医保付费是一门学问，医保机构作为参保者的经纪人，有责任运用这些专业化的付费方式来约束医疗机构的行为。不同的付费方式有不同的好处和坏处，适用于不同类型的医药服务。因此，医保付费方式不应该是单一的，而应该是多种付费方式的组合。具体如何组合，要取决于各地的医疗服务内容和价格，是由各

地的医保和医疗机构进行谈判的结果，绝不可能由上级政府实施一刀切。

在我国，医保经办如何走向专业化，医保机构如何同医疗机构进行谈判，医保机构自身如何实现良好的治理，这些都是新医改面临的挑战，亟待各地积极探索。

## 二  公立医疗机构法人化还是行政化？

如果说医保改革是解决"看病贵"问题的钥匙，那么缓解"看病难"问题的关键是医疗服务体系的改革。由于公立医院在中国的医疗服务体系中占据主导地位，因此医疗服务改革的核心是公立医院的改革。然而，同医保改革方向与措施的明确性相比，《新医改方案》在公立医院的改革上却出现了两种思路并存的现象，一种思路是公立医院走向法人化，另一种思路是公立医院回归行政化。

首先，《新医改方案》的"指导思想"这一部分（第一条），重申了胡锦涛总书记在中共十七大报告中提出的"四分开"原则，即"实行政事分开、管办分开、医药分开、营利性和非营利性分开"。其中，"管办分开"是公立医院改革的核心，即让公立医院同各级卫生行政部门脱离行政隶属关系，"落实公立医院独立法人地位"（《新医改方案》第八条）。在实施行政脱钩之后，公立医疗卫生机构只有大小之分、有名无名之分、专科与综合之分，而不再拥有行政级别。在行政脱钩之后，最为重要就是"建立和完善医院法人治理结构"（《新医改方案》第九条）。理事会是法人治理结构的核心，由医院的所有重要利益相关者代表（包括出资方、医护人员、消费者或社区代表等）组成。由于公立医院是政府出资建立的，政府当然可以派理事进入其理事会。医院的管理人员尤其是院长，由理事会选聘并且向理事会负责。对于广大的医护人员来说，公立医院法人化有一个莫大的好处，就是让他们合理合法地成为高收入者。医护人员（尤其是医生）成为自由职业者，一旦受聘，他们便成为医院的全职或兼职员工；兼职者自然可以多点执业。在法人化的制度框架中，医院的院长和高管成为职业经理人。医生们靠医术、院长们靠管理获得体面的收入，"以药养医"、"收红包"、"拿回扣"等事情就会大幅度减少。

公立医院法人化了，它们如何发展，要不要壮大，是其战略管理的重要内容，将由理事会自主决策。其中，要不要引入社会资本，引入多少，从什么渠道引入，引入之后派什么用场，恰恰是公立医院理事会战略决策的内容。当然，由于公立医院理事会中有政府部门派出的理事，有关政府对于公立医院引入社会资本的决策可以施加举足轻重的影响。

毫无疑问，法人化将为公立医疗机构带来翻天覆地的变化，既解放了医院，也解放了医生。当然，由于旧体制的遗产以及现行制度的制约，公立医院法人化改革之路异常艰难。一个"行政化＋商业化"的事业单位体系，如何走上"法人化＋市场化"的规范之路，依然混沌不清。本来，《新医改方案》明确了公立医院的改革原则，即推动公立医院走向法人化。但是，正如中国的很多改革一样，原则"明确"，措施缺失。关于公立医院的改革，新医改《近期实施方案》的基调是鼓励地方政府进行试点，力争三年后在总结经验的基础上再明确公立医院改革的具体路径。由于中央版《新医改方案》在这一点上含糊其辞，许多省份推出的新医改实施方案也没有给出公立医院改革的明确方向和具体路径。

## 三　药品供应保障体系中政府与市场的作用

新医改面临的一项大挑战就是药品政策的制定。根据《新医改方案》第七条，"建立健全药品供应保障体系"是新医改的重要目标之一，而国家基本药物制度的健全是药品供应保障体系的基础。如何界定药品供应保障体系中政府与市场的作用，是这项大挑战的核心。如何应对这一挑战，不但会影响到医疗服务业的发展，而且还对医药产业的发展产生至关重要的影响。

实际上，中国是一个药品生产大国，成千上万种药品均可在中国生产并且上市，因此药品供应保障本不应成问题。问题在于，一大批实力不强的企业混迹于医药生产和流通领域，而有实力的企业在做大做强的道路上屡屡遭受非市场性阻碍，其结果就是大量质量并不高但价格不菲的药品充斥于市场。中国药品生产、流通和消费的市场化是高度扭曲的，无法形成优胜劣汰的局面。更为重要的是，在占据着药品消费市场终端70%～80%份额的公立医院中，出现了"药价虚高"的情形：公立医院高价进货、高价销售，导致公立医院药房中的药品价格远高于周围零售药店。毫无疑问，这种荒谬的情形引发了药品消费者的愤怒。老百姓并不了解医药费用的高低究竟是否合理；但是，同一种药，明明相对便宜的药品唾手可得，可公立医院的药价却居高不下。

所有这一切的根源在于公立医院的"以药养医",即公立医院的主要收入来源之一是卖药,占四成多(参见表3)。由于公立医院并不认真关注药品的性价比,反而会采购一些疗效一般但价格昂贵的药品。一些实力不强的医药生产企业可以通过花样百出的商业贿赂推销其质量一般但价格偏贵的药品,而那些实力不强的医药流通企业也能在医院登堂入室,反正医院不在乎流通渠道过多。由于公立医院具有某种垄断地位,即便其药品价格偏贵,患者也无可奈何。

表3　公立医院的收入来源（2003～2008年）

单位:亿元,%

| 年份 | 收入总额 | 医疗收入 | | 药品收入 | | 其他收入 | | 政府拨款 | |
|------|---------|---------|------|---------|------|---------|------|---------|------|
| | | 金额 | 占比 | 金额 | 占比 | 金额 | 占比 | 金额 | 占比 |
| 2003 | 2549.22 | 1149.01 | 45.1 | 1107.19 | 43.4 | 68.72 | 2.7 | 224.30 | 8.8 |
| 2004 | 3339.78 | 1490.47 | 44.6 | 1347.28 | 40.3 | 74.62 | 2.2 | 427.40 | 12.8 |
| 2005 | 3700.64 | 1758.09 | 47.5 | 1591.82 | 43.0 | 77.73 | 2.1 | 272.99 | 7.4 |
| 2006 | 4029.58 | 1949.88 | 48.4 | 1664.17 | 41.3 | 77.50 | 1.9 | 338.03 | 8.4 |
| 2007 | 4902.23 | 2378.42 | 48.5 | 2023.47 | 41.3 | 83.54 | 1.7 | 416.81 | 8.5 |
| 2008 | 6090.22 | 2914.20 | 47.9 | 2563.98 | 42.1 | 101.81 | 1.7 | 510.24 | 8.4 |

资料来源:2004～2009年《中国卫生统计年鉴》。

面对这一问题,无论是公众、媒体还是政府,大多把责任归咎于医护人员的医德不佳,也有很多人归咎于医药产业的社会责任感薄弱,总之是诉诸道德大批判。更有甚者,有些人将中国药品市场的种种乱象归咎于市场化本身,寄希望于通过取消市场化、实施政府全方位的控制来解决问题。

其实,公立医院以高价采购、高价出售的怪异方式出现在药品市场上,归根结底是政府的两项管制不当。其一,由于沿袭着计划经济的遗产,政府对医疗服务实施严格的低价管制,造成了"拿手术刀不如拿剃头刀"的格局,迫使医生们变成专业药品推销员。其二,政府规定了药品销售利润率的最高限额,即15%,这样一来,公立医院在采购药品时自然不会考虑药品的性价比,而是尽可能更多地采购价格偏高的药品。

正是上述两项不当的政府管制,导致了公立医院的"药价虚高"。为了应对"药价虚高",政府的诊断结果却是"流通环节过多",于是头痛医头、脚痛医脚,对药品流通环节进行干预,在各地推出了药品集中招标制度。需要指出的是，所谓"药品集中招标"并不是药品集中采购。各地的招标中介机构对市场上流通的药品进行二次筛选，为公立医院的药品采购设立了"二次市场准入"。具体的药品采购者依然是各家医院；在中标的药品种类及其中标价之下，各家医院才是具体采购量和采购价的真正决定者。由于政府对医疗服务价格的管制和药品销售利润率的管制依然故我，公立医院大多倾向于大量采购高价中标的药品种类，而低价中标的药品种类采购量相对偏低。对于低价标药品的生产企业来说，价格已经很低了，而采购量又上不去，因此自然会降低甚至丧失继续生产的积极性。因此，这类企业的理性选择只有两种：其一是退出药品的高端市场（即医院），转而去开拓低端市场，即零售药店和农村；其二是来年转战其他地方的药品集中招标，争取以相对较高的价格中标。于是，用行内的话来说，"低价标"最终大多会"流标"。

毫无疑问，如果不根治"以药养医"，那么无论是全民医保，还是公立医院法人化，都无法让患者获得相对来说物美价廉的药品。如何根除"以药养医"之害呢？《新医改方案》提出了两条思路：其一是药品零差率政策；其二是改革基本药物制度。

药品零差率没有取消政府的不当管制，只是把药品最高加成从15%变成0%。医疗机构没有了药品加成收入，一定要从其他地方补回来，一切都没有变。

改革基本药物制度是第二项措施，其主要目标同样是治理药价虚高。但是，《新医改方案》对于基本药物制度的基本制度框架，并没有给出清楚的描绘。2009年8月18日，卫生部等9部委发布了《关于建立国家基本药物制度的实施意见》和《国家基本药物目录管理办法（暂行)》，正式启动了国家基本药物制度建设工作。同时，《国家基本药物目录（基层医疗卫生机构配备使用部分)》(2009版）正式公布，包括化学药品和生物制品205种、中成药102个品种，共307个药物品种，以及一些中药饮片。卫生部就此公布了第69号"卫生部令"，明确这一版基本药物目录自2009年9月21日起施行。

目前，基本药物的遴选及基本药物目录版的编订，依然在不透明的情况下进行。基层版的目录已经发布，而面向公立医院的非基层版目录依然笼罩在重重迷雾之中。医保用药目录正在更新的过程之中，两类目录的关系不清不楚。基本药物制度的购买和配送（即流通环节）采取集中招标。但是，现有药品集中招标制度并不限于基本药物，甚至也不限于医保可报销药品，而是适用于在公立医中销售的大多数药品。在这样的情形下，基本药物的集中招标与非基本药物的集中招标究竟有什么制度上的差异呢？如果差异不大，即便就基本药物单独设立集中招标的体系，也不会产生任何实质性的差异。最后，药品的使用也非常重要。《新医改方案》规定："城乡基层医疗卫生机构应全部配备、使用基本药物"。这其中，"全部配备、使用"究竟是什么意思？这样的措辞可有两种解释：其一是只能使用（销售）基本药物；其二应全部备齐基本药物，不能缺货，但也可以使用（销售）其他药品。究竟哪一种解释能成为政策，目前尚不清楚。至于"其他各类医疗机构也要将基本药物作为首选药物并确定使用比例"，关键在于比例的高低如何制定。定高了，那将极大地限制医疗机构以及患者的用药选择权，会引起广泛的反弹；定低了，那就没有实质意义，因为公立医院正在大量使用基本药物。

综上所述，由于对"药价虚高"的病症未诊断清楚，《新医改方案》两味新药（即药品零差率和基本药物制度）的疗效不容乐观。更为严重的是，两味新药尚未下服，已经在各地的医疗机构和医药企业中引起了广泛的关注和混乱。很多人对《新医改方案》翘首以盼但又忐忑不安，主要就在于药品政策的不确定性。

# China Launched Health Care Reform

**Abstract**：On April 6, 2009, the central government made public the official proposal for a new round of health reforms. One of the highlights in the proposal is moving towards universal coverage of a basic healthcare security system. A number of concrete measures, e. g., expanding the coverage of enrolment, raising-up of financing level, improving benefit structure, reforming payment modes, and promoting governance reforms of public insurance agents, have been formulated. The central government urges their local counterparts to carry out plural experiments, and will formulate a roadmap of reforming public hospitals three years later.

**Key Words**：Universal Coverage of Health care Insurance; Corporatization of Public Hospitals; Essential Drugs System

# 2009年社会治安状况分析

樊在勤　宋尔东　严从兵 *

**摘　要**：2009年我国社会治安状况继续保持总体稳定，社会秩序平稳，一些突出的违法犯罪活动得到有力整治，打击黑恶势力的行动得到民众普遍支持，群众安全感普遍增强。但是，刑事犯罪案件依然处于高发时期，维护社会治安持续稳定的压力不断加大。

**关键词**：社会治安　社会秩序　社会稳定

## 一　社会治安大局继续保持稳定发展的态势

2009年以来，全国公安机关紧紧围绕"保增长、保民生、保稳定"的总要求，有效应对国际金融危机给社会治安带来的影响和冲击，继续保持对各类突出刑事犯罪活动的严打高压态势，并不断加大对社会治安秩序的综合整治力度，努力为新中国成立60周年庆典创造良好的社会治安环境。1～10月，中国社会治安大局总体保持稳定，社会面治安秩序平稳有序，全国各地庆祝国庆60周年的各项活动没有受到违法犯罪行为的干扰和影响。但需要看到的是，由于受到多种因素的影响，违法犯罪案件的高发势头在短期内难以得到根本遏制，维护社会治安持续稳定的压力仍然较大。

### （一）刑事案件继续面临增多压力

2009年1～10月，全国公安机关共立各类刑事犯罪案件444.3万起，比

---

\* 樊在勤，公安部办公厅统计处处长；宋尔东，公安部办公厅统计处副处长；严从兵，公安部办公厅统计处。

2008 年同期上升 14.8% 。全国有 25 个省、自治区、直辖市公安机关刑事案件立案数与 2008 年同期相比有所上升。需要强调的是，2009 年各地公安机关按照公安部的要求，大力开展如实立案工作，大量涉及人民群众切身利益的"小案件"进入公安机关的侦查视野，在为人民群众挽回损失的同时，客观上也推动了刑事犯罪立案数量的增长。

### （二）杀人、强奸、放火、抢劫等严重暴力犯罪案件出现一定幅度的上升

2009 年 1 ~ 10 月，全国公安机关共立杀人案件 1.2 万起，与 2008 年同期基本持平，立项案件造成 1.2 万人死亡，同比上升 0.4% ，其中发生在居民住宅的 5779 起；强奸案件 2.8 万起，上升 11.4% ；纵火案件 6064 起，上升 26.4% ；投放危险物质案件 1045 起，上升 37.5% ；抢劫案件 23.7 万起，上升 6.7% ，其中入室抢劫案件 1.7 万起，上升 0.2% 。由于严重暴力犯罪的绝对数相对较小，统计比较容易显示出现较高增幅，但从总体上看，中国的严重暴力犯罪仍处于一个相对较低的水平。

### （三）危害一方的黑恶势力有所收敛

2009 年以来，全国公安机关进一步加大打黑除恶和打击有组织犯罪的工作力度，1 ~ 10 月，共查获各类犯罪集团 4.5 万个，比 2008 年同期下降 3.1% ；集团成员 18.1 万人，同比下降 2.7% ；涉及刑事案件 24.4 万起，同比下降 23% 。共打掉黑社会性质犯罪集团 181 个，同比上升 25.7% ；查获集团成员 1737 人，同比上升 20% ；涉案 1345 起，同比上升 6.8% 。在持续不断的严打高压态势之下，除黑社会性质犯罪集团外，其他各类犯罪集团与 2008 年同期相比普遍有所下降。随着打黑除恶斗争的不断深入，有组织犯罪滋生蔓延的土壤和空间被大大压缩，集团犯罪危害突出的势头得到明显遏制。

### （四）社会面的治安管理秩序保持稳定

公安机关更加注重强化对社会治安秩序的源头治理，抓小案，抓苗头，在矛盾纠纷多发的形势下，积极查处一般违法案件，有力地维护了社会治安秩序的稳定。2009 年 1 ~ 10 月，全国公安机关共查处违反治安管理条件案件 827.5 万起，

比 2008 年同期增长 19.9% ；查处治安违法人员 627.1 万人次，同比增长了 17.5% 。共立妨害社会管理秩序犯罪案件 20.9 万起，比 2008 年同期增长了 16.2% ，其中，"黄赌毒"案件 10.7 万起，同比增长了 28.5% ；妨碍公务、聚众斗殴、寻衅滋事等扰乱公共秩序案件 8.8 万起，同比增长了 17.9% 。

### （五）青少年犯罪稳中有降

青少年犯罪是评价社会治安的重要指标。2009 年 1 ~ 10 月，公安机关抓获的刑事案件作案成员中，25 岁以下的青少年人数比 2008 年同期下降 2.1% ，延续了 2006 年以来的稳中有降走势。其中，18 ~ 25 岁的青少年同比下降 1.8% ；不满 18 岁的未成年人下降 14.8% 。公安机关抓获的青少年作案成员中，在校学生比 2008 年同期下降 26% ，其中，小学生下降 25% ，初中生下降 29.6% ，高中生下降 18.4% ，大学生下降 24.3% 。近年来，青少年犯罪成员特别是未成年人犯罪成员数量由持续攀升转向稳中有降，在一定程度上反映了中国社会治安形势发展的良性化趋势。

### （六）大量民间治安纠纷得到有效调处

针对经济、社会转型时期民间矛盾纠纷及其引发的刑事犯罪案件不断增多的形势，各地公安机关继续加大对民间治安纠纷的调处力度，进一步发挥调解在处理民间治安纠纷中的作用，公安机关居间调解已成为处理民间治安纠纷的常态措施之一。2009 年 1 ~ 10 月，全国公安机关共调解治安案件 269.6 万起，占查处治安案件总数的 32.6% ，与 2008 年同期相比上升 29.1% 。调解机制作用的有效发挥，避免了矛盾纠纷的激化，消除了一些可能诱发恶性犯罪案件的治安隐患。

### （七）道路交通事故、火灾事故等治安灾害事故明显减少

2009 年 1 ~ 10 月，全国共发生道路交通事故 18.5 万起，造成 5.2 万人死亡、22.1 万人受伤，直接财产损失 7.1 亿元，分别比 2008 年同期下降 14.8% 、10.1% 、13.2% 和 16.7% ；共发生火灾事故 10.6 万起，造成 831 人死亡、509 人受伤，直接财产损失 10.6 亿元，同比分别下降 3.8% 、26.2% 、15.3% 和 21.3% 。

### （八）群众安全感保持较高水平

2008 年全国群众安全感调查中，对于目前的社会治安环境，被调查群众认

为"很安全"、"安全"和"基本安全"的占94.6%，比2007年上升1.3个百分点；在影响群众安全感受的问题中，被调查人选择"刑事犯罪"的占26.6%，同比上升1.8个百分点。公共秩序混乱、刑事犯罪和交通、火灾事故一直以来都是影响群众安全感最为突出的因素。从2009年以来这几项指标的发展趋势来看，中国群众的安全感仍将保持在较高水平。

## 二　当前影响社会稳定和社会治安的主要矛盾和突出问题

2009年以来，金融危机不断在全球范围内引发各种并发症，相继诱发了一系列不安定事件，严重影响和冲击一些国家的社会稳定和社会治安。应该看到这样一种趋势：金融危机从发端到现在，从其造成的影响看，已经从一个经济问题逐步演化为社会问题。可以说，金融危机第一波的关键词是：金融、经济、企业；第二波的关键词就是：经济、社会、政府。从国外经验看，历史上发生过的全球性金融危机，对于世界政治经济格局和主要国家内政走向都会产生广泛而深远的影响，虽然中国与西方国家所处的发展阶段不同，但金融危机对中国社会的影响和冲击很可能具有滞后性和复杂性。从国内情况看，改革开放30多年，中国不仅走过了西方发达国家的百年历程，也产生和积累了不少的社会问题和社会矛盾，特别是一些影响中国社会稳定的中长期矛盾和问题，决定了中国仍处于对敌斗争复杂、人民内部矛盾凸显、刑事犯罪高发的关键时期，抵御非传统安全风险的能力还相对较低，基础也相当薄弱。因此，正确看待金融危机对中国社会稳定和社会治安带来的影响和冲击，仍是评价2009年社会稳定的一个重要视角。

### （一）金融危机带来的影响和冲击，在一定程度上加剧了中国经济、社会发展不协调，诱发、滋生违法犯罪的消极因素有所增多，给社会治安稳定带来新的压力

犯罪问题是各种社会矛盾和诸多消极因素的综合作用和反映。犯罪现象的增减，社会治安的好坏，归根结底，取决于整个社会抑制、减少犯罪的各种积极因素同诱发、滋生犯罪的各种消极因素两方面力量之间的进退消长。2009年，随着金融危机对中国经济、社会影响的不断加深，区域经济发展不平衡、城镇转移

就业能力不足、社会保障覆盖面狭窄等问题更加突出，在较短的时间内失业人数急剧增多，无业人员流散于社会，由失业引发的贫困问题滋生蔓延，给维护社会治安稳定带来较大压力。

一是盗窃、抢劫、抢夺等侵财违法犯罪活动出现多发、高发，并拉动刑事犯罪总量继续增长。由于社会保障尚未完全覆盖进城务工的农民工，打工收入是其维持生计的基本保障。一旦遭遇下岗失业，很快就会陷入衣食无着、朝不保夕的窘迫境地，容易从事偷窃、盗窃或冲动性抢劫、抢夺等侵财违法犯罪活动。统计数据显示，2009 年 1~10 月，公安机关共立侵财犯罪案件 386 万起，比 2008 年同期上升了 16.1%，其中，5000 元以下的侵财犯罪案件比 2008 年同期多立案 40.8 万起，上升了 16.9%。虽然小额侵财犯罪侵犯对象价值较低、侵财数额不大、社会危害性较小，但具有多发、高发的特征，按照目前的增长趋势，将成为拉动 2009 年刑事案件总量上升的主要原因。

二是寻衅滋事、聚众斗殴等扰乱社会管理秩序类违法犯罪活动有所增长，可能对人民群众的安全感造成负面影响。由于异地失业带来的种种不适应，寻衅滋事、聚众斗殴、阻碍公务、人身伤害往往成为失业人员发泄情感、解决纷争、宣泄不满的重要方式，由此可能造成扰乱社会秩序违法犯罪活动多发、高发的局面，严重影响城市社会面、城乡接合部、中小城镇的社会治安环境。统计数据显示，2009 年 1~10 月，公安机关共立妨害社会管理秩序案件 20.9 万起，比 2008 年同期增加 2.9 万起，上升 16.1%。其中，寻衅滋事 3.3 万起，同比上升了 10.7%；聚众斗殴 4812 起，上升了 23.3%。值得注意的是，近年来，群众安全感调查显示，在影响群众安全感的治安问题中，一般违法犯罪造成的公共秩序混乱问题始终位居前列，2005 年位居第一位，2006~2008 年仅次于交通事故居第二位。此类案件的增多，将会在一定程度上加剧人民群众对各种不稳定因素的心理感知，增强他们对各种社会问题的担心和忧虑，影响他们对社会治安形势的主观感受和对公安工作成效的客观评价。

三是由于无业人员增多并流散于社会，参与违法犯罪的人数有所增多。农民工从乡村的"熟人社会"进入城市的"匿名社会"，由暂时的"企业人"变为"社会人"，面对下岗失业、生活拮据、人地生疏等不利情形，普遍会产生巨大的心理落差，承受着来自城市的"被剥夺感"。这种边缘化的处境，容易使他们利用同乡、工友关系纠结成为违法犯罪团伙。近年来，农民工团伙作案明显增加，盗窃自行车、公共设施器材或生产原材料，组织未成年人盗窃、抢劫等违法犯罪活动屡见不鲜，并且出现了职业化的倾向。值得注意的是，中小企业关停倒闭，不但产生了大量闲散人员，而且也伴生了巨额债务纠纷，为黑恶势力犯罪发展提供了需求市场和潜在成员，无业群体中的少数人员有可能被黑恶势力犯罪团伙教唆吸纳，成为新的犯罪成员。

**（二）受市场需求萎缩和宏观调控政策的双重影响，企业在资金筹集、生产经营等诸多环节积累的矛盾和问题集中显现，滋生、诱发经济犯罪的消极因素大量增多**

当前，国际金融危机对中国经济的影响和冲击不断扩大，不仅威胁金融安全、产业安全，加剧行业风险、企业风险，而且影响商品生产销售等传统领域，波及房地产、信贷、证券等新兴市场，特别是对中国的制造业冲击尤为严重。承担出口加工贸易的中小企业，在政策导向、产业扶持、融资信贷、生产经营等环节长期积累的矛盾集中暴露，贷款困难、市场萎缩、成本上升、原料涨价等问题集中显现，为集资诈骗、地下钱庄、虚报资本、骗取出口退税、虚开增值税发票、合同诈骗、职务侵占等经济犯罪提供了滋生蔓延的土壤。

一是在资金募集环节，非法吸收公众存款、集资诈骗等涉众型经济犯罪活动高发。受金融危机和世界市场萎缩的影响，中国中小企业维系正常生产经营运转所需的资金链十分脆弱，但受银行信贷的限制和适度从紧货币政策的影响，大多数民营企业难以从正规渠道取得资金支持，这为非法吸收公众存款、集资诈骗犯罪提供了滋生的土壤。据统计，2009年1~10月，全国公安机关所立非法吸收公众存款案件和集资诈骗犯罪案件同比分别上升了60.3%和48.1%。值得注意的是，与其他危害市场经济秩序的经济犯罪相比，涉众型经济犯罪危害的群体更加广泛，甚至绝大多数是社会弱势群体，其社会危害性不仅仅局限在破坏市场经济秩序的层面，其中蕴涵的大量不稳定因素，容易给社会稳定带来更大的影响和冲击。

二是在生产经营环节，少数企业经营者采取合同诈骗、设厂诈骗等犯罪活动非法获利的情况有所增多。2009年以来，"珠三角"、"长三角"一些中小企业先后出现关停破产、外资撤离的现象，并伴随着大量恶意逃避税务、银行贷款及民间借贷、拖欠工人工资、供货商债务等行为。值得注意的是，此类案件往往涉及大量企业员工的合法收入和相关企业的材料货款，容易引发受害方聚众上访、围堵党政机关等群体性事件。

三是在出口税收环节，骗取出口退税、虚开增值税专用发票等危害税收征管的犯罪出现较大幅度增长。目前，中小企业经营困境短时间内难以根本缓解，少数企业濒临关停倒闭，采取偷逃税款、假报出口等手段骗取出口退税、减少经济损失，甚至与税务人员相互勾结，成立专门对外虚开增值税专用发票、用于骗取出口退税发票的"开票公司"。统计数据显示，2009 年 1～10 月，全国公安机关立案侦查危害税收征管案件 7417 起，比上年同期上升 11.6%。

## （三）面临失业人数大幅增长和市场就业需求萎缩的双重困境，社会就业形势趋于严峻，对社会稳定构成潜在威胁

就业是民生之本。对于社会稳定而言，稳定并不断增长的社会就业，意味着更多人口能够通过自身劳动分享改革开放、经济发展的成果，并通过就业完成自身经济、社会地位的"向上"流动，在很大程度上缓解区域差距、城乡差距、贫富差距带来的各种不和谐、不稳定。当前，受金融危机的影响，中国出口导向型的增长模式发生了严重危机，社会就业领域长期积累的各种矛盾集中显现，对社会稳定带来了巨大的影响和冲击。

一是受到经济增长就业弹性下降和短时间失业人口大幅上升的影响，就业困境将成为当前影响社会稳定最为突出的社会问题。一方面，随着中国工业化进程不断加快，产业结构不断升级，经济增长对就业的拉动作用明显减弱。统计数据显示，20 世纪 80 年代，GDP 每增长一个百分点，就可增加就业 240 万人，2008年这一数据已下降为 90 万人。2008 年 9 月份以来，受美国金融危机的影响，中国经济增速明显下降，就业形势更为严峻。据人力资源和社会保障部的统计，2008 年第三季度，中国出现了近年来从未有过的企业用工需求下滑的情况，全国企业用工需求下降了 5.5%，一半企业存在岗位流失，新增就业岗位与流失岗位相抵出现负增长。另一方面，受金融危机影响最重的制造业同时是吸纳农村剩余劳动力转移的重点行业，影响最重的"长三角"、"珠三角"同时又是农村剩余劳动转移就业的重要区域。这两方面因素的叠加，必将使中小企业的"倒闭潮"引发更大范围的"失业潮"。值得注意的是，失业连带的各种社会问题十分广泛，对社会稳定产生的影响和冲击尤为突出。在上述两种因素的综合作用下，金融危机对中国造成的影响，将在较短的时间内迅速从经济领域延伸到社会层

面，并与中国经济转轨、社会转型过程中积累的各种矛盾、冲突产生一定程度的"共振"，对当前和今后一个时期的社会稳定造成严重影响。

二是失业导致中低收入群体数量增多、规模扩大，将在一定程度上加剧贫富分化、激化阶层对立。改革开放以来，随着利益结构的深刻变化和社会流动的不断加速，中国阶级阶层结构发生了深刻变化。但是，受多种因素的影响，中国阶级和阶层的构成却呈现底层比重过大、中间层规模过小的金字塔形。按照2005年1%人口抽样调查的统计推算，处于社会底层的产业工人、农业劳动者，以及无业、失业、半失业人员，约占人口总数的60%。从目前的情况看，这一群体还有进一步发展、扩大的趋势。统计数据显示，截至2007年底，中国还有1.5亿农村富裕劳动力和大批被征地农民需要解决转移就业和社会保障问题。由于区域经济发展不平衡和社会保障制度相对滞后，外出打工、异地就业成为农村剩余劳动力转移、农民增收的主要途径。2008年前三季度，全国农民人均现金收入3321元，其中工资性收入为1139元，约占总收入的34.3%，外出打工的工资性收入已经成为农村家庭收入的重要来源。遭遇下岗失业将会使他们的生活状态充满不确定和不稳定。可以预见，当前和今后一个时期，受金融危机的影响，在城乡无业、失业、半失业群体中，这种状态将强化他们的"相对剥夺感"和不公正感，并给各种消极、极端思想和社会冲突意识提供滋长蔓延的空间。

三是大学生就业更加困难，可能成为新的社会边缘群体，并对社会稳定产生不利影响。教育是社会成员向上流动的重要机制。随着中国高等教育的快速发展，高等院校毕业人数逐年上升，2009年，这一数字达到611万人。保障大学生充分就业，是社会就业政策的重要取向，也是维护社会稳定的客观需要。从目前的情况看，中国主要吸纳社会就业的制造业处于世界产业链的末端，技术含量相对较低，吸纳就业的岗位所需受教育程度不高，对大学生群体的就业带来不利影响。统计数据显示，大学生登记就业率为70%左右。由于受到美国金融危机的影响，中国大批中小企业倒闭、不少大型国企利润下滑、大量外资企业裁员，社会就业环境进一步恶化。同时，受欧美经济下滑、国外就业市场萎缩的影响，大量高端人才回国寻找工作，使得大学生群体本来就十分狭窄的就业空间受到严重挤压，就业竞争更加激烈。如果按照就业率的统计推算，流散于社会的待业大学生群体已十分巨大。值得注意的是，尽管大学生群体不是独立的利益群体，但其对分配不公、贪污腐败、贫富差距等社会问题具有较高的社会关注度，具有强烈的心理感知，且容易形成统一的群体意识和价值判断。同时，这一群体又处于世界观、人生观和价值观的初步形成阶段，社会适应能力相对较低，心理承受能力普遍脆弱，一旦遭遇就业困境，期望与现实之间出现巨大反差，就容易感到心情抑郁、心理受挫，这不仅可能诱发自杀或违法犯罪活动，而且容易使他们向其他社会对象转嫁、宣泄不满情绪，对社会稳定构成潜在的威胁。

**（四）生活满意度下降和挫折感上升相互交织，严重影响社会公众的心理预期，少数群体中弥漫的不良情绪可能衍化成为影响社会稳定的突出问题**

随着经济全球化、社会信息化的发展，世界经济的波动与每个人的切身利益联系越来越紧密，社会公众对经济生活的敏感性和关注度进一步提高。金融危机不仅给中国经济、社会发展带来了直接的影响，而且通过各种传媒的广泛传播，在社会心理层面也产生了放大效应，强化了社会公众对经济衰退、利益受损的担心和忧惧，加剧了社会心态的反复和波动。特别是一些社会弱势群体，在遭遇失业困境和生活困难的双重压力之下，其挫折感和"相对剥夺感"上升，容易产生悲观失望、消极厌世等不满情绪，一旦受到特定情境、特殊事件的不良刺激，就可能借机宣泄、报复社会。

一是在就业矛盾日益突出、社会竞争日趋激烈的情况下，少数性情偏执、情绪偏激的下岗失业人员，一旦工作、生活受挫，容易产生个人心理、生理异常，激化人与人之间的矛盾冲突，演变成为自杀或者强烈的暴力犯罪，甚至将犯罪目标直接指向公共安全和无辜群众，导致恶性案件的发生。2009 年 5 月 19 日，湖北大冶发生一起特大杀人案，犯罪嫌疑人因无钱治病，对社会不满，持刀对过路群众肆意行凶，杀死 4 人、杀伤 2 人。6 月 5 日，四川成都发生一起公交车纵火案，一名男子因不务正业导致家庭不和，产生悲观厌世念头故意报复社会，纵火焚毁公交车，酿成 27 人死亡、74 人受伤的惨剧。

二是社会不满情绪易于在特定区域、特殊群体中郁积、发酵，可能诱发"无直接利益冲突"的群体性事件。经济发展减速、大量人口回流，使经济增长对社会发展的带动作用相对降低，人口流动对社会矛盾的缓释作用明显减弱。在一些经济欠发达、社会保障覆盖率较低、低收入群体所占比重较高的特定地区，各种不满情绪易于郁积、放大、发酵，并在一定程度上加剧社会对立、催生社会颓丧。一旦遭遇偶然因素或者突发事件的刺激，部分群众虽然与具体诱发事件本身无直接利益冲突，但共同的社会境遇和强烈的群体认同迅速得到情绪激化和心理放大，相当数量的人可能加入冲突、宣泄不满情绪，在短时间内形成较大规模的聚集，导致事态扩大、冲突升级，诱发"无直接利益冲突"的群体性事件。2009 年 6 月发生在湖北石首的突发群体性治安事件就带有这样的特征。

三是现实利益受损、心理预期受挫，社会公众对各种社会不稳定事件的承受能力降低，将成为影响群众安全感的重要因素。随着中国人民物质生活水平的不断提高，公共安全越来越成为全社会成员更迫切的公共需求。一般而言，居民的安全感受和对社会治安的综合评价与经济发展和收入水平之间大体呈正相关关系，经济愈发达、人均收入水平愈高的居民，对社会治安和安全感的综合评价可能愈高；反之则愈低。近年来，中国群众安全感逐年提高，就是在经济保持持续健康稳定发展的基础上实现的。当前，受金融危机和经济增长减速的影响，社会公众发展经济、改善生活的心理预期受到一定干扰，对各种不和谐、不稳定因素的心理感知进一步强化，进而对社会安全感和对公安工作的满意度产生不利影响。尤其值得注意的是，随着社会信息化的不断发展，个别恶性违法犯罪案件、少数治安灾害事故所造成的社会危害，已不仅仅局限于直接受害人本身，特别是通过越来越发达的现代传媒的迅速传播，其对全体社会公众安居乐业心理预期产生的冲击，不论是在深度上还是广度上都将进一步加剧。可以预见，2010 年群众安全感继续保持上升势头存在较大难度。

## 三　维护社会治安的对策措施

回顾 2009 年，应该看到，尽管金融危机带来的经济波动对中国社会稳定带来了一定影响和冲击，但总体上比预计的要好。展望 2010 年，随着世界经济企稳回升，中国经济增速恢复，经济回暖对社会稳定的促进和带动作用进一步增强，中国社会矛盾总体将趋于缓和，社会稳定的形势将进一步好转，社会和谐的基础也将进一步牢固。但是，也要清醒认识到，要化解金融危机对中国社会稳定带来的冲击，必须着眼解决社会自身存在的、影响中国社会稳定的中长期问题和矛盾。不着眼解决中长期矛盾和问题，短期的举措难以取得持久成效；要有针对性地做好重点对象、重点领域和关键环节的维护稳定工作，有针对性地化解社会矛盾，切实加强基层基础工作，打牢社会稳定的根基。2010 年的社会治安工作，必须从全局和战略的高度，在牢牢把握经济社会发展阶段性特征的基础上，有针对性地化解和解决当前的主要矛盾和突出问题，最大限度地控制、减少诱发犯罪增长的不利因素，不断加大对突出违法犯罪和多发治安灾害事故的打击、整治力度，确保社会治安大局的持续稳定。

## （一）准确把握社会心理和群众心态，切实增强人民群众的安全感和满意度

在当前刑事犯罪高发的特殊历史时期，只有坚持严格执法，才能维护法律尊严、伸张社会正义，才能有效维护社会和谐稳定，真正增强人民群众的安全感和满意度。政法机关要进一步创新执法理念，进一步改进执法方式，着力解决执法工作中存在的突出问题，坚持严格、公正、文明执法，坚持理性、平和、规范执法，不断提高执法公信力，切实维护社会公平正义，促进社会和谐稳定。要坚持把严打与严防、严管、严控更加紧密地结合起来，毫不动摇地严厉打击各种严重刑事犯罪活动，集中整治人民群众反映强烈的突出治安问题，切实管住管好各项行政管理事项，真正做到打击主动、整治有效、管理到位，切实解决打击不力、管理不严的问题。要认真汲取近年来因执法不当而引发重大恶性事件的深刻教训，具体分析不同执法对象的实际情况，改进执法方式，讲究执法艺术，切实做到以法为据、以理服人、以情感人，融法、理、情于一体，切实解决简单执法、机械执法的问题。要紧紧围绕治安管理、消防管理、道路交通管理等容易发生问题的执法领域，紧紧抓住盘查、搜查、追缉、堵截、抓捕等容易发生问题的执法环节，进一步完善各项执法制度，健全执法程序，确保民警在各项执法活动中、在每个执法环节上都有法可依、有章可循，切实解决随意执法、粗放执法的问题。

## （二）不断深化社会治安整治行动，切实增强打击违法犯罪的针对性和实效性

为了有效应对国际金融危机对社会治安的影响和冲击，2009 年 4 月，公安部作出了开展全国社会治安整治行动的总体部署，组织开展了一系列专项打击行动，取得了初步成效。各地公安机关要按照公安部的要求，紧密结合本地治安实际，按照"哪里治安问题突出，就重点整治哪里；什么治安问题最突出，就集

中解决什么问题；老百姓最痛恨什么犯罪，就重点打击什么犯罪"的原则，集中排查影响本地社会治安的突出问题和群众反映强烈的治安乱点，因地制宜地组织开展区域性打击整治行动，创造性地把全国社会治安整治行动不断推向深入。要进一步突出打击重点，严厉打击危害一方的黑恶势力犯罪，严厉打击爆炸、投毒、绑架、杀人等严重暴力犯罪，严厉打击入室盗窃、盗抢机动车、飞车抢夺、电信诈骗等多发性侵财犯罪，严厉打击非法吸存、集资诈骗、金融诈骗、携款外逃等严重经济犯罪，严厉打击侵害人身权利的拐卖儿童妇女犯罪，集中整治人民群众深恶痛绝的"黄赌毒"等丑恶现象，坚决把当前刑事犯罪活动多发高发的势头打下去，确保社会治安大局持续稳定，确保人民群众安全感明显增强。

### （三）加强和改进社会管理工作，维护社会面治安秩序稳定

要坚持公平对待、搞好服务、合理引导、完善管理的方针，积极创新流动人口管理服务工作的新思路，逐步实现由"以证管人"向"以房管人"和运用信息化手段管理转变、由突击性清理整治向日常化有序管理转变，坚决维护流动人口的合法权益，坚决打击混迹其中的违法犯罪分子。要建立刑释解教人员、监外执行人员、吸毒人员及流浪儿童、服刑人员子女等犯罪多发人群档案，健全滚动排查和动态管控工作机制，及时掌握其活动轨迹、现实状况，最大限度地预防、减少违法犯罪活动。要积极探索加强特种行业和公共娱乐服务场所治安管理的新举措，综合采取挂牌整治、蹲点督办、跟踪问责等方式，切实加大对特种行业、公共娱乐服务场所的检查力度，实时掌握治安状况，依法查处违法案件，及时消除突出治安隐患。要积极会同有关部门，加强对枪支弹药、爆炸物品和危险剧毒化学品生产、储存、运输、销售、使用单位的安全检查，督促落实安全管理制度和操作规范，严厉打击私藏、买卖、运输、销售危险物品的违法犯罪活动，最大限度地控制和减少涉枪、涉爆、涉毒案件的发生。要切实预防火灾、道路交通等治安灾害事故，积极开展以农村为重点的消防安全、道路交通安全隐患集中排查整治，坚决遏制农村治安灾害事故死亡人数上升的势头。

### （四）进一步健全完善社会治安防控体系，着力提高对动态社会的管控能力

在社会信息化的时代背景下，加强社会治安防控体系建设被赋予了新的内

涵，防控领域已从过去侧重于对违法犯罪的防范控制扩展到侦查打击、社会管理等方方面面。要适应新形势，必须积极构建融打防控于一体、全面覆盖网上网下的立体化社会治安防控体系，有效提升对动态社会的管控能力。要积极推进情报信息一体化建设，着力提高情报信息的汇总研判能力，最大限度地实现预知、预警、预防。要以情报信息为纽带，努力在防范管理中发现打击重点、在打击整治中发现防控漏洞，实现打防控一体化运作。要积极构建由街面防控网、社区防控网、单位内部防控网、视频监控网、区域警务协作网和"虚拟社会"防控网组成的，点线面结合、人防物防技防结合、打防管控结合、网上网下结合的，全方位、全天候、立体化的社会面动态防控网络，最大限度地减少管理防范盲区，最大限度地挤压违法犯罪空间，最大限度地减少违法犯罪机会。

# Analysis on the Public Security, 2009

**Abstract：** China's overall public security situation remains stable in 2009. Serious illegal and criminal activities have been under control. The operation against Mafia-like crimes gained fully support of the people. People's sense of security has generally increased. However, due to the high incidence of criminal cases, the pressure of maintaining public security could not be underestimated.

**Key Words：** Public Security；Social Order；Social Stability

# 2009 年：国际金融危机
## 形势下的环境保护

闫世辉　钱　勇*

**摘　要：** 2009 年，在调整经济结构、转变发展方式的强力推动下，以"节能减排"为中心的环境治理和生态建设摆设了更加重要的位置。单位 GDP 能耗、二氧化硫和化学需氧量两项主要污染物排放总量指标继续保持下降的良好态势，环境质量进一步改善。但是，由于经济发展方式转变滞后、社会环境法制观念不强等因素的影响，环境保护面临的压力依然较大。进入"后危机时代"，转变发展方式将成为时代的主题，环境保护要在推动"转型"中发挥促进作用。

**关键词：** 环境保护　金融危机　低碳经济　转变发展方式

## 一　在保增长中不断深化环境管理

确保 2009 年 GDP 增长 8% 是应对国际金融危机成败的关键。因此，保增长成为全年的中心任务。面对经济全面下滑、企业经营效益下降严重的局面，如何正确处理保增长与加强环境管理的关系，是环保工作面临的新课题。一年来，环境保护紧紧围绕保增长这个中心任务，在强化环境管理、加快节能减排中促进结构调整，把治理老污染、控制新污染与扩内需、保增长、调结构、惠民生更加有机地结合起来，加快推进重点流域区域污染治理，严格控制"两高一资"（高污染、高能耗和资源性）、产能过剩和低水平重复建设项目盲目上马，积极推动产业结构调整和经济发展方式转变。

---

* 闫世辉，环境保护部环境规划院研究员；钱勇，环境保护部办公厅研究室主任。

### （一）加快结构调整步伐，力保节能减排目标

2009 年 6 月 5 日，温家宝总理在国家应对气候变化领导小组暨国务院节能减排工作领导小组会议上强调，2009 年是实现"十一五"节能减排目标具有决定性意义的一年，各地区、各部门要以科学发展观为指导，在保持经济平稳较快增长中坚持节能减排不动摇，继续把节能减排作为调整经济结构、转变发展方式的重要抓手，作为应对国际金融危机、扩内需保增长调结构的重要内容，作为减缓和适应气候变化、促进人类可持续发展的重要举措，全面落实各项节能减排政策措施，进一步加大工作力度，务求取得更大成效，确保节能减排目标完成进度与"十一五"规划实施进度同步。各地各部门认真贯彻落实党中央、国务院的部署，狠抓工程减排、结构减排和管理减排措施的落实，加快推进污染减排统计、监测和考核三大体系建设，不断强化环保指标考核在经济社会发展中的导向作用，节能减排取得积极进展。

为确保节能减排目标实现，进一步加快产业结构调整步伐，污染防治能力显著增强。一是落后产能淘汰明显加快。"十一五"前三年通过"上大压小"、关停小火电机组 3421 万千瓦，淘汰落后炼铁产能 6059 万吨，落后炼钢产能 4347 万吨，落后水泥产能 1.4 亿吨。2009 年上半年，淘汰小火电机组 1989 万千瓦，钢铁、水泥、焦化、造纸、酒精、味精等高耗能高排放行业结构调整也取得新进展。二是污染防治能力大幅提升。截至 2008 年底，全国燃煤电厂脱硫装机容量达到 3.6 亿千瓦，占燃煤电厂发电比例由 2005 年的 12% 提高到 60%。2009 年上半年，又有 4235 万千瓦燃煤脱硫机组建成投产。集中式城镇污水处理厂总数达 1500 多座，日污水处理能力近 1 亿吨，城镇污水处理率由 2005 年的 52% 提高到 66%，新增城市污水处理能力 568 万吨/日。

2009 年上半年，全国单位 GDP 能耗比 2008 年同期下降 3.35%，二氧化硫、化学需氧量两项主要污染物排放总量比 2008 年同期分别减少 5.40% 和 2.46%。从目前污染减排的态势预测，二氧化硫"十一五"减排目标有望在 2009 年底提前一年实现，化学需氧量减排目标可以如期实现。

环境监测表明，2008 年以来，全国各大流域水质状况均略有改善，地表水国控断面高锰酸盐指数年平均浓度为 5.7 毫克/升，第一次达到三类水质标准。2009 年上半年，地表水国控断面水质继续略微改善，高锰酸盐指数平均浓度为

5.3 毫克/升。2008 年，全国 113 个环保重点城市空气中二氧化硫平均浓度为 0.048 毫克/立方米，比上年下降 7.7 个百分点，比 2005 年下降 15.8 个百分点。2009 年上半年，环保重点城市空气环境质量继续略有改善，二氧化硫平均浓度为 0.045 毫克/立方米。

## （二）落实"三保"要求，强化环境执法监督

中央关于"保增长、保民生、保稳定"的要求，是在金融危机形势下做好各项工作的基本方针。环境保护既是经济问题，也是民生问题。各级环保部门在环境执法监督中紧紧围绕"三保"要求，不断拓宽工作领域，改进工作方式，切实解决了危害群众健康和影响经济保持平稳较快发展的突出环境问题。

### 1. 持续开展环保执法专项行动

2009 年，环境保护部联合发展改革委等 8 部门，持续开展整治违法排污企业保障群众健康环保专项行动。2009 年专项行动的三个重点：一是严管"两高一资"行业，集中开展钢铁和砷污染等行业的专项检查；二是巩固饮用水源地集中整治成果，持续开展环境保护后督察；三是着力整治城镇污水和垃圾无害化处理等基础设施的环境违法问题，确保污染减排效益得到充分发挥。截至 2009 年 9 月底，各地共出动环境执法人员 180 万余人次，检查企业 75 万余家次，查处环境违法案件 7669 件，据不完全统计，全国共有 119 名责任人因环境违法问题和环境污染事件被追究责任。针对一些地区借保增长之名放松环保监管的苗头性问题，现场检查 23 个省（自治区、直辖市）72 个地市的企业及项目 313 家（个），62 家（个）企业及项目不同程度地存在环境违法问题，占 19.8%。同时，集中检查重点流域重污染行业企业及重点排污企业 4.4 万余家，查处超标排污企业 1690 家；检查 2007 年以来开工、投运的建设项目 10 万余个，查处未批先建项目 1824 个、未落实环保"三同时"项目 3167 个，并督促其进行整改。

### 2. 开通环境保护部投诉热线

2009 年"6·5"世界环境日，环境保护部开通"010 – 12369"环保举报热线，主要受理群众对突发环境事件、跨省界污染以及应由环境保护部直接调查处理的环境举报。对于地方环保部门有权处理的举报投诉将按照属地管理原则，通过环保举报热线联网运行系统转相关省市环保部门调查处理。各地群众对省（自治区、直辖市）环保部门未能解决的环境举报可以通过拨打"010 – 12369"

电话向环境保护部投诉，并可通过该电话查询已投诉事项的办理情况。举报热线运行 4 个多月以来，受理环境污染投诉举报上千件，均在第一时间调度核实、协调解决，为基层群众反映环境问题、解决环境问题提供了一个有效的途径。

**3. 开展重金属污染企业专项整治**

2009 年 1～9 月，环境保护部接报并调度处置突发环境事件 136 起，同比增长 22.5%，这些事件全部得到妥善处置。特别是 8 月份以来，相继发生陕西凤翔铅污染、湖南浏阳镉污染等重金属污染事件。按照党中央、国务院领导同志指示，环保系统紧急动员部署，全面启动重金属污染防治工作。迅速组织 10～12 月在全国开展专项检查，全面排查涉铅、镉、汞、铬和类金属砷的企业，遏制重金属污染事件频发的势头。抓紧编制重金属污染防治规划，落实重金属污染防治专项资金，加强重金属危害及卫生防护科普宣传。截至目前，妥善处理了 15 起重金属污染事件，最大限度地降低了事件危害。

## （三）重点流域治理取得进展，七成断面水质达标

为加强重点流域污染防治工作，国务院办公厅转发了环境保护部等部门《关于重点流域水污染防治专项规划实施情况考核的暂行办法》。环境保护部会同发展改革委、监察部、财政部、住房和城乡建设部、水利部等有关部门，于 2009 年 6 月下旬至 7 月上旬，分别对海河、辽河、三峡库区及其上游、黄河中上游、巢湖、滇池、太湖等重点流域 21 个省、自治区、直辖市水污染防治"十一五"规划 2008 年度实施情况进行了考核。结果表明，截至 2008 年底，"十一五"规划治污工程项目及总投资均完成四成左右，水质监测考核断面中七成断面水质达标。

"十一五"以来，重点流域有关地方人民政府按照"十一五"规划要求，加强对水污染防治工作的组织领导，以强化主要污染物总量减排、改善水环境质量为主线，以加快治污工程建设为重点，切实落实治污责任，加大结构调整力度，严格环保准入制度，加快城镇污水和垃圾处理设施建设，基本完成了 2008 年度目标任务。截至 2008 年底，从水质指标看，115 个考核断面中，80 个断面水质达标，占总数的 69.6%。三峡库区及其上游、海河、黄河中上游、辽河等流域以高锰酸盐指数评价，达标率分别为 100%、87.1%、81.8% 和 77.8%。太湖、巢湖、滇池等流域以高锰酸盐指数、氨氮（总氮）、总磷分别评价。以高锰酸盐

指数评价，断面水质达标率分别为 93.8%、85.7% 和 66.7%；以氨氮（总氮）评价，断面水质达标率分别为 50%、47.6% 和 0%；以总磷评价，断面水质达标率分别为 75%、71.4% 和 50%。从治污项目开工建设看，"十一五"规划共安排 1834 个治污项目已完成（含调试）773 个，占 42.1%；在建 500 个，占 27.3%；前期准备 418 个，占 22.8%；未启动 143 个，占 7.8%。从投资完成情况看，"十一五"规划总投资 1160.3 亿元，实际完成投资 437.5 亿元，占总投资的 37.7%。总体上看，海河流域项目进展较快，三峡库区及其上游项目进展较慢。

重点流域水污染防治工作虽然取得积极进展，但是重点流域污染防治规划项目资金缺口较大，城市污水处理设施运行效率不高，氨氮（总氮）和总磷污染问题凸显，水质改善的任务仍然十分艰巨。

### （四）实行"以奖促治"政策，推动农村环境综合整治

2009 年初，国务院办公厅转发环境保护部、财政部、发展改革委《关于实行"以奖促治"加快解决突出的农村环境问题实施方案》，对"以奖促治"和"以奖代补"政策进行全面部署。安排 10 亿元"以奖促治"资金助推农村环境综合整治，1200 多个环境问题突出的村庄得到治理，170 多个生态示范创建村镇得到奖励，900 万群众直接受益，带动各地农村环保投资近 15 亿元。通过落实"以奖促治"政策，推动村镇环境综合整治，对探索农村环境保护的新思路、新办法和新举措进行了有益的尝试和实践：支持湖北省武汉城市圈和湖南省长株潭城市群资源节约型、环境友好型社会试点地区开展农村环境综合整治，积极推动当地"两型"社会建设；支持洱海周边村庄分散养殖及生活污染治理难题开展集中整治，大大削减入湖污染负荷；支持辽宁省大伙房水库连片村庄整治项目，探索水源地周边垃圾、污水处理设施共建共享模式；支持宁夏移民新村综合整治项目，配合社会主义新农村建设，为类似地区的生态移民工作探索有效途径。

### （五）完善环境经济政策，防范环境风险

近年来，中国研究制定实施绿色信贷、绿色保险、绿色证券、绿色贸易和绿色税收等一系列政策措施，取得了良好的效果，保护环境优化经济增长政策保障体系雏形已经形成。

绿色信贷。绿色信贷是商业银行依据环保部门提供的企业环境违法信息，对

有关企业实行限制贷款或提前回收贷款的一种金融监管措施。自 2007 年实施以来，中央银行征信管理系统已经收录 4 万余条环保信息，1.3 万余条企业环境违法信息通过银监会交换给各商业银行。2009 年 6 月，环境保护部与央行进一步完善信息共享机制，在保留企业环境违法信息共享的基础上，进一步增加企业项目环评、建设项目环保验收、强制实施清洁生产审核企业等三类信息。

绿色保险。绿色保险即环境污染责任保险，是以企业发生污染事故对第三者造成的损害依法应承担的赔偿责任为标的的保险。自 2007 年绿色保险试点开展以来，得到了许多地方的积极响应。江苏省针对航运，出台船舶污染责任保险。湖北省、湖南省和浙江省宁波市先后推出环境污染责任保险产品。河北省、辽宁省沈阳市在地方相关法规中规定了环境污染责任保险条款。湖南省出现了全国第一个环境污染责任保险赔偿案例。2008 年 9 月，株洲昊华农药公司发生氯化氢泄漏事故，附近村民菜田遭受污染。该企业投保的平安保险公司依据"污染事故"保险条款，通过专业化损失评估，及时向 120 多户村民赔偿损失，化解了矛盾纠纷。

绿色贸易。2007 年以来，环保部门开始制定双高产品名录（高污染、高环境风险），作为限制污染产品出口的重要依据。2008 年 1 月，国家环保部门发布农药、无机盐、电池、涂料、染料等 5 个行业 140 多种双高产品（高污染、高环境风险）名录，涉及出口贸易金额 20 多亿美元。目前，已经发布三批，共含 280 多种双高产品名录。财政、商务、税务、海关等部门对名录中的双高产品采取了取消出口退税、禁止加工贸易等措施，减轻了中国出口产品的环境代价。经过初步评估，双高名录发布后，农药、无机盐、涂料、染料、电池行业的企业在新建项目审批、银行贷款、企业申请上市及再融资等方面受到更加严格的限制，有力地推动了企业加大污染治理投入，加快技术改造步伐。

绿色税收。环境税费政策是环境经济政策的核心。我国至今尚未开征独立的环境税，仅是逐步对现有税收体系进行"生态化改造"，一些税种已经体现了保护环境和节约资源的要求。在出口退税方面，针对双高产品，调减或取消其出口退税率。在所得税方面，允许企业用于购置环保专用设备投资额的 10% 抵免企业所得税。在消费税方面，除了对木制筷子和大排量汽车等提高消费税率外，还将对采用重污染工艺生产出的产品加征消费税。在增值税方面，对符合环保要求的综合利用产品实行增值税优惠政策，对脱硫副产品、利用医疗垃圾和污泥焚烧发

电等给予增值税优惠。目前，有关部门正在抓紧研究制定独立型环境税收政策。

此外，还有许多其他类型的环境经济政策也在加快推进。绿色价格方面，积极稳妥地推进资源性价格产品的改革，调整了煤炭、原油、天然气资源税税额标准，实施了成品油价格和税费改革，对8个高耗能产业当中的限制类和淘汰类企业实行差别电价。对脱硫电厂上网电价实行每度电加价0.015元的绿色电价政策，排污收费和城镇污水处理费等价格政策改革也在稳步推进。截至2008年底，36个大中城市居民生活用水和工业用水的终端平均水价（包含自来水价格、污水处理费、水资源费等）分别为每吨2.35元和3.19元，比2005年分别提高12.4%和17.2%。其中，居民生活用水、工业用水污水处理费实际收取标准分别为每吨0.70元和1.00元，比2005年分别提高了29.6%和38.9%，污水处理费标准的调整幅度明显超过终端水价调整幅度。绿色采购方面，《环境标志产品政府采购清单》得到扩充，现含有产品超过1万种。同时，对9类节能产品实行了政府强制采购。绿色投资方面，为应对国际金融危机冲击，保持国内经济平稳较快发展，中国政府及时调整宏观经济政策，出台了刺激经济复苏的一揽子计划，把节能减排和生态环境保护作为重要的投资方向，在新增4万亿元人民币政府投资中，中国政府安排2100亿元直接用于节能减排和生态建设工程，加上自主创新和结构调整的投资3700亿元，有利于环境保护的投资高达5800亿元。绿色财政方面，对企业节能改造项目采取以奖代补，按形成的节能量予以奖励，对建筑供热计量及节能改造予以财政补助。

### （六）规划环评条例实施，规划与项目环评联动

国务院559号令公布《规划环境影响评价条例》（以下简称《条例》），于2009年10月1日起施行。《条例》的颁布实施是我国环境立法的重大进展，主要内容包括6章36条，通过加强对规划的环境影响评价工作，提高规划的科学性，为从源头上预防环境污染和生态破坏，提供了坚实的法制保障，标志着环境保护参与综合决策和宏观调控进入了新阶段。《条例》要求将区域、流域、海域生态系统整体影响作为规划环评的着力点，有利于从决策源头防止生产力布局、资源配置不合理造成的环境问题，是落实预防为主、防治结合的环境保护政策方针的重要抓手。《条例》将经济效益、社会效益与环境效益的统筹作为推进规划环评的关键点，有利于推动建立健全全面协调可持续的科学发展体制机制和相应

的管理制度创新，是坚持以生态文明建设为指导，探索中国特色环保新道路的法制保障。《条例》将解决危害群众健康和影响可持续发展的突出环境问题作为推进规划环评的出发点，有利于维护人民群众切身利益，是以环境友好促进社会和谐的有效载体。

环境保护部在抓紧制定与《条例》配套实施办法的同时，依据《条例》的规定，建立规划环评与项目环评的联动机制。明确要求未进行环境影响评价的规划所包含的建设项目，不予受理其环境影响评价文件。当前，重点是加强对钢铁、水泥等产能过剩行业规划的环境影响评价。将区域产业规划环评作为受理审批区域内高耗能项目环评文件的前提，避免产能过剩、重复建设引发新的区域性环境问题。对已经批准的规划在实施范围、适用期限、规模、结构和布局等方面进行重大调整或者修订时，应当重新或者补充进行环境影响评价，未开展环评的，不予受理其规划中建设项目的环境影响评价文件。已经开展了环境影响评价的规划，其包含的建设项目环境影响评价的内容可以根据规划环境影响评价的分析论证情况予以适当简化，简化的具体内容以及需要进一步深入评价的内容都应在审查意见中明确。

## （七）动员社会力量，扩大公众参与

2009 年，政府有关部门进一步拓宽群众参与环境保护的渠道，积极引导社会力量推动环境保护事业深入发展。

### 1. 中国公众环保指数（2008）

2009 年 1 月 16 日，由中国环境文化促进会组织的"中国公众环保指数（2008）"调查结果在北京正式发布，这是继 2005 年以来第四次向社会公布。本次调查继续在内地 31 个省、自治区的省会城市和直辖市范围内进行，抽取样本总量达到 9593 份。调查显示，公众的环保意识总体得分为 44.5 分，环保行为得分为 37.0 分，环保满意度得分为 45.1 分。和上年相比，三项指标均有一定程度的提高。该分数不仅显示出近年来政府不断加强环保宣传取得了一定的积极效果，也反映了公众自身环保素质在不断提高，对环保工作和环境状况满意度不断增加。值得一提的是，奥运会后北京民众对环保的满意度迅速上升。但就总体而言，中国公众的环保意识目前依然处于较低的水平。本次调查集中反映了几个问题。一是环境污染问题已经成为公众最关注的热点之一，2008 年环境污染问题在"我国公众最关注的社会热点问题"调查中排名第三,紧紧跟在"物价问题"和"食品安全"之后,受关注比例为37.7%。二是公众环境危机意识普遍增强,但公众个人的环保素质依旧是一片"洼地"。调查显示,仍有高达72.2%的公众不知道6月5日是"世界环境日",58%的公众不知道"010-12369"这个全国统一的环境热线,能够正确回答"对本辖区环境质量负责"的机构是地方人民政府的公众仅为11.2%。三是公众对政府环保行为的满意度为56.74分,比上年提高了1.18分,反映公众认同政府在环境保护方面的努力。尤其对企业的表现更是"刮目相看",其满意度得分高达72.47分,比上年的46.93分大幅提高了25.54分,说明企业在环保管理理念上有了新的突破,由传统观念上的被动管理转为主动管理。四是环境污染威胁着公众的衣食住行。调查也表明,"垃圾处理"、"噪音污染"、"宠物管理",以及水和空气污染成为公众最担心的环境问题。五是62%的公众认为中国环保水平与发达国家相比存在很大差距,说明中国环境保护领域的国际合作与交流舞台十分广阔。

**2. 千名青年环境友好使者行动**

2009年6月5日是第38个世界环境日,联合国环境规划署确定的主题为"你的星球需要你,联合起来应对气候变化"。结合中国国情,环境保护部把2009年环境日的中国主题确定为"减少污染——行动起来"。两个主题都将意识提高与倡导参与确定为行动目标。为此,环境保护部联合全国人大环资委、全国政协人资环委、发展改革委、科技部、教育部、共青团中央、全国妇联等单位共同发起了千名青年环境友好使者行动项目。通过青年使者的先锋作用,以一传千,提高公众环境保护意识,促使公众关注污染防治,积极参与节能减排行动。

**3. 全国节能宣传周**

为进一步动员社会各界积极参与资源节约型、环境友好型社会建设,国家发展改革委等14部委联合于2009年6月14～20日,举办了全国节能宣传周活动,主题是"推广使用节能产品,促进扩大消费需求"。节能宣传周期间,重点宣传推广高效照明产品、高效节能空调、高效节能电机、节能环保汽车等节能产品,引导公众科学消费、绿色消费。各地积极组织开展能源短缺体验活动,大力宣传推广节能环保驾驶活动,包括轻踩油门、少踩刹车、怠速熄火、少用空调、常检胎压、减重行驶等,宣传节能环保驾驶理念,号召驾驶者养成良好的驾驶习惯,积极参与节能减排。

## 二　环境保护面临的任务十分艰巨

目前，中国正处在工业化和城镇化加快发展的阶段。未来 15 年，随着人口增加、城镇化水平提高、经济总量扩大，按现在的资源消耗和污染控制水平，污染负荷将增加 4~5 倍，环境保护的任务十分艰巨。

### （一）重化工产业发展仍将持续，工业污染控制仍是重点

据国家信息中心和中国环境规划院预测，受全球金融危机影响，我国经济在经历 2008 年和 2009 年调整期后，仍将处于工业化和城市化"双快速"发展阶段。钢铁、汽车等产业仍然是拉动我国经济增长的重要引擎。重化工业由于产业迂回链条长，增速或减速的惯性大，调整所需要的时间更长，负面影响也更大；能源原材料工业占工业比重在 2020 年前后达到高峰，以煤为主的能源结构仍将长期存在，二氧化硫、氮氧化物、烟尘、粉尘治理任务将更加艰巨。

### （二）城镇化进程加快，生活污染总量大幅度增加

据国家信息中心预测，今后一段时间，我国城镇化水平将保持在每年提高 1 个百分点左右的水平上，到 2020 年达到 58%，城镇人口将达到 8.2 亿，城镇人口是农村人口的 1.4 倍左右。在城市化过程中，废水排放量和垃圾产生量都在增加。目前，大城市的环境基础设施建设依然处于历史"欠账"时期，绝大部分中小城市和城镇的基础设施建设严重滞后，大量的垃圾与污水得不到安全处置，工厂搬迁后土地污染凸显，沿海地区高强度的开发加大近岸海域的环境压力。中、西部地区的中小城镇类似问题尤为突出。

### （三）农村经济转型、消费升级，污染加重

农村地区的潜力巨大，扩大内需，将加快推进农村经济社会发展，农村环境保护最需要加强。随着城镇化进程的加快，农村人口会缓慢减少，生活源排放也将有所下降，在播种面积变化幅度不大的情况下，化肥使用量的逐年提升使种植业的污染物产生量也随之提高，养殖业若能使用规模化养殖，则单位牲畜的排放强度将大大降低，但随着养殖业产值的提高，污染物生产总量仍会逐年上升。农

107

村消费水平的提高，必然导致生活垃圾产生量迅速增长，而且目前绝大多数地区都没有垃圾处理措施，属露天堆放或简易填埋，不仅滋生蚊蝇，影响卫生状况，而且对水体环境存在潜在威胁。"垃圾靠风刮、污水靠蒸发"是不少地区农村环境的真实写照。

据国家信息中心预测，到 2020 年前后，我国城乡居民家庭恩格尔系数平均为 35%，逐步由以吃饱为标志的温饱型生活，向以享受和发展为标志的小康型生活转变，城乡居民消费类型将发生巨大变化。消费转型带来了新的环境问题，居民的衣、食、住、行等各方面消费需求多样化，追求不断更新换代成为时尚，使得我国每年生活消耗的资源和能源不断创出新高。随着居民收入水平的提高，家庭汽车拥有量和其他机动车拥有量不断增加，城市机动车快速增加带来的大气污染问题日益突出，特别是城市群地区和一些大城市灰霾天气增加。同时，也给道路交通带来很大压力，迫使不断增加道路、桥梁等基础设施建设，耗费大量水泥、钢材等资源能源消耗性产品。随着我国消费生活水平的提高和城市化进程的加快，电子电器、房屋及汽车等家用消费品的增长速度还要加快，家用电器报废的高峰期已经来临。预计仅在未来五年，需要报废的电冰箱有 400 万台，洗衣机有 500 万台，电视机有 500 万台。废旧家用电器、建筑废弃材料、报废汽车和轮胎等的回收和安全处置将成为未来 10 年乃至更长一段时间内一个重要的环境问题。

## 三　在结构调整中推动经济社会发展的绿色转型

金融危机带来的冲击，进一步暴露出我国经济发展方式和经济结构存在的深层次矛盾。"后危机时代"发展的内外环境明显变化，发展模式急需转型。这是一次深刻革命。世界发展趋势告诉我们，必须坚持科学发展观，以保护环境优化经济发展，实现经济社会发展的绿色转型。

### （一）加大环境保护投入，增强经济社会发展绿色转型的物质保障能力

污染治理的钱迟早要花，早治理早主动，晚治理就被动。要抓住国家实施积极的财政政策机遇，把环境保护投入作为公共财政支出的重点，各级财政都应调

整支出结构，加大对环境保护的支持，保证环保投入增长幅度高于新增财力的增长速度。国家基本建设投资也应继续向环境保护倾斜，加大对重点流域区域污染防治、城镇环境基础设施建设项目的资金支持力度。对有偿还能力的环境基础设施建设项目和污染治理项目，银行应给予贷款扶持。要拓宽环保投融资渠道，鼓励企业增加环保投入，积极引导外资和社会资金进入环境治理市场，形成多元化的环保投入格局。

## （二）推进经济结构战略性调整，减轻经济社会发展绿色转型的结构压力

良好的环境质量和资源接续能力正在成为一个国家或地区新的竞争优势，保护环境就是保护生产力，改善环境就是发展生产力。在经济社会发展中，要将环境容量作为经济建设的重要依据，将环境准入作为经济调节的重要手段，将环境管理作为经济发展方式转变的重要措施，将环境保护作为经济结构调整的重要抓手，大力推动产业结构优化升级，加快发展先进制造业、高新技术产业和服务业，形成一个有利于资源节约和环境保护的产业体系。同时，严格执行产业政策和环保标准，下大气力淘汰那些高消耗、高排放、低效益的落后生产能力，严禁新上那些资源浪费、污染环境的建设项目，从根本上减轻经济社会发展对生态环境的压力。大力发展循环经济，缓解资源供给不足的矛盾，减少污染物的排放。要推进节能、节水、节地、节材和资源综合利用、循环利用，推行清洁生产，努力实现增产减污。

## （三）不断完善环境经济政策措施，夯实经济社会发展绿色转型的动力基础

有利于环境保护的经济政策是建立环境保护长效机制的必然要求。应当尽快将资源、能源、环境因素纳入成本和价格体系，逐步建立有利于节约资源能源、保护环境的财税体制，实现财税体系的绿色化改造，进一步促进节能减排和经济发展的高度融合。要继续取消高耗能企业优惠电价政策，对生物质能、太阳能、风能、水电和核电等实行鼓励性电价政策，对企业节能技术改造项目给予扶持和奖励。确保上网电价优惠、脱硫补贴、污水处理收费、以奖促治和以奖代补等政策的连续性。国家有关部门应适时开征独立型环境税。发挥价格杠杆作用，建立能够反映污染治理成本的价格和收费机制，全面实施城镇污水处理和生活垃圾处

理的收费政策。逐步提高工业企业排污收费标准，建立企业保护环境的激励机制和减少污染物排放的约束机制。加快完善绿色信贷、绿色保险、绿色税收、绿色采购、绿色贸易等制度。适时出台排污交易制度，建立排污权交易市场。按照"谁开发谁保护、谁破坏谁恢复、谁受益谁补偿、谁排污谁付费"的原则，完善生态补偿政策，建立生态补偿机制。

### （四）加强现有产业的生态化改造，强化经济社会发展绿色转型的科技支撑

按照促使经济发展由主要依靠资金和物质要素投入带动向主要依靠科技进步和人力资本带动转变的要求，必须广泛应用高新技术和先进适用技术来改造提升传统产业，改变以往大量依靠要素投入来推进工业化的做法，注重投入向技术创新和产业优化方向发展。注重传统制造业的技术更新和设备改造，大力开发和使用经济上合理、资源消耗低、污染排放少、生态环境友好的先进技术，使技术创新成为推动产业结构优化升级的强大力量。要把自主创新和引进消化吸收结合起来，集中力量组织攻关，力争在环保关键技术、共性技术方面取得突破。当前要优先开展环保战略、标准、环境与健康等研究，鼓励对水体、大气、土壤、噪声、固体废物、农业面源等进行污染防治，以及生态保护、资源循环利用、饮水安全、核安全等领域的研究和技术开发，组织对污水深度处理、燃煤电厂脱硫脱硝、洁净煤、汽车尾气净化等重点难点技术的攻关，加快高新技术在环保领域的应用。积极开展技术示范和成果推广，切实提高我国环境保护的科技含量。在对现有产业生态化改造的同时，要积极发展环保装备制造业，加强发展环保服务业，支持各类所有制企业参与污染治理和环保产业发展。加强政策扶持和市场监管，打破地方和行业保护，促进公平竞争，培育一批有实力、有竞争力的环保企业和企业集团。加快环保产业国产化、标准化、现代化产业体系建设，促进环保产业成为具有良好经济效益和社会效益的新兴支柱产业。要大力发展可持续能源、绿色交通、绿色建筑等新能源和节能产业，把绿色经济培育成当前经济的一个新的增长点。

### （五）调动社会力量保护环境，形成经济社会发展绿色转型的强大合力

环境保护是一项关系人民群众根本利益的最大民生工程，关系经济、社会长

远发展的系统保障工程，关系中华民族伟大复兴的重要基础工程，必须紧紧依靠广大人民群众，动员全社会力量共同关心、参与和支持，才能取得最终胜利。要加大环境保护基本国策和环境法制的宣传力度，努力营造节约资源和保护环境的舆论氛围，弘扬环境文化，推动全社会牢固树立生态文明观念。要加强环保人才培养，强化青少年环境教育，开展全民环保科普活动，提高公众保护环境的自觉性。各级机关要带头节约资源、保护环境，为全社会作出表率。各类企业都要自觉遵守环境法规，主动承担社会责任。每个公民、每个家庭、每个单位、每个社区都要从自我做起，从力所能及的事情做起，从身边的小事做起，使珍爱自然、呵护生态、改善环境的行动在全社会蔚然成风。

# Environmental Protection under International Financial Crisis, 2009

Abstract：In 2009, driven by the economic structural adjustment and changes in development strategy, environment governance and ecological construction which focus on energy saving and emission reduction attract more and more attention. Energy consumption per GDP, and the total amount of two main pollutant discharge, sulfur dioxide and chemical oxygen demand, kept dropping. However, due to the lagging of transformation of pattern of economic development, and the inadequacy of public knowledge to legal sense of the environment, China still faces the pressure of environment protection. While transforming pattern of economic development is becoming the theme of the "post-crisis times", environmental protection will take effect on driving the transforming.

Key Words：Environmental Protection；International Financial Crisis；Low-Carbon Economy；Transforming Pattern of Development

# 当前反腐倡廉形势分析与前瞻

文盛堂 . 文 泉*

摘 要：当前中国的反腐倡廉建设，致力于加快推进惩治和预防腐败体系建设，深入开展反腐败斗争，加大教育、监督、改革、制度创新力度，更有成效地预防腐败。反腐倡廉的重点，是加强廉洁从政教育和领导干部廉洁自律，加大查办违纪违法案件工作力度，健全权力运行制约和监督机制，推进反腐倡廉制度创新来狠抓落实，努力争创反腐倡廉的新成效。

关键词：反腐倡廉 体系建设 权力制约和监督机制

在总结经验的基础上，当前中国的反腐倡廉建设以改革创新精神抓好惩防腐败体系建设规划的落实，为改革发展与社会和谐稳定提供坚强保证。

## 一 科学部署惩防腐败体系的战略规划

进入 21 世纪以来，中国抓紧建立健全与社会主义市场经济体制相适应的教育、制度、监督并重的惩治和预防腐败体系。中共中央为此印发《实施纲要》，指导反腐倡廉建设走向用科学发展的思路和改革创新的办法惩防腐败的新时期。

### （一） 在反腐倡廉建设中突出抓从严治党

为使长期纲要与短期规划有机结合起来，2008 年 6 月中共中央印发《建立健全惩治和预防腐败体系 2008～2012 年工作规划》，已在实践中取得明显新成

---

* 文盛堂，最高人民检察院高级检察官；文泉，华中科技大学公共管理学院行政管理专业研究生。

效。本年度中国民众对反腐败成效的满意度达到65.5%，比2003年提高13.6个百分点。① "透明国际" 2009年10月发布全球反腐报告清廉指数排行榜中国名列第72位，连续三年取得进步。

**1. 狠抓纯洁党性推进反腐倡廉建设**

2009年1月12~14日，中共十七届中央纪委召开第三次全会研究部署本年度党风廉政建设和反腐败工作任务。胡锦涛总书记在会上强调，要将作风建设上升到党性修养的高度和作为重大政治任务来抓。9月19日中央纪委又召开第四次全会，强调要保持惩治腐败高压态势，同时更有效地预防腐败。中共中央纪委是当代中国负责反腐倡廉建设组织协调的最高机关，一年两次全会的部署表明，坚决反腐败是党必须始终抓好的重大政治任务，充分体现了在落实规划中突出抓从严治党。少数党员高级领导干部涉嫌腐败的要案及时受到严肃查处。1月，原公安部部长助理郑少东因涉黄光裕案被 "双规"，后被撤职。同月，原中共福建省委常委、省委秘书长陈少勇因严重违纪违法被开除党籍和公职。3月，原吉林省人大常委会副主任、中共吉林省委常委、长春市委书记米凤君，因受贿、嫖娼等问题被开除党籍和公职。5月，原中共河北省石家庄市委副书记、市长冀纯堂由于对三鹿奶粉事件负有领导责任和处置不力的直接责任，在被依法免去市长职务后又被撤销其党内职务并依法罢免其全国人大代表职务。6月，中央决定免去原中共广东省深圳市委副书记、市长许宗衡的领导职务，此后又依法罢免其全国人大代表职务。8月，中国核工业集团公司原党组书记、总经理康日新，因涉嫌严重违纪，接受组织调查。10月22日，中共中央组织部免去宁夏回族自治区副主席李堂堂和辽宁省人大常委会副主任宋勇的职务。② 10月24日，媒体披露，贵州省政协主席黄瑶涉嫌严重违纪接受组织调查。③

**2. 健全规制提高反腐倡廉的制度化水平**

2009年7月中旬，中共中央办公厅、国务院办公厅印发《中国共产党巡视工作条例（试行）》、《关于实行党政领导干部问责的暂行规定》、《国有企业领导人员廉洁从业若干规定》，从党纪和政纪上弥补了原有监督的某些不足和缺位，

---

① 2009年9月4日中国新闻网。
② 2009年10月22日新华网。
③ 2009年10月24日新华网。

推进了反腐倡廉法规制度体系的建设和完善。这三个制度为狠抓源头治理少数党员领导干部严重脱离群众、官僚主义、欺上瞒下、以权谋私、生活腐化等作风问题提供了有效的规范和操作程序，从制度保障上强化了对领导干部的监督，有利于自上而下地通过他律促自律，进而在执政党内加强党性修养推进党风廉政建设。

**3. 加强法纪检查监督，及时纠偏矫枉**

2009年10月中旬，中央纪委等单位通报扩大内需促进经济增长政策落实检查工作中查处违纪违法案件的情况，截至8月15日，全国纪检监察机关共立案54件，查处党员干部135人，其中县（处）级以上干部23人，给予党纪政纪处分70人，组织处理48人，移送司法机关6人。6月24日，审计长刘家义在全国人大常委会上作审计报告时说："教育部、审计署等15个部门本级年初预算有103.92亿元未细化。"这是审计署在历年审计报告中首次点自家之名，表明曾掀起"审计风暴"的机关也并不避讳自身存在的问题，引起人们高度关注。9月1日，中国官方网站公布对54个部门单位最近年度预算执行情况和其他财政收支情况的审计结果，包括首次公开披露的部分中共中央直属机构预算执行情况和其他财政收支情况，发现了一些需要加以纠正和改进的问题，如中央外宣办、中央国家机关工委、中直管理局等单位涉嫌违规操作资金达9843.33万元。对这次审计发现的问题，均及时部署进行了整改。

**（二）在规范政务活动中着力抓勤政廉政**

2009年3月24日，国务院召开第二次廉政工作会议，温家宝总理在会上强调要重点强化对行政权力的制约监督，确保权力不被滥用。会议要求以查办案件为最重要、最直接、最有效的反腐败手段。

**1. 严肃查处生产安全事故及事故背后的腐败**

为了严肃查处公共管理中的严重失职渎职、玩忽职守、官僚主义瞎指挥等作风腐败行为，2009年5月中旬，国务院对胶济铁路特别重大交通事故等5起特别重大生产安全事故的调查处理报告作出批复，认定均为责任事故，依照有关规定对169名责任人分别给予党纪、政纪处分，包括给予山西省、铁道部3名正副省部级干部的党纪和政纪处分，其中有2起事故责成山西省人民政府、1起责成铁道部向国务院作出深刻检查；131名涉嫌犯罪的责任人已被移送司法机关依法追究刑事责任。8 月中旬，国务院又批复认定广东省深圳市龙岗区舞王俱乐部发生特别重大火灾等 3 起重大责任事故，事故共造成 117 人死亡、65 人受伤（其中 8 人重伤），直接经济损失 4344 万元。依照有关规定对 70 名责任人分别给予党纪、政纪处分，59 名涉嫌犯罪的责任人被移送司法机关依法追究刑事责任，其中既有贪贿腐败者，更有严重玩忽职守等作风腐败分子。

2005～2009 年 6 月，全国检察机关共依法介入 7982 起重大责任事故的调查，立案侦查玩忽职守、纵容违法违规生产等涉嫌渎职犯罪的国家机关工作人员 3923 人。最高人民检察院派员直接介入 38 起特大事故调查，从中立案侦查涉嫌渎职等职务犯罪的国家机关工作人员 264 人。①

**2. 专项治理滋生公款腐败的温床"小金库"**

2009 年 4 月 24 日，中央治理"小金库"工作领导小组召开电视电话会议，动员部署在党政机关和事业单位开展"小金库"专项治理工作。中央纪委等单位印发《实施办法》，治理重点是 2007 年以来各项"小金库"资金的收支数额，以及 2006 年底"小金库"资金滚存余额和形成的资产，对数额较大或情节严重的，应追溯到以前年度。"小金库"资金容量大，诱发腐败的能量也大，可能直接衍生权力腐败。中央抽调专业检查人员组成 60 个检查组，纳入重点检查范围的中央部门及下属单位约 70 家，占全部中央部门的 50% 左右。领导小组办公室在财政部门户网站对外公布了举报电话、信箱和网址，并出台《举报奖励办法》。截至 9 月中旬，各地自查自纠和重点检查发现并查处了一批"小金库"，金额少则千万元，多则上亿元，一批违纪人员受到处理，取得了显著成效。如江西省共自查纠正"小金库"657 个，已撤销账户 358 个，初步确定金额 1.89 亿元。江苏省截至 6 月底查报"小金库"457 个，金额 1.2 亿元，重点检查中发现"小金库"约 150 个，金额约 2000 万元。众所周知，"小金库"既是公款腐败的"万恶之源"，更是久治不愈的跨世纪腐败"温床"，这次治理的广度、深度、力度均超过以往，而对于能否根治这种历经多次整治而愈演愈烈的"痼疾"，人们拭目以待。为此，应建立并完善长效机制解决公共资产逃避监督和流失的问题，从源头上堵塞漏洞，切断超预算、超标准、超范围开支的来源，防止和杜绝

---

① 引自最高人民检察院检察长曹建明向第十一届全国人大常委会第十一次会议所作的《关于加强渎职侵权检查工作促进依法行政和公正司法情况的报告》，2009 年 10 月 29 日《检察日报》。

"小金库"问题复发。

**3. 严惩工程建设领域的腐败活动**

近年来频出的诸如湖南凤凰塌桥、株洲高架桥坍塌、上海"楼脆脆"、成都"楼歪歪"等问题表明，工程建设领域已成权力寻租、权钱交易等现象的"重灾区"。2009年8月19日，中共中央办公厅、国务院办公厅印发《关于开展工程建设领域突出问题专项治理工作的意见》，决定用两年左右的时间集中开展专项治理工作，并确定最高人民检察院为领导小组成员单位。最高人民检察院为此成立由常务副检察长为组长的领导小组，并制订实施方案，依法推动专项治理的深入进行。据统计，2006年1月至2009年6月，全国检察机关共立案侦查涉及工程建设领域的商业贿赂犯罪案件16830件，占商业贿赂犯罪案件总数的46%，其中大案11938件，占70.9%；查办处级以上干部2554人，占立案人数的15.2%。仅在城镇建设领域，2007~2008年立案查办9374件、10043人，分别占查办商业贿赂犯罪立案总数的45.3%和44.5%。2009年6月27日，上海"莲花河畔景苑"一幢13层在建楼房整体倾覆，造成一名作业工人当场被压死亡。事故中的7名责任人被检察机关批准逮捕后，开发商上海梅都房地产开发有限公司第二大股东、上海市闵行区梅陇镇原镇长助理阚敬德涉嫌贪污被上海市闵行区检察院逮捕。

## （三）在国家法律监督中着力抓惩治腐败

鉴于一个时期以来腐败罪案的处罚偏轻，最高人民检察院在下发《关于深化检察改革2009~2012年工作规划》中要求，尽快完善贪污、贿赂和渎职犯罪的定罪量刑标准，并帮助法院将封闭的量刑活动纳入公开的法庭审理程序。2009年3月10日，首席大法官王胜俊在全国"两会"上作最高人民法院工作报告时表示：法院要"依法接受检察机关及各方面监督"，"认真听取检察机关提出的检察建议，及时检查和纠正案件审判中存在的问题"，依法"严惩贪污贿赂"等犯罪。检察机关与审判机关的有效配合和依法制约，强化了2009年度查处重大腐败要案的力度。1月21日，北京市原副市长刘志华终审被判处死刑，缓期两年执行；1月22日，原国家开发银行副行长、证监会副主席王益，因涉嫌受贿经检察机关决定逮捕；4月，原广东省政协主席、省委副书记陈绍基因腐败问题被开除党籍和公职，其涉嫌犯罪问题移送司法机关依法处理；6月中旬，原中共天津市委常委、滨海新区工委书记兼管委会主任皮黔生因严重腐败问题被查处，其涉嫌犯罪问题移送司法机关依法处理；7 月 16 日，原中国石油化工集团公司总经理、中国石油化工股份有限公司董事长陈同海因受贿近 2 亿元被一审判处死刑，缓期两年执行；8 月中旬，原中共浙江省委常委、省纪委书记王华元因腐败问题被开除党籍和公职，其涉嫌犯罪问题及线索移送司法机关依法处理；同月，原最高人民法院副院长黄松有被开除党籍和公职，此前全国人大常委会已免去其最高人民法院副院长职务，其涉嫌犯罪问题及线索移送司法机关依法处理；8 月 31 日，南宁市中级人民法院一审以贪污罪、受贿罪并罚，判处广西壮族自治区原副主席孙瑜有期徒刑 18 年，没收个人财产人民币 100 万元；10 月中旬，因抽"天价烟"而备受关注的原南京市江宁区房产管理局周久耕案一审宣判周久耕犯受贿罪，判处有期徒刑 11 年，没收财产人民币 120 万元；原湘西自治州州委书记杜崇烟因犯受贿罪、巨额财产来源不明罪，被一审判处有期徒刑 10 年。

## 二　在惩防并举中科学地推动标本兼治

反腐败要从长计议，加快推进惩治和预防腐败体系建设，更有效地科学防治腐败。

### （一）　创新制度推进反腐倡廉

#### 1. 健全立法规范

2009 年 2 月 28 日，全国人大常委会颁布《刑法修正案（七）》，其中有两条直接规定惩治腐败犯罪：一是规定国家工作人员（含离职）的近亲属或其关系密切的人及离职国家工作人员本人，可以单独成为受贿犯罪的主体。这里规定的犯罪主体是非国家工作人员和离职的国家工作人员，突破了传统受贿罪的主体都是国家工作人员的范围，使受贿类犯罪派生出特定主体的新罪，即"利用影响力受贿罪"。以前国家工作人员近亲属、关系密切的人等只能作为国家工作人员受贿罪的共犯追诉，在司法实践中必须查明他们与国家工作人员在主观方面存在通谋受贿的犯罪故意，但这是"天知地知、你知我知"的犯罪情节，是现有侦查技能和取证手段上的困惑与难点，法定要件的过分苛求使这类案件查处时常常陷于尴尬："只要犯罪嫌疑人不开口，传讯 12 小时就得放人走。"相反，如果他们供认密谋受贿的事实，若犯罪数额特别巨大，即便从宽处理，其法定刑罚也不轻。故过去人们批评这种现象说："坦白从宽，牢底坐穿；抗拒从严，回家团圆。"可见，立法上即便是小小的欠科学和不完善也会导致严重的司法不公和影响刑事政策的贯彻落实。《刑法修正案（七）》不仅弥补了立法上的缺陷，而且解决了以往刑法理论关于离职的国家工作人员利用原职权或者地位形成的便利条件收受他人财物是否构成受贿罪引起长期争议的问题，更有利于破解此类案件侦查取证的难题，对于依法有效地惩治此类受贿犯罪具有非常积极的意义。

刑法修正案还规定将"巨额财产来源不明罪"的有期徒刑上限5年提高至10年。这意味着提高了腐败犯罪的"成本"，进一步强化了反腐败力度。近年来此罪的涉案金额不断攀升，但其最高法定刑低，客观上强化了贪污贿赂犯罪嫌疑人拒不说明非法所得真实来源的顽抗心理，导致某些没有当事人配合难以查证的贪污贿赂犯罪只能以此罪处罚，而其中不乏达到贪污贿赂罪死刑金额的典型案例。故有人批评说，巨额财产来源不明罪成为腐败官员的"免死金牌"。现将其法定刑上限提高一倍，虽与贪污、受贿、挪用公款等罪的最高法定刑仍差别很大，但由于此罪的举证责任倒置，要由嫌疑人自证财产来源，而其他职务犯罪全凭检察机关侦查取证，应当考虑犯罪嫌疑人的自证减轻了国家的举证责任，更要防止司法实践中可能发生"有罪推定"导致重罚冤案，其刑罚必须有别于贪污、受贿、挪用公款等罪，修正案的刑罚规定仍有利于被告人，既符合法理原则，又顺应了反腐败的法制需求。上述两条刑法修正案的颁布实施，标志着中国反腐败刑事立法朝科学发展的方向迈进了新的一步。

**2. 促进公正司法**

近年来贪污贿赂、渎职等职务犯罪案件呈现缓刑、免予刑事处罚等轻刑适用率偏高的趋势。深入调研发现，虽属多因一果，但自首、立功等量刑情节的认定和运用不够规范是主因。2009年3月19日，最高人民法院和最高人民检察院联合发布《关于办理职务犯罪案件认定自首、立功等量刑情节若干问题的意见》（简称《意见》），规定这些量刑情节的成立条件，严格其认定程序，规范其在量刑中的作用，这将有利于职务犯罪案件刑罚适用的统一性和严肃性，可以从根本上解决部分职务犯罪案件处理失之于宽的问题。这个《意见》有利于依法从严惩处严重职务犯罪活动，也明确回应了人们质疑贪官犯罪轻刑化的问题，切实提高了公正司法的制度化水平。

## （二）惩防并举强化有效治本

**1. 彻查严办特大腐败案和群体性窝案串案**

面对一些领域腐败现象易发多发势头，职能机关保持惩治腐败高压态势，2009 年大力查办了一批典型案件。

李培英贪污、受贿案。2009 年 1 月 21 日，首都机场集团公司原总经理、董事长李培英贪污、受贿案在山东省济南市中级人民法院开庭审理，2 月 6 日判决认定李培英受贿 2661 万余元，贪污 8250 万元，两罪并罚决定执行死刑，剥夺政治权利终身，没收个人全部财产。李培英上诉被驳回，维持原判。8 月 7 日，经最高人民法院核准，李培英在山东省济南市被执行死刑。①

陶建国涉嫌受贿案。2009 年 8 月 13 日，上海市第一中级法院庭审上海外高桥保税区管理委员会原规划建设处处长陶建国涉嫌受贿案。检察机关指控，陶建国利用职务便利收受房地产开发商价值 1379 万余元的房产 29 套，另受贿 106 万元。法院 23 日作出一审判决：陶建国犯受贿罪，判处无期徒刑，剥夺政治权利终身，并处没收个人全部财产，其违法所得予以追缴。②

李大伦、曾锦春等人的系列腐败案。2009 年 8 月 14 日，湖南省高级人民法院终审公开宣判郴州市原市委书记李大伦和原市委副书记、市纪委书记曾锦春受贿、巨额财产来源不明案，驳回两被告人的上诉，维持一审对李大伦判处死缓、对曾锦春判处死刑立即执行的判决，使侦办 6 年之久的"郴州系列腐败案"的主要案犯均有审判结果。该系列案共有 158 名党政干部涉案；已宣判的主要罪犯涉贪金额高达数亿元，被判死刑 3 人；被判刑的厅级干部 6 人。

**2. 在强化惩戒中充分发挥治本功能**

为了标本兼治重点领域的职务犯罪，检察机关紧密结合办案抓预防。如在深入查处充当黑恶势力"保护伞"的职务犯罪中狠抓预防司法腐败。2006 年 3 月至 2009 年 5 月，全国检察机关批准逮捕黑恶势力犯罪案件 8923 件 43779 人，提起公诉 7214 件 41509 人。其中批捕涉嫌黑社会性质组织犯罪 10341 人，起诉 13369 人。在专项斗争中，各地检察机关立案侦查充当黑恶势力"保护伞"职

---

① 2009 年 8 月 7 日新华网。
② 2009 年 10 月 24 日《广州日报》。

务犯罪案件 136 件 163 人，其中已决定逮捕 151 人、起诉 135 人。三年多来，各级检察机关依法强化监督，一方面针对个案提出检察建议要求发案单位建制堵漏，另一方面根据易发多发现象研究对策健全法律监督措施，对减少和预防此类司法腐败的发生具有积极作用。又如在查办商业贿赂大案要案中注重预防犯罪。2009 年 1~6 月，全国检察机关共立案查办商业贿赂案件 6277 件 6842 人，涉案总金额人民币 9.18 亿元。其中 5 万元以上的大案 4759 件，占 75.82%，50 万元以上案件 556 件；查办处级干部以上的要案 797 人（含厅级 46 人），占立案人数的 11.65%；涉嫌受贿罪 4849 件，占 77.25%，行贿罪 1197 件，占 19.07%；已提起公诉 1946 件，法院已对 1882 件作出有罪判决。检察机关一方面突出查办官商勾结、权钱交易和严重侵害群众利益的商业贿赂犯罪案件；另一方面结合办案在重点领域有针对性地提出预防对策建议，加强预防咨询和警示教育，在一定程度上遏制了商业贿赂易发多发的势头，具有标本兼治的综合功能。

### （三）内外结合编织反腐天网

**1. 健全反腐举报受理和信息收集处置机制**

当前检察机关查办职务犯罪案件的线索 80% 来自公民举报。为了有力推动反腐倡廉建设，2009 年 6 月 22 日，检察机关全国统一举报电话"12309"在最高人民检察院和部分省级检察院正式投入使用并 24 小时开通，其余省份将在年内陆续开通。公民可选择固定电话、手机、小灵通等通信器材拨打举报。若使用录音举报，举报电话将在录音结束后提供录音密码，可凭借密码拨打"12309"并按"4"键查询举报处理情况。异地举报加拨被举报人所在地区号。为方便公民记忆和使用，最高人民检察院举报网站同时更新网址为 www. 12309. gov. cn。举报腐败从几十年一贯制的"来信来访"模式，到近年来迅速发展为统一举报电话、网络举报、检察长接待日、下访寻访、设立乡镇社区工作站、聘请群众信息员等全方位、立体式、多用途的便民举报，已形成受理举报和信息收集处置的科学机制。此外，2009 年 10 月 28 日，中央纪委、监察部在此前已开通举报电话"12388"的基础上，也正式开通举报网站 www. 12388. gov. cn。

**2. 强化惩防腐败的国际合作与援助**

在全球化背景下，完善惩防腐败体系建设，亟待有针对性地经常开展国际、国内和地区性的前沿理论交流研讨，及时将相关理论成果转化为惩防腐败体系的制度创新，以便与时俱进地应对实践中遇到的新情况和新问题。近年来，朗讯、西门子、家乐福、沃尔玛、摩根士丹利、力拓等跨国企业巨头都曝出在华"洋贿赂"丑闻，而在惩防和应对处置这些涉外案件时，双方难免存在某些不同的认识和看法甚至意见分歧，其中包括立法上的差异和司法、执法体制及程序上的区别，这些都反映出国际与地区反腐败合作亟待强化的问题。因此，有必要整合国内《反不正当竞争法》和《刑法》中有关商业贿赂的规定，借鉴国外《海外反腐败法》及相关法律规定，根据《联合国反腐败公约》及有关国际惯例的原则要求，结合中国特色社会主义市场经济运行和发展的特点及相关前沿理论成果，统一制定包括涉外商业贿赂的《反商业贿赂法》。在此基础上，要进一步强化涉外腐败案件的追逃追赃、协查取证等方面的国际司法合作与援助。2009 年，中国反腐败相关部门先后在"亚太经合组织（APEC）反腐败研讨会"、第三届发展中国家预防腐败研讨班、《联合国反腐败公约》第三届缔约国大会等国际会议上表达了加强反腐败国际合作的意愿。

## 三　加力推进反腐倡廉建设的科学发展

反腐倡廉建设取得明显成效，但极少数顶风作案者仍在"前腐后继"。欲使这种"割韭菜效应"变成"釜底抽薪效应"，还需革故鼎新地深化制度改革和创新行之有效的预防机制，从源头上治理和预防腐败。

### （一）改革干部选任考核机制，预防选人用人中的腐败

建立客观公正的选任和考核干部的科学机制，形成有利于科学发展的正确用人导向，是源头防治腐败的重中之重。

**1. 整饬吏治务在令行禁止**

近年来，党和国家的干部人事制度改革力度不断加大，陆续出台一大批较好的制度规范，但也有失之于程序和执行力的科学保障不足之处，使制度在一些地方和部门的实施过程中越轨走样，仍未有效杜绝跑官要官、买官卖官、拉票贿选等问题，致使"在腐败中升迁并在升迁中腐败"的现象时有发生。如一个因贪污、受贿 700 余万元，于 2009 年被判刑的所谓"政坛黑马"，从科级（乡镇长）

到41岁时晋升为副省级实职高官仅用6年时间①，几乎平均每年晋升一级，这既严重违反了按干部晋升规定应间隔的年限，又不符合破格（而且连续不断地破格）提拔的条件和要求。带"病"提拔的情况虽然发生于极少数人身上，但所造成的恶劣影响和潜在后果难以估量。因此，必须坚决整治用人不正之风，切实提高选人用人公信度。2009年10月，中共中央办公厅印发《关于建立促进科学发展的党政领导班子和领导干部考核评价机制的意见》（简称《意见》），同时中央组织部制定了《地方党政领导班子和领导干部综合考核评价办法（试行)》、《党政工作部门领导班子和领导干部综合考核评价办法（试行)》、《党政领导班子和领导干部年度考核办法（试行)》，共同形成促进科学发展的党政领导班子和领导干部考核评价机制。《意见》和三个考核办法相互联系形成有机整体，对于进一步改进和完善干部考核评价工作，推进干部工作的科学化、民主化、制度化，具有十分重要的意义。

**2. 以公开公平公正促公信**

目前最关键的是要改革和创新科学有效的保障机制，切实强化干部选任、考核评价的各项制度不折不扣地得到贯彻实施。新的保障机制务必具有以下功能。

一是确保民意的真实性。民主推荐、考核评价干部要结合实际采取具体措施，落实群众的知情权、参与权、选择权和监督权，有效防止个别地方和少数单位"兴师动众搞形式，认认真真走过场，煞有介事骗民意"的现象继续发生。

二是确保民意的有效性。对民主推荐测评、评议和民意调查等情况的结果，应当采取令人信服的适当形式及时向参与群众反馈，切实防止凭借民意来掩饰"由少数人在少数人中选少数人"的做法，真正做到"干部如何用、民意起作用"。

三是确保民意的代表性。应进一步科学拓展民主参与和干部选任、考核评价的范围，客观全面地收集民意，应尽可能地借鉴中央组织部委托专业机构随机抽选调查对象进行统计测评的客观公正做法，切实有效地杜绝由"圈内人"、"内定人"等"替代"民意的舞弊现象发生。总之，应尽可能扩大干部"公推直选"的深度和广度，切实匡正选人用人、考核评价人的风气。

---

① 2009年10月30日《法制周报》。

### （二）深化职权配置改革，科学分权，强化监督

反腐败的核心是要科学分权制衡和合理配置职权，同时强化监督制约机制。

**1. 相关体制机制亟待深化改革**

目前政治体制改革滞后，公权划分及职权配置远未科学合理地到位，加上监督制约机制更不完善，从而导致某些机关、部门、行业和系统腐败案件易发多发，大案要案居高不下。必须深化改革，否则积重难返。

一是某些清水衙门水不清。如教育、卫生、殡葬等部门曾一向被公认为"清水衙门"，而这些部门获得经济创收权能之后，广大群众一度深感"上不起学、看不起病、死不起人"。高校原本是一块净土，而且是净化人类心灵的"工程师"云集之地，但在监督体制依旧的状况下，它们变成了独立法人和市场主体，获得诸如自主招生、办班办学等实权，因此在创办二级学院、集中采购教材、自主招生和录取新生、后勤服务、财务及科研费管理、校企监管、基建工程（改、扩、重建和新建等）建设的招标等诸多环节，无不存在权力监督缺失和灰色空间，加上高校领导集校官、学者、商人（事业单位法人）于一身，其被监管的真空更大，难以"独善其身"。近年来，高校成为腐败犯罪新的高发区，各地大学屡屡曝出腐败案件。同济大学原副校长吴世明因受贿罪被判有期徒刑 10 年，南京财经大学原副校长刘代宁被控受贿 160 多万元，湖北已有多所大学的主管官员因腐败落马，陕西近 3 年查处 80 多宗大学腐败案件，倒下 7 名厅级校官，人数之多，金额之巨，腐败情节之恶劣，都前所未见。[①]

二是有的部门和行业监管乏力。例如，为了强化中央对经济运行的宏观调控能力，在改革中对一些部门实行垂直管理（即人、财、物、业务垂直到上级主管部门而非本级政府管理）。目前的垂直管理主要有中央垂直管理、省垂直管理和特殊垂直管理三种模式，如安全机关、海关、外汇局等是中央垂直管理，工商、地税、土地管理等部门是省垂直管理，国家土地督察局、审计署驻各地特派办、环保执法监督机构等则是特殊垂直管理。垂直管理摆脱地方政府的干预，强化了在执法监管中的权威性和统一性。但随着垂直管理部门比例的上升，在资源配置尚未形成有效市场竞争机制的条件下，掌握着公共资源的垂直管理部门及垄

---

① 2009 年 10 月 15 日新华网"焦点网谈"。

断性的行业和系统的权力不断强化而监督日益弱化，近年来不断曝出行业腐败、福利腐败和集体腐败的现象，窝案串案群体性案件频发。

三是少数机构和利益集团与民争利。改革的深化必然导致权力重组和利益多元化，有些强势机关、部门与改革开放中壮大的一批强势利益集团之间也容易形成互惠性极强的权钱交易关系，严重扭曲公共政策，损害国家和社会公众利益。强势权力机关、部门和单位还可以利用权力进行名目繁多的收费和办实体创收（上缴收益、管理费等）。这种"权力变现"的灰色收入加上"权钱交易"的非法收入，使少数强势权力机构拥有源源不断的预算外资金进入"小金库"，其中一部分用于单位全员福利，如代缴个税、滥发津补贴等；另一部分用于单位领导及少数实权人物奢侈的职务消费、贪污私分等，不仅直接产生腐败，而且导致机关和国有企事业单位等机构形成"油水衙门"与"清水衙门"的区别。因公职人员所在"衙门"不同收入差别巨大，部分公职人员心理失衡，甚至还会污染社会风气，或导致地区之间出现不合理的收入差距。强势权力机构本身的"优越性"，加上强势利益集团暗中"投桃报李"，使"油水衙门"获得豪华的办公条件、奢侈的公务消费、诱人的福利待遇等，不仅继续强化传统的"官本位"意识，也越来越引起社会关注。中共唐山市委党校课题组在关于"官本位问题"的问卷调查中，向县处级以下公务员和在校大学生发出了 1100 份调查问卷，收回有效问卷 937 份，结果显示，认为官本位"比较严重"和"非常严重"的被调查者占 80.68%；关于"官本位"问题在经济方面的表现，居于前三位的选择是："生活待遇（衣、食、住、行、游、医、葬）按官位高低而定"占 69.79%，"首长工程、面子工程、官赏工程、政绩工程"占 66.59%，灰色收入（红白喜事、生病住院、年节收礼等）占 62.11%。被调查者认为，"官本位"意识具有严重的政治危害：①"加剧政治腐败，加大变质危险"；②"损害党群关系、干群关系，导致群体性事件频发"；③"破坏政府的公信力，危害党的执政基础"；④"导致机构臃肿，效率低下"；⑤"形成既得利益集团—官僚特权阶层"等。①

**2. 规制公权强化监控**

在加力推进政治体制改革的过程中务必做到以下三点。

一是立法规范中央与地方之间的职责权限，科学划分公权，合理配置职权，

---

① 2009 年 8 月 10 日《中国改革报》。

理顺和明确责、权、利的关系。

二是必须建立健全和完善有效的监督制约体系。改革决不能以弱化监督为代价来提高效率，而是要以科学发展的思路和创新方法来切实解决"上级监督远，同级监督软，下级监督难"的现实问题。如采取法律手段和刚性措施将预算外资金全部纳入预算监控，将执行中变通走样的"收支两条线"强制为真实的收支两条线，坚决取缔单位"小金库"，公职人员尤其是公务员的工资福利由国家统一划拨，彻底斩断其与所在单位占有国有资产、资源和公权的内在联系。要从实体和程序两个方面强化监督，全方位拓展监督渠道，形成"横向监督双向抗衡、纵向监督互制有力、内部监督及时高效、外部监督刚性制约"的有效机制。

三是实行"阳光公务"。只有公务透明才能防止"暗箱操作"，应制定《公务公开法》，内容包括党务公开、政务公开、司法公开、厂务公开、村务公开、校务公开等。凡不涉密的公务应一律强制公开，让权力在阳光下运行。

### （三）深化公务消费改革，确保公款公物公用

#### 1. 私务公费愈演愈烈

一是公车私用明目张胆。2009 年 9 月 1 日湖南某大学门口各类执法车、警用车送孩子上学的场景被拍摄后传到网上。浙江省嘉兴市纪委用心良苦地给全市副科级以上干部发温馨短信："请您再次提醒身边工作人员，切实杜绝公车接送学生等违规行为的发生。"可 9 月 1 日该市依然有 22 辆公车违规。河南某县长的专职司机 9 月 2 日告诉记者，他每天早 7 点 20 分准时去领导家楼下送两位领导：县长和他上小学的女儿；下班后不管县长是否坐车都要准时去接县长女儿放学。休息日县长去郊区钓鱼等活动也基本用专车。这位司机说："我给两任县长和一名副县长开过车，大家都是这么用车的，没什么不同，也没什么不好，司机当然要服务好领导。"他不否认自己平时外出办事也开专车去："汽油费能报销。"2009 年"两会"期间，曾有全国政协委员公布一些地区的公车使用情况，其中，公务用途占 1/3，干部私用占 1/3，司机私用占 1/3。公开资料显示，截至 2007 年 11 月 30 日，中国公务车共 5221755 辆，年消耗 4000 多亿元，其中有部分资金被"私用掉"了。① 早在 1989 年，国家就曾下文，要求只有省部级干部可配

---

① 2009 年 9 月 3 日法制网。

备专车，但现在连一些贫困地区的村支书都有专车，这样的专车其实就是专门给干部自己私用的车。因此，深化公车改革势在必行。

二是公款私用和假票报账。公款吃喝玩乐在有的地方和官员中已形成风气。2009 年 10 月下旬，浙江舟山市中级法院以贪污、受贿两罪并罚判处某卫生院院长有期徒刑 11 年。经法院认定的贪污款中，有 44 万余元被用于吃喝玩乐，他常年邀朋友流连于饭店、歌厅等娱乐场所并抢着埋单，近两年未在自家吃过一顿饭。至于公务接待奢侈、公费旅游和出国观光，已成为群众广泛诟病的现象。更有甚者，有的官员干脆假借公务消费之名虚报冒领公款。长期以来，从北京繁华的商务区到各地大街和商店门前，都有明目张胆地向行人、顾客专职兜售假发票的"票贩"。河北省公安机关仅在 2009 年 1～10 月的专项行动中就立发票类犯罪案件 163 起，抓获犯罪嫌疑人 243 名，捣毁制售假发票犯罪窝点 33 个及犯罪团伙 23 个，缴获各类假发票 642348 份。可见，包括虚报冒领等贪污、私分公款在内的涉假发票犯罪已相当猖獗地形成"制假、销售、报账"的一条龙作业。如此等等的问题，都要通过深化公务消费改革来有效防治。

**2. 强化法治，规范公务消费**

建议专门就公务消费制定行政性的《公务消费法》，统一建立公务接待、公费出访、公务交通、公款报账等方面的合理消费标准与规范；严格审批核准手续并通过建立和完善公务卡制度，提高公务支出的透明度；实行货币化改革，废除公车实物配给的落后制度，核定必需的特定公务用车，严格实行公车公用公管；强化监督制约机制，科学设计违规罚则，依法源头治理公务消费腐败现象。

# Analysis on and Forecast of the Combat against Corruption and Advocating Integrity

**Abstract**：China's current effort on combating against corruption and advocating integrity emphasizes accelerating the system construction for punishment and prevention of corruption, reinforcing the fight to corruption, strengthening education, supervision, reform and system innovation. The working focus are enhancing education on administrative integrity and leading cadres' self-discipline, distributing more resources on investigation and disposition of the violation cases, improving mechanism of power controlling and supervising, as well as propelling system innovation on combating corruption and advocating integrity, plus improving the implementation to gain credibility from the effective anti-corruption results, to provide a strong guarantee for deepening the reform and the economic and social development.

**Key Words:** Combating Against Corruption and Advocating Integrity; System Construction; Power Restriction and Supervision Mechanism

# 2009 年中国居民生活质量调查报告[*]

袁岳　张慧[**]

　　**摘　要：**本年度调查结果表明，2009 年城乡居民总体生活满意度基本稳定；社会保障、物价波动承受力等指标有所提升；民众高度肯定政府应对此次全球经济危机的表现，积极评价和预期国家经济发展现状与未来发展前景；基

---

[*] 本报告分析的数据来自 2009 年 9～10 月针对全国 7 个城市、7 个小城镇及其周边农村地区进行的入户调查，城市执行区域为北京、上海、广州、武汉、成都、沈阳、西安，每个城市成功样本量不低于 250 个；小城镇执行区域为浙江绍兴诸暨、福建福州长乐、辽宁锦州北宁、河北石家庄辛集、湖南岳阳临湘、四川成都彭州、陕西咸阳兴平，每个小城镇成功样本量不低于 150 个；农村执行区域在上面提到的 7 个小城镇地区分别选取一个行政村，每个行政村成功样本量不低于 100 个。调查采取多阶段随机抽样方法，共获得 3803 个成功样本，其中城镇居民 3038 名，农村居民 765 名，受访者年龄在 18～60 岁。但本文中"城镇居民"含"城市居民"与"小城镇居民"两部分。数据结果已根据各地实际人口规模进行加权处理，在 95% 置信度下抽样误差为 ±0.91%。调查样本基本构成情况：男性 49.7%，女性 50.3%；18～25 岁 14.5%，26～35 岁 22.4%，36～45 岁 29.5%，46～55 岁 25.1%，56～60 岁 8.5%；小学及以下 9.2%，初中 34%，高中/中专/技校 39.4%，大专 12.2%，本科及以上 4.8%，另有 0.4% 拒绝回答学历问题。

[**] 袁岳，零点研究咨询集团董事长；张慧，零点研究咨询集团研究经理。

于政府应对经济危机的表现，以及在医疗、社保等民生领域的较大作为，城乡居民的政府管理信心度全面提升，达到历史最高水平；但国家经济发展和政府管理的高信心度，并没有带动个人经济状况满意度和未来生活信心度的显著提升。

**关键词：**生活质量指数　生活满意度　生活满意度影响因素

## 一　城乡居民生活满意度分析

城乡居民总体生活满意度趋稳，处于接近"比较满意"的水平；国家经济状况、国家自豪感、政府管理信心度等宏观因素指标普遍上升；社会保障、物价波动承受力等指标也有所提升；但未来收入增长、未来生活水平提升的信心度呈下降趋势；个人经济状况满意度仍是影响城镇居民生活感受的首要因素；农村居民生活感受开始更多受个体微观因素而不是宏观因素的影响。

按 5 级量表赋值方法测量，2009 年城乡居民总体生活满意度为 3.54 分，与 2008 年的 3.58 分基本持平，总体生活满意度趋稳，处于接近"比较满意"的水平。比较历年数据发现：在 2000～2009 年间，除了 2006 年城市居民总体生活满意度高于农村居民之外，在其他各年度，农村居民的总体生活满意度均高于城市居民（见图 1）。

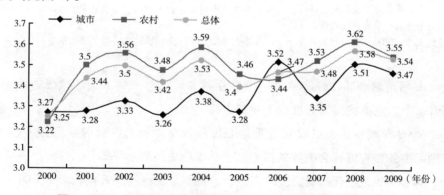

**图 1　2000～2009 年中国城乡居民总体生活满意度变化趋势图\***

\* 图中数据为基于 5 级量表的得分，5 分表示非常满意，1 分表示非常不满意。
资料来源：2000～2008 年数据见零点研究咨询集团历年《中国居民生活质量指数报告》；2009 年数据见零点研究咨询集团 2009 年入户调查资料（除有特殊说明，本文 2009 年数据均来源于此调查，不再重复）。

比较历年城乡居民对于各项指标的评价分值，发现以下几个主要特点（见表1）。

**表1　2006~2009年影响城乡居民总体生活满意度的主要指标得分情况\***

| 指标 | 2009年 | | | 2008年 | | | 2007年 | | | 2006年 | | |
|------|------|------|------|------|------|------|------|------|------|------|------|------|
| | 城镇 | 农村 | 总体 | 城镇 | 农村 | 总体 | 城镇 | 农村 | 总体 | 城镇 | 农村 | 总体 |
| 休闲娱乐生活满意度 | 3.39 | 3.12 | 3.24 | 3.28 | 2.74 | 2.98 | 3.51 | 3.36 | 3.42 | 3.49 | 3.26 | 3.34 |
| 职业状况满意度 | 3.58 | 3.34 | 3.44 | 3.52 | 3.39 | 3.45 | 3.32 | 3.33 | 3.33 | 3.45 | 3.37 | 3.40 |
| 个人经济状况满意度 | 3.17 | 3.06 | 3.11 | 3.15 | 3.08 | 3.11 | 3.15 | 3.23 | 3.2 | 3.26 | 3.26 | 3.26 |
| 国家经济状况评价 | 3.72 | 3.83 | 3.78 | 3.58 | 3.74 | 3.67 | 3.67 | 3.76 | 3.73 | 3.60 | 3.70 | 3.67 |
| 消费时机认同度 | 2.89 | 2.81 | 2.84 | 2.93 | 2.70 | 2.80 | 2.95 | 3.08 | 3.04 | 2.89 | 2.96 | 2.93 |
| 消费信心指数 | 3.26 | 3.23 | 3.24 | 3.22 | 3.17 | 3.19 | 3.26 | 3.36 | 3.32 | 3.25 | 3.31 | 3.29 |
| 个人社会保障满意度 | 3.42 | 3.21 | 3.31 | 3.39 | 3.04 | 3.19 | 3.13 | 3.00 | 3.05 | 3.33 | 3.18 | 3.23 |
| 未来社会竞争力预期 | 3.25 | 3.15 | 3.19 | 3.24 | 2.94 | 3.07 | 3.35 | 3.24 | 3.28 | 3.31 | 3.01 | 3.12 |
| 未来收入乐观度 | 3.36 | 3.42 | 3.39 | 3.49 | 3.42 | 3.47 | 3.45 | 3.59 | 3.53 | 3.53 | 3.62 | 3.59 |
| 未来生活乐观度 | 3.34 | 3.41 | 3.38 | 3.42 | 3.42 | 3.42 | 3.45 | 3.59 | 3.53 | 3.48 | 3.48 | 3.48 |
| 国家国际地位感 | 3.94 | 3.99 | 3.97 | 3.85 | 3.93 | 3.90 | 3.77 | 3.84 | 3.81 | 3.73 | 3.80 | 3.77 |
| 社会治安全感 | 3.67 | 3.72 | 3.69 | 3.53 | 3.76 | 3.66 | 3.48 | 3.21 | 3.31 | 3.46 | 3.63 | 3.57 |
| 养老忧虑度 | 2.99 | 3.33 | 3.18 | 2.90 | 2.92 | 2.91 | 2.86 | 3.00 | 2.95 | 3.04 | 3.10 | 3.08 |
| 物价波动承受力 | 3.36 | 3.32 | 3.33 | 2.65 | 2.76 | 2.71 | 3.25 | 3.30 | 3.25 | 3.40 | 3.29 | 3.33 |
| 政府管理经济事务信心度 | 4.25 | 4.28 | 4.27 | 4.05 | 4.01 | 4.03 | 4.06 | 4.00 | 4.02 | 3.91 | 3.84 | 3.87 |
| 政府管理国际事务信心度 | 4.37 | 4.26 | 4.31 | 4.16 | 4.11 | 4.13 | 4.10 | 4.14 | 4.13 | 3.92 | 3.74 | 3.80 |
| 政府管理社会事务信心度 | 3.84 | 3.85 | 3.85 | 3.66 | 3.61 | 3.63 | 3.75 | 3.77 | 3.76 | 3.51 | 3.42 | 3.46 |

　\*表中数据为基于5级量表的得分。对于养老忧虑指标，分值越高表示忧虑程度越高，对于其他指标，分值越高表示满意度或信心度越高。

　资料来源：2000~2008年数据见零点研究咨询集团历年《中国居民生活质量指数报告》。

1. 尽管遭遇全球性经济危机，2009年城乡居民对于国家经济状况的评价不降反升，个人经济状况满意度与上年基本持平。

2. 2009年城乡居民对政府管理信心度指数全面提升，政府管理经济事务、管理国际事务和管理社会事务的信心度均达到历史最高水平。

3. 城乡居民社会保障满意度均有提升，特别是农村居民升幅较大（3.04分→3.21分）；但同时，农村居民养老忧虑度也有较大提升（2.92分→3.33分，分值越高表明忧虑度越高）。

4. 城乡居民消费信心指数并没有出现下降，但支撑消费信心的主要是对于国家经济状况的积极评价，个人经济状况满意度和消费时机认同度并无显著提升。

5. 城乡居民物价波动承受力较 2008 年有较大提升，但城镇居民未来收入乐观度、未来生活乐观度均有所下降。

6. 社会治安安全感、职业状况满意度、休闲娱乐生活满意度等指标稳中有升。

考察历年影响城乡居民总体生活满意度的因素及其影响力大小发现：农村居民在 2005 年以前，城镇居民在 2006 年以前，影响总体生活满意度的首要因素均是个人经济状况满意度指标。在 2007 年，休闲娱乐生活满意度取代个人经济状况满意度指标，成为影响城乡居民总体生活满意度的首要因素；2008 年，个人经济状况满意度指标重新成为影响城乡居民生活感受的首要指标。2009 年，影响城镇居民生活感受的首要因素依然是经济指标，同时，职业状况满意度对于城镇居民生活感受的影响力提升，仅略次于个人经济状况的影响力；对于农村居民来说，休闲娱乐生活满意度、社会保障满意度、未来收入预期等个体微观因素的影响作用在提升，而国家经济状况、国家国际地位感等宏观因素对于总体生活感受的影响作用减弱（见表2）。

表2　2008 年、2009 年影响城乡居民总体生活满意度的主要指标及其影响力比较*

| 城镇居民 | | | | 农村居民 | | | |
|---|---|---|---|---|---|---|---|
| 影响生活满意度指标 | 2009年 | 影响生活满意度指标 | 2008年 | 影响生活满意度指标 | 2009年 | 影响生活满意度指标 | 2008年 |
| 个人经济状况 | 0.45 | 个人经济状况 | 0.5 | 休闲娱乐生活 | 0.45 ↑ | 个人经济状况 | 0.32 |
| 职业或工作状况 | 0.44 ↑ | 休闲娱乐生活 | 0.45 | 物价波动承受力 | 0.31 → | 物价变动承受力 | 0.26 |
| 休闲娱乐生活 | 0.43 | 社会保障 | 0.42 | 个人经济状况 | 0.31 ↓ | 休闲娱乐生活 | 0.25 |
| 物价波动承受力 | 0.41 → | 物价波动承受力 | 0.39 | 职业或工作状况 | 0.3 ↑ | 国家经济状况 | 0.24 |
| 社会保障 | 0.34 ↓ | 职业或工作状况 | 0.37 | 未来收入预期 | 0.24 ↑ | 人际关系 | 0.24 |
| 环卫与环保 | 0.32 | 未来收入水平预期 | 0.35 | 社会保障 | 0.23 ↑ | 国家国际地位感 | 0.23 |

*表中影响力数据为各因素与总体生活满意度之间的相关系数，箭头指向表明与2008 年相比排名位次的变化情况，↑表示位次上升，↓表示位次下降，→表示位次没有变化。

资料来源：2008 年数据见零点研究咨询集团当年《中国居民生活质量指数报告》。


## 二　全球经济危机背景下中国城乡居民的
## 消费信心与消费行为

全球性经济危机对生活的影响既体现在客观收入变化上，更体现在经济危机所带来的心理危机感上；消费信心指数较 2008 年 12 月有较大回升，但拉升消费信心的主要是对国家宏观经济的积极评价，个人经济状况评价和消费时机认同度并无提升，因而消费信心指数的回升对实际消费行为的促进作用有限。

### （一）经济危机既带来了客观的收入变化，更带来了主观上的心理危机感，并影响到城镇居民的就业心态

2008 年底开始的全球性经济危机，一定程度上影响了中国居民的生活。此次调查中，两成以上城镇居民认为此次经济危机对于自己的生活产生了较大影响。经济危机对人们生活的影响作用分为两个方面：一方面是客观上的家庭收入变化；另一方面，还体现在因经济危机而带来的主观上的心理危机感。相对而言，后者的影响作用更普遍更持久。本次调查中，23.3% 的城镇居民、12.1% 的农村居民表示"家庭收入没下降，但也没有像以往那样逐年增加"（见表 3）。中国经济多年持续高速增长，习惯了"增长"的百姓们，即便实际收入没有下降只是维持不变，也会产生不安全感。另外，担心收入下降、担心失业、不知道危机什么时候能结束等心理也都一定程度上存在。

表3　城镇居民评价经济危机对于自己生活的影响作用[*]

单位：%

| 项　目 | 城　市 | 小城镇 |
|---|---|---|
| 家庭收入下降 | 46.0 | 56.5 |
| 家庭收入没下降,但也没有像以往那样逐年增加 | 25.6 | 18.9 |
| 担心家庭收入下降 | 29.4 | 26.0 |
| 担心失业,工作中心理压力大 | 31.9 | 19.4 |
| 不知道经济危机什么时候结束,不知道会给自己带来什么影响 | 27.6 | 14.1 |
| 自己(或家人)在经济危机中失业了 | 11.7 | 2.0 |

* 此题为多选题，故应答比例之和大于 100%。

整体经济和就业环境对城镇居民就业心态产生了较大影响作用，表现在以下几个方面。

首先，职业状况满意度指标对于总体生活满意度的影响力显著提升：2009 年，该指标与总体生活满意度的相关系数为 0.44，位居影响力第二位；2008 年的相关系数为 0.37，仅位居影响力第五位（见表 2）。

其次，城镇居民所看重的工作要素有所不同：对于工作的福利水平的关注度进一步上升，对于工作强度、工作环境、工作中的人际关系等因素的关注程度则有所下降（见表4）。

表4　城镇居民心目中最重要的工作要素

单位：%

| 项　　目 | 2009 年 | | | 2008 年 | | |
|---|---|---|---|---|---|---|
| | 城市 | 小城镇 | 城镇总体 | 城市 | 小城镇 | 城镇总体 |
| 收入福利水平 | 22.9 | 25.7 | 24.2 | 19.4 | 17.6 | 18.6 |
| 工作强度（工作时间、压力、是否经常加班等） | 15.1 | 12.6 | 14.0 | 17.7 | 18.3 | 17.9 |
| 安全性（是否有辐射、职业病、安全事故隐患等） | 14.5 | 15.9 | 15.1 | 14.4 | 14.7 | 14.5 |
| 人际关系（包括与上下级、同事、客户等关系） | 11.2 | 8.9 | 10.1 | 14.1 | 11.7 | 13.0 |
| 发展机会（晋升机会、自我能力提升机会等） | 9.3 | 10.2 | 9.7 | 9.7 | 7.3 | 8.6 |
| 环境（指设施设备、空间布局、自然环境等条件） | 3.6 | 3.5 | 3.6 | 5.8 | 7.6 | 6.6 |
| 工作中的自主性 | 3.2 | 3.8 | 3.5 | 3.9 | 4.5 | 4.2 |
| 自己能力/兴趣与工作的匹配性 | 5.1 | 4.9 | 5.0 | 2.1 | 2.4 | 2.3 |
| 工作机会的多少、择业自主性 | 2.4 | 2.4 | 2.4 | 1.9 | 0.8 | 1.4 |

资料来源：2008 年数据见零点研究咨询集团当年《中国居民生活质量指数报告》。

再次，不少人因担心失业，而在工作中有较大心理压力（城市 31.9%，小城镇 19.4%）（见表3）。据零点研究咨询集团 2009 年 6 月发布的《城市生活调查报告》：经济危机后，员工们"自觉"减少了一些职场"打混"行为，而增多了主动加班、放弃休假等"楷模行为"，特别是在有裁员现象的单位里，员工的这种职场行为调整程度更深。

可以认为：城镇居民职业状况满意度指标在 2009 年没有出现下降（2008 年3.52 分，2009 年 3.58 分），很大程度上是因为城镇居民就业心态的调整，这并不意味着就业形势的乐观和好转。就业是民生之本，经济危机环境下，就业问题更显重要，就业服务更加关键。为应对就业服务的严峻形势，政府正在酝酿实施包括免费服务、就业援助、专项服务等方面的公共就业服务制度。

**（二）消费信心指数较 2008 年底有所回升，但支撑消费信心指数的主要是对国家宏观经济状况的积极评价，信心指数的回升并不能有效促进实际消费行为**

2008 年 12 月零点研究咨询集团考察了北京、上海、广州等 10 个城市居民的

133

消费信心，结果发现，当时城市居民的消费信心指数跌至2004年以来的最低点；反映消费信心指数的三项指标（个人经济状况、国家经济发展水平、消费时机认同度）全面下降，特别是消费时机认同度的降幅明显（见表5）。

表5　城市居民消费信心指数历年比较*

| 时　间 | 个人经济状况 | 消费时机认同度 | 国家经济发展水平 | 消费信心指数 |
|---|---|---|---|---|
| 2003 年 | 3.1 | 2.60 | 3.49 | 2.97 |
| 2004 年 | 3.1 | 2.69 | 3.59 | 3.13 |
| 2005 年 | 3.1 | 2.78 | 3.66 | 3.15 |
| 2006 年 | 3.26 | 2.82 | 3.6 | 3.21 |
| 2007 年 | 3.15 | 2.99 | 3.67 | 3.27 |
| 2008 年 9 月 | 3.15 | 2.95 | 3.58 | 3.19 |
| 2008 年 12 月 | 3.08 | 2.54 | 3.36 | 3.00 |
| 2009 年 10 月 | 3.13 | 2.96 | 3.64 | 3.24 |

＊消费信心指数通过个人经济状况评价、国家经济发展水平评价和消费时机认同度三项指标来反映。
资料来源：2008年9月及之前数据见零点研究咨询集团历年《中国居民生活质量指数报告》；2008年12月份的数据来源于零点研究咨询集团2008年12月份完成的《城市居民2009年生活预测报告》。

此次调查发现，与2008年12月相比，城乡居民的消费信心指数有较大回升，甚至超过了2008年9月份的消费信心指数（2009年10月3.24分，2008年9月3.19分）。但是，支撑消费信心指数回升的主要是对于国家宏观经济形势的积极判断，个人经济状况满意度和消费时机认同度并无明显提升，均在较低位徘徊。此种结构的消费信心指数提升，对于城乡居民实际消费行为虽有一定促进作用，但作用不显著，特别是对于城市居民，促进作用更加有限。调查数据表明：在2009年，半数左右的城乡家庭采取"尽量多储蓄少消费"策略以应对经济危机，在预计2010年的家庭理财特点时，计划"多储蓄少消费"的家庭比例有所下降，其中城市居民降幅有限（2009年50.9%，预计2010年46.4%），农村居民降幅明显（2009年54.2%，预计2010年36.1%）（见表6）。

表6　2009年城乡家庭理财特点及2010年家庭理财规划

单位：%

| 项　目 | 城市 | 小城镇 | 农村 |
|---|---|---|---|
| 2009 年采取"多储蓄少消费"的家庭比例 | 50.9 | 46.4 | 54.2 |
| 计划 2010 年采取"多储蓄少消费"的家庭比例 | 46.4 | 37.6 | 36.1 |

## 三  城乡居民对国家经济危机应对措施的评价提高

城乡居民高度肯定政府应对经济危机的表现，对国家经济状况的评价不降反升，农村居民更是达到历史最高点；对于未来一年国家经济发展的信心度亦有较大幅度提升；但对国家宏观经济的积极评价和预期未能带动个人经济状况满意度和个人未来生活信心度的显著提升。

### （一） 城乡居民高度肯定政府应对经济危机的表现，对政府在物价、房市、股市等宏观经济领域的调控表现，满意度高于 2008 年同期水平

尽管危机对城乡居民的生活和心理均产生了影响作用，但是，总体来看，城乡居民对中国政府在此次经济危机中的表现给予了较高评价。在城市、小城镇和农村地区，分别有 74.8%、85.1%、85.3% 的受访者对政府应对此次经济危机的表现表示满意。城市居民对于中央政府在物价、股市、房市等宏观经济领域中的调控表现，较之 2008 年有更高的满意度水平。农村居民对于中央政府在此次经济危机中针对农村地区出台的系列政策，也表示了较高的满意度水平（79.1%）。

### （二） 城乡居民个人经济状况满意度水平与国家宏观经济发展水平感受间、对于国家经济发展的信心度与个人未来生活水平提升信心度间，一直存在较大反差

比较零点研究咨询集团历年数据发现：城乡居民个人经济状况满意度水平与他们对于国家宏观经济发展水平的感受间一直存在较大差距，国家宏观经济发展成果并没有相对应地体现在居民的微观经济利益感受上（见图 2）。在预期国家未来经济发展状况和个人未来生活水平变化情况时，同样表现出了这种反差：城乡居民对于国家经济发展的信心度均高于个人生活水平提升信心度（见图 3）。GDP 的增长虽然起到了提升信心的作用，但由于人均收入增长乏力，GDP 增长并没有有效保障城乡居民的实惠。国家宏观经济发展成果如何相应体现到居民微观经济利益感受上，进而带动城乡居民个人经济状况满意度提升及未来生活信心度的提升，是我们需要考虑的一个问题。

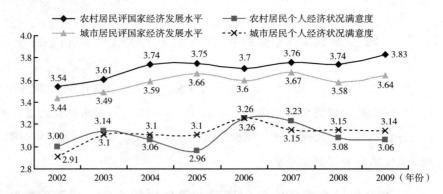

图2　2002～2009年城乡居民评价国家经济发展水平和个人经济状况*

* 图中数据为基于5级量表的得分，5分表示认为经济状况非常好，1分表示认为非常不好。

资料来源：2002～2008数据见零点研究咨询集团历年《中国居民生活质量指数报告》。

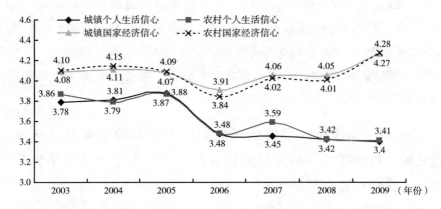

图3　历年城乡居民国家经济发展信心和个人未来生活水平提升信心的变化趋势*

* 图中数据为基于5级量表的得分，5分表示非常有信心，1分表示完全没信心。

资料来源：2003～2008数据见零点研究咨询集团历年《中国居民生活质量指数报告》。

## （三）在系列惠农政策措施和政府加大对农村社保体系建设投入的作用下，2009年农村居民对国家经济状况的评价达到历史最高水平，但个人经济状况满意度并无提升

2009年，农村居民对国家经济状况的评价达到历史最高水平，但个人经济状况满意度并无提升。零点研究人员认为，农村居民对于国家经济状况的积极评

价，与 2009 年中央政府对农村的系列政策和举措密不可分。2009 年中央农村工作会议提出了一系列针对性强、含金量高的惠农措施，包括：提高粮食最低收购价、增加或提高各种补贴标准；上调扶贫标准，对农村低收入人口全面实施扶贫政策；家电下乡；开辟返乡农民工创业"绿色通道"；鼓励和引导金融机构加大对农村信贷的支持力度；加快建设农村社会保障体系，农村低保基本实现应保尽保、基本医疗保障体系覆盖城乡、新型农村社会养老保险。农村居民对国家经济状况的积极评价一方面是来自这一系列政策措施的积极作用，另一方面，此次全球经济危机对农村地区的冲击力度相对较小，因而农村居民对国家经济状况的评价达到历史最高点。但是，系列惠农政策真正转变成广大农村居民的实际收益还需要一定的时间，农村社会保障体系的建立和完善还处在初级阶段，因而农村居民个人经济状况满意度并没有明显改变。

## 四 城乡居民关注的焦点社会问题

2009 年城乡居民聚焦的社会问题与国家的系列政策举措以及 2009 年整体经济环境密切相关：城镇居民关注的首要问题是医疗改革，其次是下岗就业和社会保障问题；农村居民的首要关注点是农村养老体系和制度建设问题，其次是物价和医疗改革问题。

1999～2005 年间，下岗就业和社会保障问题一直是公众关注的核心焦点；2007～2008 年，物价上涨问题以高提及率稳居城乡居民"关注榜"榜首。2009 年，城乡居民聚焦的社会问题与 2009 年国家的系列政策、举措以及 2009 年的整体经济环境密切相关。城镇居民关注的首要问题是"医疗制度改革与医疗费用"，其次是下岗就业问题和社会保障问题。养老制度化建设问题进入农村居民视野，并成为农村居民 2009 年度最关注的社会问题；位居第二、第三的则分别是物价问题和农村医疗改革问题（见表 7）。

### （一）近六成居民乐观期待新医改方案，谨慎认可基本药物制度的"减负"功效，医技水平和硬件设施制约社区医院和乡镇医院的发展

历经三年酝酿、争论，新医改方案终于在 2009 年 4 月 6 日正式公布。新医改方案凸显不少新变化，由市场化回归公益性、全民医保、基本药物制度、政府

表7　2008年、2009年城镇居民所关注的社会问题比较*

单位：%

| 城　镇 | | | |
| --- | --- | --- | --- |
| 2009 年 | | 2008 年 | |
| 医疗制度改革及医疗费用问题 | 34.8 | 物价问题问题 | 64.8 |
| 下岗及就业问题 | 31.5 | 食品药品安全问题 | 34.7 |
| 社会保障问题 | 28.9 | 社会保障问题 | 28.7 |
| 房价调控与住房价格问题 | 28.5 | 房价调控与住房价格问题 | 20.8 |
| 物价问题 | 25.2 | 下岗及就业问题 | 17.8 |
| 贫富分化问题 | 14.7 | 医疗制度改革及医疗费用问题 | 13.0 |
| 食品药品安全问题 | 13.8 | 廉政建设与反腐问题 | 12.4 |
| 教育体制改革问题 | 12.5 | 贫富分化问题 | 11.7 |
| 弱势群体权益保护问题 | 10.7 | 能源与环境保护问题 | 11.1 |
| 农　村 | | | |
| 2009 年 | | 2008 年 | |
| 农村养老制度和相关方案 | 39.1 | 物价问题 | 64.8 |
| 物价问题 | 34.7 | 食品药品安全问题 | 34.7 |
| 农村医疗改革问题 | 27.6 | 农民增收问题 | 28.7 |
| 农民增收问题 | 18.8 | 农业政策问题 | 20.8 |
| 返乡农民工再就业问题 | 17.6 | 农村医疗改革问题 | 17.8 |
| 食品药品安全问题 | 15.5 | 四川灾区震后重建问题 | 13.0 |
| 农业政策问题 | 15.3 | 贫富分化问题 | 12.4 |
| 教育体制改革问题 | 14.9 | 假冒伪劣商品问题 | 11.7 |
| 农村基础设施建设问题 | 13.7 | 农民工权益问题 | 11.1 |

　*表中数据为关注率，按照关注程度使用限选三项的答法计算得出，仅列出提及率超过10%的社会问题。

　资料来源：2008年数据见零点研究咨询集团当年《中国居民生活质量指数报告》。

主导下的多元投入、公立医院与行政部门脱离行政隶属关系、新医改投入8500亿元资金。这些变化能否切实解决"看病难看病贵"问题？老百姓拭目以待。医疗制度改革和医疗费用问题因而成为2009年度城镇居民关注的首要问题（34.8%），农村居民关注的第三大问题（27.6%）（见表7）。

　　新医改方案能否改善百姓看病就医难的局面？本次调查中，近六成（58%）居民对此有信心，同时，也有近四成（37.6%）居民认为新医改方案依然难以解决百姓看病就医难的问题。相比较而言，农村居民对新医改方案的信心高于城镇居民。城镇居民中，有信心和没有信心者的比例分别为52.7%和43.7%；农村居民中，有信心和无信心者比例分别为62.4%和32.6%。

　　基本药物制度是新医改方案中一项基本制度，对于老百姓而言，最关注的还是基本药物制度的"减负"功能。基本药物制度能否有效减轻老百姓看病就医的负担？本次调查发现，城乡居民对于基本药物制度持谨慎乐观态度，超过六成（62.2%）居民认为基本药物制度能在一定程度上减轻看病就医负担，25.3%居民认为该项制度基本不具备"减负"功效，另有10.1%居民相信该项制度可以在很大程度为看病就医减轻负担。对于该项制度的功效表示怀疑的受访者，其主要原因在于：①认为医药费用只是看病就医花费的一部分，光减药费入手并不能真正减轻医疗负担（46.8%）；②如果对医生的处方行为没有或者是做不到规范性管理，基本药物制度将形同虚设（32.1%）；③目前所列的307种基本药物的覆盖面太窄，难以有效减负（20.2%）。

"城乡基层医疗卫生服务体系进一步健全"是新医改的另一目标。医疗"多网点"、患者"少跑腿"，"农村居民小病不出乡，城市居民享有便捷有效的社区卫生服务"是新医改方案勾画出的一个蓝图。本次调查中，近八成（79.2%）城镇居民愿意去社区医院看病。不愿意去社区医院看病者的主要原因在于：质疑社区医院的医疗技术水平、认为社区医院的医疗设备陈旧落后、药品不全、服务项目有限等（见图4）。受访农村家庭中，过去一年内有12%的家庭有外出求医治病经历，其中76%是在经当地医院治疗无效之后，不得不外出求医。由此看来，在目前阶段，医技水平和硬件设施设备是制约社区医院和乡镇医院发展的主要因素。

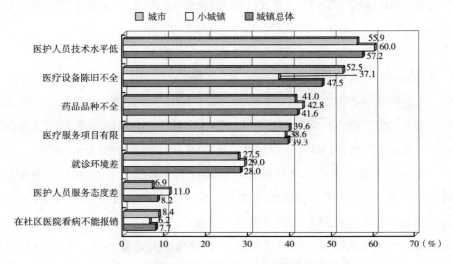

**图4 城镇居民不愿意去社区医院看病的原因**

注：此题为多选题，故应答比例之和大于100%。

**（二）农村居民养老忧虑度增强，养老制度化建设成为农村居民关注的首要问题**

中国有着悠久的家庭养老传统，孝道与尊老是传统美德，人们把赡养老人作为应负的责任。但是，随着社会的发展，特别是加速进入老龄化社会，养老问题不再是单纯由个人或家庭来解决的问题，同时也是一个严峻的社会问题，特别是在农村地区，养老问题更加严峻。2009 年度的调查结果则表明：2009 年农村居民的养老忧虑度较 2008 年有较大上升（2.92 分→3.33 分，5 级量表评定分值，分值越高表示忧虑程度越高）；农村养老的制度化建设问题成为农村居民关注的首要问题。农村居民养老忧虑度上升，一方面是农村养老问题越来越严峻的现实反映；另一方面，也与政府农村养老政策的转变密不可分，农村养老政策的转变，一定程度上启发了农村居民社会化养老、制度化养老的意识。

# 五  城乡居民对政府管理的信心上升

2009 年城乡居民对于政府管理经济事务、管理国际事务和管理社会事务的信心度全面提升；尽管城乡居民对政府 2009 年在"反腐败"和"解决贫富分化"方面的表现给予了肯定，但这两项指标依然是下拉社会事务管理信心度的重要指标。

"政府管理信心度"一直是"零点中国居民生活质量调查"中的一个重要指标，该指标由"政府管理经济事务信心度"、"政府管理国际事务信心度"和"政府管理社会事务信心度"三个次级指标组成。在以往历年调查中，这三项管理信心度一直表现出"两高一低"态势：高经济管理信心度、高国际事务管理信心度、较低的社会事务管理信心度。考察城乡居民 2009 年度的政府管理信心度发现：

1. 2009 年，城乡居民三项政府管理信心度均全面提升。2009 年，政府在全球经济危机中的表现，4 万亿元投资的大手笔，十大产业振兴规划的方案，对于政府管理经济信心度有很大的提拉作用；在医疗、教育、社保等公共服务领域的强力推进，也大大增强了民众对于政府管理社会事务的信心度。新中国成立 60 周年的巨变、综合国力提升带来的国际话语权等，也大大激发了城乡民众的自豪感，提升了政府管理国际事务的信心度。

2. 三项管理信心度依然保持"两高一低"态势：高经济管理信心度、高国际事务管理信心度、较低的社会事务管理信心度；

3. 2009 年政府管理社会事务信心度达到了一个较高水平（城镇居民 3.84 分，农村居民 3.85 分）（见图 5）；在反映社会管理信心度的各项指标中，对政府"应对灾难事件"和"搞好社会治安"的信心相对较强，而对于"解决贫富分化"和"反腐败"的信心相对较弱（见图 6）；

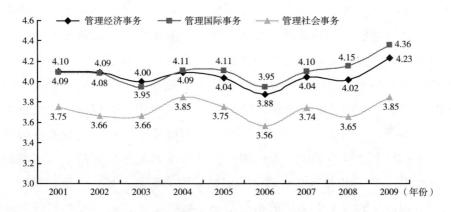

**图 5　2001～2009 年城市居民政府管理信心度趋势图***

*图中数据为基于 5 级量表的得分，5 分表示非常有信心，1 分表示完全没有信心。
资料来源：2001～2008 年数据见零点研究咨询集团历年《中国居民生活质量指数报告》。

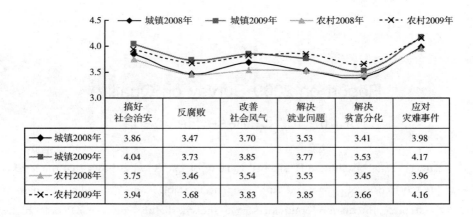

| | 搞好<br>社会治安 | 反腐败 | 改善<br>社会风气 | 解决<br>就业问题 | 解决<br>贫富分化 | 应对<br>灾难事件 |
|---|---|---|---|---|---|---|
| 城镇2008年 | 3.86 | 3.47 | 3.70 | 3.53 | 3.41 | 3.98 |
| 城镇2009年 | 4.04 | 3.73 | 3.85 | 3.77 | 3.53 | 4.17 |
| 农村2008年 | 3.75 | 3.46 | 3.54 | 3.53 | 3.45 | 3.96 |
| 农村2009年 | 3.94 | 3.68 | 3.83 | 3.85 | 3.66 | 4.16 |

**图 6　2008～2009 年城乡居民各项社会事务管理信心度比较***

*图中数据为基于 5 级量表的得分，5 分表示非常有信心，1 分表示完全没有信心。
资料来源：2008 年数据见零点研究咨询集团当年《中国居民生活质量指数报告》。

4. 与 2008 年相比，城镇居民对政府在"反腐败"和"解决就业问题"上的满意度提升较大；而农村居民对于政府在"解决就业问题"和"改善社会风气"方面给予了更多的肯定（见图 6）。

在国际金融危机的冲击下，对中国来说，2009 年是"挑战与机遇并存、困难与希望同在"的一年。岁末之际，我们从普通老百姓的视角来盘点即将过去的 2009 年：尽管遭遇全球性经济危机，但城乡居民总体生活满意度并没有出现明显下降；城乡居民高度肯定政府在应对经济危机中的表现、在解决系列民生领域难题（包括医疗、社保、养老、就业等）上的政策和举措，以及在反腐和社会治安上的决心和力度；并在此基础上形成了对国家宏观经济的积极评价和预期、对政府管理信心度的全面提升以及对政府解决民生问题的积极期待，这些均是支撑总体生活满意度的积极因素。同时，我们也需要看到，一方面，对国家经济的积极评价和预期以及对政府管理信心度的全面提升，并没有带动城乡居民个人经济状况满意度和未来生活信心度的有效提升，显示出 GDP 增长并未能有效保障居民的生活实惠；另一方面，以对国家宏观经济积极判断为主要支撑的消费信心指数的回升，对于城乡居民实际消费行为的促进作用是有限的。2009 年，我们面对和应对经济危机的表现得到了世界的认可，如何增强老百姓对于未来生活的信心、如何真正提升老百姓的消费信心，对于我们 2010 年应对经济危机的表现和成效，具有很重要的作用。

# Report on 2009 Survey on Quality of Life for Chinese Residents

**Abstract**：Data of Chinese Residents' Quality of Life Survey shows that the level of overall life satisfaction of urban and rural residents is stable; and the indictors on social security and price fluctuation endurance have shown slightly increase. People highly evaluated the government performance in dealing with the international financial crisis, and also have positive evaluations and expectations regarding national economic development level and its future trend. Due to the government's performance during the financial crisis and its significant role in medical care, social security and other fields concerning people's livelihood, people's confidence in government management have increased. However, people's confidence in national economic development and government management did not promote individuals' satisfaction on their economic status and confidence in future living standard.

Key Words: Quality of Life Index; Life Satisfaction; Factors Affecting Life Satisfaction

# 五城市家庭结构与家庭关系
# 调查报告

"中国城市家庭结构和家庭关系变迁" 课题组

李银河 执笔*

**摘　要：** 本文根据 2008 年 6 月在广州、杭州、郑州、兰州、哈尔滨五城市进行的 4013 户的抽样调查数据，描述和分析了我国家庭结构和家庭关系，发现我国家庭结构发生深刻变化，核心家庭已占各类家庭类型的 70% 以上，各类家庭平均人口数为 3.22 人。本文还分析了家庭的夫妻关系、亲子关系和亲属关系，探讨了这些关系与西方社会的不同。

**关键词：** 五城市　家庭结构　家庭关系

为了解近年来我国城市家庭结构和家庭关系的变化，中国社会科学院社会学研究所 "中国城市家庭结构和家庭关系变迁" 课题组于 2008 年 6 ~ 10 月，在广州、杭州、郑州、兰州和哈尔滨等五城市进行了抽样问卷调查。调查对象为五个城市年龄在 20 ~ 80 岁之间的市辖区居民，设计样本量为每城市 800 户，五城市共 4000 户、4000 人。最终获取样本总数为 4013 户、4013 人。其中男性占 40.1%，女性占 59.9%。年龄的均值为 47.27 岁，中位数为 46 岁。从职业状况来看，被访者中，就业的占 54.3%，无业的 15.7%，有 30% 为离退休人员。从婚姻状况来看，未婚的占 5.9%，初婚的 81.3%，再婚的 1.9%，离婚的 3.6%，丧偶的 6.5%，同居的 0.8%。从教育程度看，文盲占 3.4%，小学的 9.2%，初中的 26.9%，高中的 34.3%，大专以上的 26.2%。本次调查的应

＊ 李银河，中国社会科学院社会学所研究员。

本次调查由央视索福瑞调查公司参与实施，特此致谢。

答率较低，尤其是广州，只有 8.94%。应答率最高的杭州，也只有 36.77%。但是由于替补的样本也是按随机抽样原则抽出的，所以调查所获得的数据可以推论总体。

# 一 家庭结构与家庭规模

家庭结构是指家庭由哪些成员以何种方式组成。本次调查所面临的第一个问题就是：在中国特定的情境下，对于中国城市居民来说，家庭的边界在哪里，哪些人被认为是家庭的成员。我们认为，以往家庭调查中对于家庭的定义，往往包含"以婚姻和血缘关系"为基础这类客观标准，从而排除了一些重要的家庭类型，特别是在社会转型中比例不断提高的如单身家庭等类型，而"共同生活"的概念也相对模糊，难以把握。因此，我们在调查中没有给出任何家庭的定义，而是首先请被访者主观认定其家庭是如何构成的，哪些是他们认定的家庭成员。而后又针对每个被访者认定的家庭成员，询问"是否同住"，以及"在经济上是否一体"。由此，我们的调查结果发现了三类家庭：由被访者主观认定的家庭即"情感家庭"，由其中同住的家庭成员构成的"同住家庭"，以及由经济上一体的家庭成员构成的"经济家庭"。

调查发现，五个城市家庭（"情感家庭"）总人口数的均值为 3.22 人，以三口之家为主要模式，其比例接近一半（46.7%）。和家庭总人口数相比较，同住家庭人口数明显减少了，总均值只有 2.69 人；三口之家仍是主流，比例达到了 43.1%。

帕森斯等人认为，家庭结构从大型的联合家庭演变为小型的核心家庭是家庭变迁或者家庭现代化的主要标志。本次调查中家庭结构的数据显示，各类核心家庭（包括其残缺形式）是当前我国城市家庭的主要类型，占 70.3%；其次为各类主干家庭（包括其残缺形式）占 16.6%；单身家庭占 12.0%；同居家庭占 0.8%；联合家庭占 0.2%；其他形式家庭占 0.1%（见表1）。

与 1982 年、1992 年两次调查纵向相比，可以看出 26 年来城市家庭小型化和核心家庭化的趋势：单身家庭的比例增加了约 10 个百分点；核心家庭增加了约 3 个百分点；主干家庭减少了约 10 个百分点；联合家庭减少了约 2 个百分点（见表1）。

表1　三次家庭调查家庭结构的比较

单位：%

| 家庭结构 | 2008 年五城市调查 | 1992 年七城市调查 | 1982 年五城市调查 |
|---|---|---|---|
| 单身家庭 | 12. 0* | 1. 78 | 2. 44 |
| 核心家庭 | 70. 3 | 66. 96 | 66. 41 |
| 主干家庭 | 13. 8 | 25. 28 | 24. 29 |
| 联合家庭 | 0. 2 | 2. 19 | 2. 30 |
| 隔代家庭 | 2. 8 | 2. 17 | —— |
| 同居家庭 | 0. 8 | —— | —— |
| 其　　他 | 0. 1 | 1. 73 | 4. 56 |
| 合　　计 | 100 | 100 | 100 |

*2008 年调查中单身家庭包括 1.57% 的集体户被访者。

## 二　夫妻关系

夫妻关系是家庭关系中最重要的关系。在家庭研究当中，有一个最重要的关于家庭关系现代化和中西方家庭关系差异的理论，即关于家庭以亲子轴为主还是以夫妻轴为主的理论。该理论认为，前现代的家庭关系是以亲子轴为主的，现代的家庭关系则转变为以夫妻轴为主；中国传统家庭关系是以亲子轴为主的，而西方家庭关系是以夫妻轴为主的。当然，我们不是简单地将西方家庭关系模式等同于现代家庭模式，将中国家庭模式等同于前现代家庭模式，而是去发现在中国家庭中，亲子轴模式与家庭轴模式之间的转换和消长。我们特别关注的问题有：配偶的选择方式，夫妻权力关系模式，家庭暴力问题和夫妻感情问题。

### （一）配偶的选择

婚姻半径是配偶选择中的一个重要测量指标。家庭变迁理论认为，传统家庭的婚姻半径是比较小的；越进入现代家庭模式，婚姻半径越大。观察五城市样本中调查对象的婚姻半径，配偶是同村、同居委会、同乡镇、同街道的比例只占10.4%，再加上同县、同区的也只有27.7%，而配偶是同省市、不同省市、不同国家的则占到72.3%。相比之下，广州和杭州的家庭，婚姻半径在同省市以上者在八成上下，分别为80.6%和78.7%。这应当与这两个城市现代化程度更高有关。总的看来，五城市的婚姻半径应当说是比较典型的城市婚姻半径模式，与乡土社会中的传统家庭配偶的来源已经有了很大的区别。

与 1982 年五城市调查数据的比较显示，在过去的 26 年间，婚姻半径有增大的趋势：上次调查，夫妻婚前是同村、同居委会、同乡镇、同街道的比例由 1982 年的 12.27%，下降到 10.4%；夫妻婚前是同县同区的比例由 29.26% 骤降至 17.3%，下降了近 12 个百分点；夫妻婚前是同省市的比例由 45.66% 增加至 63.3%，提升了近 20 个百分点；夫妻婚前是不同省市的比例由 12.81%，微降至 8.9%。其中最突出的变化是夫妻婚前同县同区的比例大大下降，而同省市的比例大幅上升。

配偶的结识途径大致可以分为三种模式：父母包办、通过介绍（其中包括亲友介绍、中介机构介绍）和自己认识。在这三种配偶结识途径中，第一种显然带有传统色彩，第三种现代色彩最重，而第二种介于二者之间。本次调查中夫妻结识途径的统计结果显示，通过亲友介绍认识的占 55.8%；自己认识的占 40.1%；父母包办的比例只有 3.3%；在城市比较中发现，广州夫妻在结识途径中自己认识的比例最高（44.4%），当与广州现代化程度较高有关。

与 1982 年五城市调查的比较显示，夫妻结识途径中的传统方式逐渐淡出，而自己结识的比例大大提高：父母包办婚姻的比例由 1982 年的 17.65%，骤降至目前的 3.3%；亲友介绍的比例由 65.97%，下降至 55.8%；自己认识配偶的比例由不到三分之一（32.98%），上升至 40.1%。

结婚前夫妻双方家庭经济状况和社会地位是否接近，也是考量夫妻关系的一个重要指标。调查显示，结婚前夫妻家庭经济状况的比较呈现一个类似正态分布的模式：两家经济状况相似的占到七成；男方家庭富裕一些的占 17%，略高于女方家庭富裕一些的比例（12%）；男方家庭富裕得多的占 1.3%，女方家庭富裕得多的占 0.6%。

与 1982 年五城市调查数据相比，夫妻婚前家庭经济状况相似的门当户对模式，有增高的趋势：1982 年调查中两家经济状况相似的比例是 57.02%，本次调查这一比例上升至 69.0%，上升了约 12 个百分点；女方家庭较富裕的比例由 20.17%，降到 12.7%；男方家庭较富裕的比例也由 22.81%，下降到 18.2%。

## （二）夫妻权力关系模式

婚后居处是夫妻权力关系中的一个重要指标，在男女平等的问题上它更是至关重要的。婚后女方进入男方家庭生活，往往是家庭中男权制的基础，进而也成为社会男性统治的基础。此次调查显示，目前城市家庭中夫妻婚后独立门户的新居制比例已经占到整整一半（50.5%），动摇家庭和社会上的男权制的新习俗正在形成。然而与此同时，也可以看到婚后从夫居在城市家庭中仍然超过四成半（46.4%），仍是婚后居住的一个主要模式。而婚后从妻居的婚姻所占比例非常低（2.8%）。婚后独立门户的新居制与从夫居制形成抗衡局面，这表明男权制还有着较雄厚的根基。

男性分担家务劳动是夫妻关系平等的另一个重要指标。在中国及世界各国进入现代化社会后，女性参加社会生产劳动成为一个重大的社会变迁。但是与此同时，男性并没有分担家务劳动，由此造成的女性社会生产和家务双重劳动负担的问题引起女性主义的关注。调查结果显示，在目前城市家庭中，以妻子为主的家务劳动分工模式仍然是比例最大的（32.1%），其次是妻子做家务较多些的家庭（28.5%）。值得注意的是，夫妻平均分担家务劳动的比例已经超过了两成半（26.8%）。如果将以妻子为主和妻子做得多这两项相加，家务劳动上的男权模式还是占了六成，平等模式已经接近三成，女权模式一成（见表2）。

表2　夫妻家务劳动分工

单位：%

| 项　　目 | 广　州 | 杭　州 | 郑　州 | 兰　州 | 哈尔滨 | 合　计 |
|---|---|---|---|---|---|---|
| 丈夫为主 | 3.2 | 3.8 | 3.7 | 5.4 | 6.7 | 4.6 |
| 丈夫较多些 | 3.1 | 5.2 | 7.6 | 5.2 | 4.1 | 5.1 |
| 夫妻差不多 | 28.0 | 27.7 | 26.3 | 27.5 | 24.3 | 26.8 |
| 妻子较多些 | 32.2 | 29.9 | 33.8 | 24.7 | 21.9 | 28.5 |
| 妻子为主 | 28.2 | 27.6 | 27.3 | 36.3 | 41.3 | 32.1 |
| 其他家庭成员做家务 | 4.3 | 4.7 | 1.3 | 0.9 | 1.5 | 2.5 |
| 保姆\小时工做家务 | 1.0 | 1.0 | 0.1 | 0.0 | 0.3 | 0.5 |
| 总　　计 | 100.0 N=681 | 100.0 N=678 | 100.0 N=708 | 100.0 N=691 | 100.0 N=686 | 100.0 N=3444 |

在夫妻平等的问题上，此次调查还设计了直接询问夫妻俩谁更有实权这一问题。调查结果显示，有六成的人回答夫妻的权力相等。从五城市比较的情况看，哈尔滨的平等模式比例是最低的，但是男权和女权的比例都高于其他四个城市，并不是单纯的男权模式。

### （三） 夫妻间暴力

夫妻间暴力是女性主义非常关注的一个问题。此次调查结果显示，在五城市家庭中，夫妻间存在暴力行为的比例占 12.2%，其中比较严重的占 0.5%。城市之间相比，兰州的家庭暴力程度远远超过其他四个城市，占 21%，其中比较严重的占 1.3%；广州的家庭暴力程度最低，占 5%，没有经常被配偶殴打的。

从家庭暴力的性别分析结果看，无论是经常被配偶打（女 0.7%；男 0.4%）、有时被配偶打（女 2.4%；男 1.1%）、偶尔被配偶打（女 10.7%；男 8.5%）的比例都是女性超过男性，证明配偶间的暴力更多是男性施于女性的。虽然总体家庭暴力程度在本次调查中是比较低的，但是其性别差异还是具有统计学的显著性（显著程度 $p = 0.002$）。

### （四） 夫妻情感

本次调查使用了直接询问被访者主观感受的方法来衡量夫妻情感。调查结果显示，在五城市家庭中，回答夫妻感情"非常好"的接近四成半（43.5%）；"比较好"的接近五成半（53.6%），"不太好"和"非常不好"加起来不到 3%。夫妻感情"非常好"的比例在哈尔滨最高（53.4%），以下依次为郑州（49.7%）、兰州（43.4%）、广州（37.0%）和杭州（33.3%）。

在调查对象遇到困难或有烦恼时会首先向谁倾诉的问题上，被访者首选的是"向配偶倾诉"，比例占到近六成（59.1%）；其次是"向同学或朋友倾诉"，近一成（9.7%）；向父母和其他家人或亲属倾诉的比例并不太高，都不到一成。值得注意的是，向父母倾诉的比例（3.6%）低于向其他亲属倾诉的比例（8.0%），更低于同学和朋友；这一结果可以作为城市家庭关系从亲子轴向夫妻轴转化的证据。

## 三　亲子关系

### （一） 平等模式还是统治模式

传统的中国社会是典型的父权制社会，长辈与子辈之间是上级与下级的关系，即统治关系，无平等可言。这种情况在近几十年有了巨大的改变，尤其是在城市家庭当中。此次调查设计了一组指标，用以度量亲子间的权力关系模式。其中选择配偶的决定权是家庭社会学经常使用的指标，因为选择配偶这样与个人生活幸福高度相关的问题，是统治模式和平等模式会发生激烈冲突的领域。

调查结果表明，在五城市家庭中，在选择配偶的决定权问题上，由本人决定而后征求父母意见的比例占六成（60.6%）；由本人决定但不必征求父母意见的接近两成（18.2%）；由本人与父母共同决定的超过一成（12.6%）；由父母决定而后征求本人意见的不到一成（6.2%）；还有2.4%是父母包办的婚姻。城市间相比，兰州是五城市中现代化程度最低的，其包办婚姻的比例最高（5.5%），征求本人意见但还是由父母决定婚姻大事的比例也比较高（8.8%）。

### （二）亲子关系的亲密与疏远

按照现代化理论，伴随着以亲子轴为主的家庭关系向着以夫妻轴为主的家庭关系的转变，亲子关系会变得越来越松散。但是本次调查发现，家庭关系中亲子关系并没有发生这样的趋势，反而显得非常亲密。在调查对象与父母关系这一问题上，有近七成半（73.1%）的被访者回答是很亲密的；超过两成（22.4%）的人回答比较亲密；关系一般的近半成（4.3%）；较疏远和很疏远的只是个别人，在统计上几乎毫无意义。

从调查对象和父母的联络频率也可看出亲子关系的亲密程度。总的看来，五城市的亲子联络频率是相当高的：有近三成（26.0%）的人几乎每天和父母联络；有近五成人（48.2%）每周联络一两次；有两成（20.0%）的人每月联络一两次；有不到一成人（5.6%）每年联络几次；基本不走动的是个别人，在统计上可以忽略不计。值得注意的是，几乎每天和父母联络的26%的家庭并不都是住在一起的，住在一起的只有12.3%。换言之，有13.7%的子女与父母虽然不住在一起，还能做到几乎每天联络。在不太看重亲子关系的西方社会，社会几乎已经完全核心家庭化，子女一旦结婚就脱离了父母的家庭，有的根本不住在一个城市，每周联络一两次是难以想象的。而在中国的这几个大城市中，每周与父母联络一两次的家庭占到一半（见表3）。

表3　和父母联络的频率

单位：%

| 项　目 | 广　州 | 杭　州 | 郑　州 | 兰　州 | 哈尔滨 | 合　计 |
|---|---|---|---|---|---|---|
| 几乎每天 | 16.6 | 24.6 | 23.9 | 30.9 | 34.9 | 26.0 |
| 每周一两次 | 42.8 | 54.8 | 52.7 | 46.9 | 43.6 | 48.2 |
| 每月一两次 | 29.9 | 15.2 | 19.9 | 15.6 | 18.8 | 20.0 |
| 每年几次 | 10.3 | 5.2 | 3.5 | 6.1 | 2.7 | 5.6 |
| 基本不走动 | 0.3 | 0.2 | 0.0 | 0.6 | 0.0 | 0.2 |
| 总　　计 | 100.0 N=572 | 100.0 N=560 | 100.0 N=548 | 100.0 N=508 | 100.0 N=521 | 100.0 N=2709 |

在调查对象与父母住所相距有多远的问题上，住在一起的略微超过一成（12.3%）；住在附近的占两成（20.3%）；住在同一城市的超过三成半（36.3%）；住在同一省的占两成（20.5%）；住在省外的略超过一成（10.2%）；还有个别住在国外的。五城市比较表明，兰州家庭中亲子邻近居住的比例（28.0%）远超其他四个城市；广州（43.0%）和杭州（44.5%）亲子家庭在同一城市居住的比例超过五城市平均值；郑州（31.9%）亲子家庭在同一省居住的远超平均值。

## （三）亲子经济交往

要想知道现存的亲子关系究竟是亲密还是疏远，经济交往是一个重要的方面。在亲子经济交往的度量上，本项研究采用了两类指标，一类是意愿，另一类是实际做法。

意愿类问了两个问题，第一个问题是问调查对象在需要数额不小的一笔钱时是否会向父母去借。调查结果表明，有近五成半（53.8%）的人说会去借；有超过四成半（46.2%）的人说不会去借。城市间相比，向父母借钱的意愿强度几乎完全是按城市的富裕程度排列的：广州最高，以下依次为杭州、郑州、哈尔滨、兰州。

亲子关系意愿类问题的第二问是，如果有重病是否会向父母求助。结果与前一问很相似：调查对象中有55%说会去求助；45%说不会去求助。五城市的比较排列顺序仍然是按城市富裕程度由高至低排列的。

在实际的亲子经济来往方面，本次调查设计了四组更加深入的问题：第一组是调查对象对父母的帮助；第二组是父母对调查对象的帮助；第三组是调查对象对成年有独立收入的子女的帮助；第四组是成年子女对调查对象的帮助。

**1. 调查对象对父母的帮助**

在是否需要负担父母日常生活的问题上，24.3%的人回答要资助和照料父母；14.5%的人只有经济资助；18.6%的人只有亲身照料；42.6%的人回答完全不需要这样做。有六成的调查对象要资助或照料父母的日常生活，这也是在西方那样的个人主义社会中比较少见的情况，充分反映出我们的社会中家庭主义的特点。

在是否会定期资助自己的父母的问题上，有32.6%的调查对象回答是这样做的；67.4%的人回答没有资助。城市间比较显示，定期资助父母的比例以广州为最高（40.6%），哈尔滨为最低（20.0%）。统计显示，在定期资助父母的人中，其年平均资助费用约为2988.49元，标准差3981.65元。

没有资助父母的原因是多样的，并不一定是关系不好的反映。调查对象给出的不资助父母的原因当中，父母不需要资助占七成；自己收入较低，没有这个能力的占近三成。五城市间相比，父母不需要资助的比例在杭州最高（87.8%），在兰州最低（53.5%），其他城市居中。

**2. 父母对调查对象的帮助**

在自己的日常生活是否得到父母帮助的问题上，61.2%的人是否认的；只有8.3%的人得到过资助，16.2%的人得到过照料；还有14.3%的人既得到过资助也得到过照料。五城市比较显示，日常生活从未得到过父母帮助比例最高的是哈尔滨人（75.2%），比例最低的是广州人（43.1%）。

关于父母是否定期资助调查对象的问题，只有9.7%的人回答"是"，90.3%的人没有得到父母的定期资助。父母的定期资助比例大致按城市富裕程度排列，城市越富裕的父母资助比例越小；城市越贫穷的父母资助比例越大。统计显示，在定期接受父母资助的人中，平均年接受资助金额约为4390.93元，标准差4327.26元。

关于父母没有资助调查对象的原因的答案表明，有超过七成人表示是因为不需要资助；有接近三成人是因为父母收入较低，没有能力资助子女。

### 3. 调查对象对成年有独立收入的子女的帮助

在是否需要负担成年有独立收入子女的日常生活这一问题上，有51.6%的人是既不资助也不照料；18.3%的人要资助和照料子女的日常生活；8.2%的人只资助；还有22.0%的人只照料。总的看来，有五成的父母要资助或照料成年的有独立收入子女的日常生活，这与外文化特别是西方文化相比，实在是一个很高的比例，反映出中国家庭亲子关系的亲密程度。五城市比较显示，完全不负担成年有独立收入的子女的日常生活的人的比例以广州为最高（58.8%），以兰州为最低（42.7%）。

在调查对象是否定期资助成年有收入的孩子的问题上，有88.5%的人是不资助的；有11.5%的人是资助的。五城市比较显示，定期资助成年有收入的子女的比例以广州为最低（3.7%），以兰州为最高（16.3%），其他城市居中。统计显示，在定期资助成年有收入子女的人中，年平均资助额约为4691.02元，标准差4393.74元。

调查对象不资助成年有独立收入孩子的原因是：七成人是因为子女不需要；三成人是因为自己收入低，没有能力。

### 4. 成年有独立收入的子女对调查对象的帮助

在日常生活是否得到成年子女帮助的问题上，有55.5%的人是没有得到帮助的；18.4%的人得到资助和照料；18.6%只得到照料，没有资助；还有7.5%的人只得到资助，没有得到照料。

在成年且有收入的子女是否定期资助调查对象的问题上，有22.1%的人得到子女的定期资助；77.9%的人没有得到子女资助。五城市比较显示，广州的调查对象得到子女定期资助的比例最高，接近五成（47.2%）。统计显示，成年有独立收入的子女对调查对象的年资助金额平均为4451.23元，标准差为4707.03元。

在成年有独立收入的子女不资助调查对象的原因中，不需要的占七成半；收入低没有能力资助的占两成半。五城市比较显示，调查对象不需要资助的比例以杭州为最高，超过九成；以兰州为最低，仅占六成。

除此之外，本次调查还询问了子女结婚后父母为子女做了什么，以便了解亲子关系中的亲密程度与具体内容。调查结果显示，有41.8%的人回答生孩子时父母帮助伺候月子；有49.3%的人回答父母帮助自己带过孩子；有32.8%的家

庭父母帮助料理家务；有22.6%的人回答父母提供过经济资助；有22.1%的人回答父母提供过精神安慰。

在涉及亲子经济关系时，还有一项父母对子女的一次性大额赠与，那就是结婚时父母对新婚夫妇的资助。本次调查显示，调查对象结婚时，父母平均资助的钱数为7815.67元，标准差为26980.49元；最高的一例为100万元。

与其他社会尤其是西方社会相比，在结婚时父母给子女一笔钱也许十分常见，但是父母伺候月子、帮助子女带孩子、料理家务等行为应当说是中国特色，这对中国亲子关系的亲密程度有很好的说明意义。

### （四）养老模式

养老方式是中国社会与西方个人主义社会差异最大的一个领域。在西方社会，人基本上是以个人为单位在这个世界上生存，人到晚年，自己供养自己，或者独自在家养老，或者进养老院，人们都不觉得有什么凄惨。而在中国，人的基本的生存单位是家庭，如果到老年没有子女供养，进养老院，就会成为人们怜悯的对象。即使自己能够供养自己，如果没有子女在近旁呵护照料，仍旧会被认为很凄惨。所以，养老院在西方是老人合乎逻辑、合乎习俗的一个去处，而在中国，它却像是一场噩梦。

在本项调查中，我们特意设计了人们对养老方式的观念的问题，以期了解养老观念的状况及其变化。调查结果显示，在如何安排年老不能自理的父母这个问题上，调查对象中有近七成（68.0%）回答是子女照料；有两成（19.6%）是子女出钱雇人照料。值得注意的是，只有8.8%的人选择了"如果父母愿意就送养老院"。这一方面表明送父母进养老院是多么不符合社会习俗的观念，从另一方面看，也反映出传统的养老习俗已经开始受到了挑战。五城市比较显示，杭州（13.1%）和广州（12.9%）人选择"如果父母愿意就送养老院"的比例远远高于其他三个城市，选择"父母自己雇人照料"的比例也高于其他三个城市。应当说这是城市发展程度、养老设施完善程度以及人们观念改变程度的反映。

本次调查还询问了调查对象在自己年老生活不能自理时将作怎样的安排，发现这一安排与对父母安排的回答差异巨大：只有不到三成（27.3%）的人选择让子女照料；自己雇人照料的有一成半（16.6%）；而选择进养老院的高达五成（49.4%）。设想要进养老院的比例如此之高，反映出人们认为传统家庭养老方式已经难以承担养老的功能。

受计划生育政策的影响，目前中年以下的父母进入老年之际，"四二一"家庭会成为中国城市的主流模式，有一半的老年夫妇不可能与子女同住，不可能得到日常的照料，传统的由子女在家侍奉老人的家庭养老模式势必要改变。所以有接近七成的城市人已经做好了靠自己的储蓄而不是靠子女养老的心理准备。这是一个都市化过程中必然要遇到的问题，也是城市独生子女政策造成的一个新局面。它是中国几千年社会生活史中遭遇到的一个新问题，作为社会变迁的结果（都市化的结果、计划生育政策的结果）和原因（影响到人的生活方式和观念），其改变社会的实际意义和反映社会变迁的象征意义，无论怎样估计也不过分。

### （五）亲子关系观念

由于传统中国社会是一个典型的父权制社会，所以亲子关系及其观念的变迁是一个敏感的意义重大的领域。为此，本项调查设计了一组关于亲子关系观念的问题，以期观察亲子关系观念的现状及其变迁。

在"子女要孝敬父母"这一观念上，选择很赞成的超过八成（81.0%），选择比较赞成的接近两成（18.8%），不太赞成和不表态的只是个别人。五城市比较显示，很赞成"子女要孝敬父母"的比例以哈尔滨为最高（95.2%）；以杭州为最低（61.4%）；其他三个城市居中。

对"父母说的话无论对错都要听"的态度，测量的是对父母的绝对权威的看法。调查对象中只有一成多（12.3%）很赞成；有两成半（25.5%）比较赞成；不太赞成的有四成半（44.4%）；很不赞成的接近两成（17.8%）。五城市比较显示，哈尔滨人赞成父母绝对权威的比例（23.7%）远远超过其他城市；兰州人的这个比例也比较高（12.9%）。对父母绝对权威否定最厉害的是广州人，选择"很不赞成"的约占三成（29.9%），远远高于其他四个城市。

在是否赞成"父母有权拆看子女的信件和日记"这一问题上，有五成半（55.3%）的人很不赞成；接近四成（37.3%）的人不太赞成；值得注意的是，还有7.5%的人比较赞成或很赞成父母有权侵犯子女个人隐私的观念。

在是否赞成"只要父母自己愿意就可以让他们进养老院"的问题上，很赞成的超过一成（12.8%）；比较赞成的超过四成（41.9%）；不太赞成的占三成（30.0%）；很不赞成的约占一成半（15.3%）。从对观念问题的回答和对自己父

母的具体做法的比较看，人们从观念上对送父母进养老院有更高的接受程度，但是在具体的实践中可能因为舆论压力或内心的不忍而不能那样去做。这就是此次调查所发现的人们在为父母养老问题上的矛盾心理：在观念上已经有超过半数的人不反对送父母进养老院，可是当面对自己年老生活不能自理的父母时，如前所述只有8.8%的人实际上打算把父母送进养老院。

## 四　结语

本次调查的最大理论收获是对家庭现代化理论的验证和挑战。按照这一理论，社会的现代化（以及都市化）会导致家庭规模的小型化，家庭结构的核心家庭化，夫妻关系平等化，家庭关系的重心从以亲子轴为主转向以夫妻轴为主，宗亲与姻亲之间区别的缩小，亲属关系松弛萎缩等。

本项调查在某些方面印证了现代化理论，例如家庭规模的小型化、家庭结构的核心家庭化、夫妻关系的平等化等。但是，调查更重要的发现是对经典家庭现代化理论的挑战，也就是中国家庭关系的特异性及其与现代化理论的背离。例如，核心家庭化并不必然导致亲子关系的疏远。虽然这几个大城市的家庭已经极大地核心家庭化了，但是已婚子女与父母家庭往往住在同一城市，亲子关系的紧密程度非西方家庭可比。如果说西方家庭基本上是以夫妻轴为主的家庭，那么我们这几个城市的核心家庭化并没有使家庭从以亲子轴为主完全转变为以夫妻轴为主，而是一种夫妻轴与亲子轴并重的新模式，这一点从子女与父母的联络频率、居住距离以及大量的经济交往可以得到验证。

这一发现的主要意义在于，中国城市家庭虽然正在经历史无前例的现代化过程，但是并没有显现向西方的个人主义社会演变的趋势。在西方社会中，所谓家庭就是两个个人的组合，子女、父母、亲属都不重要，都没有终身厮守的关系——子女成人结婚后就基本上脱离了父母，他们自己的子女在成人后也是一样。所以个人是西方社会中人的终极价值和基本计量单位。而在我们的调查中所显示的家庭与他们是如此不同，它虽然经历了现代化的过程，也在许多方面与西方家庭趋同（如夫妻关系的平等，家庭的小型化和核心家庭化），但是还是保留了许多的不同，而且并没有趋同的态势。其中最主要的区别就在于，家庭（而非个人）仍然是我们的终极价值和社会的基本计量单位，亲子之间、亲属之间的精神和经济关系与西方家庭的区别不仅是量上的，而且是质上的。在中国这样一个没有宗教信仰的社会中，家庭就是人们最主要的人生价值，它几乎把人们的现实生活目标（让家人过上好日子）、人生目的（传宗接代、光宗耀祖）、宗教信仰类的精神寄托（祖先崇拜）一网打尽。如果说在一个西人的人生中，家庭不是没有价值，但只是众多价值之一的话，那么在中国人心目中，家庭即使不是唯一的价值，也是一个其重要性无与伦比的价值。即使我们的社会已经完全彻底地现代化了，中国的家庭关系还会保留它无与伦比的重要性，这就是本项研究得出的一个重要结论，也是本项研究对家庭现代化理论提出的一个挑战。

# Report on the Family Structure and Family Relationships in Five Cities

**Abstract**: Based on the sampling survey of 4013 households in Guangzhou, Hangzhou, Zhengzhou, Lanzhou and Harbin which conducted in June 2008, this report depicts and analysis the family structure and family relationships in China. Chinese family structure has experienced a dramatic change. Among all family types, nuclear family accounts for more than 70%. Average size per household is 3.22. Conjugal relationships, parent-child relationships and kinship are analyzed and their differences from those in western society are also discussed in the report.

**Key Words**: Five Cities; Family Structure; Family Relationships

# 汶川地震灾区居民重建恢复
# 情况调查报告

赵延东　马　缨　何光喜　邓大胜　薛　姝*

**摘　要:** 本文以汶川地震灾害发生一年后进行的一项灾区居民入户调查为基础,全面描述了震后一年来灾区居民在住房、就业、农业生产、家庭经营、医疗卫生和中小学教育条件等方面的恢复重建情况,并分析了他们对重建政策的需求、获得的社会支持与社会参与情况,描述了灾区居民的总体社会心态。

**关键词:** 汶川地震　居民调查　重建　恢复

2008 年 5 月 12 日发生的汶川大地震,造成 8 万多人死亡或失踪,数十万人受伤,数百万农房受损,上千万人口受灾,直接经济损失 8000 多亿元,是新中国成立以来破坏性最强、波及范围最广的一次地震灾害。汶川地震后的紧急救援极大地激发了全国民众的爱国心和同胞情。各级政府在灾害救援、应急响应、社会管理等方面的能力经受了严峻考验,其制定的紧急救援政策取得了良好效果,得到了全国人民和全世界的高度评价。

紧急救援时期过去后,更为艰巨的任务就是重建家园。2008 年 9 月,国务院发布了《汶川地震灾后恢复重建总体规划》(以下简称《规划》)。作为灾区恢复重建的纲领性文件,《规划》明确了灾区重建的目标、原则和具体要求,提出了用三年时间,耗资 1 万亿元,完成四川、甘肃、陕西的重建工作,实现"户户有就业,人人有保障,设施有提高,经济有发展,生态有改善",使灾区的基本

---

\* 赵延东,中国科学技术发展战略研究院研究员;马缨、何光喜,中国科学技术发展战略研究院副研究员;邓大胜、薛姝,中国科学技术发展战略研究院助理研究员。

生活条件和社会经济发展水平达到或超过灾前水平。随着灾区重建工作的进展，2009 年 3 月，十一届全国人大二次会议又提出要力争在两年内基本完成原定三年的重建任务，也就是要在 2010 年 9 月之前完成《规划》中制定的任务。

在《规划》的指导下，灾区各项重建工作已经有条不紊地展开。根据 2009 年 5 月 8 日国务院新闻办公布的信息①，截至 2009 年 4 月底，四川、甘肃、陕西三省灾后恢复重建项目已开工 21000 多个，完成投资约 3600 亿元，占规划投资任务的 36% 左右。具体来说，在住房重建方面，三省农村住房维修加固已完工 99.5%，住房重建已完工 76.6%；城镇住房重建速度比农村略慢，维修加固完成 48.9%，重建完成 8.9%。在基础设施建设方面，交通、通信、水利、能源等项目已开工 60%，高速公路已经恢复到灾前水平，干线公路开工建设 93% 以上，农村公路已完成重建任务的 15%。教育、医疗建设已大部分开工，各类学校恢复重建项目已开工 75%，完工 7.8%；医疗卫生设施已开工 60.6%，完工 13%。由于四川省在此次地震中受灾最严重，其重建进展也最受关注。截至 2009 年 9 月，四川灾区永久性农房建成 123.89 万户，占需重建的 97.1%；学校重建已开工建设 2904 所，占需重建的 86.9%；医疗卫生项目已开工建设 1226 个，占需重建的 91.5%；规模以上受损工业企业 97.6% 恢复生产。② 由于城镇住房重建难度较大，进展相对缓慢，经有关部门的努力，截至 10 月 20 日，四川省城镇住房重建累计开工 22.89 万套，开工率 88.32%，其中已建成 10.73 万套，占需重建住房的 41.4%。③

2008 年 7 月，中国科技发展战略研究院课题组曾在四川省地震灾区对灾区居民进行了一次快速需求调查，全面了解当时灾区居民的生活状况与政策需求。④ 2009 年 7 月，为配合国家汶川地震灾区重建恢复总体规划的中期评估工作，课题组延续 2008 年调查的研究思路和方法，在四川灾区又开展了一项"汶川地震灾区居民重建恢复情况调查"。调查采取按人口规模成比例概率抽样

---

① 中国新闻网，http：//news. dayoo. com/china/200905/08/53868_ 5898508_ 3. htm。
② 中广网，http：//www. dahe. cn/xwzx/gn/t20090927_ 1662940. htm。
③ 《四川日报》，http：//www. gov. cn/gzdt/2009－10/24/content_ 1447903. htm。
④ 该调查的具体情况和主要发现请参见王奋宇等《汶川地震灾区居民的生活状况与政策需求调查报告》，《2009 年中国社会形势分析与预测》，社会科学文献出版社，2008。以下本文提到 2008 年的调查结果，指的均是此次调查。

（PPS）的方法，对抽取的居民户进行入户问卷访谈。调查覆盖了灾区 26 个受灾县（市、区）①，共调查了 142 个普通社区（村、居委会、城市社区）和 29 个板房区安置点，入户 5549 户居民，成功访问 4037 户，访问成功率为 72.8%。

此次调查的主要目标是全面了解灾区群众震后一年来生产、生活的恢复情况，调查内容覆盖了住房及基础设施、基本人口学信息、教育、医疗健康、劳动就业、农业生产、家庭经营、社会支持和社会参与、社会态度与评价等多个方面。以下是我们根据此次调查所得数据，对灾区居民震后一年的生活状况和政策需求进行的描述和分析。需要说明的是，本文数据反映的是调查当时（2009 年 8 月）的情况。随着重建工作的继续推进，实际情况可能已经有了不小的变化。在未来的研究中我们将继续关注和追踪这种变化。

## 一 灾区居民的居住条件和住房重建情况

住房重建是灾后恢复重建的首要任务，调查结果显示，灾区住房重建工作进展基本顺利，九成家庭已经入住永久性住房，居住条件明显改善，但少数家庭仍面临着住房重建困难。

**1. 灾区居民住房基础设施和居住环境较震后初期明显改善，板房区生活配套设施齐全**

目前 99.1% 的灾区家庭通了电，比震后初期（81.5%）提高近 20 个百分点；79.3% 的家庭使用安全饮用水源（管道自来水或其他有盖水源，其中管道自来水的比例为 25.4%）；37.3% 的家庭家里有冲水厕所，比震后初期（29.6%）提高近 10 个百分点；25.7% 家里有洗热水澡设施。但生活垃圾的处理仍是比较突出的挑战，半数以上灾区家庭（53.5%）的生活垃圾仍是倒在露天垃圾堆或随意丢弃。

目前板房区公共生活配套设施比较齐全，使用管道自来水和冲水厕所的住户比例分别达到 86.7% 和 83.0%。此外，认为居住地购物比较方便的板房区住户

---

① 调查抽样采取按人口规模成比例概率抽样（PPS）的方法，覆盖的 26 个县市包括：成都市的都江堰、彭州、崇州、大邑；德阳市的旌阳区、绵竹、什邡、中江、罗江、广汉；绵阳市的涪城区、游仙区、北川、平武、安县、江油、梓潼、盐亭、三台；广元市的利州区、朝天区、元坝区、青川、剑阁、苍溪、旺苍。

达到86.7%，认为看病比较方便的比例达到82.7%。

**2. 灾后住房重建工作成果显著，九成灾区家庭现居住于永久性住房**

地震导致大批灾区居民的住房被损毁，无家可归。调查显示灾区居民户中约有1/3的家庭住房倒塌或严重损毁，需要重建；还有一半以上的家庭住房受到中度或轻度损坏，需要加固或修复方可入住。因此，政府将住房重建列为灾后恢复重建的首要任务。

目前，灾区住房重建工作进展顺利。截至调查时，住房受损家庭中，70.6%已经回到了自家原有的住房，17.2%搬入震后建成的新房，2.3%搬入非自家的永久性住房；居住在永久性住房中的家庭合计占到90.1%。仍住在活动板房、帐篷等临时性住房内的家庭仅占总数的9.9%，比2008年7月时（40.7%）降低了近30个百分点。

**3. 加固/修复是震后住房重建的主要方式，自家重建是震后新建住房的最主要方式**

目前已搬回自家原有住房的家庭中，62.3%对原住房进行了加固或修复。可见，加固或修复是灾区住房重建中涉及面最广的重建方式。目前已入住震后新建住房的家庭中，96.1%是通过自家重建方式建的新房，仅不足4%的家庭是以置换、购买或通过其他方式获得的新房，可见自家重建是目前新房重建最为普遍的方式。入住新房的家庭对新房的满意度较高，86.2%对自己的新住房表示满意。

**4. 住房重建的补贴信贷政策落实到位情况较好，但部分家庭预期难以按时偿还贷款**

在入住加固修复住房的家庭中，八成以上（83.9%）得到了政府发放的加固补贴；入住新建永久住房的家庭中，96.8%得到了政府发放的重建房补贴。61%已重建住房家庭建房时得到过银行贷款；获得贷款的家庭中，50.7%表示能按时偿还贷款，41.9%表示能偿还但要略微延期，7.4%表示根本无力偿还。

**5. 部分临时性住房家庭尤其是城镇家庭对解决永久性住房的预期不太乐观**

目前仍有近一成灾区家庭尚居住在板房、帐篷等临时住房中。这些家庭中，多数人对搬入永久性住房有着明确的乐观预期，认为可以在一年内搬入；但也有32.8%认为尚需要一年以上时间才能搬入；此外，更有16.1%甚至认为"没有办法解决"永久性住房，城镇家庭的这个比例（17.5%）远高于农村（4.3%），

原因可能在于城镇住房问题较为复杂，不像农村那样以自行重建为主，而部分地区又存在解决方案尚未确定的情况。这些家庭将成为灾后住房重建工作的重点和难点。

## 二　灾区居民的就业情况和培训需求

震后一年来，灾区群众不仅面临地震带来的破坏，还要承受全球性金融危机带来的就业压力。帮助居民迅速恢复生产就业，成为重建规划的重要环节。调查结果显示，灾区的总体失业率目前已控制在较低水平，但板房区、青年群体的失业问题仍比较突出；从长远看，灾区的就业机会以不稳定的临时性工作为主，未来的潜在失业风险不容忽视。应进一步加强就业技能培训体系建设，更好地满足灾区居民需求，巩固已取得的就业成果。

**1. 灾区失业率控制在较低水平，但特定群体的失业问题比较突出**

本调查按照国际上广泛使用的国际劳工组织（ILO）的标准定义[①]，计算出当前灾区经济活动人口[②]的失业率约为 1.9%。其中本地城镇户口居民失业率略高，为 3.6%，本地农业户口居民仅为 1.6%。该失业率水平不仅远低于部分学者对全国城镇失业率的估计，也低于人力资源和社会保障部公布的 2008 年全国城镇登记失业率（4.2%）。与欧美发达国家相比（美国 2009 年 8 月的失业率高达 9.8%，欧元区为 9.6%）[③]，灾区失业率更处于明显较低的水平。

但部分群体的失业率仍处于相对较高的水平。板房区失业率高达 7.6%，原因可能在于板房区集中居住的都是受灾情况比较严重的居民，许多人失去原有的生产、生活资料，短时间内难以恢复生产或找到合适工作。16～24 岁青年群体的失业率高达 6.0%，这与该年龄段大量的新增劳动力供给有关，他们中许多人刚离开各级学校教育，处于正寻找工作而尚未找到的阶段，可能只属于"暂时性"失业。

---

① 根据国际劳工组织的定义，失业者是指那些目前没有工作，愿意工作，正在积极寻找工作，如果有工作能够立即参加工作的人群。只有同时具备以上四个条件才被定义为失业者。

② 指 16 周岁及以上、有劳动能力参加或要求参加社会经济活动的人口，包括就业人口和失业人口。

③ 欧美失业率调查均参照了国际劳工组织的相关界定，与本次调查结果具有一定的可比较性。

**2. 灾区居民的就业质量不高，潜在失业风险不容忽视**

按照前述国际劳工组织的定义，当前灾区经济活动人口的就业率高达98.1%。但灾区就业者的工作质量并不高。现有就业者中，39.2%从事农业生产，25.6%为自雇佣或个体经营，19.2%在雇佣单位从事临时性工作，在雇佣单位从事长期工作的仅占16.0%。即便是城镇户口居民，从事长期工作的比例也只有40.4%。而震后获得工作者，从事长期工作的比例更低至9.8%，这说明灾区震后新增就业机会以稳定性相对较差的自雇佣和临时性工作为主。此外，就业者的工作收入也比震前普遍降低：38.4%的就业者反映工作收入比震前有所减少，有所增加的仅占11.6%；震后新换工作者收入减少的比例更高达57.9%。

展望未来，12.2%的就业者担心未来两年内会因"单位/市场不景气"、"重建项目结束"或"自己能力不够"等各种原因而被迫失业。其中，担心因"重建项目结束"而失业的占就业者总体的3.1%，极重灾区这一比例为4.2%，板房区为4.7%，震后获得工作者更高至9.5%。这一方面说明，震后重建项目的确为上述群体提供了大量的就业机会；另一方面也表明，重建项目提供的就业机会不够稳定，灾区尤其是生活在灾区的这些群体的就业形势还比较脆弱。随着灾区大规模重建工作逐渐完成，有可能出现失业率上升问题。对此宜未雨绸缪，做好准备。

**3. 灾区居民对就业技能培训需求旺盛，现有培训体系难以满足需求**

灾区群众对就业技能培训表现出较强烈的需求，27.9%的居民表示"迫切需要"或"需要"就业技能方面的培训，7.3%把提供就业技能培训作为对政府的重要政策需求。失业者的需求尤为强烈，上述两个比例分别高达76.0%和20.8%。但调查显示，灾后一年来得到过就业技能培训的灾区居民仅占总数的3.2%；失业者略高，但也只有4.8%。需求与供给之间的巨大缺口，说明现有的培训体系和模式尚难以满足居民的旺盛需求。

## 三　灾区居民的农业生产和家庭经营情况

农业生产和非农家庭经营活动是灾区经济的重要组成部分，也是解决灾区就业问题的重要渠道。恢复农业生产和家庭经营活动是灾区经济重建的重要内容。

调查结果显示，目前灾区农业生产总体稳定，家庭经营情况活跃，但二者震后都面临生产经营方面的困难，需要持续的政策支持。

**1. 灾区农业生产形势不容乐观，农业用地损失问题值得关注**

灾区的农业生产活动情况总体稳定，93.3%的农业家庭在震后仍从事农业生产。但灾后农业生产的形势不容乐观：41.5%的农业家庭认为震后农业生产情况比震前变差了，23.4%的农业家庭震后有农业用地损失，其中4.7%的农业家庭损失了全部农业用地。震后重建占地是农业用地损失的重要原因：损失了耕地的农业家庭中，44.4%是因为震后重建占地而损失的，极重灾区的这一比例更高达56.5%。这些因重建占地而损失耕地的家庭，仅26%获得了现金形式的补偿，其他补偿形式因调查没有涉及尚不得而知。

**2. 灾区涉农优惠政策落实较好，农户对农业补贴和农业技术的政策需求仍很强烈**

调查结果显示，灾区涉农优惠政策的落实情况较好，85.1%的农业家庭灾后得到过某种形式的农业优惠政策支持。其中，各类农业直补政策惠农范围最广，76.3%的农户灾后获得了粮食直补，21.3%的农户获得到了农资直补。此外还有10.0%的农户获得了免费农资。与之相比，免费农业技术方面的支持覆盖面较低，仅1.6%的农户震后获得此类政策支持。

82.5%的农户明确提出继续需要政府的优惠政策支持。其中，对农业补贴和农业技术支持的需求最为强烈，分别有43.1%和18.3%的农户最希望获得这两方面的政策支持。对比前述免费农业技术的覆盖范围，说明现有农业技术优惠政策尚难满足农户需求。

**3. 非农家庭经营是灾区经济的重要组成部分，但震后面临发展困难**

目前灾区的非农家庭经营活动比较活跃，有9.4%的家庭在从事此类活动，主要集中于批发零售、餐饮住宿、美容美发等服务行业。它们不仅从多方面满足了灾区人民的生活需求，也为灾区提供了近百万个就业岗位，为解决灾区就业问题作出了重要贡献。

但调查显示，灾区家庭经营活动目前面临着很大的发展困难，49.2%的经营户表示与震前相比经营情况变差；经营收入偏低现象非常普遍，过去一年间，25%的经营户年收入尚不足2000元，其中10.2%的经营户处于零利润甚至亏损状态，年收入超过12000元的仅占25%。

**4. 灾区非农家庭经营活动需要更多的政策支持和良好的经营环境**

灾区三成多家庭经营户在震后得到了税收或贷款方面的政策优惠。其中，24.9%获得了税收优惠，10.8%获得了贷款方面的政策优惠。66.5%的经营户明确表示还需要更多的政策支持，其中，税费减免是最为普遍的政策需求，有23.9%的经营户希望享受该项政策；接下来是获得贷款、降低贷款利率、提供店面摊位和帮助开拓市场等需求，有这四种需求的经营户比例分别为9.3%、8.6%、8.2%和5.1%。值得注意的是，还有高达33.5%的经营户明确表示不需要政府的政策帮助。对他们而言，政府减少某些不必要的管理和干预，为家庭经营活动营造更加宽松的经营环境可能更为重要。

## 四　灾区的医疗服务和中小学教育条件恢复情况

地震对灾区医疗服务设施和教育设施都造成了很大破坏。调查结果显示，虽然医疗服务质量仍有待进一步提高，目前灾区的医疗卫生条件的可得性和可及性均达到了较高的水平。截至调查时，仍有许多中小学生在临时性校舍上课，但一批新校舍已经建成投入使用，学校硬件设施和教学质量均有明显提高。但那些不涉及重建的学校的未来发展问题仍值得关注，部分中小学生上学费用过高的问题仍比较突出。

**1. 灾区居民总体健康状况稳定，专业心理辅导的覆盖面和效果仍有提高空间**

从灾区居民对自身健康状况的自评看，认为自己的健康状况"很好"或"比较好"的比例比2008年6月调查结果上升5个百分点，达到69%，仅比2004年针对四川省人口的调查结果低1个百分点。① 这说明目前灾区居民总体健康状况较为稳定，已基本恢复到震前水平。

使用CHQ－12表测量灾区居民的心理健康状况发现，目前各项指标比震后初期都略有改善，但总体心理健康水平差异不大（图1）。震后仅2.3%的居民接

---

① 2004年，中国科技促进发展研究中心（中国科技发展战略研究院前身）在西部11个省份开展了一次总规模为44000户的农户问卷调查。四川省抽样规模达到4000份，抽样设计能够保证推论四川省当时的人口总体。此后本文提到2004年的调查指的均是此次调查。

受过专业心理咨询或辅导；其中，29.7%认为有很大的帮助，60%认为有一些帮助，10.2%认为基本没有帮助，说明专业心理辅导的覆盖面和效果还有提高的空间。

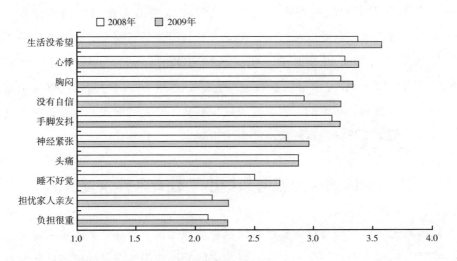

**图1　2008～2009年灾区人口心理健康（CHQ－12）得分** *

*该量表采用1～4分的自我评价，分数越高表明该问题越不严重，即越健康。

**2. 灾区医疗保障覆盖率高，医疗卫生条件明显改善，但服务质量仍有待提高**

目前，94.0%的灾区居民享有某种医疗保障或保险，比2004年四川省的调查结果（18.8%）有大幅度提高。农村户口居民提高趋势更加明显，从2004年的13.0%上升至目前的96.3%，这主要得益于近年来我国新型农村合作医疗保险（"新农合"）的推广——灾区农民的"参合率"达到了92.9%。

目前灾区医疗服务的可及性和可得性也都有明显改善。灾区居民因附近没有合适的医院而有病无法就诊的比例不到百分之一（0.6%）；因经济原因而有病不去就诊的居民比例为28.8%，比2004年（43.1%）大幅降低。但医院服务质量还有进一步提高的空间，约23.2%的居民对社区医院提供的服务质量表示不满意。

**3. 灾区中小学校舍重建进展顺利，新建校舍的硬件设施和教学质量明显提高**

灾区中小学基础设施受到地震明显影响。截至2009年6月，尚有38.6%的学生还在临时性校舍（过渡房）上学，极重灾区更高达66.0%。永久性校舍建设进展顺利，已有5.3%的学生搬进完全新建的校舍，8.5%搬进部分新建的校舍，28.2%搬进经修复加固的校舍。①

新修校舍按照高质量、高标准的要求进行了重建。77.1%的新建学校学生认为所在学校的硬件设施条件比震前有所改善，认为教学质量改善的比例也达到48.7%。

**4. 非重建学校的发展问题和部分中小学生上学费用高的问题值得关注**

与重建学校硬件设施普遍改善的情况不同，那些只做了修复加固处理的学校，硬件设施比震前恶化的情况则比较普遍。这些学校中，仅28.9%的学生认为硬件设施比震前有所改善，认为恶化的却达到了29.3%。因此，重建过程中还应特别关注这些不涉及重建的中小学校的发展问题，避免产生新的教育资源不平等的问题。

累计51.0%的灾区中小学生震后享受了各级政府提供的优惠政策，"生活费补助"（27.6%）和"学杂费/学费/住宿费减免"（26.2%）最为普遍。但部分学生上学费用较高的问题仍比较严重：23.7%的中小学生每年向学校缴纳各种费用（包括生活费用）在5000元以上。寄宿生和高中生这一问题尤为突出，在5000元以上的比例分别为29.3%和58.8%。高中寄宿生人均费用达到了6634元（表1）。

表1　灾区中小学生过去一学年缴纳学杂费用平均值

单位：元/人

| 项　　目 | 非寄宿 | 寄　宿 |
|---|---|---|
| 小　学 | 1012 | 2210 |
| 初　中 | 1882 | 3136 |
| 高　中 | 3397 | 6634 |

# 五　灾区居民的社会支持和社会参与情况

灾区人民在遭受巨大损失后得到了来自政府和社会的广泛支持。与此同时，

---

① 需要说明的是，调查时适值暑假。因此，本文描述的是2008～2009学年第二学期的情况。随着新学期开学一批新建校舍投入使用，情况可能会有较大变化。

灾区群众也体现出强烈的互助互济、共度时艰的精神，自发地组织起来积极参与救灾重建等社会公益行动。灾区社会团结程度大大提高，社会信任明显增强，不仅成为灾区人民战胜灾害的精神力量源泉，而且也构成了他们重建家园时最可依赖的"社会资本"。

**1. 灾区居民得到了广泛社会支持，政府仍是最重要的支持提供者**

80.7%的灾区家庭得到过某种形式的外界社会支持。提供生活用品（60.5%）、钱（33.0%）和精神支持（32.9%）最为普遍，帮助建房（19.0）和提供临时住所（17.7%）也很普遍。

55.7%的家庭认为政府是最重要的社会支持来源，32.8%认为亲友邻里的帮助最重要。虽然志愿者和NGO组织在提供生活用品和心理安慰方面发挥了很大作用，但认为他们是最重要支持来源的比例仅占1.3%。与一年前相比，政府的重要性有所下降，亲友邻里的重要性则有所上升（当时二者的选择比例分别为60.4%和22.0%），说明随着重建活动逐渐走上正轨，人们开始越来越多地依靠传统的社会支持方式。

**2. 灾区居民积极参与公益性重建活动，群众自发组织的公益行动蓬勃发展**

灾后一年来，42.4%的灾区居民曾经无偿帮助过亲戚（35.0%）、朋友（29.6%）或其他陌生人（20.7%）。43.1%参加过巡逻、分发物资、修桥修路等社会公益活动，党员的这一比例更高达58.2%。参加公益性活动的比例比2008年（13.8%）有显著上升。

村/居委会等基层组织是大多数公益行动的组织者，68.5%的居民参加的公益行动由它们组织开展，但也有17.1%的居民参加的公益行动是自发组织的，这一比例已经超过单位（9.9%）和政府部门（6.7%）成为第二重要的组织形式。

**3. 灾区居民的社会团结程度提高，信任程度较震后初期略有下降，但仍高于震前水平**

地震使得灾区居民的社会团结程度明显加强，88.1%的灾区居民认为自己所在村或社区的居民在地震后变得更加团结。

灾区居民对他人和各类机构的社会信任程度也维持在较高水准。从图2可以看到，灾区的总体信任水平在震后初期达到最高值；随着社会生活逐渐走上正轨，信任水平略有下滑，但仍明显高于2004年的水平。这表明，地震虽然给灾区带来了重大损失，但在一定程度上也促进了人们信任水平的提高。这将成为灾区人民战胜自然灾害、重建家园重要的精神力量。

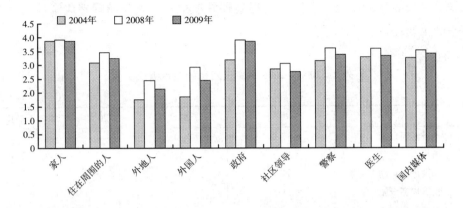

**图 2　2004 年、2008 年、2009 年灾区居民对不同群体的信任程度平均分** *

　　 * 信任程度采取了 4 分制。4 分为最高分，代表"非常信任"；1 分为最低分，代表"根本不信任"。

## 六　灾区居民的政策需求和社会心态

调查结果显示，灾区居民对重建政策的需求由以生存问题为重转向以发展问题为重。总体而言，灾区社会心态平稳，居民情绪积极乐观，社会安全感高。但部分居民开始关注重建过程中的不公平问题，对基层政府的信任度和满意度也都有所下降。

**1. 灾区居民对灾后重建政策的了解程度仍然不高，对政策的需求重点有所转变**

对于灾后重建政策，只有 6.4% 的灾区居民回答"很了解"，43.0% "了解一些"，35.3% "不太了解"，15.3% "完全不了解"。总体了解程度与震后初期基本持平，仍然不高。

经过一年多的灾后重建，灾区居民的政策需求重点与震后初期相比发生了明显变化。首先，居民的自力更生意识明显提高，表示"不需要政府任何帮助"的比例达到 14.2%，比 2008 年（7.0%）上升了一倍多。其次，政策需求从更加关注生存问题转向更为关注发展问题，对住房重建和医疗、教育设施重建的需求均大幅度降低，维修当地道路、加强农田水利设施等涉及长远发展的基础设施建设问题成为灾区居民较为突出的政策期待（表2）。这反映出灾区居民的生存问题（主要表现为住房需求）已经得到较好解决，发展问题顺理成章地成为接下来的主要任务。

表2　2008～2009年灾区居民的政策需求变化

单位：%

| 政策需求 | 2008 年 | 2009 年 | 2009 年比 2008 年增长 |
|---|---|---|---|
| 不需任何帮助 | 7.0 | 14.2 | 7.2 |
| 维修当地道路 | 32.5 | 32.2 | －0.3 |
| 提供住房补助 | 46.7 | 22.1 | －24.6 |
| 农田水利设施 | 15.5 | 17.1 | 1.6 |
| 改善医疗服务 | 27.8 | 14.7 | －13.1 |
| 减免孩子学费 | 22.6 | 11.7 | －10.9 |
| 提供就业机会 | 23.3 | 11.3 | －12.0 |
| 改善居住环境 | 36.7 | 9.3 | －27.4 |
| 通水、电、气 | 11.7 | 8.3 | －3.4 |
| 提供技能培训 | 4.9 | 7.3 | 2.4 |
| 重建学校 | 16.2 | 2.8 | －13.4 |

**2. 灾区居民的生活满意度高，多数居民对未来生活充满信心**

79.8%的灾区居民对当前生活感到满意。64.5%认为当前的生活水平已经恢复到震前水平，12.4%预计三年内恢复到灾前水平，9.6%预计还需三年以上时间。值得注意的是，尚有13.5%的家庭对生活水平恢复比较悲观，其中8.8%认为不知道还需多久才能恢复，4.7%甚至认为很难恢复到原有水平。震前家庭经济状况较差的家庭恢复震前生活水平面临的挑战更大，对于灾后重建中的这种"马太效应"应当给予充分重视。

面向未来，高达60.8%的灾区居民认为未来一年生活会变得更好，31.7%认为不会有变化，预计生活会变差的仅占7.5%。

**3. 灾区当前的社会心态总体平稳，社会基本稳定**

灾后一年来，参加过上访、请愿等活动的灾区居民仅占总数的2.5%左右，这一比例与震后初期基本持平。另外，当询问受访者对地震中部分中小学校舍垮塌原因的看法时，认为是"天灾"造成的人占84.6%，持相反意见的人占

15.4%；与上年相比，将校舍垮塌归结为人祸的人下降了 9 个百分点。由此可见，灾区群众的心理正逐渐趋于理性和平静。

**4. 部分灾区居民开始关注重建中的贫富差距和公平问题，对基层政府的评价有所降低**

灾区居民对社会不公平的感受呈强化趋势。39.5% 的居民认为，灾后当地的贫富差距有所拉大。另外，相当部分的群众对政策执行的公平性提出质疑，三成左右的居民认为灾后政策执行过程中存在不公平的现象。

值得注意的是，虽然灾区居民对中央和省级政府的评价仍维持在较高水平，但他们对区县以下基层政府的满意度较之震后初期有了明显下降。例如，对县（区）政府、乡镇/街道以及居委会/社区在灾后重建中表现的满意率分别为82.5%、65.3% 和 64.6%，比 2008 年分别降低了 1.7、7.2 和 8.0 个百分点（图3）。原因可能在于，重建政策执行过程中存在着不公平现象，而作为重建政策具体实施者和直接负责者的基层政府，在此过程中与群众产生冲突的机会更多。

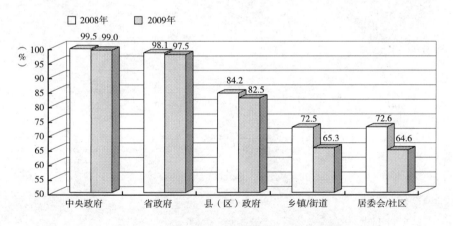

**图 3　2008～2009 年灾区居民对各级政府的满意度**

**5. 灾区居民社会安全感高，但余震仍对居民的心理安全造成阴影**

92.8% 的灾区居民认为在当地晚上 10 点以后出门仍然感觉安全，认为不安全的仅占 7.2%，说明灾区社会治安状况较好。相对而言，灾区居民对地震余震的威胁似乎更为担心。时至今日，仍有 62.7% 的居民表示感觉自己的安全还会受到地震威胁。看来，灾后人们的心理恢复是比经济恢复更为长期而缓慢的过程。

# Survey Report on the Reconstruction and Rehabilitation of the Disaster-affected Population in Wenchuan Earthquake Area

Abstract: Based on a survey conducted one year after the earthquake disaster, this report depicts the reconstruction and restoration situation of local residents in terms of housing, employment, agriculture, household business, medical care and elementary and secondary education. Residents' needs on reconstruction policy and the social supports offered are also analyzed in this report.

Key Words: Wenchuan Earthquake; Residents Survey; Reconstruction; Rehabilitation

# 2009年中国残疾人状况及小康进程监测报告

陈新民 陈 功 吕季良*

**摘 要：** 2009年，中国残疾人总体状况比上年有所改善。残疾人家庭人均可支配收入继续提高，住房条件有所改善，恩格尔系数有较大下降，残疾人受教育比例上升，新型农村合作医疗参合率高于全国水平。但是，残疾人家庭人均可支配收入仅为全国平均水平的一半多，残疾人受教育程度较低，残疾人康复服务的覆盖率不足1/4，残疾人家庭医疗保健支出及占家庭消费支出比例均远高于全国平均水平，城镇登记失业率高于全国水平，残疾人家庭信息化程度低于全国水平。总体上看，残疾人又向全面小康目标迈进一步，但与全国小康进程相比仍不容乐观。

**关键词：** 残疾人 残疾人状况 全面建设小康社会 小康进程监测

今后10年是全面建设小康社会的关键时期，我国经济社会快速发展，残疾人状况也处于一个快速变动的阶段。为及时了解掌握残疾人状况的变化，给残疾人事业发展提供及时可靠的依据，2007年国家统计局、民政部、卫生部、中国残联、第二次全国残疾人抽样调查办公室联合下发《关于开展全国残疾人状况监测工作的通知》，正式启动了这项工作。2009年度监测是继2007和2008年度后的第三次全国性残疾人状况监测，地方各级残联在入户登记、数据采集等方面做了大量工作。这项工作还得到中国残疾人福利基金会的支持。

---

\* 陈新民，中国残疾人联合会研究室主任、副编审；陈功，北京大学人口研究所常务副所长、副教授；吕季良，国家统计局统计科学研究所统计监测研究室主任、高级统计师。本报告撰写成员还包括：叶奇、陈三军、孙茜、高羽、张蕾、武继磊、杨虹。

# 一 2009 年度中国残疾人状况

2009 年的监测是 2006 年第二次全国残疾人抽样调查、2007 和 2008 年度残疾人状况监测的拓展和延伸。2009 年度监测的小区数量比 2007、2008 年度扩大一倍，在原有的 734 个县、市、区内，各增加抽样一个监测小区，由 734 个小区扩大到 1467 个①，应监测残疾人 38448 人②。本次监测起止时间为 2008 年 4 月 1 日至 2009 年 4 月 1 日。

2009 年监测的主要内容根据中国残疾人小康指标体系和第二次全国残疾人抽样调查的主要指标确定，包括残疾人生存、发展和环境状况，涉及残疾人生活、康复、教育、就业、社区服务、无障碍环境、法律服务等方面的状况及变化情况。

## （一）残疾人家庭基本情况

### 1. 家庭户规模基本没有变

2009 年度残疾人家庭户平均规模为 3.37 人。残疾人家庭户规模为 2 人的所占比例最高，达到 26.5%；3 人户家庭比例为 19.9%，4 人户家庭比例为 17.5%，5 人户及以上家庭所占比例合计为 24.9%；1 人户残疾人家庭比例为 11.1%。

### 2. 适龄残疾人婚姻状况基本稳定

监测数据反映 2007～2009 年度适龄残疾人的在婚率保持在 63% 左右，离婚率稳定在 2% 左右，呈现稳定态势。2009 年残疾人中初婚有配偶、再婚有配偶、未婚、离婚及丧偶的比例分别为 60%、3.0%、11.4%、2.2% 和 23.3%。

### 3. 残疾儿童监护人以父母为主

在 2009 年度监测的 18 岁以下残疾儿童中，以父母为监护人的占绝大多数，

---

① 应扩大至 1468 个小区。因其中有一个小区内没有残疾人，所以未被纳入 2009 年的监测范围。
② 本次监测的 1467 个小区中，实际监测残疾人 34866 人，其中：成人 33057 人，儿童 1809 人；男性 18122 人，占 52%，女性 16744 人，占 48%，男女性别比为 108.2；城镇为 12429 人，占 35.6%；农村为 22437 人，占 64.4%。需要说明的是，受多种因素的影响，本次扩大后的样本组成结构与原有样本有所差异，因此 2009 年监测数据与 2008 年数据之间，在某些监测值上缺乏直接比较的意义。

为 85.4%，与 2008 年度比较，上升了 1.2 个百分点，父母监护有利于残疾儿童成长。需要特别注意由祖父母或外祖父母（7.3%）、其他亲属或非亲属（2.1%）作为监护人的残疾儿童的成长状况。

**4. 住房状况有改善，住房面积增加**

2009 年度监测人口中住房状况发生改变的占全部监测人口的 4.6%。城镇人均住房面积 17.38 平方米，农村人均住房面积 21.09 平方米，分别比上年度增加 0.46 平方米和 0.7 平方米。

**5. 残疾人家庭人均收入增幅下降**

2007～2009 年度监测残疾人家庭收入不断增加，但增幅有所下降。2009 年度监测城镇残疾人家庭人均可支配收入 8578.1 元，比 2008 年度高 90.9 元，增幅为 1.1%；农村残疾人家庭人均可支配收入 4066.1 元，比 2008 年高 262.5 元，增幅为 6.9%。无论是城镇还是农村，监测残疾人家庭人均收入和可支配收入都在提高，但 2008～2009 年度的增幅度低于 2007～2008 年度的增幅。

从收入结构看，2009 年度残疾人家庭人均总收入的增加，在城镇主要是工薪年收入、财产性年收入、出售财物年收入和借贷年收入大幅增加所致；在农村主要是经营年总收入、出售财物收入和借贷年收入有较大幅度的提高所致。

**6. 残疾人家庭总支出城乡显示不同特点**

2009 年度城镇残疾人家庭人均总支出 7007.1 元，相比 2008 年有小幅下降，降幅为 0.7%；农村残疾人家庭总支出 4649.6 元，2009 年度比 2008 年度增加 11.9%。

从支出结构看，2009 年度城镇残疾人家庭人均分项支出，排在前三项的依次是食品（39.6%）、医疗保健（17.7%）和居住（13.3%）；农村残疾人家庭人均分项支出中，前三项依次为食品（36.3%）、居住（13.9%）、经营年支出（12.1%）。

城镇残疾人家庭恩格尔系数由 2007 年度的 43.8% 上升到 2008 年度的 47.7%，农村残疾人家庭恩格尔系数由 2007 年度的 47.2% 上升到 2008 年度的 51.5%。2007～2008 年度我国食品价格较大幅度上升，直接影响到低收入人群的基本生活，特别是残疾人的生活水平有所下降。

城镇残疾人家庭恩格尔系数由 2008 年度的 47.7% 下降到 2009 年度的 44.7%，农村残疾人家庭恩格尔系数由 2008 年度的 51.5% 下降到 2009 年度的 47.05%，回落到 2007 年水平（47.2%），表明 2009 年残疾人普遍生活水平得到改善。

**7. 残疾人家庭电话和家用电器拥有比例普遍上升**

全国残疾人家庭，除了固定电话拥有率下降外，2007～2009 年家用电器和电脑拥有的比例普遍上升，彩电的拥有率已升至 74.3%，排在各类家用电器的首位。虽然固定电话拥有率稍有下降，但是移动电话（手机或小灵通）的拥有率有较大上升，呈明显的互补关系。

但城乡呈现不同特点。农村残疾人家庭 2007～2009 年度的非固定电话和家用电器拥有率都逐年上升。城镇残疾人家庭的电话和各类家用电器拥有率均高于农村，但 2007～2009 年度各项指标有升有降。

**8. 家庭月人均用电量上升，但城镇先增后降，农村保持增加**

月人均生活用电量大小，反映的是家庭电气化和生活质量的高低。2007～2009 年度家庭月人均用电量是逐步上升的。但城镇和农村呈现不同特点，2009 年度相比 2008 年度，城镇残疾人家庭人均用电量下降了 3.44 度；农村残疾人家庭人均用电量增加了 0.81 度。

## （二）残疾人基本情况

**1. 残疾人接受康复服务的比例变动不大**

2009 年度，残疾人接受过康复服务的比例为 23%，与 2008 年度相比变动幅度不大。分城乡来看则有升有降，城镇残疾人接受过康复服务的比例由 2008 年度的 36.6% 下降到 29.8%，农村残疾人接受过康复服务的比例由 2008 年度的 19.2% 上升到 19.3%。我国每年新增加的残疾人绝对数量大，同时随着我国残疾人康复服务工作的有效宣传与开展，越来越多的残疾人认识到康复服务的重要性，产生了新的康复服务需求，对康复服务质量的要求也不断提高，而目前提供康复服务能力的增长低于残疾人对康复服务需求的增长，这可能是 2009 年度残疾人接受康复服务比例下降的原因之一。

**2. 残疾人受教育程度较低，受教育比例上升，特殊教育学校就读的总体比例略有增加**

随着义务教育阶段的"两免一补"等教育救助政策工作在全国范围全面施行，残疾儿童接受义务教育的比例不断上升。2009 年度相比 2008 年度，全国比例上升了 5.7 个百分点，城镇的比例提高 9.2 个百分点，达到 73.7%；农村则提高 4.8 个百分点，达到 69.5%。

从 6～17 岁残疾儿童就读学校的类型看，2009 年度相比 2008 年度，全国就读普通教育学校特教班的比例与上年基本持平，就读普通小学和特殊教育学校的比例都有所增加。在城镇就读普通中学的比例下降明显，就读其他类型学校的比例都有不同程度的增长。在农村就读普通小学、普通高中和中等职业学校的比例都有所下降（见表1）。

表1　6～17 岁残疾儿童就读学校类型构成

单位：%

| 学校类型 | 2007 年度 | | | 2008 年度 | | | 2009 年度 | | |
|---|---|---|---|---|---|---|---|---|---|
| | 全国 | 城镇 | 农村 | 全国 | 城镇 | 农村 | 全国 | 城镇 | 农村 |
| 普通小学 | 73.0 | 63.6 | 74.4 | 72.0 | 63.4 | 73.2 | 74.5 | 64.0 | 77.1 |
| 普通中学 | 17.1 | 18.2 | 16.9 | 18.1 | 23.9 | 17.2 | 15.3 | 17.8 | 14.7 |
| 特殊教育学校 | 5.0 | 10.4 | 4.1 | 6.2 | 8.5 | 5.9 | 7.1 | 11.2 | 6.0 |
| 普通教育学校特教班 | 0.7 | 1.3 | 0.6 | 0.5 | 1.4 | 0.4 | 0.6 | 1.5 | 0.4 |
| 普通高中 | 2.8 | 3.9 | 2.7 | 2.1 | 2.8 | 2.0 | 2.0 | 4.1 | 1.4 |
| 中等职业学校 | 1.4 | 2.6 | 1.2 | 1.1 | — | 1.2 | 0.6 | 1.5 | 0.4 |

2007～2009 年 18 岁及以上残疾人总体受教育程度不高，从未上过学和上小学的比例维持在75%以上，其余各类受教育程度的比例略有变动，其中上初中和高中的比例略有增加。城、乡之间残疾人受教育程度的结构性变化也不显著，说明 18 岁及以上残疾人口的受教育状况基本稳定。

**3. 残疾人就业比例基本未变，城镇登记失业率略升，未就业原因及生活来源出现变动**

2007～2009 年度残疾人就业比例略有上升。2009 年度，劳动年龄段生活能够自理的城镇残疾人就业比例为34.3%，农村为52.9%，相比 2008 年度都略有上升。2007～2009 年度城镇残疾人登记失业率上升，2009 年度的登记失业率为13.6%，相比 2008 年度的12.6%又上升了 1 个百分点。

2009 年度生活能自理的 18～59 岁的男性和 18～54 岁的女性残疾人中，未就业原因的前三位，在城镇依次为丧失劳动能力（28.8%）、其他原因（17.8%）、离退休（17%）；在农村依次为丧失劳动能力（37.3%）、料理家务（32.8%）、其他原因（23.5%）。

2009 年度未就业者生活主要来源，城市中依次为靠家庭其他成员供养（40.5%）、领取基本生活费（31.4%）、退休金（17.3%）、其他（8.9%）；农

村中依次为靠家庭其他成员供养（76.9%）、其他（11.5%）、领取基本生活费（10.1%）。农村中 3/4 以上未就业残疾人依靠家庭供养，未就业者的生活来源较为单一，城镇的未就业残疾人的生活来源相对多样化。

**4. 残疾人的社会保障状况有较明显的改善**

（1）城镇残疾人参加社会保险比例提高

2007~2009 年度城镇残疾人参加社会保险比例提高。2009 年度城镇人口至少参加了一种社会保险的比例比 2007 年度增加 22.2 个百分点。城镇残疾人参加的社会保险中增幅最大的是参加基本医疗保险的比例，2009 年度相比 2007 年度增加了 26.1 个百分点。其次是基本养老保险的参加比例增幅较大，其他保险的参保比例较小，变化也不大，其中失业保险的参保比例还略有下降。但到 2009 年度还有 35.7% 的城镇残疾人没有参加任何一种社会保险，这应予以关注。2009 年度城镇职工参加社会保险的比例大大高于城镇居民和个体工商户，个体工商户参加社会保险的比例只有 3%。

（2）农村残疾人参加新型农村合作医疗比例上升

农村残疾人中参加了新型农村合作医疗比例持续上升，由 2007 年度的 84.4% 上升到 2008 年度的 93.5%，再到 2009 年度的 94.4%，绝大多数农村的残疾人参加了农村新型合作医疗。2009 年度，参加新型合作医疗的残疾人中，87.6% 的残疾人在一年内看过病，人均看病花费 1570.1 元。看过病的残疾人中 41.7% 的人通过新型农村合作医疗进行了报销，人均报销 743.8 元。

（3）农村残疾人参加新型农村养老保险比例低，但事出有因

2009 年度监测的农村残疾人中，参加了新型农村养老保险的比例是 4%，未参加的占 96%。大多数农村的残疾人没有参保，主要由于新型农村养老保险只是在部分地区试点，随着新农保逐步推开，参保比例会有相应提高。

（4）残疾人领取最低生活保障金和救济的比例有所增长

2007~2009 年度城乡领取最低生活保障金的残疾人比例持续保持增长，2009 年城乡残疾人领取最低生活保障金的比例均升至 22% 以上。同时，城乡生活困难的残疾人获得的救济（包括现金或实物）的比例也呈逐年增加的趋势，2009 年城乡生活困难的残疾人得到救济的比例分别为 26.6% 和 27.2%。

（5）残疾人救助需求比例仍然很高，医疗救助需求比例仍高居首位

2007~2009 年度残疾人对生活、教育、医疗和康复四类救助的需求比例的

排序，在城镇与乡村之间是一致的。残疾人对医疗救助需求的比例最大，其次是对生活救助的需求，再次是对康复救助的需求，最后是对教育救助的需求。且对四类救助的需求比例上，农村都高于城镇。2009 年度与 2008 年度相比，残疾人对康复救助需求下降，但城镇残疾人对生活救助和医疗救助的需求都有所增加，农村残疾人对生活救助和教育救助的需求有所增加。

**5. 残疾人生活的社会环境改善，社会参与增加**

（1）残疾人接受社区服务比例上升，满意度提高

2009 年残疾人接受社区服务的比例与 2008 年度相比变化不大（2009 年为 17.8%，2008 年为 17%），2007 ~ 2009 年度残疾人对社区服务的总体满意度略有上升（2009 年为 88.4%，2008 年为 86.7%），评价一般的比例下降，评价不满意的比例基本保持不变。

（2）残疾人参与社区活动比例喜忧参半

2007 ~ 2009 年度残疾人经常参加社区文化、体育活动的比例略有提升，但仅为 5% 上下，城镇略高于农村。但还需看到有超过七成的残疾人未参加社区活动。

（3）对残疾人家庭的走访慰问比例略有下降

2007 ~ 2009 年度政府、社团到农村残疾人家庭走访慰问频次增加，但残疾人家庭接受走访慰问的比例略有下降。2009 年度绝大部分接受过走访慰问的残疾人感到非常满意和满意，比例为 91.26%，城镇满意比例为 91.86%，农村为 90.99%。

（4）城镇残疾人对无障碍设施的满意度提高

2007 ~ 2009 年度城镇残疾人对本城镇的无障碍设施和服务表示非常满意或满意的比例上升，表示不满意的比例下降，城镇残疾人对无障碍设施的满意度在提高，体现了北京奥运会和残奥会工作对社会无障碍意识及无障碍建设方面的促进作用（见表 2）。

表 2 城镇残疾人对无障碍设施和服务的满意度

单位：%

| 年度 | 非常满意和满意 | 一般 | 不满意 |
|---|---|---|---|
| 2007 | 48.0 | 48.5 | 3.5 |
| 2008 | 62.9 | 34.5 | 2.6 |
| 2009 | 66.9 | 31.5 | 1.5 |

（5）残疾人对法律服务满意度提高，但是需要加强法律援助或司法救助服务

2009 年度，残疾人参加法律知识学习或宣传活动的比例为 16.4%，与 2008 年度基本持平。2007～2009 年度在接受监测的残疾人家庭中，有法律服务需求的比例趋降（2009 年为 11.8%，2007 年为 21.3%），但实际接受过法律服务的残疾人家庭比例趋升，2009 年度相比 2007 年度上升了 2.1 个百分点。在接受过法律服务的残疾人家庭中，感到非常满意或满意的家庭比例持续上升，表明服务面加大，服务质量有所提高。

2007～2009 年度，有法律援助或司法救助需求的残疾人的绝对数量增长迅速。2008 年度有需求的残疾人数量是 2007 年度的 4.4 倍，2009 年度是 2007 年度的 6.6 倍。同时，接受过法律援助或司法救助残疾人数量却在下降。这说明残疾人的法律援助或司法救助需求在快速增加，而提供给残疾人的法律援助或司法救助的服务亟待加强。在接受过法律援助或司法救助的残疾人家庭中，满意度略有下降（见表 3）。

表 3  对法律援助或司法救助情况

| 监测时间 | 2007 年度 | 2008 年度 | 2009 年度 |
|---|---|---|---|
| 对法律援助或司法救助有需求人数(人) | 224 | 978 | 1481 |
| 接受法律援助或司法救助人数(人) | 71 | 57 | 47 |
| 对提供的法律援助或司法救助的满意度(%) | | | |
| 满意 | 84.5 | 81.3 | 81.6 |
| 一般 | 15.5 | 18.7 | 15.4 |
| 不满意 | 0.0 | 0.0 | 2.9 |

## 二  2009 年度中国残疾人小康进程情况

中国残疾人联合会自 2007 年开始根据《中国残疾人小康进程监测指标体系》（见表 4）的设计安排，利用一年一度的全国残疾人状况监测数据对全国残疾人小康实现程度进行监测。该指标体系包含残疾人生存状况、发展状况和环境状况三个方面的 17 项指标。2009 年度监测结果显示，残疾人实现小康目标进程又向前迈进一步，但与全国小康进程相比，不容乐观。

表 4  2007~2009 年度中国残疾人小康进程监测结果

| 监测指标 | 单位 | 权重 | 标准值 | 2007 年度 | | 2008 年度 | | 2009 年度 | |
|---|---|---|---|---|---|---|---|---|---|
| | | | | 实际值 | 实现程度（%） | 实际值 | 实现程度（%） | 实际值 | 实现程度（%） |
| 一、生存状况 | | 45 | | | 51.2 | | 53.5 | | 56.9 |
| （一）收入状况 | | 20 | | | | | | | |
| 1. 残疾人家庭人均可支配收入 | 元 | 20 | ≥15000 | 4163 | 27.8 | 4972 | 33.1 | 5672 | 37.8 |
| （二）消费状况 | | 10 | | | | | | | |
| 2. 残疾人家庭恩格尔系数 | % | 5 | ≤40 | 46.7 | 85.6 | 50.4 | 79.3 | 46.2 | 86.6 |
| 3. 残疾人家庭人均生活用电量 | 千瓦小时 | 5 | ≥500 | 151.6 | 30.3 | 172.4 | 34.5 | 190.8 | 38.2 |
| （三）居住状况 | | 10 | | | | | | | |
| 4. 残疾人家庭人均住房使用面积 | 平方米 | 10 | ≥27 | 19.3 | 71.5 | 19.6 | 72.5 | 19.8 | 73.2 |
| （四）婚姻状况 | | 5 | | | | | | | |
| 5. 适龄残疾人在婚率 | % | 5 | ≥70 | 63.5 | 90.8 | 63.1 | 90.1 | 63.0 | 89.9 |
| 二、发展状况 | | 35 | | | 35.5 | | 38.7 | | 41.7 |
| （五）康复状况 | | 8 | | | | | | | |
| 6. 康复服务覆盖率 | % | 8 | ≥90 | 19.0 | 21.1 | 23.3 | 25.9 | 23.0 | 25.6 |
| （六）教育状况 | | 6 | | | | | | | |
| 7. 学龄残疾儿童接受义务教育比例 | % | 6 | ≥95 | 63.3 | 66.7 | 63.8 | 67.1 | 69.5 | 73.2 |
| （七）就业状况 | | 6 | | | | | | | |
| 8. 城镇残疾人登记失业率 | % | 6 | ≤6 | 10.6 | 0.0 | 12.6 | 0.0 | 13.6 | 0.0 |

续表4

| 监测指标 | 单位 | 权重 | 标准值 | 2007 年度 实际值 | 2007 年度 实现程度（%） | 2008 年度 实际值 | 2008 年度 实现程度（%） | 2009 年度 实际值 | 2009 年度 实现程度（%） |
|---|---|---|---|---|---|---|---|---|---|
| （八）社会保障 | | | | | | | | | |
| 9. 城镇残疾人基本社会保险覆盖率 | % | 8 | ≥95 | 34.8 | 36.7 | 38.8 | 40.8 | 52.1 | 54.8 |
| 10. 农村残疾人合作医疗覆盖率 | % | 4 | ≥95 | 84.4 | 88.8 | 93.5 | 98.4 | 94.4 | 99.4 |
| （九）信息化水平 | | 4 | | | | | | | |
| 11. 百户残疾人家庭电话拥有量 | 部 | 2 | ≥150 | 75.2 | 50.1 | 80.4 | 53.6 | 86.0 | 57.3 |
| 12. 百户残疾人家庭彩色电视机拥有量 | 台 | 1 | ≥100 | 65.9 | 65.9 | 71.2 | 71.2 | 74.3 | 74.3 |
| 13. 百户残疾人家庭家用电脑拥有量 | 台 | 1 | ≥60 | 3.9 | 6.5 | 4.6 | 7.7 | 6.0 | 10.0 |
| （十）社会参与 | | 3 | | | | | | | |
| 14. 社区活动参与率 | % | 3 | ≥90 | 24.8 | 27.6 | 30.2 | 33.6 | 29.9 | 33.2 |
| 三、环境状况 | | 20 | | | 52.4 | | 60.0 | | 61.5 |
| （十一）无障碍环境 | | 7 | | | | | | | |
| 15. 残疾人对无障碍环境的满意率 | % | 7 | ≥90 | 48.0 | 53.4 | 62.9 | 69.9 | 66.8 | 74.3 |
| （十二）社区服务 | | 7 | | | | | | | |
| 16. 社区服务覆盖率 | % | 7 | ≥90 | 14.3 | 15.9 | 17.8 | 19.7 | 17.0 | 18.9 |
| （十三）法律服务 | | 6 | | | | | | | |
| 17. 法律服务满意率 | % | 6 | ≥90 | 84.4 | 93.8 | 85.8 | 95.3 | 86.6 | 96.2 |
| 残疾人奔小康实现程度 | % | 100 | | | 46.8 | | 50.5 | | 53.5 |

**（一）2009 年度残疾人小康进程继续推进，但步伐比上年度有所放慢**

监测显示（本节以下数据见表 4），2009 年度残疾人小康实现程度达 53.5%，比上年度提高 3 个百分点。在监测的 17 个指标中，有 12 个指标的实现程度有所提高，其中提高最快的是城镇残疾人基本社会保险覆盖率，其他提高较快的有残疾人家庭恩格尔系数、学龄残疾儿童接受义务教育比例、残疾人家庭人均可支配收入、残疾人对无障碍环境的满意率、百户残疾人家庭电话拥有量、残疾人家庭人均生活用电量、百户残疾人家庭彩色电视机拥有量、百户残疾人家庭家用电脑拥有量等。这些指标的提高说明残疾人生活得到改善，反映出一系列改善民生措施的成效。

**1. 残疾人生存状况逐渐得到改善，其实现程度为 56.9%，比上年度提高 3.4 个百分点**

2009 年度残疾人生存状况实现程度由上年度的 53.5% 增加到 56.9%，提高了 3.4 个百分点，在生存状况、发展状况、环境状况三个方面中实现程度提高幅度最大。

（1）残疾人家庭人均可支配收入实现程度继续提高。2009 年度残疾人家庭人均可支配收入实现程度为 37.8%，比上年度提高 4.7 个百分点，增幅比上年度回落 0.7 个百分点。

（2）残疾人家庭恩格尔系数有较大下降。2009 年度城镇残疾人家庭恩格尔系数为 44.7%，比 2008 年度下降 3 个百分点；农村残疾人家庭恩格尔系数为 47.1%，比 2008 年度下降了 4.5 个百分点。根据联合国粮农组织提出的标准[①]，我国农村残疾人家庭生活已从温饱进入总体小康，城镇残疾人家庭生活在总体小康水平上向前又迈进了一大步。

（3）残疾人家庭电器化水平不高。居民用电量是反映居民家庭电器化普及程度的一个非常重要的指标，也是反映人民生活质量的重要指标。2009 年度，残疾人家庭人均生活用电量为 190.8 千瓦时，其小康目标实现程度只有 38.2%，

---

[①] 恩格尔系数在 59% 以上为贫困，50%~59% 为温饱，40%~50% 为小康（总体小康），30%~40% 为富裕（全面小康），低于 30% 为最富裕（现代化）。

显示残疾人家庭消费水平特别是家庭电器化水平不高，离全面建设小康社会目标差距很大。

（4）残疾人住房条件有所改善。"小康不小康，关键看住房"说明了人们对改善住房条件的重视程度。2009年度，残疾人家庭人均住房面积实现程度为73.2%，比上年提高0.8个百分点，说明政府出台的危房改造、廉租房政策初见成效。

（5）残疾人婚姻状况需要关注。稳定的家庭和社会支持有助于提高残疾人的主观幸福感，而长期的生活和劳动能力缺陷则会影响婚姻质量。2009年度，适龄残疾人在婚率（男22岁以上，女20岁以上）为63%，有逐年下降的趋势，仍远低于全社会83.4%的水平。

**2. 残疾人发展状况水平仍然较低，其指标的实现程度为41.7%，比上年度提高3.0个百分点**

残疾人发展状况是整个指标体系中最能体现残疾人特殊性的部分，涵盖了残疾人工作的主要方面，它包括残疾人的康复、教育、就业、社会保障以及社会参与等方面的事业发展情况，与残疾人切身利益密切相关，反映了残疾人最迫切的需求。2009年度，残疾人发展状况实现程度为41.7%，比上年度提高3.0个百分点，但在生存状况、发展状况、环境状况三个方面中，其实现程度是最小的，显示出残疾人的发展状况相对滞后。

（1）残疾人康复服务覆盖率依然较低。2009年度，残疾人康复服务覆盖率为23%，离残疾人"人人享有康复服务"的目标差距很大。同时还必须看到，目前为残疾人提供的康复服务的总体水平还不高。

（2）残疾儿童接受义务教育应该继续得到重视。2009年度，学龄儿童接受义务教育的在学比例指标的实现程度为73.2%。仍有30.5%的学龄残疾儿童没有接受义务教育。

（3）残疾人就业形势依然严峻。就业是残疾人改善生活状况，实现自强自立的主要途径。失业率是从另一个方面来反映就业情况。2009年度城镇残疾人登记失业率为13.6%，实际上残疾人失业率远不止如此，这不仅影响残疾人的生活状况，也限制了残疾人参与社会的机会。

（4）残疾人社会保险向前推进。新型农村合作医疗是现阶段农村医疗保障的主要途径，与农村低保、农村养老保险一起构成了农民的三大社会保障支柱。农村残疾人参加新型农村合作医疗的覆盖面，在一定程度上反映了他们的医疗保障水平。2009 年度农村残疾人参加新型农村合作医疗比例达 94.4%，接近实现指标体系中规定的目标。在政府和社会的帮助下，残疾人成为新型农村合作医疗最大受益者之一。2009 年度，16 岁及以上城镇残疾人参加基本社会保险（包括基本养老保险和基本医疗保险）的覆盖率为 52.1%，是所有指标中升幅最大的，向目标值 95% 跨出了一大步。

（5）残疾人信息化水平逐步提高。电话、电视机、电脑是信息时代最具有代表性的技术产品，同时也是文化交流和信息传播的重要载体。通过电话、电视机、电脑网络，残疾人足不出户就可以了解最新的信息，与他人交流。2009 年度，每百户残疾人家庭的电话、电视机和电脑拥有量这三项指标的实现程度均有提高，分别达到 57.3%、74.3% 和 10%。

（6）残疾人社区活动参与率依然较低。社区是残疾人走出家庭、融入社会的主要场所。社区活动参与率指标直接反映残疾人社会参与的广度。2009 年度社区活动参与率指标的实现程度不足三成，很大一部分残疾人还没有真正走出家门、融入社会。

**3. 残疾人参与社会生活的环境状况有待进一步改善**

残疾人环境状况是残疾人实现全面小康重要的外部条件，主要包括残疾人事业的法制环境、残疾人参与社会的无障碍环境等，是残疾人生存、发展的环境保障。2009 年度，残疾人环境状况实现程度为 61.5%，比上年度提高 1.5 个百分点，是生存状况、发展状况、环境状况三个方面中实现程度增幅最小的一个。随着残疾人生存和发展状况的改善，残疾人对环境服务的要求会越来越高。从各监测指标来看：

（1）城镇残疾人对无障碍设施的满意度提高。无障碍是残疾人平等参与社会的重要条件，残疾人是无障碍环境的主要使用者和受益者，残疾人对无障碍环境的满意率可以反映出城镇无障碍环境的水平，也反映出残疾人对无障碍设施建设的认可程度。2009 年度城镇残疾人对无障碍设施的满意度指标的实现程度为 74.3%，比上年提高 4.4 个百分点，体现出残奥会影响和无障碍建设的成效。另外，有 79.5% 的城镇残疾人所生活的城镇中至少有一种无障碍设施，说明无障碍设施建设取得了很大成效。

（2）残疾人接受社区服务比例指标的实现程度为 18.9%。除了家庭以外，社区是残疾人服务的主要提供者。社区服务覆盖率直接反映残疾人社会服务水平

和残疾人工作社会化水平，也反映和谐社区建设的水平。2009 年度，残疾人社区服务覆盖率仅为 17%。

（3）残疾人法律服务满意度指标的实现程度为 96.2%。法律服务满意度反映残疾人及其亲属感知残疾人的权益受到保障的程度，反映残疾人权益保障水平。2009 年度监测显示残疾人法律服务满意度指标的实现程度为 96.2%，但只有 6.9% 的残疾人家庭接受过法律服务，3.2% 的残疾人家庭接受过法律援助或司法救助。因此，做好残疾人法律维权宣传和法律救助工作，还需进一步的努力。

## （二）残疾人小康进程与全国相比，差距仍然较大

由于种种因素的影响，残疾人总体生活水平与全社会平均水平差距仍然较大，相当多残疾人的贫困状况没有得到根本改善，残疾人在基本生活保障、康复、教育、就业等方面还面临许多困难，实现残疾人达到小康生活的任务还非常艰巨。据国家统计局小康监测报告显示，2008 年我国全面建设小康社会实现程度已达 74.6%，比相应年份的残疾人小康实现程度高出 20 多个百分点。虽然两套指标体系不完全相同，但也能反映出两者之间存在较大差距，以下数据为残疾人与全国监测数据的比较。

**1. 残疾人家庭人均可支配收入仅相当于全国平均水平的 57.9%，差距明显**

2009 年度残疾人家庭人均可支配收入为 5672 元，占全国居民家庭人均可支配收入的 57.9%。其中，城镇残疾人家庭人均可支配收入为 8578 元，仅占全国城镇居民家庭人均可支配收入的 54.4%；农村残疾人家庭人均可支配收入为 4066 元，占全国农村居民家庭人均可支配收入的 85.0%。因此，提高残疾人的经济地位与生活水平、缩小差距的任务，非常迫切。

**2. 残疾人家庭医疗保健支出及其占家庭消费支出比例均远高于全国平均水平，出行和通信支出大大低于一般居民家庭**

2009 年度，城镇残疾人家庭人均医疗保健支出为 1241.3 元，是全国城镇居民家庭人均医疗保健支出的 1.58 倍；农村残疾人家庭人均医疗保健支出为 551.1 元，是全国农村居民家庭人均医疗保健支出的 2.24 倍。城镇残疾人家庭人均医疗保健支出占全部消费支出的比重为 20.0%，比全国城镇居民家庭人均医疗保健支出比重 7.0% 高出 13 个百分点；农村残疾人家庭人均医疗保健支出占全部消费支出的比重为 15.4%，比全国农村居民家庭人均医疗保健支出比重 6.7% 高

出 8.7 个百分点。

2009 年度，城镇残疾人家庭人均交通和通信支出为 359.9 元，仅为全国城镇居民家庭人均交通和通信支出的 25.4%；农村残疾人家庭人均交通和通信支出为 221.8 元，仅为全国农村居民家庭人均交通和通信支出的 61.6%。城镇残疾人家庭人均交通和通信支出占全部消费支出的比重为 5.8%，比全国城镇居民家庭人均交通和通信支出比重 12.6% 低 6.8 个百分点；农村残疾人家庭人均交通和通信支出占全部消费支出的比重为 6.2%，比全国农村居民家庭人均交通和通信支出比重 9.8% 低 3.6 个百分点。

**3. 残疾人家庭恩格尔系数高于全国平均水平，生活质量明显落后**

2009 年度，残疾人家庭恩格尔系数为 46.2%，比全国居民家庭恩格尔系数 41.1% 高出 5.1 个百分点。其中，城镇残疾人家庭恩格尔系数为 44.7%，高出全国城镇居民家庭恩格尔系数 6.8 个百分点；农村残疾人家庭恩格尔系数为 47.1%，高出全国农村居民家庭恩格尔系数 3.5 个百分点。显然，残疾人家庭生活质量明显落后于全国水平。

**4. 残疾人家庭人均住房使用面积明显低于全国水平**

2009 年度，残疾人家庭人均住房使用面积为 19.8 平方米，比全国居民家庭人均住房使用面积低 6.1 平方米，差距明显。其中，城镇残疾人家庭人均住房使用面积为 17.4 平方米，比全国城镇居民家庭人均住房使用面积低 5.6 平方米；农村残疾人家庭人均住房使用面积为 21.1 平方米，比全国农村居民家庭人均住房使用面积低 7.2 平方米。

**5. 家庭电器化水平低于社会平均水平**

残疾人家庭人均生活用电量仅占全国居民家庭人均生活用电量的 60%，表明残疾人家庭电器化水平低于社会平均水平。

**6. 义务教育差距巨大**

2009 年度，学龄残疾儿童接受义务教育的在学比例为 69.5%，还有 30.5% 的学龄残疾儿童没有接受义务教育，而全国学龄儿童基本上都接受义务教育，差距很大。

**7. 城镇残疾人登记失业率远高于全国水平**

2009 年度，城镇残疾人登记失业率高达 13.6%，是全国城镇登记失业率 4.2% 的 3.2 倍，残疾人的就业问题还需要各级政府和社会更多的关注与支持。

**8. 城镇残疾人基本社会保险覆盖率低于全国 8.6 个百分点**

2009 年度，16 岁及以上城镇残疾人基本社会保险（包括基本养老保险和基本医疗保险）覆盖率为 52.1%，比全国的 60.7%（估计）低 8.6 个百分点。其中，基本养老保险覆盖率为 42.1%，比全国的 55.6%（估计）低 13.5 个百分点；基本医疗保险覆盖率为 62.1%，比全国的 65.8%（估计）低 3.7 个百分点。

**9. 新型农村合作医疗参合率高于全国水平**

2009 年度，农村残疾人参加新型农村合作医疗比例达 94.4%，高于全国 91.5% 的水平。残疾人基本上都参加了新型农村合作医疗，也是新型农村合作医疗制度最大的受益者。

**10. 残疾人家庭信息化程度低于全国水平**

2009 年度，每百户残疾人家庭拥有（固定和移动）电话 86 部，占全国居民家庭平均水平 204.7 部的 42.0%。其中，每百户城镇残疾人家庭拥有（固定和移动）电话 96.4 部，占全国城镇居民家庭平均水平 254 部的 38.0%；每百户农村残疾人家庭拥有（固定和移动）电话 80.1 部，占全国农村居民家庭平均水平 163.1 部的 49.1%。

2009 年度，每百户残疾人家庭拥有彩色电视机 74.3 台，占全国居民家庭平均水平 114.6 台的 64.8%。其中，每百户城镇残疾人家庭拥有彩色电视机 77.7 台，占全国城镇居民家庭平均水平 132.9 台的 58.5%；每百户农村残疾人家庭拥有彩色电视机 72.4 台，占全国农村居民家庭平均水平 99.2 台的 73%。

2009 年度，每百户残疾人家庭拥有电脑 6 台，比全国居民家庭平均水平 30 台少 24 台。其中，每百户城镇残疾人家庭拥有电脑 13 台，比全国城镇居民家庭平均水平 59.3 台少 46.3 台；每百户农村残疾人家庭拥有电脑 2.1 台，比全国农村居民家庭平均水平 5.4 台少 3.3 台。

## （三）加快残疾人全面建设小康的建议

**1. 加强教育、培训和就业服务，促进残疾人就业**

就业是民生之本，是残疾人改善生活状况，实现自强自立的主要途径。目前，残疾人就业形势十分严峻，近 3 年来，残疾人登记失业率逐年上升，2009 年度高达 13.6%，远高于全国登记失业率 4.2% 的水平，而实际失业率远不止如此。为此，政府必须采取措施。

（1）完善残疾人教育体系，落实残疾人教育救助政策，提高残疾人的教育质量和受教育水平。政府必须完善残疾人教育体系，落实残疾人教育救助政策，提高适龄残疾儿童少年义务教育入学率，扩大残疾人高级中等以上教育规模，积极开展残疾人成人教育和远程教育；以市场需要为导向，加强残疾人的职业培训、技能学习，进一步扩大残疾人职业培训规模，培养更多的合格的社会劳动力，不断提高残疾人的就业竞争能力。

（2）坚持多渠道、多层次、多形式促进残疾人就业。以调整残疾人就业保障金征缴方式为杠杆，通过经济的、法律的手段加大残疾人按比例安排就业力度；完善福利企业优惠政策，发展残疾人集中就业；扶持残疾人个体从业，开发适合不同类别残疾人的公益性就业岗位，千方百计促进残疾人就业。加大对农村残疾人参加劳动的扶持力度，提高他们的劳动收入水平。

**2. 加强社会保障工作，保障残疾人的基本生活**

今后一段时间，政府要进一步完善城乡残疾人参加社会养老、医疗等保险的优惠措施，进一步完善低保分类救助制度，确保重度残疾、老残一体和一户多残的残疾人及农村残疾人得到更好的保障。从重度残疾人做起，抓紧建立面向残疾人的生活补贴、康复补贴等社会福利政策，针对残疾人不同情况，发展托养服务和居家服务，提高社会保障在残疾人群体中的覆盖率和基本保障水平。

**3. 加强康复工作，实现人人享有康复服务**

康复是帮助残疾人恢复和补偿功能，增强生活自理和社会适应能力，平等参与社会生活的基础。为实现残疾人"人人享有康复服务"，要进一步完善康复管理和服务体系，切实将残疾人康复纳入医疗卫生改革和社区卫生服务体系，加强康复服务设施建设和人才队伍培养，大力开展社区康复，继续实施重点康复工程，大力开展康复救助。康复工作的重点对象是精神残疾人、智力残疾人、重度残疾人、残疾儿童和农村地区没有能力接受康复服务的残疾人。

**4. 广泛开展社区娱乐活动，丰富残疾人精神生活**

丰富、活跃残疾人群众文化体育生活，发展残疾人特殊艺术和竞技体育，是激励残疾人自强不息的重要形式。政府应采取有效措施，广泛开展群众性文化体育活动，将残疾人群众文体活动纳入和谐社区建设，鼓励和吸引残疾人参加形式多样、健康有益的社区文化、艺术、健身、娱乐等活动，大力发展残疾人群众性体育项目。还要采取措施，鼓励、支持各类公共文化体育设施管理机构，普遍对

残疾人开放，并提供特别服务和优惠。全民体育健身设施建设要充分考虑残疾人参加体育锻炼的需求。

**5. 推进无障碍建设，方便残疾人参与社会生活**

无障碍环境是残疾人走出家门、参与社会生活的基本条件，也是方便老年人、妇女儿童和其他社会成员的重要措施。政府要在目前较好的工作基础上，继续努力为残疾人等群体创造安全、方便的无障碍环境，促进他们的社会参与。

**6. 加强法制建设，依法维护残疾人的合法权益**

依法维护残疾人的合法权益，是残疾人工作的主题，也是全社会的义务。政府要进一步完善残疾人事业政策法规体系，做好残疾人法律维权宣传工作，加强残疾人自我维权的意识，提高政府、司法机关、法律救助机构对残疾人法律救助和维权服务的能力，依法保障残疾人的合法权益。

# Monitory Report on the Conditions and Well-off Process of the People with Disabilities in China

**Abstract**：There were some improvements in the overall conditions of the people with disabilities in 2009：per capita disposable incomes of households keep growing, housing conditions improved, Engel's coefficient decreased, educational attainment ratio increased, and the participation rate of New Rural Cooperative Medical System is higher than national average level, etc. However, per capita disposable incomes of households with disabled people just amount one forth against national average, coverage rate of rehabilitation service is less than one fourth, the ration of medical care expenditure to family expenditure of family with disabled people is far higher than national average, unemployment is higher than national level, family information level is lower than average as well. The overall well-off progress of the people with disabilities has moved on, but it is still much lower than average, which calls for special attention and support from government and society.

**Key Words**：People with Disabilities；Conditions of the People with Disabilities；Monitor on Building a Moderately Prosperous Society in All Respects；Monitor on Building a Moderately Prosperous Society Process

# 专题篇

REPORTS ON SPECIAL SUBJECTS

# 新阶段社会建设的核心任务：
# 调整社会结构

"当代中国社会结构变迁研究"课题组

陆学艺　宋国恺　胡建国　李晓壮 执笔*

**摘　要**：经过30年改革开放的伟大历程，中国经济社会发展取得了巨大成就，已进入工业化中期阶段；与此同时，社会结构也发生了深刻变化，现代社会结构已经初步形成。但是，由于经济社会发展不协调，社会结构调整滞后于经济结构调整，社会结构还处于工业化初期阶段，由此引发诸多社会矛盾和问题，要求我们用新的视角去认识和分析。

**关键词**：经济结构　社会结构　社会矛盾　社会建设

---

\* 陆学艺，中国社会科学院社会政法学部荣誉学部委员，社会学研究所研究员；宋国恺，北京工业大学讲师；胡建国，北京工业大学副教授；李晓壮，北京工业大学博士研究生。

## 一 中国进入以社会建设为重点的新阶段

现代化实践表明，一个国家或地区在发展的不同阶段，其发展任务、发展模式呈现阶段性特征。在发展初期阶段，生产力水平低，劳动产品少，解决温饱问题和满足人们基本物质生活的需求成为社会发展的主要任务。因此，这一阶段以经济发展为主导，经济发展优先于社会发展，经济社会发展不协调在这一发展阶段有其一定的必然性、合理性。在进入发展中期阶段，生产力落后状况得到显著改善，温饱问题和基本物质生活需求得到初步解决和满足，人们对物质生活以外的精神文化和人的全面发展的需求越来越迫切。如果不调整阶段性的战略目标来满足人们的阶段性需求，经济社会发展不协调的矛盾就会变得更加突出。

### （一） 突出的经济发展成就与尖锐的社会矛盾问题并存

一方面，经济发展成就突出。改革开放 30 余年来，中国国内生产总值以世界经济发展史上罕见的年均 9.8% 增长率快速增长，综合国力迈上了新台阶，成为世界第三大经济体。按 1978 年可比价格计算，2008 年全国城镇居民人均可支配收入和农村居民人均纯收入比 1978 年分别增加了 7.16 倍和 6.93 倍，人民生活总体达到了小康水平。① 中国自 2006 年跃居世界第一大外汇储备国以来，外汇储备以月均两位数的速率增长，到 2009 年 6 月底国家外汇储备余额已达 21316 亿多美元，占全球外汇储备总额的 1/4 强。这是 30 多年前还处于短缺经济状况下的中国人都没有想到的，也大大超越了改革开放之初设计者们的蓝图。中国发生的变化用"翻天覆地"来形容一点也不为过。

另一方面，社会矛盾和问题尖锐而突出。在经济建设成就之大超乎预想的同时，社会问题和矛盾之多也出乎意料。1978 年改革开放发轫之初，社会普遍的认识是：当时中国面临诸多矛盾与困难的主要原因是贫穷与经济发展落后，搞好了经济建设，这些问题就会迎刃而解。但如今，在经济建设取得巨大成就的同时，社会领域中的矛盾和问题不是少了，反而多了。如住房、教育、医疗、养老

---

① 数据来源：《中国统计年鉴》相关年份。本文后面引用数据若无特别注明，均引自《中国统计年鉴》。

等民生问题日益突出，贫富差距、城乡差距、区域差距持续扩大，劳资关系等社会利益群体矛盾日益显化，土地征用、房屋拆迁、企业改制、涉法涉诉等容易引发不稳定事件的问题凸显；一些地方杀人、绑架等严重暴力犯罪增多，抢劫、抢夺、盗窃等侵财犯罪上升，社会治安出现不少新情况。特别是群体性事件，1993~2005年，群体性事件增加了近10倍。① 2008年以来，以贵州瓮安事件、吉林通化事件等为代表的群体性事件呈现蔓延趋势，社会稳定问题日益突出。

经济建设成就之大超乎预想，社会矛盾问题之多出乎意料，这"两个想不到"是在中国进入发展的关键时期，即工业化中期阶段之后开始集中显化出来的，这是当前中国经济社会发展的新的阶段性特征。

### （二）中国进入社会建设为重点的新阶段

国外社会建设经验提供了有益的启示。当前中国发展所处的阶段特征，在世界各现代化国家的发展历程中也曾出现过。19世纪末20世纪初是美国具有关键意义的转折时期，在经济迅速发展的同时，也出现了贫富差距悬殊、秩序紊乱等社会危机，但美国在这个阶段及时进行了社会体制改革，加强社会建设，较好地化解了社会危机，使社会发展适应了工业化进程。第二次世界大战后日本经济快速增长，特别是1960年之后经济增长更为迅速，超过了预期，但同时也出现了突出的社会问题，经济结构与社会结构失衡导致民众生活处于不正常状态。1970年代末期就有学者评论："以当时日本的经济发展与社会发展的均衡情形来说，生产为第一流，国民所得与消费为第二流，住宅等生活环境则属第三流。"② 为了解决失衡的问题，日本进行了相当规模的社会建设，但由于种种原因，社会建设并没有得到有效落实，日本为经济大国的成功付出了相当大的代价，例如生活环境等方面的问题至今仍未得到完全解决。"拉美发展道路"同样显示了社会建设的重要性。20世纪90年代后期，拉美地区经济状况严重恶化，失业率持续攀升，贫富悬殊，两极分化，社会动荡，各种社会矛盾凸显和激化，形成被人们认为是难以跳出的"拉美陷阱"，而其根源则是拉美国家对社会建设认识不足，社会体制改革力度不够，没有形成与经济结构相适应的社会结构。

---

① 于建嵘：《转型期中国的社会冲突》，《凤凰周刊》2006年第176期。
② 福武直：《日本社会的结构》，王世雄译，台湾东大图书公司，1994，第107页。

不论是美国成功的经验，日本"成功的代价"，还是拉美国家的前车之鉴，都呈现了社会建设在发展进程中不可忽视和不可替代的作用。

要从社会建设的高度来认识当今中国社会发展阶段。中共十六大以来，中国对社会建设的重要性有了更高的认识，并将社会建设任务写入执政党的党章等重要文献。2004 年，中共十六届四中全会第一次提出"构建社会主义和谐社会"和"社会建设"的战略任务。2005 年，建设中国特色社会主义事业的总体格局由社会主义经济建设、政治建设、文化建设三位一体发展为经济建设、政治建设、文化建设、社会建设四位一体。社会建设成为总体发展的重要一环。进入21 世纪，政府在坚持以经济建设为中心的同时，反复强调要将社会建设摆在更加突出的位置，始终注重社会建设的实践，这标志着进入新世纪以来中国正在经历第二次转型，迈入了以社会建设为重点的新阶段。

### （三）社会建设的核心任务是调整社会结构

党的十七大报告指出："社会建设与人民幸福安康息息相关，必须在经济发展的基础上，更加注重社会建设，着力保障与改善民生，推进社会体制改革，扩大公共服务，完善社会管理，促进社会公平，努力使人民学有所教、劳有所得、病有所医、老有所养、住有所居，推动建设和谐社会。"从社会学的角度分析，社会建设的这些内容，可以归结为调整社会结构。抓住了社会结构的调整，就抓住了社会建设的核心。在当前，通过各项工作，构建一个与经济结构相适应的现代社会结构，推进经济社会协调发展，是我们面临并要着力解决好的关键性任务。

所谓社会结构，概括地说，是指一个国家或地区占有一定资源、机会的社会成员的组成方式及其关系格局。① 社会结构具有复杂性、整体性、层次性、相对稳定性等重要特点，一个理想的现代社会结构，应具有公正性、合理性、开放性的重要特征。具体而言，社会结构包含着各种重要的子结构，除了作为基础要素

---

① 关于社会结构，不少社会学教科书定义为：一个国家或地区内部诸要素间的构成方式与状况。我们认为这一概括没有充分反映出构成社会结构的要素与机制，而这正是认识社会结构何以不可缺少的分析维度。所以，我们认为社会结构是社会资源在社会成员中的配置，以及社会成员获得社会资源的机会（即公平性）的结果，这对于了解社会结构状况以及对其进行调整更具有重要的理论与实践意义。

的人口结构外，还有体现社会整合方式的家庭结构、社会组织结构，体现空间分布形式的城乡结构、区域结构，体现生存活动方式的就业结构、收入分配结构、消费结构，体现社会地位格局的社会阶层结构等。在这些子结构中，社会阶层结构是核心，直接或间接体现社会子结构各方面的状况，各子结构间的变化存在互动关系，某一子结构的变化会影响其他子结构的变化。而调整社会结构也就意味调整它的多项子结构尤其是阶层结构，使它们与经济社会发展的进程相契合。

## 二　当代中国社会结构深刻变动

改革开放以来，中国社会结构已经发生了深刻变动，可以说是"几千年来未有之变局"。经济体制和社会体制改革大大加快了由农业社会向工业社会、农村社会向城市社会、传统社会向现代社会的转型，中国社会结构发生了深刻变动，主要表现在五大方面。

### （一）基础结构：人口结构发生巨大变化

人口结构是社会结构的基础结构。1978～2007年，中国人口出生率从18.25‰下降到12.10‰，人口死亡率保持在6.5‰这一较低水平上下，人口自然增长率则相应地从1978年的12.00‰下降到2007年的5.17‰。在此基础上，中国人口的年龄结构、素质结构和空间分布结构发生了很大变动，突出表现在：人口平均预期寿命延长、人口年龄结构进入老龄化阶段、人口文化素质显著提高，人口空间分布由农村向城市、由落后地区向沿海经济发达地区大量迁移、集聚。人口结构的基础性变动影响着家庭结构、就业结构、阶层结构等社会结构的深刻变化。

### （二）社会整合结构：家庭结构、组织结构不断变动

家庭是社会的细胞。随着人口结构变化，中国家庭结构、结构模式及其社会整合功能也发生了重大变化。一是家庭规模小型化。户均人口规模下降趋势明显，由1982年的4.41人下降到2008年的3.16人。二是家庭类型多样化。随着婚恋价值观念日益多元化和城乡人口流动，家庭类型呈现多样化的趋势，在城市出现了丁克家庭、空巢家庭和单身家庭，在农村隔代家庭比例上升，漂泊家庭和

分离的核心家庭增加。三是家庭结构模式变化。在城镇突出表现为"四二一"模式；在农村基本形成以"四二二"模式为主体的格局。四是家庭关系平等化。主要表现在夫妻之间和家庭成员之间关系趋向平等化。

组织结构及其整合功能发生变化。改革开放以来，随着计划体制的解体和市场体制的建立，组织结构的最大变化是，伴随着组织结构的分离和成长，资源与机会的配置发生重大变化，组织功能也不断再造。首先，政府组织对于经济社会的管控方式和职能在转变，正由"全能型"回归到公共服务职能。其次，伴随着企业组织的成长并成为市场的主体，国有企业的生产功能被强化，非生产功能被剥离，非公有制企业组织和个体工商户大规模成长。再次，社会组织开始发育，并发挥着国家与市场之外的社会整合功能，如2008年全国登记注册的社会组织达到约41.4万个，其中社会团体约22.8万个，民办非企业单位约18.2万个，基金会1597个，吸纳社会各类人员就业475.8万余人，它们已经成为构建社会主义和谐社会的重要整合力量。

### （三）生存活动结构：就业、收入分配与消费三大结构市场化变动

人们的生存活动结构主要包括就业结构、收入分配结构与消费结构，体现资源、机会的分配与配置过程。

就业结构表现为劳动力在产业、行业、岗位等方面的配置。当代中国劳动力配置已经从新中国成立前的自然经济、改革开放前的计划经济状态转变到当前的社会主义市场经济方式，从农业就业人口占绝大多数转变为非农产业就业人口超过农业就业人口，同时第三产业就业人口超过了第二产业就业人口。直到1978年，全国4亿就业人口在三次产业分布的结构仍然为70.5：17.3：12.2。1978年以后，就业结构发生显著改变，到2008年，全部就业人口的三次产业分布格局演变为39.6：27.2：33.2，非农就业人口占60.4%。1978～2008年，第二、三产业从业人员平均每年增加1166.4万人。

收入分配问题不仅事关民生，而且关系到社会公平公正，更关系到国家的长治久安。改革开放以来，中国收入分配制度改革不断深化，收入分配体制和再分配框架发生根本变化，收入分配结构的巨大变动打破了平均主义、"大锅饭"局面，形成了按劳分配为主体、多种分配方式并存的分配制度，极大地激发了社会成员以及众多行业部门的活力，调动了积极性，有力地促进了经济社会发展。当

前，中国收入分配方面的问题，主要是城乡、区域、阶层之间收入差距过大，贫富发生分化，已对社会和谐稳定产生了不利的影响。

消费不仅从一个方向推动社会分化，同时也是重要的社会整合机制。改革开放30多年来，中国居民消费结构已从生存型、温饱型走向小康型、富裕型。城镇居民家庭的恩格尔系数已由1978年的57.5%下降到2008年的37.9%，达到了富裕水平；同期，农村居民家庭的恩格尔系数由67.7%下降到43.7%，进入小康。这虽然与发达国家30%以下的水平仍有距离，但意义重大，消费结构中科教文卫等消费支出比例正在不断提高，越来越呈现现代社会消费结构的趋高级化重要特征。另外，推动中国居民消费结构变迁的主导力量发生了重要变化，消费功能更加多样化，尤其重要的是消费的社会标识功能正在逐渐增强。

## （四）空间结构：城乡、区域间的资源与机会配置不断调整

城乡结构和区域结构是社会资源和机会在空间配置而形成的结构状态。

中国城乡结构变动首先表现为城市化，即伴随着工业化的进程，大量农村人口转变为城市人口，传统农村社会逐步向城市社会转变。1952年中国的城市化率只有12.8%，1978年城市化率也只有17.9%，26年间仅提高5.1个百分点。1978年以后，城市化进程开始加快，按城镇常住人口计算，2008年城市化率达到45.7%，正在接近一般公认的城市人口占总人口50%的城市化水平。其次，表现为城乡二元体制转型，即市场经济的发展打破了城乡资源和机会配置的行政垄断，使计划经济时期形成的城乡二元社会结构松动。1978年开始的农村改革首先冲破了城乡二元产权制度的约束，农村在资源配置上获得了相对的自主权利，诱发了城乡体制的一系列变动。21世纪以来，国家先后提出统筹城乡发展战略，相继出台一系列惠农举措，使农村、农民得到相当多的实惠。但是，中国的城乡差距仍然很大。

改革开放以来，中国区域发展明显分化；区域之间互动机制从单一走向多元，东部、中部、西部等区域经济社会发展格局逐步形成，不同类型区域的经济社会发展模式和速度差异明显，社会成员之间的生活水平和发展机会落差逐步拉大。总体上看，在发展水平上东部最高、中部次之、西部最低，三大地区之间的发展差距明显。2008年，东部地区①以占全国9.5%的土地面积和占全国40%的

---

① 包括北京、天津、辽宁、上海、江苏、浙江、山东、福建、广东、海南、河北等11省市。

人口，创造了占全国 58.4% 的地方生产总值，中西部内陆地区则以占全国 90.5% 的土地面积和占全国 60% 的人口，仅创造了占全国 41.6% 的地方生产总值。区域结构不平衡是当前中国的基本国情，协调区域发展是当前调整社会结构的重要方面。

### （五）地位结构：现代社会阶层结构初步形成

随着历史进程的沿革，制度、结构等社会因素的变迁，资源配置和机会获取方式的变动，对于阶层结构产生了深刻变化过程，成为当代中国社会结构核心变动的表征。

1949～1978 年，中国社会的阶级阶层结构变迁是一个结构简化的过程，通过社会主义公有制和计划经济体制的建立，最终形成了由工人、农民和知识分子组成的"两个阶级一个阶层"的社会阶级阶层结构。1978 年以来，随着经济体制的深刻变革，资源和机会的配置方式发生了重大变化，原来单一的中央集权配置方式转变为国家、市场、社会共同配置的方式，推动了社会阶层结构的深刻变动，催生了诸如私营企业主、农民工等一些新的社会阶层和群体，使社会分化为"十大阶层"的社会阶层结构。[①] 在机会获取方面，总体而言，1978 年以来，特别是在改革开放初期，国家制度政策的安排，对人们社会地位的获得和变化，发挥着重要乃至决定性的作用，"先赋因素"作用明显。但越到后来，整个社会变得越是开放，"后致努力"逐步成为获得向上流动机会的主要规则。

新中国成立 60 年来，特别是改革开放 30 多年来，中国社会结构深刻变动，推动着一个现代社会阶层结构的初步形成。资源和机会在社会阶层的分配，构成了阶层位置的客观基础，阶层成员获取资源和机会的能力成为改变其阶层位置的重要因素。改革开放之前的"两阶级一阶层"结构逐渐解体，新的社会阶层逐渐形成，社会阶层结构由简单化到多元化，由封闭转向开放，现代社会阶层结构已基本形成。此外，在这种新的社会阶层结构中，中产阶层的规模比例不断扩大，是当代中国社会阶层结构的突出表现。据我们测算，2007 年中国的中产阶层占总就业人口的22%，比 1999 年的15%增加 7 个百分点，现在中产阶层的比例每年约增加 1 个百分点，约有 800 万人进入中产阶层。当然，必须看到，中国

---

① 陆学艺：《当代中国社会流动》，社会科学文献出版社，2004，第 9～23 页。

社会阶层结构的现代化转型远未完成，社会中下阶层比重仍然很大，中层比重偏小，整个结构总体上呈现洋葱头形状，与现代社会应有的橄榄形状态还有一定距离。

## 三　社会结构变动对中国经济发展的贡献

中国社会结构的变动对于中国经济发展有着重大的贡献。在现代社会中，除了国家干预与市场调节之外，社会结构转型是影响资源配置与经济发展的另一只"看不见的手"，它既是经济增长的结果，也是社会变革的推动力量。[1]

### （一）家庭经济功能的恢复推动经济发展

1949 年以后，随着社会主义改造的完成，农村土地收归集体所有，农村家庭的生产功能严重受损。1978 年以后，随着家庭联产承包责任制的实施，以家庭为单位，农民获得了土地生产经营使用权，农民家庭的生产功能得到恢复，极大地释放了农民的生产积极性，中国农业发展进入快速增长的新阶段。

在城镇，家庭的经济功能在 1956 年以后基本被改造掉。一方面，随着个体经济被改造，以家庭为单位的个体经济失去了存在空间；另一方面，随着计划经济体制的建立，以及经济建设中"高积累、低消费"的政策安排，城镇家庭的消费功能被抑制在国家严格的制度安排之中，失去自主消费空间。改革开放政策重点由农村转向城市以后，个体经济的发展首先得到政策允许，城镇家庭重新获得了对生产资料的拥有与支配，私营企业、个体经营户雨后春笋般出现，揭开了城市改革的序幕；同时，商品经济的发展、市场的繁荣，家庭的消费功能自主回归，极大促进了商品经济的发展。

### （二）就业结构调整使劳动力配置合理化

在改革开放之前，中国用工制度由国家高度统一配置，就业结构相当刚性，劳动力流动受阻。改革开放之后，随着经济体制改革，大量的农业劳动者从第一产业向二、三产业的快速转移，农民获得了非农就业的权利与机会，不仅满足

---

[1]　李培林：《另一只看不见的手：社会结构转型》，《中国社会科学》1992 年第 5 期。

了二、三产业对大量廉价劳动力的需要，使农业劳动者收入更加多元化，而且使中国成为"世界工厂"，在全球化的趋势下产品更具竞争优势。从另外一个意义上讲，大量的农村劳动力进入城市，不仅加快了城市化步伐，改变了城乡结构，而且实现了人力资源的城乡优化配置，这对于促进经济的整体发展具有重要意义。

### （三）社会组织功能的自主性回归，促进了经济体制改革

改革开放以前，国家对整个社会进行总体性控制，形成一种总体性的组织结构。[1] 1978 年以后，在中国组织结构的变化中，国家、经济与社会三大组织的功能开始朝着自主性方向回归。一是国家的总体性控制不断收缩，并且朝着规范化、法律化的方向演进，从而逐步改变了以往国家包揽一切的状况。二是企业组织的生产功能得到强化，企业的社会性功能，正被逐步分离出去，这对于市场经济的发展意义重大。三是社会生活领域的自主性不断增强，相对独立的社会组织开始发育成长。社会组织是在国家不断从社会领域退出、作为市场主体的经济组织不断剥离其社会职能同时又未能承担其应当承担的社会责任的过程中发展起来的，因而它们具有以组织化的形式填补国家和企业组织退出以后在社会生活领域留下的空白的职能。从这些变化来看，各类不同组织功能的自主性回归，强化了专业分化下资源配置机制的多样化，换言之，资源和机会的配置由国家完全掌控，转变为由国家、市场、社会共同配置，从而大大提高了配置的效率，对经济增长和社会发展作出了重要的贡献。

### （四）城乡结构调整使得资源、机会的空间聚集效应得以展现

城市是降低资源配置成本的地区性结构安排，城市规模越大，资源配置成本越低。改革开放以来的城乡结构变化，实质是资源、机会在城乡间的重新配置。虽然今天城市化滞后于工业化，城乡结构依然不合理，但是，改革开放 30 多年间，中国城市化加快，使得城乡间的资源与机会配置的效率提高，有力促进着经济的发展。一是促进了职业生产的聚集效应；二是促进了产业结构的调整；三是促进了消费主体的成长，消费的扩大又推动了经济的增长。

---

① 孙立平：《转型与断裂——改革以来中国社会结构的变迁》，清华大学出版社，2004。

### （五）新社会阶层的兴起和发展使得社会主义市场经济的活力倍增

在改革开放以来不断发展的新的社会阶层结构中，掌握和运作经济资源的阶层不断兴起和壮大，他们主要包括私营企业主阶层、经理人员阶层、科技人员阶层、个体工商户阶层。改革开放以来中国经济的持续快速增长，与这些掌握和运作经济资源的阶层的壮大是密切相关的。可以说，没有市场经济中这些新的社会阶层的发展壮大，中国经济的增长不可能取得今天这么大的成就。2007年，全国的私营企业已经占国内企业总数的62.25％，注册资金93873亿元，上缴税金4771.5亿元，已经成为推动中国市场经济发展的重要力量。此外，新社会阶层结构中的农民工阶层的出现，为国家创造了巨大财富，农民工阶层的伟大功绩，在中国工业化、现代化、城市化建设的历史上应当占有很重要、很光辉的地位。

## 四 当前诸多社会矛盾问题的症结
## 在于社会结构变动滞后

在经济增长过程中，资源与机会配置的效率优先，并非总能导致公平的实现。也就是说，经济结构的变化并不总会推动社会结构的合理变动。一旦社会结构滞后于经济结构变动，而且社会结构本身内部存在不协调性，社会矛盾和问题就会层出不穷。

改革开放以来，中国社会结构虽然发生深刻的变化，并产生积极的经济意义，但在相当长的时期里，由于过于追求经济增长速度，社会建设受到某种程度的忽视，资源配置明显不足，社会结构调整因此而明显滞后。与此同时，计划经济体制时期形成的一些已经不合时宜的体制（如户籍制度）没有从根本上得到改变，而且改革开放以来制定的一些政策（如分配调节政策）也没有随着形势发展而及时调整，这些问题不同程度造成或加剧了中国社会资源配置和机会获得不公平。这样，在社会系统中，一方面是资源配置机制不合理导致社会结构变动与经济结构演变脱节，社会成员的发展差距扩大；另一方面是相当部分社会成员获得发展的资源和机会的难度加大，导致社会结构调整滞后，而且这种滞后已经超出了合理的限度。

### （一）中国社会结构变动滞后经济结构发展大约15年

现实发展中的若干重要指标已表明，当前中国的经济结构已进入工业化中期阶段，甚至有些指标已经进入了工业化后期阶段。从产业结构的变化情况看，产业结构已经从工业化初期阶段的"一、二、三"模式转变为工业化中期阶段的"二、三、一"模式；从人均收入水平看，人均GDP或GNP美元表明工业化水平总体上处于工业化中期阶段。但是，社会结构指标还没有随着经济结构的转变而实现整体性转型，多数社会结构指标仍然处在工业化初期阶段。例如，城乡结构变化的城市化率在工业化中期阶段应该达到60%以上，但到2008年，中国城市化率仍为45.7%；再如，在工业化中期阶段，一个国家或地区中产阶层规模经验值一般在22.5%~65%之间，但根据本课题组研究，2007年中国的中产阶层规模约为22%，表明中产阶层规模仍然处于工业化初期阶段状态。

经济结构与社会结构两者不但出现了结构性的偏差，而且结构性偏差比较大。比如，中国就业结构中，第一产业从业人员以改革开放30多年来年均下降1%的速度来计算，要使目前的就业结构转化并达到工业化中期阶段的相应指标，大约需要25年；又如，就城市化率而言，如果以改革30年来城市化率年均增长1%的速度来计算，城市化率要达到工业化中期阶段60%以上的指标，大约需要15年的时间；再如，就消费结构中的恩格尔系数而言，根据30多年来城镇和农村居民恩格尔系数每年分别下降0.82%和0.71%计算，该系数下降到工业化中期阶段的指标即30%以下，分别至少需要9年和16年左右；最后，就中产阶层规模而言，与发达国家中产阶层规模比较，如以近期中产阶层的规模每年增加1个百分点计算，要达到中产阶层占40%的水平，则需要约18年时间。

综合这几个指标并考虑到中国近年经济发展态势等多种因素，中国社会结构滞后经济结构大约15年。如果在近期不进行相应的社会体制改革，不加大对社会建设的力度，那么，按目前的格局发展，中国社会结构的演变要到2025年左右才能进入工业化中期阶段。

### （二）社会结构内部的各类社会结构之间也存在偏差

根据现代化过程的一般国际经验，社会结构现代化的转变要按次序经历三个转换点：首先是产值结构的转换点，即非农业产值占国内生产总值的比重上升到

85%以上；其次是城乡结构的转换点，即城市人口占总人口的比重上升到50%以上；再次是就业结构的转换点，即非农业从业人员上升到全部从业人口的70%以上。[①] 到2008年，中国的农业总产值在GDP中只占11.3%；但城镇常住人口占总人口的比重仅为45.7%，与50%以上的指标相差近5个百分点；从事非农业的劳动力仅占总就业人口的60.4%，与70%以上的指标相差近10个百分点。三者之间出现结构性偏差，这是造成当前中国三农问题久解不决、农民在解决温饱问题以后难以普遍富裕起来的一个结构性原因。又如，根据工业化国家的发展经验，平均每100人就有一个社会组织。现代社会组织是工业化、城市化社会中一支重要的整合力量，在社会管理中发挥着非常重要的作用。根据有关部门的统计，截至2008年底，中国相当于每3115人有一个社会组织，与工业化国家相差30多倍。

总的来说，中国社会结构变动滞后于经济结构发展，以及社会结构内部存在种种偏差和不协调，正是导致社会出现结构性紧张，诸多社会矛盾和问题不断涌现的主要根源所在。

## 五 社会结构调整的政策取向

社会结构的实质是资源与机会在社会成员中的配置。当资源、机会配置得当时，社会结构也就合理，反之社会结构便会出现不协调问题。因此，社会结构调整的基本原则就是如何最大化地实现资源、机会的公正合理配置。加快社会结构的调整，改变社会结构滞后于经济结构的局面，协调经济社会发展，这是当前中国社会结构调整的目标。

### （一）社会结构调整的重点

第一，加快城市化步伐，调整城乡结构。当前，中国城市化率不仅低于世界平均水平，甚至低于不少发展中国家的水平，而且这种低水平的城市化还包括统计在城镇常住人口中的1亿多农民工，这部分人严格说来还不是完全的城市人。

---

[①] 汝信、陆学艺、单天伦主编《2001年中国社会形势分析与预测》，社会科学文献出版社，2001，第6页。

所以，大力推进城市化，改变当前这种不合理的城市化模式是迫切的任务。当然，这涉及一系列政策的调整，如城市化政策中的户籍、就业、教育、社会保障等制度方面调整。但是，赋予进城农民工以城市居民身份，使现代产业工人的经济身份与社会身份相一致，这是历史潮流。

第二，完善收入分配制度，调整收入分配结构。在收入分配结构方面，完善收入分配制度，逐步解决好初次分配和再分配中的不公平问题。首先，要调整宏观上的收入分配格局，增加劳动收入在初次分配中的比重。其次，要加快改革和完善社会保障体制。当前社会保障体制在不少方面存在着不合理的地方，如发达地区、优势部门、优势阶层和群体的福利和社会保障要大大高于一般社会群体特别是弱势部门和阶层。社会保障等二次分配制度不应该成为优势阶层的"福利网"，而要真正成为社会弱势群体的"安全网"。

第三，规范劳动力市场，治理劳资关系，调整就业结构。一般来看，在一个国家或地区发展的不同阶段，发展的主要任务和模式会呈现差异，就业结构、劳资关系也会有所不同。在发展的初期，许多发展中国家或地区为了吸引投资者，通常利用本国或本地区劳动力廉价的优势，相应会在劳工保护方面降低对投资者的要求，"资强劳弱"成为这一阶段劳资关系中的普遍特征。但是，随着工业化的发展，劳动法规必然需要相应调整。一方面，"资强劳弱"的劳资关系格局所造成的利益失衡与冲突，不仅有失公平，而且也影响到效率。另一方面，随着工业化发展，劳动力密集型企业逐渐被技术密集型企业取代成为趋势，产业结构进一步调整和升级成为必然选择，这就要求劳动者要具备更高的素质，以适应工业化发展的新需要。因此，这一时期的劳动关系立法基本立场应由抑制人工成本转向鼓励发展高度熟练、掌握较高技能和生产率的劳动者，能够及时实现这种转向是一个国家或地区能否成功转变发展模式的关键之一。

第四，促进中产阶层的发育，推进现代社会阶层结构形成。就目前中国社会阶层结构状况而言，社会政策调控的重点应围绕壮大中产阶层，缩小社会中下阶层，协调整合阶层利益关系展开。首先，要壮大中产阶层。在多个方面，国家已经出台了扩大中等收入者比重、提高居民财产性收入、扩张高等教育规模等具有积极意义的政策，并在实践中取得了比较好的效果。当然，目前对于中小企业的扶持，以及对于中产阶层的住房、医疗、社保等相关的政策还需要进一步完善和落实。其次，要缩小社会中下阶层。主要是农业劳动者阶层和无业失业半失业者阶层的规模要缩小，同时提高这些阶层成员的经济社会地位及待遇。为此，需要积极增加就业，促进农村劳动力转移，为无业失业半失业人员创造就业机会，尽可能使他们业有所就，劳有所得；还需要继续关注农民工的权益保障，使他们能以各种形式融入城市；同时，要注意社会上层与底层之间利益关系的整体协调，减少和缓和二者之间利益冲突。

### （二）社会结构调整的具体政策建议

第一，加快推进社会建设，调整公共资源配置格局，提高公共产品供给的普惠水平。在社会建设的新阶段，应该下决心调整公共资源配置格局，从以往较多地倾斜于经济建设相关领域转向倾斜于社会建设相关领域，增加对教育、医疗、科技、文化等社会事业投入，加快社会事业的发展，实现资源的合理配置。这样才能改变经济发展与社会发展不平衡、不协调的困境。

第二，推进社会管理体制的改革。以往重视经济管理体制的改革，重视经济结构的调整，是必然的时代要求。但现在则需要更加重视社会管理体制改革，促进社会的自我发展和成长。当前的重点是要加快户口、就业、社会保障、社区建设等方面的体制改革，这是解决诸多经济社会矛盾、构建社会主义和谐社会的重要环节。

第三，不断加大利益整合机制建设，确保社会安定有序。由于中国社会结构转型是在政策体制变动、经济体制转轨、利益格局调整的背景下展开的，不同利益群体的分化随之而出现。从总体上看，当前的利益整合机制调整滞后于经济社会发展的需要，种种利益关系状况走向突出表现为城乡之间、区域之间、社会阶层之间的利益矛盾冲突多发。与此同时，社会结构定型化、系统化甚至固定化的趋势也已开始出现。这些都使得加大社会利益整合机制建设、确保社会安定有序显得更加重要和迫切。

第四，积极推进政府职能转变。长期以来，中国政府一直是"经济建设型政府"。在计划经济体制下，政府直接是经济建设的主力。改革开放以来，即使在社会主义市场经济体制已经确立起来以后，由于计划经济时期思维惯性的影响，政府过多干预微观经济的问题仍然没有得到彻底解决，公共服务被忽视和边缘化在所难免。而这些问题不是单纯靠发展经济，靠政府直接从事经济活动所能解决的。因此，中共十七大报告明确提出了建设"服务型政府"的目标，这就

要进一步理顺政府与市场的关系，政府要真正转向"以社会建设为中心"，将发展经济、提高效率等事务更多地交给市场。

第五，进一步发展壮大社会组织。首先，要尽快改革社会组织登记注册管理制度、双重管理制度、分级管理制度，逐步摒弃非竞争性原则，消解社会组织发展的"注册困境"。一切不违反国家宪法和相关法律的社会组织，一切旨在促进社会公益和合法成员共同利益的社会组织，应该直接准予注册登记。要解决好现行挂靠制度造成被挂靠机构不愿承担管理责任的困境，让社会组织成为独立社团法人，独立承担必要的法律和政治责任。其次，要深化社会管理体制改革，切实地实行政社分开，同时改革与社会组织发展息息相关的公共资源和社会资源的分配制度，消解社会组织发展的"融资困境"。通过政社分开的改革，从体制上解决好国家与社会组织之间的行政化"脐带"关系，使大多数行政化社会组织尽快实现社会化转型，大规模减少国家导向的社会组织数量，增加社会导向的社会组织数量。

# The Core Tasks of Social Construction in the New Stage：Adjustment of the Social Structure

**Abstract**：After thirty years great practice of reform and opening-up, China's economic and social development has made great achievements. China has stepped into the middle stage of industrialization. Meanwhile, the social structure has undergone profound changes, and the modern social structure has initially formed. However, due to the unbalanced development between society and economy, social structure adjustment is left behind the economic restructuring. And social structure is still in early stages of industrialization, which has induced a number of social conflicts and problems. These call for new understandings and analyzing perspectives.

**Key Words**：Economic Structure；Social Structure；Social Conflict；Social Construction

# 中国社会工作人才队伍建设

张时飞　唐　钧*

　　**摘　要：** 中国改革开放的伟大实践表明，经济建设需要宏大的经济工作人才队伍，社会建设同样需要宏大的社会工作人才队伍。党的十六届六中全会作出"建设宏大的社会工作人才队伍"这一重大部属以来，经过3年多卓有成效的工作，中国社会工作人才队伍建设开局良好，已步入全面快速发展阶段。但由于此项工作总体上处于起步阶段，还面临许多现实挑战。

　　**关键词：** 社会工作　社会建设　人才队伍

　　社会工作人才是以助人为宗旨，运用社会工作专业理念、知识和方法，从事困难救助、矛盾调处、权益维护、心理疏导、行为矫治、关系调适等社会管理与服务工作的专门人才，是中国人才队伍的重要组成部分。发展社会工作，加强社会工作人才队伍建设，是中国共产党从推进中国特色社会主义伟大事业和构建社会主义和谐社会出发作出的重大部署。大力推进社会工作人才队伍建设，是健全社会保障体系，保障人民群众基本生活权益的必然要求；是创新社会管理体制，整合社会管理资源的必然要求；是强化政府公共服务职能，实现基本公共服务均等化的必然要求；是夯实基层基础工作，加强中国共产党的执政能力建设和先进性建设的必然要求。中国改革开放的伟大实践表明，经济建设需要宏大的经济工作人才队伍，社会建设同样需要宏大的社会工作人才队伍。

## 一　中国社会工作人才队伍建设的发展状况

　　作为一门助人的专业与职业，社会工作起源于19世纪下半叶的英国和美国，

---

　　*　张时飞，中国社会科学院社会学所副研究员；唐钧，中国社会科学院社会学所研究员。

20 世纪上半叶在西方发达国家普遍得到发展，第二次世界大战后推广到广大发展中国家和中国港澳台地区。目前，社会工作已经成为世界大部分国家和地区的通行职业。现代意义上的社会工作在中国起步也不算晚，其间断断续续经历了80 多年的发展历程，大致可分为以下四个发展阶段。①

## （一）起步探索阶段（1921 年至新中国成立以前）

1921 年，北京协和医院创建了"社会服务部"，吸纳社会工作者开展医疗救助、家庭随访和各类社会服务，开启了中国专业社会工作实践发展的历史进程。这一时期，很多知名专家学者为解决当时存在的农村社会问题，开展了轰轰烈烈的"乡村建设运动"，最具代表性的有晏阳初的河北定县贫民教育实验和梁漱溟的山东邹平乡村建设运动。在专业教育方面，1922 年燕京大学创立社会学系，设立应用社会学专业，1928 年成立应用社会科学院，专门培养应用型的社会工作人才。但由于政治制度和经济社会发展水平的限制，当时社会工作没有得到大的发展，所发挥的作用也十分有限。

## （二）中断替代阶段（新中国成立后至改革开放前）

1952 年，中国进行了一次大范围的院系调整，社会学和社会工作专业作为资产阶级学科被取缔，社会工作教育和科研被迫中断。由于社会问题和社会服务需求还大量地客观存在着，专业的社会工作被民政部门和工青妇等人民团体的行政性社会工作所代替。新中国成立初期，民政部门对妓女、流民、烟民的成功改造，对连年战争造成的残疾军人、贫困人员的有效救助，就是社会工作实践的范例。这一时期，社会工作实践发展的一个重要特点，就是行政化色彩较浓，在高度集权和计划经济的体制下，党和政府依靠单位管理体制，以及强有力的思想政治工作和行政手段，解决社会问题，提供社会福利服务。

## （三）恢复发展阶段（党的十一届三中全会后至十六届六中全会前）

中国共产党十一届三中全会之后，社会学等学科逐步恢复发展，带动了社会

---

① 关于中国社会工作及其人才队伍建设发展阶段的分期，学界和实务界有不同的说法，其中以民政部社会工作司界定的四个阶段较为全面准确。

工作专业教育的恢复发展。1987 年 9 月，民政部邀请国内知名社会学家和社会工作专家学者，以及国家教委等有关部门负责人，举行了社会工作专业教育论证会，为全面创建中国社会工作专业教育做了舆论准备。1988 年，民政部资助北京大学设立了改革开放后第一个社会工作专业。随后，各级民政院校及其他高等院校相继开设社会工作专业和课程。截至目前，全国已有 200 多所高等院校设立了社会工作专业，部分省市建立了社会工作与管理专业自学考试制度，初步形成了大专、本科学历教育体系，每年毕业学生近万人。在实践探索方面，各地在社会工作职业培训、人才使用、制度建设等方面，都取得了长足的发展。1991 年，中国社会工作者协会成立，并于 1992 年正式加入国际社会工作协会联盟；1994年中国社会工作教育协会成立。从 2003 年开始，民政部向各省市民政厅局下发了《关于加强社会工作队伍建设的通知》，倡导有条件的省市积极开展社会工作职业制度试点工作。同年，上海市率先由民政局和人事局联合建立了社会工作者职业资格制度，首次考试以来，有近 8 万人取得社会工作职业资格证书。在总结地方探索经验的基础上，2006 年 7 月，原人事部、民政部联合发布了《社会工作者职业水平评价暂行规定》和《助理社会工作师、社会工作师职业水平考试实施办法》，首次从国家制度层面将社会工作者纳入了专业技术人才范畴，标志着我国社会工作者职业水平评价制度初步建立。

## （四）全面推进阶段（中国共产党十六届六中全会之后）

中国共产党十六届六中全会站在时代和全局的高度，作出了建设宏大社会工作人才队伍的重大部署，第一次将社会工作人才队伍建设写入中央文件加以强力推动。3 年多来，我国社会工作人才队伍建设各项工作全面展开，进展顺利，呈现蓬勃发展的态势。

第一，社会工作人才队伍建设的管理体制与工作机制初步确立。中央人才协调小组牵头制定的《国家人才发展中长期规划》将社会工作人才纳入了国家社会发展重点人才开发领域；中央人才协调小组将民政部纳入成员单位，具体负责社会工作人才队伍建设；国务院在新一轮机构改革（2008 年）的"三定"（定岗、定编、定机构）规定中，正式将社会工作人才队伍建设的职能赋予民政部，并在人事司加挂社会工作司的牌子；各地民政部门也设立了社会工作专门机构，负责社会工作人才队伍建设推进工作。

第二，社会工作人才队伍建设的政策研究与制定工作全面展开。①民政部正抓紧研究制定加强社会工作人才队伍建设的意见，2010 年有望出台，将成为指导中国社会工作人才队伍建设的纲领性文件。②民政部正抓紧制定社会工作人才队伍建设中长期规划和《社会工作师条例》的起草论证工作。③继制定《社会工作者职业水平评价暂行规定》和《助理社会工作师、社会工作师职业水平考试实施办法》之后，民政部于 2009 年又先后出台了《社会工作者职业水平证书登记办法》和《社会工作者继续教育办法》。④2008 年 11 月，民政部与人力资源和社会保障部联合出台了《关于民政事业单位岗位设置管理的指导意见》，首次从国家层面确定了民政事业单位专业属性，提出了民政事业单位原则上以社工岗位为主体专业技术岗位的要求，明确了社会工作者的职级待遇，确定了大多数民政事业单位主要提供社会工作专业服务的发展方向。同时，为了给广大社会工作人才提供更宽领域的发展空间，民政部于 2009 年 10 月出台了《关于促进民办社会工作机构发展的通知》，要求各级民政部门主动培育发展民办社会工作服务机构，积极协调有关部门制定支持民办社会工作服务机构的优惠政策。

第三，社会工作人才队伍建设的实践探索进展顺利。①2008～2009 年，民政部会同人力资源和社会保障部已成功举办两届全国助理社会工作师、社会工作师职业水平考试。据统计，2008 年首次全国社会工作者职业水平考试，全国共有 13.78 万人报名参考，2009 年又有 8 万多人参加了考试，两年共产生了 27259名助理社会工作师、8418 名社会工作师。②2007 年，民政部在全国 75 个地区和90 个单位开展了社会工作人才队伍建设试点工作。2009 年，民政部又新确定了88 个区、市、县、乡镇和 170 个单位作为第二批社会工作人才队伍建设试点地区和单位。③部分省市在制度建设方面取得了重大突破。北京市委、市政府发布了《关于加强社会工作人才队伍建设的意见》，成立北京市委社会工作委员会和北京市政府社会建设办公室，实行"一套人马，两块牌子"；深圳市委、市政府发布了《关于加强社会工作人才队伍建设推进社会工作发展的意见》，出台了《深圳市社会工作者职业水平评价实施方案》、《深圳市社会工作专业岗位设置方案》等 7 个配套政策文件，在民政局成立了社会工作处。④民政部组织和倡导社会工作人才参与抗震救灾恢复重建工作，迈出了中国社会工作介入灾害救援实践的重要一步，赢得了温家宝等党和国家领导人的赞誉。承担对口支援任务的省市民政部门利用灾后恢复重建机制，将社会工作纳入对口支援范围，选派社会工作人才，围绕解决受灾群众最关心、最直接、最现实的利益问题开展专业服务。四川、甘肃、陕西等省民政部门积极培养本地社会工作人才，探索建立社会工作人才参与灾后恢复重建的长效机制。

第四，社会工作专业教育和职业培训取得明显成效。一是，社会工作专业教育迅猛发展。截至目前，全国设置社会工作专业的各类院校已达214所，是2000年的6.8倍，目前每年招生和毕业的学生都在万人以上。为培养足够数量的高层次社会工作人才，2008年12月，国务院学位委员会第26次会议决定设置社会工作硕士专业学位，开展社会工作硕士专业学位教育工作，并于2009年组织专家对申请开展社会工作硕士专业学位教育试点工作的高校进行评审，从中选择出研究生培养单位33所，其中部委属院校18所，地方高校15所。二是，社会工作职业培训全方位开展。中组部制定发布的《全国干部2006～2010年教育培训规划》明确提出开展社会工作专业知识培训内容。受中组部委托，2007～2009年民政部先后在上海、深圳、南昌举办了6期地方党政领导社会工作人才队伍建设专题研究班，共培训230多位地方党政领导干部。2009年11月，民政部还配合国家行政学院举办了一期地级市党政领导社会工作和社会管理体制改革培训班，这些专题研究和培训有力地推动了各地社会工作及其人才队伍建设工作的发展。同时，民政部还在2006年制定的《"十一五"全国民政干部教育培训纲要》中提出，力争用3～5年时间，使现有民政系统干部职工至少接受一次社会工作专业培训。据统计，3年来，民政系统共有5万多人次参加了社会工作专业知识培训。全国妇联、团中央等部门也分别在本系统开展了大量的社会工作专业培训。

## 二　中国社会工作人才队伍建设面临的挑战及建议

两年多的实践探索表明，参与试点的地区和单位社会工作人才队伍建设开局良好，进展顺利。但由于中国社会工作及其人才队伍建设总体上处于起步阶段，试点地区和单位在大力推进社会工作人才队伍建设的同时，也面临诸多现实挑战，其中以下两个问题至为关键，亟待今后深化研究。

### （一）试点地区应构建一个怎样的社会工作人才使用格局？

从全国试点地区社会工作人才使用模式看，较具影响力的主要有两种。一是，部分试点地区确立的"政府推动、民间运作"的社会工作人才使用模式，以上海、深圳、广州等先行先试地区为代表。所谓"政府推动、民间运作"，其核心是政府购买、民办社会工作服务机构运作。其政策措施包括：公共财政是社会工作及其人才队伍建设经费的主要来源；政府所需社会工作服务主要向民办社会工作服务机构购买，目前多集中在购买社会工作服务岗位上；基于符合条件的民办社会工作服务机构总体上尚未充分发展的现状，政府专门出台相关政策予以培育和发展；为确保社会工作服务质量，政府建立了与之相适应的督导、监督和评估制度。二是，部分地区大力推行的"一社区一社工"的社会工作人才使用模式，以江西万载、福建厦门、辽宁大连、江苏南京等地为典型。所谓"一社区一社工"，是指政府尝试在社区居（村）委会和社区工作站至少设置一个社会工作岗位，配备相应的社会工作人才。

**1. 部分试点地区确立的"政府主导、民间运作"的社会工作人才使用模式，潜藏着许多不确定性因素甚至风险**

第一，在民办社会工作服务机构总体上尚未充分发展甚至阙如的情况下，试点地区普遍采取"边培育、边购买"的方式，在特定时期不失为一个好的过渡办法①，但也需要面对民办社会工作服务机构自主性普遍缺失的风险，即政府主导关系建构，民办社会工作服务机构只能依附其上。② 民办社会工作服务机构自主性普遍缺失，引致的后果至少有三：一是利益输送不可避免。各地方和部门基于工作需要和便利，多倾向于由本部门（如民政、教育、卫生等）或在本地区（如各区县）负责推动民办社会工作服务机构的成立。尽管这些机构也是以民间组织的形式出现，但部门和地区利益输送问题很难在实际操作中完全隔离。二是机构专业性无法保证。由于定向购买、意向选择方式存在固有缺陷（公开透明性不足等），现行招标程序有待规范和完善，再加上懂专业的多办不起机构、办得起机构的多不懂专业等现实问题的制约，民办社会工作服务机构的专业性很难保证。③ 三

---

① 在现行社会管理体制短期内难以发生重大变化、政府购买社会工作服务资金短期内难以明显增加、社会工作人才队伍短期内难以形成足够规模的大背景下，从增量入手，通过体制外的制度创新，很可能破解基本公共服务严重不足、效率低下及长期困扰各级政府"增事必添人"的困局，同时也为吸纳和使用社会工作人才提供了宽广空间和实践舞台。

② 罗观翠、王军芳：《政府购买服务的香港经验和内地发展探讨》，《学习与实践》2008 年第 9 期。

③ 易松国：《"双核"支撑深圳政府购买社工服务》，《社会工作》2007 年第 11 期。

是很可能在社会工作领域再造一批"铁饭碗"。民办社会工作服务机构犹如社会主义市场经济的主体——企业一样,"生生灭灭"是个常态,并非总是一帆风顺,永远立于不败之地,政府的培育、保护必须有时段、有限度,如果过度保护,有可能再造一批官办事业单位,有违改革发展初衷。

第二,在用人单位对社会工作岗位职责、任务、标准等认识不足的情况下,试点地区普遍采取以"购买社会工作服务岗位"为主的策略①,其优点是可较快形成社会工作人才队伍,推进过程也简便易行②,缺点是极容易陷入行政化、科层制泥潭,不利于社会工作人才的作用发挥和社会工作服务的持续开展。①行政化、科层制趋向明显。一方面受聘社会工作者目前承担了用人单位大量的行政性事务,如打字、写报告、整理材料等;另一方面,部分用人单位把受聘社会工作者视同为单位员工进行常规管理,完全不顾及社会工作服务的专业特性。②专业服务开展难、持续更难。社会工作专业特性决定了其对环境和条件有一定的要求,如个案辅导需要私密性场所,小组活动需要部分经费,等等。而政府购买社会工作服务岗位则是根据民办社会工作服务机构从业人员的多少,以所谓"人头费"的方式拨付资金,不菲的活动经费不在各试点单位的年度预算之列,或服务合同中没有明确经费支出来源,致使社会工作者在设计服务方案、提供具体服务时显得束手束脚,有的不得不放弃。同时,社会工作服务主要面向老年人、青少年、残疾人等社会特殊困难群体,而这些人群所面临的问题和困难,不论是个体因素造成还是结构因素所致,都不是短时间、仅凭"一剂良药"所能彻底解决的,需要长期、专业、综合的应对方案。这就要求社会工作服务必须具有较强的稳定性、连续性及相对宏观的长期规划,这正是购买社会工作服务岗位模式的内在缺陷。③专业能力保持难、发展不易。支持环境营造和专业团队建设是确

① 目前,政府购买社会工作服务主要有"购买社会工作服务岗位"和"购买社会工作服务项目"两种样式,其中前者较为普遍,后者广受认同。事实上,"购买社会工作服务岗位"又可区分成两种形态:一是政府通过授权的民办社会工作服务机构向社会公开招聘社会工作者,这以上海为代表;二是政府直接向民办社会工作机构选聘社会工作者,这以深圳较为典型。正如深圳市某权威人士一再强调的,深圳模式是学习借鉴上海模式的结果,其最大的特点是民办社会工作服务机构的民间性、自主性更强。

② 首先,该模式目标明确,直指社会工作服务岗位的开发与设置,要求吸纳和引进社会工作人才,并保障其基本工资福利,这无疑有助于在较短时期内形成社会工作人才队伍;其次,该模式简便易行,只需要设置岗位,然后按照薪酬标准等确定出购买标准即可。

保社会工作者拥有更强专业能力的推动力量，也是社会工作专业责任的具体表现。单兵作战无益于社会工作者专业能力的保持和提升，也容易使其产生情绪和心理等方面的问题。在此方面，民办社会工作服务机构虽有基本认识、强烈意愿及切实安排，但都因模式设计因素而大打折扣。

第三，受财政管理体制等诸多因素的制约，政府购买明显带有"条块分立、以条为主"特征。①"条块分立、以条为主"虽可结合本系统和部门的实际，有针对性地购买所需社会工作服务，但其最大弊端是购买主体不明确，引致购买过程凌乱，监管评估困难，对社区需求不敏感。毋庸置疑，政府是购买社会工作服务的自然主体。但在实际工作中，要具体明确实际的购买主体，并非易事。根据相关文件规定，上海模式的购买主体是市政法委辖下的禁毒、社区矫正和社区青少年事务办公室，它们对是否购买社会工作服务、购买何种社会工作服务及从何处购买社会工作服务有绝对的发言权。但问题是，上述机构购买服务的资金主要由各区、县政府财政支出。事权和财权的明显分离，使真正的购买主体变得模糊。深圳模式也遭遇了同样的问题，甚至更为复杂。深圳模式的购买主体包括两大类，即市民政局、市教育局、市司法局、团市委、市工会、市妇联、市残联和市辖7个区（含光明新区）政府。市财政负责市级单位的服务购买，区财政负责各区的投入，导致市、区两级各行其是。购买主体不明确，引致的问题至少有四：一是购买过程凌乱；二是费用支付方式、标准不一；三是监管、评估困难；四是回应社区需求能力不足。由于购买主体不一，民办社会工作服务机构只能围绕各用人单位的核心业务进行，很难顾及各区县、街道、社区经济社会发展程度，居民需求多样性及问题解决方式的差异，不利于将有限的社会工作资源引向最需要的地方。

第四，"政府推动、民间运作"的社会工作人才使用模式深受社会工作发达国家和地区（尤其是我国香港地区）社会服务样式的影响，过于强化学习借鉴，有可能忽视其他社会工作人才使用模式。事实上，国际社会服务组织的发展并无单一模式，从类型学分，发达国家目前至少有三类，即盎格鲁—撒克逊模式、欧

---

① "条块分立、以条为主"特征突出表现在，社会工作服务的购买主体既有"条"（如民政、教育、司法等系统），又有"块"（如市、区县等）。在市、区县层面，分级负担的财政管理体制决定了不同系统和部门只能分开购买，呈现市、区县的"块"状结构。

洲大陆模式、北欧模式。换言之，在发展社会工作服务机构时，应该有宽广的视野和正确的态度，否则就无法理解和处理在民政事业单位开展社会工作人才队伍建设。

**2. 部分地区大力推行的"一社区一社工"的社会工作人才使用模式，需要面对诸多挑战**

肯定地说，在试点阶段，各地结合实际，从城乡基层社区组织起步，探索各具特色的社会工作人才使用模式，以此带动当地社会工作人才队伍建设，有其积极意义和示范功效。但从全局和战略高度审视，"一社区一社工"的社会工作人才使用模式至少需要面对以下三个方面的挑战。

第一，从人才成长规律和作用发挥看，社会工作人才如群星散落于各居（村）委会，一方面可能因他们承担过多行政工作而遮蔽其专业特性，另一方面，也可能因有需要专业服务的对象有限而紧缩其作用空间。更为重要的是，大量社会工作人才配置层级过低，长期处于"单兵作战"的环境，不仅会影响他们的专业能力和职业认同，也不利于社会工作专业地位的整体提升。

第二，从现实条件来看，试点地区目前是否有足够数量和质量的社会工作人才可供各居（村）委会使用？如果当地社会工作人才稀缺甚至阙如，现有社会工作从业人员在通过短期教育培训可否很快胜任？假如情况均不理想，就可能出现"翻牌社工"、"社区工作者＝社会工作者"，甚至以社工之名改善社区工作条件和人员待遇的现象。

第三，如果各地旨在通过"一社区一社工"的方式打造特色、培育样板，那么每个居（村）委会是否都有具特色潜质的社会工作服务？如果没有或不甚明显，这些居（村）委会是否要开创"特色"，或干脆视为暂时不具备开展试点工作的地区？

**3. 试点地区社会工作人才使用格局的理想设计应是：建立健全以区级社会工作服务机构（中心）为龙头、街道级社会工作服务机构（中心）为基础、社区社会工作服务机构（站、室）为依托的社会工作服务网络，逐级配备相应的社会工作人才**

第一，各级社会工作服务机构的职责任务是：区级社会工作服务机构作为区域内社会工作服务能力最强的机构，主要负责辖区内社会工作服务的规划、管理、评估及复杂个案的处置，并承担街镇、社区社会工作人才的能力建设；街镇

级社会工作服务机构具体负责辖区内老年人、残疾人、少年儿童等重点对象的专业服务和社区转介服务，并承担辖区社会工作服务的规划、管理和评估；社区社会工作服务机构的服务重点是对象筛查、接案、转介及提供综合服务，犹如医院前台提供的接诊、分诊及一般病状处置等服务，是城乡基层社区社会工作服务的"守门人"。

第二，各级社会工作服务机构的人才配备如下：区级社会工作服务机构以配备社会工作师为主，专长为社会政策、福利行政，以及为老、助残、济贫等服务，人数应不低于 8 名；街镇级社会工作服务机构以配备助理社会工作师及以上人员为主，专长为老年人、残疾人、青少年、社会救助等服务，人数应不低于 6 名，主要负责人须为社会工作师；社区社会工作服务机构以配备助理社会工作师及受过适当专业训练的人员为主，专长可因社区特点和对象不同而有侧重，人数应不低于 1 名。

第三，各级社会工作服务机构的推进策略有三。一是，明确各级社会工作服务机构是政府授权组建的基本公共服务机构，即公立或民办事业单位，所需经费主要来自公共财政。二是，当务之急是组建街镇级社会工作服务机构。街镇级社会工作服务机构是整个社会工作服务网络的中枢，作用发挥与否事关区级、社区社会工作服务机构的活跃程度和服务效果。三是，社区社会工作服务机构建设可从两方面入手：规模较大、服务对象较多的社区，可单独设立社区社会工作服务站（室）；规模较小、服务对象较少的社区，可跨区设社区社会工作服务站（室）。起步阶段，社区社会工作服务站（室）不必强求独立于社区居（村）委会和社区工作站之外，而应善用其人力、设施等资源。

需要指出的是，政府建立健全各级社会工作服务机构，并不意味着要排斥其他组织或机构开展社会工作服务。事实上，在特定地区、特定领域、针对特定人群，政府提供的"基本社会工作服务"很可能是不足够、不全面、不平衡的，需要更多有专长的社会工作服务机构予以协助和补充。

## （二）试点单位应建立一个怎样的社会工作人才使用机制？

从全国试点单位社会工作人才使用机制看，较普遍的类型主要有两种。一是，部分试点单位采取"全面开花式"社会工作人才使用策略。所谓"全面开花式"，是指试点单位在所有职能部门都设置社会工作岗位，配备社会工作人才。二是，部分试点单位采取"合署办公式"社会工作人才使用策略。所谓"合署办公式"，是指社会工作专责部门不独立，与其他职能科室（如人事、办公室等）合署办公。

**1. 部分试点单位采取"全面开花式"社会工作人才使用策略，面临泛专业化、职业化的风险**

客观地说，部分试点单位采取"全面开花式"社会工作人才使用策略，主要是内因与外因交织影响所致。一方面，试点单位负责人虽然普遍认同社会工作及其人才队伍建设的作用，甚至把它视为"软实力"的象征，以提高单位的竞争力，但由于社会工作人才在试点单位究竟能做什么、应做什么、在何处作用发挥明显等基本问题缺乏共识或认识不到位，他们只好在所有职能部门都尝试设置社会工作岗位。另一方面，民政部与人力资源和社会保障部联合出台的《关于民政事业单位岗位设置管理的指导意见》明确规定，主要以专业技术提供公益性社会服务的民政事业单位，应保证专业技术岗位占主体，专业技术岗位一般不低于单位岗位总量的70%。作为先行先试单位，在专业社会工作者严重匮乏的背景下，为切实落实上述政策性指标，采取在所有职能部门都设置社会工作岗位的策略，无疑是较为现实的抉择。

然而从专业发展角度看，部分试点单位采取"全面开花式"社会工作人才使用策略，需要面对泛专业化和职业化的风险。突出表现在，第一，社会工作者"头衔"名不副实。由于试点单位设置的社会工作岗位多由机构各职能部门管理和服务人员"顶岗"，他们要么只是在原有工作基础上做些社会工作性质的事务，要么仅是运用社会工作专业方法的几个步骤去解决实际问题，其服务效果和影响力十分有限。第二，社会工作岗位"名称"千差万别。由于设置的社会工作岗位与原有职能部门及人员密切关联，再加上机构普遍缺乏足够专业人才的现实，试点单位只好采取变通做法，在社会工作岗位名称上做文章，例如，有的试点单位把社会工作岗位区分为"全职社工"、"兼职社工"和"实习社工"三类，其中后两者人数占绝对比重；有的则把社会工作岗位区分为"临床社工"、"业务社工"、"工娱社工"等类别，尽可能与"顶岗"人员原有的职责任务接近。

**2. 部分试点单位采取"合署办公式"社会工作人才使用策略，面临边缘化、区隔化的风险**

应当说，部分试点单位采取"合署办公式"社会工作人才使用策略，一定程度受上级主管部门尤其是国家民政部社会工作机构设置的影响。目前，我国社会工作及其人才队伍建设工作主要由民政部负责，民政部人事司加挂社会工作司牌子，增加社会工作职能。试点单位同样采取"合署办公式"策略，其优点是可充分利用原有职能部门特别是人事科、办公室、业务科等综合部门或强势部门的人、财、物资源较快推进人才队伍建设，且机构内部无需大的调整。其缺点是由于业务兼容性、互补性不强可能导致社会工作部门及人员处于"边缘"或"附属"地位。突出表现在，虽然人事科、业务科等部门的职责任务与社会工作有部分关联，但区别应更为明显。合署办公后，社会工作作为一项处于探索中的新职能，相对于原有业务，多处于较次要的位置。在此背景下，配置其中的社会工作人员就很难专注于社会工作服务。即便有意为之，也会因时间、精力等因素制约，多倾向于专业能力要求不高、工作容易开展、效果较为明显的边缘化服务。

**3. 不论是"全面开花式"还是"合署办公式"社会工作人才使用策略，都需要突破身份、平台、资源等瓶颈**

社会工作是试点单位必须建立的一项基本制度，理应在机构内设置相对独立的部门承担该项职能。部分试点单位采取"全面开花式"或"合署办公式"的社会工作人才使用策略，都需要突破社会工作者身份、社会工作服务平台等瓶颈的制约。

第一，由于社会工作者内置在试点单位各职能部门，其身份并不像医生、护士那样清晰、明确，在实务开展过程中，社会工作者的身份经常被患者及患者家属质疑，社会工作者需要花费大量时间对自己的身份进行说明，以取得服务对象的认可和信任。名不正则言不顺，再加之机构普遍采取与其他人员同样的管理方式，极容易导致以下两种倾向。一是认为社会工作者能做的事情，其他人也能做好，"个案咨询就是聊天，小组活动无非就是玩游戏"，"用有限的编制去招聘社工，还不如多招聘几名医护人员实用。"二是将社会工作者要么视为机构的"螺丝钉"，补充在任何需要的位置，如打扫卫生、整理文件、基础护理等工作；要么看成是无所不能的"救世主"，不管什么问题和多么复杂的个案，都认为社会工作者能"搞定"。其结果是：试点单位普遍存在对社会工作者不了解、不认同、不重视、不接纳、不接轨、不相容的现象。

第二，由于社会工作者内置在试点单位各职能部门，开展社会工作服务计划所需的专业上和行政方面的资源（如足够的预算、空间、设施和设备）很难得到满足。以社会工作服务场所为例，由于部分试点单位缺乏必要的相对独立的设施设备，许多个案咨询不得不选在服务对象的房间内进行，个案咨询经常被室友和护理人员打断不说，服务对象的私隐也没有基本保障，服务效果可想而知。

**4. 试点单位社会工作人才队伍建设应高度重视专责机构设置、核心服务厘定和关键技术开发三个环节**

第一，专责机构设置。试点单位应设立一个由社会工作师领导的社会工作部门（科、室），专责整个社会工作服务规划、管理、提供和评估；社会工作部门应根据服务对象特点配备一定数量、各具专长的助理社会工作师和辅助人员，人数应不低于 3 人；社会工作部门应有足够的预算、空间、设施和设备来满足实施社会工作计划在专业上和行政方面的需要。

第二，核心服务厘定。社会工作部门应制订一份面向服务对象各阶段、可确保提供有专业指导的、与其他专业有区别的社会工作服务计划。服务计划内容至少包括：向服务对象及家庭提供直接服务；协助服务对象及家庭善用机构设施和社区资源；增强服务对象、家庭和机构员工之间的沟通；鼓励服务对象、员工和社区相互参与，营造一个具有治疗作用的环境。

第三，关键技术开发。社会工作人才只有真正掌握了本领域的"核心技术"，才能从诸多专业中脱颖而出，赢得应有的职业认同和社会认可。当务之急是，试点单位社会工作人才不仅要高度关注服务对象的"问题"与"治疗"，更要充分发挥"机构—对象—家庭—社区—社会"资源链接者的作用，为服务对象提供全面、适度、可持续的服务。长期而言，试点单位社会工作人才尤其要增强对民生政策的穿透能力和社区资源的动员能力。社会工作人才唯有熟悉和掌握各项民生政策、社区资源所在和服务对象实情，所提供的服务才会更具针对性、有效性。

# Social Workers Training in China

**Abstract：** Economic construction requires a large contingent of talents on economic work, which has been proved by China's reform and opening up practice. Similarly, social construction requires a large contingent of talents on social work. The Sixth Plenum of the 16th CPC Central Committee decided to build a large contingent of talents on social work. After three years of fruitful work, the building up of such talents has entered into a rapid developing stage. However, many challenges remain since this task is still in its beginning stage.

**Key Words:** Social Work; Social Construction; Talents

# 中国 2011～2015 年期间
# 需要关注的人口问题

张 翼*

**摘 要：**中国人口金字塔底部在加速收缩，且在收缩过程中出现了 19 岁及以下年龄段人口性别比的失衡，人口的城乡流动加剧：这些现象在 2011～2015 年的"十二五"规划时期将逐步显现。中国的人口流动，加快了人口集聚的步伐。大城市东部沿海地区的人口密度将在"十二五"时期继续增加。乡村人口向城镇或县城集聚、城市周边地区向中心城市的集聚，会加速偏远地区村庄的空壳化。

**关键词：**人口结构 人口性别比 社会流动

2010 年是"十一五"计划的最后一年，这预示着中国作为政府主导发展的国家，必须在近期总结以往的经验与教训，根据新形势制定新的发展规划、确定新的发展目标，找到需要重点解决的重大问题，制订好"十二五"计划，保持中国经济的稳定增长与中国社会的和谐发展。那么，中国人口出现了一些什么新问题，或者哪些新问题需要在未来的五年计划中被重点考虑呢？

## 一 中国人口收缩且增速放缓

### （一）中国人口金字塔底部收缩

所谓人口收缩，主要指的是人口金字塔底部的缩小，是在计划生育政策或社

---

\* 张翼，中国社会科学院人口与劳动经济研究所研究员。

会与经济发展的约束之下，由于出生率的降低而导致的少儿人口年出生率和新生人口数量的逐步稳定下降态势。引起人口收缩的主要原因有二：其一，计划生育政策的持续性约束所导致的出生率与新生量的下降；其二，生活成本、教育成本、就业成本及社会保障等所导致生育观念变化引起的生育水平的下降。

自 20 世纪 70 年代将计划生育纳入"五年计划"以来，中国的出生率就开始逐步下降：首先是非农户籍人口在"一对夫妇只生育一个孩子"政策约束下的下降，然后是农业户籍人口出生率自 80 年代开始的下降。到 2008 年，中国人口出生率已经下降到 12.14‰，死亡率在人口老龄化的过程中逐渐上升到 7.06‰，自增率下降到 5.08‰。虽然某些人口学家预测在 2005 年左右中国会出现"第四次人口出生高峰"或"人口出生小高峰"，但截至 2009 年底，这个被预测的"人口出生高峰"还未曾明确显现。

从图 1 可以看出，中国人口金字塔底部呈收缩态势。在 1953 年和 1964 年人口普查时，人口性别年龄结构图是名副其实的"金字塔"形状。在 1982 年第三次人口普查时，则出现 10 岁以下少儿人口有所缩减的情况。在 20 世纪 80 年代"生育高峰"影响下，0～4 岁人口出现了扩展，故 1990 年第四次人口普查显示的金字塔底部有所扩大。在 90 年代的人口政策趋于稳定之后，金字塔底部又开始收缩——从 2000 年人口普查所显示的金字塔图状中可以明显看出：少儿人口出现了持续性收缩态势。

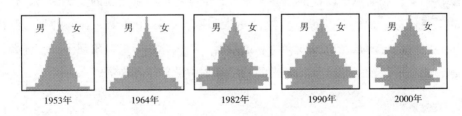

**图 1　中国历次人口普查年龄金字塔与金字塔底部的收缩** [*]

数据来源：参见邬沧萍、王琳、苗瑞凤《中国特色的人口老龄化过程、前景和对策》，《人口研究》2004 年第 1 期。

进入 21 世纪之后，中国人口金字塔底部的收缩态势更为明显：2002 年全国出生人口 1647 万人，2005 年全国出生人口为 1617 万人，2008 年全国出生人口为 1608 万人。2008 年死亡人口为 935 万人，出生人口减去死亡人口后净增人口仅 673 万人。中国人口的增速进一步放缓。如果 2009 年净增人口也在 700 万之内，则到 2010 年底，中国的总人口也会被控制在 13.5 亿左右，比全国"十一五"人口和计划生育事业发展规划所定目标的 13.6 亿要低。

虽然中国人口总量在人口惯性下仍趋增长，但新增人口数会在波动中趋于下降。表 1 为"2008 年 1‰人口变动抽样调查"统计的各年龄段人口数据，其中中国 0～4 岁年龄段人口占总人口比例为 5.13%，5～9 岁人口占 5.46%，10～14 岁年龄段人口占 6.73%，15～19 岁年龄段人口占 7.87%。由此可以看出，在人口金字塔底部，年龄越小，人口占比越低。正因为这样，已经很难将中国人口分年龄、分性别的图定义为"人口金字塔"。事实上，这是一个由下面呈不规则倒梯形而上面是金字塔组合而成的"不规则图形"。

**表 1　2008 年中国各年龄段人口所占比重**

| 年龄（岁） | 占总人口比重（%） | 男（%） | 女（%） | 性别比（女 100） | 年龄（岁） | 占总人口比重（%） | 男（%） | 女（%） | 性别比（女＝100） |
|---|---|---|---|---|---|---|---|---|---|
| 0～4 | 5.13 | 2.83 | 2.3 | 123.26 | 50～54 | 7.8 | 3.93 | 3.87 | 101.36 |
| 5～9 | 5.46 | 3.01 | 2.47 | 121.4 | 55～59 | 6.58 | 3.33 | 3.25 | 102.7 |
| 10～14 | 6.73 | 3.61 | 3.12 | 115.91 | 60～64 | 4.47 | 2.27 | 2.20 | 103.27 |
| 15～19 | 7.87 | 4.19 | 3.68 | 114.1 | 65～69 | 3.32 | 1.68 | 1.64 | 102.39 |
| 20～24 | 6.86 | 3.39 | 3.47 | 97.85 | 70～74 | 2.83 | 1.41 | 1.42 | 98.87 |
| 25～29 | 6.48 | 3.18 | 3.30 | 96.34 | 75～79 | 1.87 | 0.89 | 0.97 | 92.14 |
| 30～34 | 6.96 | 3.45 | 3.51 | 98.13 | 80～84 | 0.99 | 0.44 | 0.55 | 80.08 |
| 35～39 | 9.27 | 4.58 | 4.69 | 97.75 | 85～89 | 0.41 | 0.16 | 0.25 | 65.34 |
| 40～44 | 9.65 | 4.81 | 4.84 | 99.23 | 90～94 | 0.1 | 0.03 | 0.07 | 45.17 |
| 45～49 | 7.19 | 3.57 | 3.62 | 98.64 | 95＋ | 0.02 | 0.01 | 0.02 | 41.17 |

数据来源：2009 年《中国统计年鉴》表第 4～7。

## （二）中国人口金字塔收缩引发的问题

### 1. 人口老龄化速度在加快，且各地分布极不平衡

中国人口金字塔底部的收缩，一方面在降低人口出生率的同时，降低了少儿人口抚养率；另一方面也增加了 15～64 岁劳动力人口的比重，给中国带来了前所未有的"人口红利"。但由于人口收缩快，老龄化也在加速，"人口红利"期在 2020 年左右结束，养老压力会增加，"人口负债"现象也随之逐渐显现。2000

年左右中国进入了老龄化社会：65 岁及以上老年人占总人口的比重，在 2000 年接近 7%，在 2001 年之后超过了 7%，在 2008 年底达到了 8.3%。

另外，由于非农户籍人口主要居住在城市，农业户籍人口主要居住在农村，"一对夫妇只生育一个孩子"政策主要在城市实施，故城市人口生育水平自 20 世纪 70 年代就急剧下降。截至目前，绝大多数大城市的人口生育水平低于政策生育率。这种实际生育率低于政策生育率的现象，导致了上海等城市户籍人口的负增长。现在，尽管城市户籍人口受机械增长的影响，但老龄化水平越来越高。上海市的老龄化水平已经超过了 21%。在独生子女越来越多的情况下，城市的家庭养老系统开始变得极其脆弱，一旦独生子女出现伤残事件，其父母亲的家庭养老支持体系就会断裂。

**2. 中国出生人口性别比在人口收缩中趋于上升**

中国的出生性别比，自 20 世纪 80 年代中期以来，就伴随计划生育政策的严格执行而迅速攀升。1982 年第三次人口普查得到的 1981 年出生人口性别比是 108.47；1990 年第四次人口普查计算 1989 年出生人口性别比是 111.92；2000 年第五次人口普查公布的出生人口性别比为 116。如果以 0～4 岁年龄段人口的性别比来考察最近几年的失衡状况，那么，1995 年 0～4 岁人口的性别比是 118.38，1996 年是 119.98，1997 年是 120.14，2000 年第五次人口普查得到的 0～4 岁人口的性别比是 120.17，2003 年人口变动抽样调查得到的 0～4 岁人口的性别比为 121.22，2005 年 1% 人口抽样调查得到的 0～4 岁人口的性别比是 122.66。中国婴幼儿人口的性别比不但在继续上升，而且如果以 107 为最高警戒线的话，其已经比正常值高出了许多。

另外，如表 1 所示，在 2008 年，0～4 岁人口的性别比已经上升到 123.26（这预示着每 100 个 0～4 岁女孩相应有 123.26 个同年龄段的男孩，下同），5～9 岁人口性别比已经上升到 121.4，10～14 岁人口性别比已经上升到 115.91，而 15～19 岁人口性别比则已经上升到 114.1。年龄越小的出生队列，性别比失调越严重。年龄越小，该年龄段女性人口较男性人口的短缺就越严重。0～19 岁之间人口性别比的失衡，意味着该年龄段人口进入婚配年龄后，会引起男性多女性少的婚姻挤压。而"十二五"时期，则正是现在 15～19 岁年龄段人口相继进入婚配年龄的时期。

## 二 中国人口的流动与流动人口的结构转变

中国当前的人口流动，主要是由劳动力人口就业需求所引发的流动，但子女教育、养老照料、移民搬迁等引起的流动等均开始增加。另外，中国当前的人口流动与发达国家的人口流动有所区别，却与发展中国家向发达国家的移民有着某种程度的相似性。这种相似性，既体现着非农化与城市化的"拉力"，又体现着城市人口金字塔底部收缩所带来的"吸力"。新世纪流动人口的内在结构，发生了许多重大变化。

### （一）流动人口内部结构的新变化

**1. 初中及以下文化程度流动人口增速开始趋缓，中等职业学校毕业生及大学生流动人口的增速趋升**

自改革开放以来到 20 世纪末，由农村到城市的流动人口的数量在急速增长。但自 2000 年人口普查到 2005 年 1% 人口抽样调查，中国流动人口的数量从 1.4439 亿增长到 1.4735 亿，5 年时间只增长了 296 万。流动人口中的农民工尤其是体力劳动农民工短缺的原因①，主要是初中及以下文化程度劳动力供给的减少所引起。九年义务制教育的完善及高中阶段、尤其是中等职业学校教育招生人数的上升，使初中毕业生的升学率也大大上升。因为中等职业学校毕业生的增加（未来每年会在 810 万以上），也因为大学生毕业人数的连年增加（2008 年新毕业 610 万以上），流动人口中接受过高中及以上文化程度教育的人数开始迅速上升。虽然某些省份颁布了大学生就业即落实户籍的政策，但因为大学生就业中工作岗位与所学专业不匹配，就业市场的"跳槽率"居高不下，毕业生虽然落实了户口，却不得不处于流动状态。未来，伴随大学生毕业人数的上升与就业岗位竞争形势的趋紧，这部分人口中会有更多的人加入流动人口之列，尤其是在大城市的流动。

---

① 即使在 2009 年下半年金融危机时期，经济企稳回升所带来的农民工的需求也出现了短缺。各地都程度不同地出现了招工难。"4 万亿"投资向铁、公、基等方面的倾斜，加速了建筑工地农民工的招工难。这直接导致了建筑业农民工工资的迅速上升——目前高于制造业农民工。

**2. 流动人口中男女两性的比例将趋于均等，大城市女性流动人口的数量或将超过男性**

在工业化初期，伴随城市房地产、城市交通等的兴建，城市将创造出大量蓝领工作岗位，吸引农村男性流动人口进入城市打工。到工业化后期，伴随城市基建用工数量的收缩，以及制造业和服务业用工数量的扩张，女性流动人口会迅速增长。现在，在北京、上海、广州、深圳等城市，流动人口中女性的数量已接近或超过男性。在某些中小型城市，女性流动人口的数量也迅速增长。"十二五"时期，特大城市或省会等大城市后工业化特征的加强，将会吸引更多的女性进入城市工作。

**3. 中国沿海地区的产业升级、由沿海向内地的产业转移、中部崛起战略和西部大开发战略的实施等，使流动人口的流动区域将由单元集中趋于多元集中**

在金融危机的影响下，这种趋势将更加明显。可以说，20 世纪后 20 年，中国流动人口的流向主要呈现由农村到城市、由中西部地区到东部沿海地区的特点。在东部沿海地区，"环渤海湾经济带"、"长三角"地区与"珠三角"地区成为流动人口的主要流入地，有 50% ~ 60% 的跨省流动人口流入了这些地区。在产业转移尤其是在低技术劳动密集型产业自沿海向中西部地区转移的影响下，2009 年的劳动力就业形势，尤其是以农民工为主的流动人口的就业形势大为改观。某些承接了东部地区转移产业的大省，农民工就业出现了就近就地转移的趋势。虽然 2009 年初有报道说有将近 2000 多万农民工失业，但在第一季度末，就有报道说回流农民工中的 95% 以上已"成功"外出。

虽然"环渤海湾经济带"、"长三角"与"珠三角"地区仍然是流动人口的主要流入区域，但中西部地区的吸纳能力大大增强。在新一轮的"民工荒"中，某些曾经鼓励流动劳动力外出经商务工以发展经济的流出大省，在 2009 年第三季度甚至作出了"首先满足本省需求"的决定，力主流动劳动力就近就地就业，以满足当地发展劳动密集型企业的需要。

另外，"长三角"和"珠三角"地区中对发展服务业、先进制造业、高新技术产业等的强调，以及北京市对创新与科技的重视，都强化了对劳动力人力资本的要求。可以看出，伴随沿海地区产业升级速度的提升，原来积聚于这些地区的低端产业就可能向劳动力资源比较丰富的中西部内陆地区转移。

#### 4. 流动人口中 35 岁及以上人口所占比重开始增加

伴随人口收缩程度的加深，也伴随初中文化程度与小学文化程度新增劳动力的下降，城市流动人口中重体力劳动力的需求开始短缺。在 2009 年第三季度，建筑行业劳动力的工资水平开始超过制造业行业的工资水平。在某些建筑装修行业从事劳动的流动人口的平均年龄增加。而在金融危机之前的很多年，35 岁或40 岁以上年龄段流动人口占比都比较低。应该说，35 岁及以上年龄段流动人口数量的增加，是一个新的现象。

#### 5. 流动人口家庭化迁移现象越来越突出

在工业化初期，主要是男性重体力劳动流动人口迁居到城市谋工求职。这些人当中也存在家属关系，主要表现为父子共同打工，成年已婚女性被留在农村种植农作物。到工业化中期阶段之后，流动人口尤其是女性在城市的就业需求增加，使得流动人口的家庭式迁移表现为夫妻携带子女的迁移。最近几年，伴随城市公共资源向流动人口的逐渐开放，家庭化迁移的数量越来越多，这从流动人口子女数量的增加上可以明显感知到。

目前，不仅是农村向城市的流动改变了移民特征，而且城市向城市的移民也增加了。新毕业大学生还增加了流动人口群体内部的复杂性。另外，城市的开放程度与流动人口打工资金的积累，也增强了他们的城市生活能力，使其在城市生活的时间逐渐延长。他们的子女，所谓的"第二代"农民工，已经失去了回乡的兴趣而认同城市。

伴随后工业社会特征的强化，劳动专业化程度的提高，以及中等职业毕业生对初中生的替代，流动人口中经受过职业培训的人数将大幅度增加，这将强化这一时期流动人口的移民化特性。流动人口将不再表现为短期的迁徙，而会更多地呈现市民化与移民化特征。

### （二）流动人口新趋势带来的问题

#### 1. 伴随流动人口在城市总人口中占比的上升，出现了社会整合与融入问题

在中国，绝大多数工业化初期的流动人口到城市的目的主要是打工挣钱。但工业化中期阶段以后，伴随流动人口人力资本的上升，中等职业学校毕业生、高级职业技术学校毕业生和大学毕业生等所占比重的增加，以及流动人口在城市居住时间的延长，他们在城市不仅要打工挣钱，而且要找到"生活的意义"，要求

归属感、认同感和被认同感。流动人口居住的区域相对比较集中，在很多城市里都居住在所谓的"城中村"。北京城乡接合部居住 1 万人以上流动人口的城中村就有 100 多个。一旦发生冲突，场面会难以控制。

**2. 伴随女性流动人口数量的增加，流动人口的生殖健康问题越来越凸显**

流动人口的流动状态，使得生育问题、性疾病的传播问题等难以控制。而流动人口居住密度较大的城乡接合部，也恰恰是公共卫生资源与服务资源欠缺的地方。这一方面使流动人口的未婚生育问题、超生问题突出，另一方面也使流动人口的婚姻与健康等出现了这样或者那样的危机。最近几年，流动人口的离婚率趋于增加，艾滋病的染病率也在增加。

**3. 流动人口流向由单元向多元的转化，给中西部地区增加了管理与服务难度**

大城市、"长三角"与"珠三角"等地的政府部门，积累了较多流动人口管理与服务经验，也建构了相关设施。但中西部地区的中小城市，过去很长时期流动人口数量少、居住时间短，未曾建立起必要的管理与服务设施。因此，在这些城市，在回流农民工逐渐增加的情况下，就出现了公共资源需求缺口加大的问题。

**4. 流动人口在城市居住时间的延长，增加了其市民化特性**

农民工对自己的承包地的再度出租等，使他们在短期内回归家园亦无收入。这就需要城市提供必要的社会保障。但现在城市的社会保障尤其是养老保障等，难以携带转移。农民工缴纳养老保险，实际是百分之百地向城市"作贡献"。即使年底允许"退保"，也只能退回个人账户的部分。在某些城市，一旦农民市民化，就匆匆忙忙地"收地"。中国农民的市民化与西方发达国家农民市民化的根本不同，就在于国家禁止了土地的自由买卖而保留了形式上的法定使用权。

**5. 虽然城市教育资源已经向流动人口开放，但开放度还不大**

某些教育资源较好的中小学都不接收农民工子弟。在农民工子弟较多的地区，只要农民工子弟超过一定数量，当地户籍人口就会将自己的孩子转学到教育资源较好的学校。另外，流动人口的流动特性，使其子女的转学成为常态。正因为如此，很多农民工新到一地，最困难的不是择业，而是找不到与自己孩子受教育程度相当的学校。

## 三　中国人口开始迅速集聚

城市户籍人口出生率长期低于农村户籍人口出生率，将导致城市人口的收缩态势快于农村。因此，在人口流动的影响下，即使是农村人口的金字塔，也出现了紧缩态势。一方面是人口金字塔的收缩，另一方面是人口流动带来的经济活跃地区人口数量的增加，这共同导致中国人口开始了工业化与非农化拉动的迅速集聚。这种集聚表现为城市化带来的大积聚与小城镇建设带来的小积聚开始并行发展。

### （一）城市化拉动的人口大集聚

城市化指的是城市人口的增加过程。一个国家或地区的城市化水平如果超过30%，这个国家或地区就会进入快速城市化阶段。从图 2 可以看出，中国在1949～1958 年这一历史时期曾经有过快速城市化的历史。但在 1959～1961 年的"三年自然灾害"之后，则陷入了长期的城市化低潮——城市人口占总人口的比重不仅没有增加，反而出现了降低或徘徊不前的问题。从 1978 年开始，中国的城市化水平才再度上升，在经过 1990 年左右的盘整之后，到 1995 年之后迅速上扬。到 2008 年，中国的城市化水平已经达到45.7%。

人口城市化，首先导致了人口向大城市的集聚，然后扩展了中小城市的人

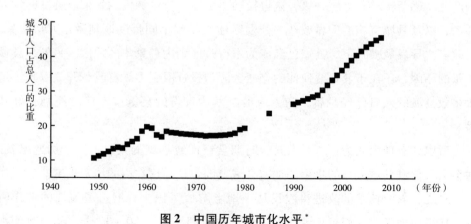

**图 2　中国历年城市化水平**[*]

资料来源：2009 年《中国统计年鉴》表第 3－1。

口规模。仅从近期来看，1999年上海市常住人口为1474万人，但到2005年就增加到了1778万人，到2008年增长到1888万人，估计2009年底上海市人口将超过1900万人。2005年北京市常住人口为1538万人，到2008年底常住人口增加到1695万人，估计2009年底将超过1740万人。深圳市是另外一个突出的人口集聚的例子：在1979年仅有人口30多万人，到2008年常住人口估计超过1600万人。另外，广州市、天津市等地人口也已经超过1000万人。像哈尔滨、武汉、西安、重庆、汕头、南京、沈阳、成都等城市，都可能在"十二五"时期集聚大量人口，成为区域内人口集聚地。目前，大城市流动人口占常住人口的比重大多已经超过了20%。另外，除大城市人口在迅速增长外，中型城市户口制度的进一步放开，以及中型城市房地产竣工面积的增长等，也拉动了区域内人口的相对集中。

## （二）小城镇和县城城市化拉动的人口集聚

除城市化拉动的人口集中外，小城镇建设也拉动了农村人口的迅速集聚。最初，农民工外出务工赚钱多用于建筑房屋。现在，一些农民工返乡后发现：与其在原宅基地改建或扩建自己的房屋，还不如到附近的县城购买商品房划算。农业科学技术的进步与机械化程度的提高缩短了农作物耕作时间，交通设施的改善使那些在县城购买了住房的人们白天可以下乡种地，晚上可以入城休息。

另外，在产业转移的影响下，某些劳动密集型产业或者在中小城市不能生存的产业，逐渐转移到县城一级，这也拉动了当地人口区域内的集聚。县城的发展冲动，以及县城实施的旧城改造、开发区建设等都不同程度地刺激了人口集聚。在政府主导发展模式下，县城已经成为本行政区划内最繁华的地区。另外，县城扩张的原因，还在于其日益便捷的交通资源与投资吸引力。自改革开放以来，绝大多数县城的人口已经翻番，南方或沿海发达省份的县级市人口已经翻了好几番。

所以，有理由认为："十二五"时期县级市或县城的人口，还会加速增长。这会大大促进县域人口的集聚，加速县域范围包括住房在内的消费进度。

总之，农业技术的改进将农民从土地上解放了出来，缩短了他们的劳作时间。在平原地区，人们每年劳作在土地上的时间缩短到20~30天，其他时间都可以用来进行商业经营。在半山半川的地区，耕作时间可能长一些，但不会超过半年。而非农化又拉动了人口的城镇化。人们开始由村落向乡镇，由山区向川区，向经济繁华的县城，再向邻近中心城市集聚，这种集聚在微观层面建构了中国人口的近距离和远距离移民过程。县城的扩张以及县城土地的廉价性，都会在"十二五"时期加速缩减村落人口，尤其是偏远山区的村落人口。加之年轻人已经消逝了的乡土观念，都可能导致偏远村落的空壳化。

# 四 "十二五"计划的政策性建议

中国人口的收缩、流动，不仅带来了人口的加速集聚，而且会根本转变中国的社会结构，使中国从一个以农民为主的大国转变为以工人为主的大国。

"十二五"时期，中国的城市化水平将超过 50%。而城市户籍人口金字塔的持续性缩减，城市社会对劳动力的持续性需求，仍将刺激农村人口向城市的流动与集聚。农村人口向城市和小城镇的集聚，除可能造成大规模的农村土地流转现象外，还会给城市或城镇社会带来一系列问题。所以，笔者为政策制定者提出以下建议。

## （一）坚定不移地推进城市化进程

中国已经进入了快速城市化阶段。中国的城市化会在经济从东部到中部再到西部的梯度发展影响下依次递进，东部城市人口的增长将在"十二五"时期继续增长。中国城市化不足严重影响着中国未来的社会建设。从三次就业结构上来说，在 2008 年，第一产业从业人员尽管已经下降到 39.6%，但与第一产业在 GDP 中所占比重的 11.3% 相比仍然很高。第二产业在 GDP 中所占比重达到 48.6%，但从业人员占比只有 27.2%。这中间除统计遗漏外，城市化不足也是一个主要原因。因此，只有持续不断地推进城市化，中国劳动力才可能源源不断地从第一产业向第二、三产业转移，从农村向城市转移。

另外，伴随流动人口在城市打工时间的延长，流动人口的第二代，或者出生在城市，或者被父母亲带入城市，或者在农村就读毕业后进入城市。流动人口的第二代熟悉的是城市，陌生的是农村。他们的生活被城市化了，但没有户籍，不能融入城市。因此，第二代农民工已经成为回不到农村的农民工。

### （二） 为加速推进城市组团式发展

人口的分散分布，会浪费更多的耕地和水资源。在一个或几个特大城市或中心城市周围形成辐射发展圈，配套相关产业链，还会增强中国城市的全球竞争力。不管是欧洲、美国或日本，其快速城市化过程都出现了组团式城市集群战略。但中国这个人口第一大国的城市化，与欧陆人口密度较小国家的城市化道路可能不同，而与日本这个超过1亿人口的东亚国家的城市化战略有所相似。按照大东京圈人口已经超过3500万计，中国如果建造出数十个如"长三角"、"珠三角"、"环渤海湾经济带"的城市集群，未来的发展将更加快速。这种组团式发展的城市群，将会继续改变中国人口的分布趋势，并在集聚中源源不断地崛起。

### （三） 要继续完善农民工权益保护

流动人口特别是农民工的流动，不仅是从农村向城市的流动，而且是在城市内部与城市之间的频繁流动，这不利于职业与岗位技术水平的提高。尽管劳动密集型企业的低技术性使农民工易于从一个岗位转移到另外一个岗位，但岗位适应性及不熟练性，却影响了技术资本的积累与创新。所以，在"十二五"时期，在金融危机的负面影响逐渐消退、中国制造的竞争力仍然上升的环境下，劳动力的短缺会继续提高普通工人的讨价还价能力，形成工资的上升态势。劳动的不稳定性与高流动率却会影响农民工的市民化过程。

完善流动人口的权益保护，除强调改善劳动环境、保障劳动工资按时给付等外，一个重要的方面，就是出台能够覆盖全部流动人口的市民化政策，以人口居住地设计城市福利和城市公共服务设施。而当前的重点，就是加强城乡接合部这个农民工居住地的公共服务设施建设。

### （四） 要以居住地为主建立流动人口管理与服务制度

建立以居住地为主的流动人口管理和服务制度，一方面防止流动人口与户籍人口形成社会隔离，另一方面防止流动人口集体性抗争行为的大规模发生，能维护稳定的社会局面。城市化中的不足之处是大规模"城中村"的存在。虽然某些特大城市尤其是1000万以上人口特大城市，已经通过城市拆迁和改造疏散了城市中心区以流动人口为主的"城中村"，但在某些新型扩张城市，却仍然没有意识到"城中村"可能存在的集体抗争的危害性。交叉居住有利于社会融合，分割居住极可能产生社会隔离。在第一代移民步入老年之后，第二代移民的集体性社会抗争行为会更多。

### （五）必须逐步改革户籍制度

户籍制度改革的重点是弱化与户籍制度相关的社会福利制度的影响。现在，户籍制度仍然是影响流动人口市民化的主要制度与政策障碍。因此，如果大城市的户籍制度改革存在一定的难度，那么，中小城市就应该在"十二五"时期继续因地制宜地推进户籍制度改革，吸取浙江等地的既有经验，也在重庆等市城乡一体化发展经验的总结中进行制度创新。总之，户籍制度改革事关重大，不可不为。只有流动人口实现本地化与市民化，才能拉动他们的消费需求，增强内需能力。农民工对新农村虽然具有一定的积极意义，但在村庄空壳化的大背景下，却是社会资源的大浪费。

### （六）加强流动人口的职业培训

在中等职业学校逐渐普及的背景下，为增强流动人口的劳动技能，需要重点考虑在流入地进行专业培训。培训的重点不是课堂讲授，而应该是实际操作能力的培养，要系统建立企业定点培训中心。城市政府要将城市发展战略与流动人口劳动技能的培训密切结合起来，齐抓共管。要吸取 2009 年各地农民工培训中存在的问题，防止资金浪费，防止"假名册、假培训、真捞钱"现象的发生。要将短期的、一周左右的培训逐渐延长为三个月左右的中长期培训，努力提高流动人口的劳动技能，增强劳动力的国际竞争力。尤其是"珠三角"和"长三角"地区在先进制造业、先进服务业建设中的培训，更需要严密的规划。伴随产业的区域转移，这种培训蕴涵的潜力也会在劳动力的地区转移中为中西部地区的发展创造机遇。

### （七）加强土地合理经营

人口收缩、人口流动所造成的人口集聚，必然带来偏远农村的空壳化或偏远村落的消失。因此，地方政府要注意山区的土地撂荒现象，加强环境保护，植树造林，落实退耕还林政策。同时，也要注意平原或川区土地流转中存在的纠纷或

矛盾。在城市周边地区农民市民化过程中，或者在农民工加入中小城市户籍之后，不要急功近利地收回其承包地。中国有地农民的市民化与那些在历史上或西方被剥夺了土地的农民的市民化的结果截然不同，土地是农民最初市民化过程的必要保障，是经济波动时期农民市民化的有效支撑。

## （八）改革计划生育政策

在人口紧缩的趋势下，适时改革计划生育政策，可以将现行的计划生育政策修改为"一个不少、两个正好、三个禁止"的政策。要注意到人口收缩给家庭带来的脆弱性，要认识到人口收缩对内需的负面影响，要总结发达国家人口收缩与老化压力影响其经济增长的教训。同时，还要认真关注公共养老资源与护理机构分布的不均衡问题。

# Population Issues to Be Concerned
# between 2011 and 2015

**Abstract**：Between 2011 and 2015, Chinese population will experience series of issues：the bottom of Chinese population pyramid will accelerate shrinking, and unbalanced population sex ratio among 19 years old and younger, as well as increased population flow from rural area to urban area will accompany the processing of the shrinking. Population flow accelerates the population aggregation. Population density in metropolitan and east costal area will continue increasing during "The Twelfth Five-Year Plan" period. And this population aggregation will speed up the "empty shell" phenomenon in the remote rural area.

**Key Words**：Population Structure；Population Sex Ratio；Social Mobility

# 2009 年中国收入分配状况及其
# 未来发展趋势

杨宜勇　池振合*

**摘　要**：爆发于美国的国际金融危机对中国的经济增长形成了巨大冲击。中国政府积极应对国际金融危机的冲击，提出了一揽子保持经济增长速度稳定的措施。在这些背景下，本文首先研究了 2009 年中国收入分配状况并预测了其在未来的发展趋势。然后，梳理了 2009 年中国政府出台的有关调节收入分配的政策。最后，分析了我国收入分配领域有待于进一步解决的问题并提出了完善中国收入分配政策的建议。

**关键词**：国际经济危机　收入分配　收入差距

## 一　引言

爆发于美国的国际金融危机对我国经济形成了巨大冲击，它直接导致我国经济增长速度出现大幅度下降。从 2002 年第三季度开始我国经济进入一个高速增长时期，截至 2008 年共 26 个季度累计国内生产总值增长率均高于 9%，而且其中 21 个季度累计国内生产总值增长率高于 10%。然而，2009 年第一季度累计国内生产总值增长率却由 2008 年第四季度的 9% 下降到 2009 年第一季度的 6.1%。[①] 由此可见，国内出口受国际金融危机影响出现下降，导致我国经济增长速度下降。[②] 与

---

＊　杨宜勇，国家发展和改革委员会社会发展研究所所长、研究员，首都经济贸易大学中国劳动人事科学发展研究院院长；池振合，中国人民大学公共管理学院博士研究生。

①　中经网数据有限公司，中经网统计数据库，http：//202.112.118.59：82/。

②　马凯：《在应对国际金融危机中加快推进经济结构调整》，《求是》2009 年第 20 期。

此同时，国际金融危机通过经济传导机制逐渐影响到收入分配领域，对我国的收入分配形成了巨大影响。通过促进国际和国内经济结构调整的方式，国际金融危机的爆发在一定程度上减缓了收入差距加速扩大的趋势，但是我国的收入差距仍然会继续扩大。① 面对国际金融危机对我国经济的严重冲击，政府出台了一系列经济刺激计划，遏制住了经济增长速度的下滑，并且出现了逐渐上升的趋势。2009 年第二季度累计国内生产总值增长率由第一季度的 6.1% 上升到 7.1%②，累计国内生产总值增长率开始出现上升趋势。第三季度累计国内生产总值增长率则达到了 7.7%③，比第二季度的累计国内生产总值增长率高出 0.6 个百分点。从以上分析可以看出，2009 年前三季我国经济增长速度出现了一个先降后升的变化趋势，这是国际金融危机与一系列经济刺激计划共同作用的结果。与此同时，由于国际金融危机和经济刺激计划对不同社会成员的影响程度不同，所以它们对不同社会成员收入的影响程度也不同，最终它们会推动我国收入分配状况发生变化。

基于经济增长速度由降转升的背景，本文利用季度数据分析了 2009 年我国收入分配的变化情况并对其在未来的发展趋势作出了预测。然后，文章梳理并分析了 2009 年国家出台的有关收入分配的政策。基于以上两部分的分析，文章最后指出了当前我国收入分配制度存在的问题并提出了进一步完善收入分配制度的政策建议。

## 二 2009~2010 年中国收入分配状况

### （一）城乡收入差距变化

城乡二元结构是我国经济和社会的基本特征，是造成我国城镇和农村居民收入之间存在巨大差异，也是造成我国收入分配差距过大的一个重要因素。业已存

---

① 杨宜勇、顾严：《2008~2009 年：中国居民收入分配问题》，《2009 年中国社会形势分析与预测》，社会科学文献出版社，2008。
② 中经网数据有限公司，中经网统计数据库，http：//202.112.118.59：82/。
③ 中华人民共和国国家统计局，2009 年第三季度数据，http://www.stats.gov.cn/tjsj/jdsj/t20091022_402595487.htm。

在的城乡收入差距不利于农民生活水平的提高，不利于农业的平稳发展，不利于农村经济和社会的健康发展。中国政府提出了城乡协调发展的发展战略，逐步提高农民收入，遏制了城乡收入差距的扩大速度。从 20 世纪 90 年代后期开始，我国城乡收入差距一直处于不断扩大的趋势之中。城镇人均可支配收入与农村人均纯收入比例由 1997 年的 246.89% 逐步上升到 2007 年的 332.96%（见图 1）。尽管这一期间，我国城乡收入差距处于上升的趋势之中，但是在不同的阶段城乡收入比的上升速度不同。1997～2003 年期间，我国城乡收入差距进入快速增长时期，城镇人均可支配收入与农村人均纯收入比例由期初的 246.89% 上升到期末的 323.1%，平均每年增长 4.59%。然而，从 2003 开始我国城乡收入差距的增长速度明显放缓。城镇人均可支配收入与农村人均纯收入比例由 2003 年的 323.1% 上升到 2007 年的 332.96%，平均每年增长 0.75%。特别值得注意的是，从 2008 年开始我国城乡收入差距出现了下降，城镇人均可支配收入与农村人均纯收入比例由 2007 年的 332.96% 下降到 2008 年的 331.49%，下降了 1.47 个百分点。

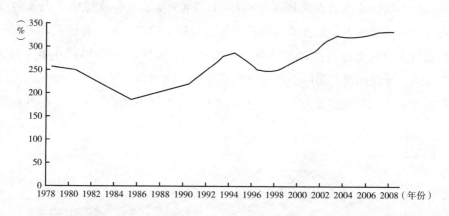

**图 1　1978～2008 年中国城镇人均可支配收入和农村人均纯收入比**

现金收入是我国农民人均纯收入的主体，而且其主体地位正在进一步加强。1990 年现金收入占当年农民人均纯收入的比例为 68%，而到 2008 年它已经达到 86%。[①] 由此可以看出，农民现金收入的变化状况将直接决定当期农民人均纯收入的变化，城镇人均可支配收入与农村人均现金收入比例已经成为影响城镇人均

---

①　中华人民共和国国家统计局编《中国统计年鉴 2009》，中国统计出版社，2009。

可支配收入与农村人均纯收入比例的重要影响因素。图 2 显示了我国城镇居民人均可支配收入与农村居民现金收入比例的变化趋势。2004 年之前，我国城镇居民人均可支配收入与农村居民人均现金收入比例由 2002 年第一季度的 301.99%上升到 2003 年第四季度的 323.22%，这一比例的快速上升直接加速了当期城镇人均可支配收入与农村人均纯收入比例的上升。2004 年之后，尽管部分季度城镇人均可支配收入与农村人均现金收入比例呈现上升趋势，但是这一比例大体上呈现逐步下降的势头。城镇居民人均可支配收入与农村居民人均现金收入比例从 2003 年第四季度的最高点逐步下降，到 2009 年第三季度下降到 261.24%。从 2004 年第一季度到 2009 年第四季度，城镇居民人均可支配收入与农村居民人均现金收入比例下降了约 19.18%，平均每季度下降约 0.92%。尽管 2004～2008 年城镇居民人均可支配收入与农村居民人均现金收入比例的下降没有直接引起当期城镇可支配收入和农村人均纯收入比例下降，但是它抵消了其他因素所引起的城镇可支配收入与农村人均纯收入增加，从而在减缓城镇可支配收入和农村人均纯收入比例增长速度方面发挥了积极作用。2009 年前三季度城镇居民人均可支配收入与农村居民人均现金收入比例总体上呈现下降的趋势。城镇人均可支配收入与农村人均现金比例由 2009 年第一季度的 274.74%下降到 2009 年第三季度的 261.24%。与此同时，国际金融危机直接冲击我国出口，进而波及在我国出口中占有重要地位的劳动密集型产业，这对就业于这些产业的广大农民工的就业和收

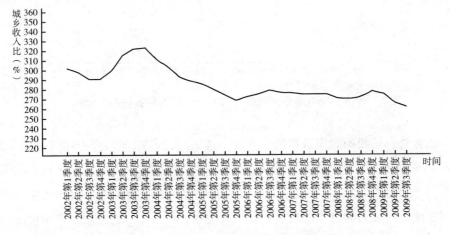

图 2　2002 年第一季度至 2009 年第三季度城镇人均可支配
收入与农村人均现金收入比

入形成巨大冲击。[1] 一方面，出口下降引起的企业生产减少直接导致企业对劳动力需求量减少，从而导致大量农民失业返乡。另一方面，企业对劳动力需求量的下降也在一定程度上降低了同质量劳动力的价格，从而导致就业农民工工资降低。在上述两方面的作用下，2009 年农村人均纯收入增幅可能会远远小于同期城镇人均可支配收入的增幅。综上所述，在城镇人均可支配收入与农村人均现金收入比例的下降与农民人均纯收入增速下降双重作用之下，2009 年我国城乡收入差距可能会进一步扩大，但是扩大的幅度有限。

## （二）地区间收入差距变化

中国地域辽阔，地区之间在经济、社会和文化等方面都存在巨大差异。特别是改革开放之后，东部沿海地区经济获得快速发展，而广大中西部地区经济发展速度则相对较慢，这使得地区经济发展水平差距不断扩大。2007 年，浙江省人均地区生产总值为 37411 元，而同期贵州省的人均地区生产总值仅有 6915 元，[2]后者仅为前者的 18.48%。经济发展水平的地区差异最终会通过人民收入的地区差异得以反映，这就表现为我国不同地区居民收入会存在较大的地区差异。如果用各地区居民人均收入的基尼系数来表示居民收入的地区差距，那么 2002 年第一季度我国各省、自治区（西藏自治区除外）、直辖市城镇人均可支配收入的基尼系数为0.13；农村人均现金收入的基尼系数为 0.25。我国地区收入差距在城镇和农村之间存在明显差别。首先，城镇和农村地区收入差距的程度不同。从图 2 中可以看出，从 2002 年第一季度到 2009 年第二季度期间，农村地区人均收入的基尼系数都要远远高于同期的城镇地区人均收入的基尼系数。以 2009 年第一季度为例，农村地区人均收入的基尼系数为 0.235，而同期城镇地区人均收入的基尼系数则仅有 0.132，后者仅为前者的 56.2%。因此，农村地区收入差距高于城镇地区收入差距。其次，城镇和农村地区收入差距表现出不同的变化趋势。2002 年第一季度城镇地区人均可支配收入的基尼系数为 0.13，而到 2009 年第二季度达到 0.133。同期农村地区人均现金收入的基尼系数则由 0.251 下降到 0.235。从总体上看，城镇地区收入差距

---

[1] 马凯：《在应对国际金融危机中加快推进经济结构调整》，《求是》2009 年第 20 期。
[2] 中华人民共和国国家统计局编《中国统计年鉴 2008》，http://www.stats.gov.cn/tjsj/ndsj/2008/indexch.htm。

基本保持稳定并略有上升趋势，而农村地区收入差距则呈现缓慢下降的趋势。具体到 2009 年，城镇和农村地区收入差距也表现出不同的特点。首先，农村地区收入差距远远大于同期城镇地区收入差距。其次，农村地区收入差距基本维持在 2008 年第四季度的水平，而城镇地区收入差距则略有上升。2009 年第一、二季度农村地区人均收入基尼系数均为 0.235，而同期城镇地区人均收入基尼系数则由 0.132 上升到 0.133。基于已有的数据，未来一段时间农村地区收入差距可能会出现继续下降的趋势，而城镇地区收入差距则可能继续维持上升的势头。

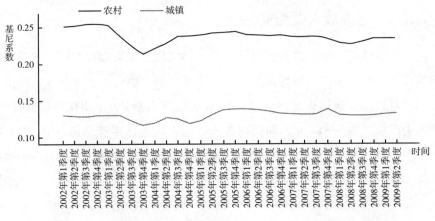

图3　2002 年第一季度至 2009 年第二季度分地区居民收入差距

## （三）行业间收入差距变化

计划经济体制下，收入分配奉行"平均主义"的价值导向，所以各种行业之间收入差距相对较小。随着社会主义经济制度的确立，在大多数领域市场体制完全取代计划体制而成为收入分配的主导机制。由于市场经济体制以效率为导向，所以它所主导的分配机制必然会导致行业间收入差距拉大，这正是市场机制"效率导向"的表现形式。与此同时，当前的社会主义市场经济体制还不完善，不利于市场主体公平、平等地参与市场竞争，这集中体现在垄断行业凭借其垄断地位获得了大量的垄断利润。垄断行业的高利润就意味着垄断行业职工的高工资和高福利，这就导致我国行业间存在巨大的收入差距。比如，2005 年第一季度电力、燃气及水的生产和供应行业职工平均工资为 6047.6 元，而同期制造业职工平均工资仅为 3961.2 元，制造业职工平均工资仅为同期电力、燃气及水的生产和供应业职工工资的 65.5%。同时，国民经济各行业间收入差距还显示出不断扩大的趋势（见图 4）。2005 年第一季度，国民经济各行业平均工资基尼系数为 0.17，之后不断攀升，到 2008 年第四季度达到 0.19。上述变化趋势表明我国国民经济各行业间收入差距处于不断加大的趋势之中。但进入 2009 年，国民经济各行业人均收入基尼系数出现了一些新变化，一直处于下降过程之中。2009 年第一、二季度国民经济各行业人均收入基尼系数分别下降了 0.001179 和 0.000571。由此可见，2009 年第二季度国民经济各行业间收入差距下降趋势已经放缓。通过国民经济各行业间收入差距的变化，我们可以预测在未来一段时间内其变化趋势。如果未来出台有关调节收入分配的重大政策，特别是调节国民经济各行业收入差距的政策，那么国民经济各行业平均收入基尼系数可能会继续保持下降趋势甚至会加速下降，国民经济各行业间收入差距可能会进一步缩小。反之，国民经济各行业平均收入基尼系数可能逐渐下降到一定程度之后转而呈现上升趋势，那么国民经济各行业间收入差距将会呈现先缩小后扩大的变化过程。

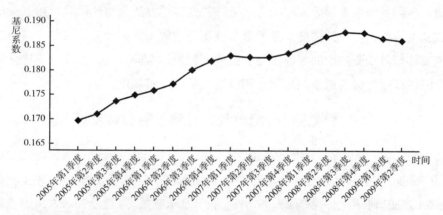

图 4　2005 年第一季度至 2009 年第二季度国民经济各行业人均收入基尼系数

## 三　2009～2010 年期间我国收入分配政策变化

针对我国存在的城乡、地区和行业间收入差距过大现象及其对经济社会发展的不利影响，中国共产党和中国政府对收入分配问题高度重视并出台了一系列调节收入分配的政策。例如，2006 年中共中央政治局会议专门研究了改革收入分配制度和规范收入分配秩序问题，并提出了构建科学合理、公平公正的社会收入分配体系的改革目标。① 2009 年，中国政府相继出台了一系列调节收入分配的政策，如《关于 2009 年深化经济体制改革工作的意见》对其进行了全面概括。② 从具体措施上来看，它们可以被归纳为以下方面。

## （一）逐步调整收入初次分配政策，不断缩小地区和行业收入差距

进一步规范国有企业负责人薪酬管理制度。2009 年，人力资源和社会保障部等部委联合下发了《关于进一步规范中央企业负责人薪酬管理的指导意见》，它对中央企业负责人薪酬制度作出了明确规定。③ 中央企业负责人的薪酬结构主要包括基本年薪、绩效年薪和中长期激励收益三部分，其中基本年薪与上年度在岗职工平均工资相联系，而绩效年薪则根据年度经营业绩考核结果进行确定。同时，对重要企业负责人职务消费也作出了原则性的规定。中央企业要严格控制职务消费，按照有关规定建立健全职务消费管理制度。积极推进机关和事业单位工资制度改革④。2009 年人力资源和社会保障部要研究出台级别与工资等待遇适当挂钩、向县乡等主要领导实施工资政策倾斜的具体办法。与此同时，在事业单位工资制度改革中，积极推进义务教育学校实施绩效工资制度并加快制定其他事业单位实行绩效工资制度的实施意见。推进实施集体合同制度，指导企业建立职工工资随经济效益协商调整的机制；积极落实最低工资制度。

## （二）不断完善收入再分配政策，推动社会和谐发展

农民工基本养老保险制度准备建立并实施。人力资源和社会保障部按照"低费率、广覆盖、可转移，并能够与现行养老制度衔接"的政策要求于 2009 年制定了《农民工参加基本养老保险办法》并向社会公开征求意见。⑤ 逐步开展农村养老保险制度试点，使广大农民老有所养。2009 年国务院颁布了《关于开展新型农村社会养老保险试点的指导意见》，提出在全国 10% 的县进行农村养老保险制度试点。农

---

① 《中央研究改革收入分配制度和规范收入分配秩序问题》，2006 年 5 月 27 日《人民日报》。
② 中华人民共和国中央政府：《国务院批转发展改革委关于 2009 年深化经济体制改革工作意见的通知》，国务院，2009。
③ 中华人民共和国中央政府：《多部委联合下发意见规范中央企业负责人薪酬管理》，国务院，2009。
④ 中华人民共和国中央政府：《尹蔚民在全国人力资源社会保障工作会议报告摘要》，国务院，2009。
⑤ 《农民工养老保险办法破冰》，http：//news. xinhuanet. com/politics/2009 - 02/08/content_10782192. htm。

村基本养老保险制度缴费由个人、集体和国家共同负担。中央财政对中西部地区按中央确定的基础养老金标准给予全额补助,对东部地区给予 50% 的补助;地方政府应当对参保人缴费给予补贴,补贴标准不低于每人每年 30 元①。调整退休人员养老金水平,提高老年人的生活质量。从 2009 年 1 月 1 起,企业退休人员养老金得到提高,提高幅度为 2008 年企业退休人员月人均基本养老金的 10% 左右②。建立城乡最低生活标准正常调节机制,使广大低收入者分享到经济发展成果。

## 四 我国收入分配领域依然存在的问题及对策

### (一) 存在的问题

自党的十六大之后,党和政府高度重视民生问题,特别是其中的收入分配问题,为此提出了一系列改革分配制度、完善收入分配秩序的新措施。上述措施的实施对于遏制收入差距不断扩大的趋势起到了积极的作用,推动了经济和社会的和谐发展。尽管如此,收入分配领域依然存在许多问题,它们是导致我国收入差距过大的主要原因。

首先,在要素分配过程中,劳动收入比例过低。由于社会主义市场经济体制不健全、分配秩序不规范,导致改革开放以来劳动收入比例不断下降。③ 劳动收入比例过低是导致我国收入差距过大的一个重要原因,因为劳动收入比例过低就会导致劳动力获得的收入过低,这样就会拉大收入差距。与此同时,劳动者获得的收入较少,导致劳动者的消费不足,进而影响到经济增长。特别是在国际金融危机的冲击之下,国内消费已经成为我国经济增长的重要动力源泉。如果劳动收入比例过低,那么将会直接影响到经济增长速度,进而引发一连串连锁反应。④

其次,城乡收入差距依然过大。如果考虑到城镇居民和农村居民在社会保障方面所存在的巨大差距,那么城乡居民之间的收入差距比目前的状况还要严重。

① 中华人民共和国中央政府:《国务院关于开展新型农村社会养老保险试点的指导意见》,国务院,2009。

② 中华会计网校,《人力资源和社会保障部、财政部关于 2009 年调整企业退休人员基本养老金的通知》,http://www.chinaacc.com/new/63_73_/2009_2_17_wa8286194120171290022009.shtml。

③ 白重恩、钱震杰:《国民收入的要素分配:统计数据背后的故事》,《经济研究》2009 年第 27 期。

④ 马凯:《在应对国际金融危机中加快推进经济结构调整》,《求是》2009 年第 20 期。

城乡之间过大的收入差距一方面会进一步加剧本已存在的城乡二元经济结构，造成城乡之间的割裂，不利于城乡之间的统筹发展；另一方面，城乡之间过大的收入差距严重制约了农村经济的发展水平和农民生活水平的提高。同时，严重的城乡收入差距阻碍了农业发展，严重威胁国家的粮食安全。

再次，农村区域间收入差距过大，而城镇区域间收入差距扩大的趋势没有根本改变。区域间收入差距问题所反映的是区域间经济发展水平的巨大差异，后者对我国经济和社会发展具有重要影响。第一，广大中西部地区占我国领土面积的大多数，它们也容纳了我国很多人口。如果广大中西部地区远远落后于东部地区，那么人民的收入增长就会受到极大限制，人民生活水平也就不能得到有效改善。第二，如果广大中西部地区经济发展落后，那么其消费水平也就相对较低，这就限制了内需的扩大，不利于我国经济的发展。

最后，行业收入差距过大的状况没有得到根本改善。我国行业收入差距中有一部分是由于行业差别所造成的合理收入差距。如信息传输、计算机服务和软件业与其他行业间的收入差距是由这一行业的技术特点所决定的，这就属于合理的收入差距。然而，我国行业收入差距中很大一部分是由垄断所造成，这一部分就属于不合理的行业间收入差距。行业间过大的收入差距造成了巨大的负面效应，它将过多的人力资源都集中到垄断行业，窒息了经济发展活力。

## （二）对策

**1. 完善初次分配制度，提高劳动收入所占比例**

劳动收入所占比例偏低是由多种因素造成的，其中之一是由于我国劳动力供给大于需求，但是其中最根本的原因是初次分配制度不健全。建立并完善企业集体工资制度，保障劳动者在工资形成制度中的平等地位，从而形成公平、公正的企业工资形成机制。大力推进实施最低工资制度，保证广大劳动者的合法权益。积极推进《劳动法》和《劳动合同法》的实施，为保护劳动者的合法权益提供法律依据和法律支持。

**2. 积极推动农民收入增加，逐步缩小严重的城乡收入差距**

首先，千方百计保证经济增长速度，为农民就业提供保证。我国经济增长与就业之间存在长期均衡关系，而且经济增长是拉动就业增加的源泉。只有保持高速的经济增长，才能创造更多的就业岗位，以此吸纳农村劳动就业，从而增加农民收入。其次，积极推动城镇化进程，逐步减少农村人口占总人口的比例，只有这样才能增加农村人均土地拥有量并增加农产品需求量，从而推动农产品价格上涨，最终增加农民收入。最后，加快农村社会保障体系建设，减少农民开支。要从农民需求最迫切的医疗保险和最低生活保障制度入手，逐步提高其保障水平。积极探索建立农村养老保险制度，解决农村老年人口的养老问题。

**3. 逐步缩小中西部地区经济发展差距，缩小地区间收入差距**

积极推动中西部地区特别是农村地区的经济发展，逐步缩小地区间收入差距。地方政府积极引导中西部地区农村剩余劳动力到东部沿海地区就业，增加农民收入。中央政府要加大对中西部地区经济发展的支持力度。加大对中西部地区的资金投入，与此同时适当对中西部地区进行政策倾斜。

**4. 消除行业垄断利润，逐渐缩小行业收入差距**

垄断利润的存在是导致垄断行业高工资和高福利的根源，所以只有消除垄断利润，才能消除垄断而导致的行业收入差距。对于一般性的行业，消除垄断门槛，鼓励其他所有制企业的发展，增加行业竞争，从而最终消除行业收入差距。[1] 对于关系国计民生的特殊行业，加强企业薪酬制度管理，明确国家、企业管理者和职工三者之间的关系，由国家掌控所有经营利润。

# China's Income Distribution in 2009 and Its Future Trend

**Abstract**：The economic crisis beginning from U. S. A has significantly affected China economic growth. Chinese government fights against this crisis positively with introducing a series of plans to maintain the economic growth rate. This paper explores the income distribution in 2009 and forecasts its trend in the future. It also reviews the income distribution policy adopted by Chinese government in recent years and make policy recommendations in this field.

**Key Words**：International Economy Crisis；Income Distribution；Income Gap

---

① 王家敏：《合理的国民收入分配制度还需各方改革——专访国家发改委社会发展研究所所长杨宜勇》，《决策探索》2009 年第 11 期。

# 2009 年中国互联网舆情分析报告

祝华新　单学刚　胡江春*

摘　要：2009 年中，中国互联网普及率达到 26%，超过世界平均水平，特别是微博客崛起，网络议题更加广泛。政府一方面强化网络管理，另一方面政府对网络舆论的反应提速，从中央到地方初步形成了政府对网络民意的监测、反馈和吸纳机制，并把网络举报列为党纪、政纪和司法监督新渠道。

关键词：新意见阶层　微博客　QQ 群　网民留言板

在《2008 年中国互联网舆情分析报告》中，我们提出了"新意见阶层"这个概念，用以描述关注新闻时事、在网上表达意见的网民。近年来，他们凭借互联网"所有人对所有人的传播"优势，对中国社会发展中的种种问题畅所欲言，能在极短时间内凝聚共识，发酵情感，诱发行动，影响社会。2009 年"新意见阶层"规模进一步扩大。据中国互联网信息中心调查，截至 2009 年 6 月 30 日，中国网民达到 3.38 亿人，仅半年时间就增长了 4000 万人；全国互联网普及率 25.5%，超过世界平均水平。① 在世界金融危机的背景下，中国 30 年经济增长和社会转型所积累的各种矛盾凸显，在有些时候、有些地方呈现激化态势。网民的表达意愿和参与意识持续高涨，踊跃发声建言。在一系列突发事件上，"新意见阶层"进一步显示出巨大的舆论能量。政府一方面强化网络管理，以抑制过于偏激的言论；另一方面对网络舆论的反应提速，从中央到地方初步形成了政府对网络民意的监测、反馈和吸纳机制。

---

\*　祝华新、单学刚、胡江春，人民网舆情监测室舆情分析师。
①　中国互联网络信息中心（CNNIC）：《第 24 次中国互联网络发展状况统计报告》，以下未特别标明的网络数据均来源于此。

# 一 2009 年网络热点事件和流行语

## （一）年度网络热点事件

2009 年网络热点事件为数众多。根据对五大门户网站热点事件跟帖数量的统计，跟帖超过 5000 份的热点事件有 16 项（见表 1），其中跟帖过万份的事件有 5 项。这些热点事件主要涉及公民权利保护、公共权力监督、公共秩序维护和公共道德伸张等一系列重大社会公共问题，体现了广大网民积极的社会参与意识。

表 1 2009 年度网络热点事件排行榜

| 排序 | 事件/话题 | 天涯社区 | 凯迪社区 | 强国论坛 | 新浪论坛 | 中华网论坛 | 合计 |
|---|---|---|---|---|---|---|---|
| 1 | 湖北巴东县邓玉娇案 | 5260 | 7390 | 2390 | 3086 | 7007 | 25133 |
| 2 | 重庆打黑风暴 | 8790 | 2109 | 1345 | 1578 | 6157 | 19979 |
| 3 | 云南晋宁县"躲猫猫"事件 | 4682 | 2536 | 598 | 5011 | 2151 | 14978 |
| 4 | 上海交通管理部门"钓鱼执法" | 3959 | 1300 | 753 | 5123 | 318 | 11453 |
| 5 | 网瘾标准与治疗 | 4997 | 923 | 425 | 3978 | 776 | 11099 |
| 6 | 强制安装"绿坝"软件起争议 | 4570 | 1952 | 899 | 956 | 639 | 9016 |
| 7 | 杭州市飙车案 | 2849 | 1720 | 223 | 1502 | 1201 | 7495 |
| 8 | 吉林通钢暴力事件 | 605 | 573 | 1719 | 882 | 3276 | 7055 |
| 9 | 长江大学三学生舍身救人 | 3723 | 211 | 953 | 784 | 688 | 6359 |
| 10 | 央视曝光谷歌涉黄 | 3467 | 1120 | 437 | 683 | 375 | 6082 |
| 11 | 河南农民工"开胸验肺" | 1899 | 873 | 656 | 973 | 1427 | 5828 |
| 12 | 贾君鹏红遍网络 | 3818 | 398 | 103 | 1066 | 337 | 5722 |
| 13 | 郑州市某官员质疑记者"替谁说话" | 1435 | 918 | 2090 | 453 | 489 | 5385 |
| 14 | 昆明"小学生卖淫"案 | 3156 | 1060 | 223 | 351 | 498 | 5288 |
| 15 | 成都"6·5"公交车燃烧事件 | 2108 | 862 | 56 | 869 | 1284 | 5179 |
| 16 | 河南灵宝市跨省抓捕王帅案 | 1670 | 1570 | 206 | 653 | 905 | 5004 |
| 17 | 99%访民"精神病"说 | 1849 | 1480 | 483 | 471 | 527 | 4810 |
| 18 | 罗彩霞被冒名顶替上大学 | 2516 | 721 | 178 | 529 | 652 | 4596 |
| 19 | 贵州习水县嫖宿幼女案 | 1842 | 782 | 116 | 611 | 961 | 4312 |
| 20 | 湖北石首市骚乱 | 772 | 1210 | 270 | 1267 | 585 | 4104 |

注：①入选舆情指的是较为具体的事件，庞大且笼统的事件只选取其中具体事件。

②以上数字均为 BBS 原帖数，不含跟帖。

③此数据通过设置多个关键字多途径、全文搜索得出统计结果，并剔除了重复的帖子。

④随着网络热点事件的发展，有可能衍生出网络新词，存在一些帖子并不是讨论该事件本身，而是引用网络新词的状况，这里也一并计入。

⑤以上数字不包含已被社区管理员从根目录彻底删除的帖子，但包括删除后还存在"快照"的帖子。

⑥统计数据截至 2009 年 11 月 10 日 24 时，表 2～4 同此。

## （二）年度网络流行语

2009 年网络流行语多戏谑，反复引用和强调某些人的言论，突出其不合理性，以达到讽刺、鞭挞的功效，有些流行语也不乏自嘲或者搞笑的成分。必须结合具体网络热点事件，在熟悉该典故的人群中使用，它们才能有非常好的效果；若单独使用或者讲给不熟悉典故的人听，会显得莫名其妙。截至 2009 年 11 月 10 日 24 时，网络跟帖使用超过 100 万次的网络流行语有 10 个（见表 2），它们无不具有上述某种或几种特征。

**表 2　2009 年度网络流行语排行榜**

| 排序 | 网络流行语 | 流行语来由 | 话语含义 | 流行度 |
|---|---|---|---|---|
| 1 | 哥×的不是×,是寂寞 | "百度贴吧"有人发了一张男子吃面的图片,配文"哥吃的不是面,是寂寞"。之后一发不可收拾,网民相继模仿"哥×的不是×,是寂寞"的句式。一种集体性撒娇蔓延开来 | 有落寞、自赏和自嘲之意,也有娱人娱己的恶搞成分 | 百度:51000000 谷歌:32900000 合计:83900000 |
| 2 | 躲猫猫 | 云南晋宁县青年李乔明死在看守所,警方称其与狱友"躲猫猫"时撞墙而死 | 与 2008 年的"俯卧撑"类似,普通的运动娱乐项目被说成死因,匪夷所思中凸显民众对此类说法的不信任 | 百度:5920000 谷歌:29500000 合计:35420000 |
| 3 | 欺实马 | 网友杜撰出来的一个新物种,表示对杭州飙车案中交警认定肇事车速为"70 码"的不满 | 民众对某些政府部门解释和处置公共事件的方法心存不满的一种反讽 | 百度:226000 谷歌:18800000 合计:19026000 |
| 4 | 替党说话,还是准备替老百姓说话? | 面对媒体的舆论监督,郑州市规划局副局长逯军这样反问记者 | 在某些官员心中,党和人民是利益对立关系,实际上这些官员是拿党做护身符,对抗群众和舆论监督,维护个人和小团体的利益 | 百度:280000 谷歌:15800000 合计:16080000 |
| 5 | 别迷恋哥,哥只是个传说 | 出自猫扑论坛。该语言配以其貌不扬却故作潇洒的男性人物图片,语言与画面相互反衬,令人捧腹 | 无具体含义。恶搞、娱乐,娱人娱己 | 百度:1060000 谷歌:9800000 合计:10860000 |
| 6 | 你是哪个单位的? | 对于记者就第十一届全运会跳水金牌是否内定的提问,国家游泳运动管理中心副主任周继红的第一反应是:"你是哪个单位的?" | 以傲慢口气打压对方,背后还有一种"估算对方势力以便区别对待"的潜规则 | 百度:43600 谷歌:3790000 合计:3833600 |

续表 2

| 排序 | 网络流行语 | 流行语来由 | 话语含义 | 流行度 |
|---|---|---|---|---|
| 7 | 心神不宁 | 央视《焦点访谈》节目中,大学生高也出镜痛斥"谷歌中国"链接色情信息,说是害得他的同学"心神不宁" | 滑稽的表态。网友查出高也是《焦点访谈》实习生,怀疑他为了配合采访而说假话 | 百度:2160000<br>谷歌:766000<br>合计:2926000 |
| 8 | ×××,你妈喊你回家吃饭 | 百度魔兽世界吧,一个只有标题、没有任何内容的空帖"贾君鹏,你妈妈喊你回家吃饭!"在短短一天时间内点击数百万次,回帖数十万条 | 一次互联网行为艺术,贴吧文化狂欢。无具体含义,但可以在多个场合结合具体议题运用 | 百度:340000<br>谷歌:2560000<br>合计:2900000 |
| 9 | 草泥马 | 2009 年加大整治互联网低俗之风专项行动中,网民创造和传播了该词 | 网民用"草泥马"等谐音式脏话发泄不满 | 百度:1320000<br>谷歌:1310000<br>合计:2630000 |
| 10 | 跨省抓捕 | 王帅在上海发帖曝光老家河南灵宝市政府非法征地,灵宝警方迅速认定远在上海的发帖者,并跨省追捕,将数千里外的王帅"捉拿归案" | 讽刺某些官员滥用公权力,侵犯公民合法权益,特别是限制网民言论自由 | 百度:705000<br>谷歌:300000<br>合计:1005000 |

## 二 网络舆论载体的新进展

### (一) 互联网成为新闻舆论独立源头

人民网舆情监测室对 2009 年 77 件影响力较大的社会热点事件的分析表明,其中由网络爆料而引发公众关注的有 23 件,约占全部事件的 30% (见表 3)。也就是说,约三成的社会舆论因互联网而兴起。

特别是在传统媒体因为种种顾虑而缺席或反应迟钝的情况下,互联网孤军深入,成为网民自发爆料和集结舆论的平台。例如 2009 年 5 月 7 日晚,杭州闹市区发生飙车撞人案,当地多数报纸第二天未作报道。但当晚杭州著名论坛"19楼"发帖《富家子弟把马路当 F1 赛道,无辜路人被撞起 5 米高》,回帖达到 1.4万条,网民对蔑视生命的"富二代"给予强烈谴责。加上杭州警方明显偏袒肇事车主激起众怒,BBS 上网民"人肉搜索"肇事者背景,受害者谭卓的毕业院校浙江大学学子致杭州市长的公开信也从浙江大学内部论坛流传到公网,飙车案迅速成为全国关注的公共事件。

表3　2009年由互联网引发的20件网络热点事件一览表

| 序号 | 网络曝光时间 | 事件 | 备注 | 载体 |
|---|---|---|---|---|
| 1 | 2月3日 | 段磊发帖举报曹县庄寨镇书记郭峰 | 段磊被逮捕,后司法机关撤诉并道歉 | 天涯社区、新浪博客等 |
| 2 | 2月12日 | 王帅发帖举报政府违法征地 | 王帅被拘留,后警方承认是错案 | 天涯社区 |
| 3 | 3月3日 | 浙江温州市官员低价购拆迁安置房 | 官方证实该事件属实,随后司法介入,3名责任人被判刑 | 天涯社区 |
| 4 | 6月2日 | 陕西汉中市残忍打狗 | 网友发布残忍打狗视频 | 百度贴吧酷溜网 |
| 5 | 6月15日 | 江西南康市家具业主聚集示威 | 网民第一时间微博客直播,该网友被警方带走调查 | Twitter |
| 6 | 6月9日 | 山东东明县"甲状腺肿瘤"事件 | 官方澄清不实传言 | 百度贴吧 |
| 7 | 6月18日 | 央视"谷歌涉黄事件"新闻涉嫌造假 | 网友搜索出节目中被采访者为央视实习员工 | 豆瓣网新浪博客 |
| 8 | 6月23日 | 严晓玲案"内幕" | 发帖网民被拘留,其中三名被以"诬告陷害罪"逮捕,一名被释放 | 新浪博客 |
| 9 | 6月23日 | 湖北29岁市长"打伞照" | 官方无回应 | 凯迪社区 |
| 10 | 6月25日 | 重庆市高考状元造假 | 高考状元没有被录取 | 不详 |
| 11 | 6月26日 | 广东韶关市劳工群殴 | 网络传播 | Twitter |
| 12 | 7月3日 | 河北鹿泉市地方干部暴打请愿群众 | 官方证实该事件属实 | 不详 |
| 13 | 7月10日 | 河南杞县"钴60"事件 | 民众大量外逃后,官方开始辟谣 | 天涯社区 |
| 14 | 7月16日 | 贾君鹏事件 | 发端于网络,红遍网络的无厘头娱乐 | 百度贴吧 |
| 15 | 7月24日 | 浙江杭州飙车者胡斌"替身"案 | 搜索出疑似胡斌替身"张礼礤",但没有得到确认,警方辟谣 | 百度贴吧 |
| 16 | 8月29日 | 北京经济适用房资格公示"最牛身份证号" | 网友和媒体从政府公示信息中共同发现线索,相关部门作出解释 | 不详 |
| 17 | 9月10日 | 上海市交通管理部门"钓鱼执法" | 当事人发帖求助,司法介入,纠正执法错误,罚款退还 | 天涯社区 |
| 18 | 10月8日 | 新疆建设兵团"最牛团长夫人"打人 | 发帖曝光"团长夫人"殴打讲解员,团长夫妇均被免职 | 新华网论坛红网论坛 |
| 19 | 10月12日 | "艾滋女"闫德利公布"嫖客"手机号码 | 前男友发帖诽谤闫德利,司法介入 | 腾讯博客 |
| 20 | 11月9日 | 南京徐宝宝住院死亡事件 | 网友参加的调查组推翻官方结论,值班医生的确在玩游戏,患儿母亲曾下跪求救 | 天涯社区 |

## （二） web2.0 与 web1.0 形成意见反差

在传统媒体中，编辑部与受众之间是"我写你读"、"我念你听"和"我演你看"的关系。门户网站的新闻页面也属于信息单向传播的 web1.0 形态，担负着宣传政府方针政策和舆论导向的使命。然而，以互动为特色的网络社区，属于网民自主发声、信息反向传播的 web2.0 形态。Web2.0 与 web1.0 之间经常形成一种隔阂和反差。在 web2.0 意见平台上，网民议政心直口快，某些政府管理措施经常处于被质疑的状态。

以曾经被要求推广的"绿坝——花季护航"上网过滤软件为例，各网站刊载有关方面的新闻通稿说：92% 的用户认为有必要由政府采购过滤软件，70% 以上的用户对软件表示满意。但一些门户网站的在线调查结果显示，超过 80% 的网友反对强行安装这款软件。

## （三） 互联网与手机结合，网络舆论更具杀伤力

有线载体（互联网）和无线终端（手机）结合，网友通过手机能够进行更为便捷的信息传播，而且不限于文字，还可以将现场拍摄图片、视频上传。

特别是微博客，在 2009 年十分活跃。微博客可通过手机或网页登陆，随时随地发布自己的所见所闻、所思所感，一次不超过 140 字。在微博客上跟从网民，无须对方同意。一些"意见领袖"的 Twitter（总部在美国的微博客提供商）"跟从"者过万，对网民的感召力或煽动性极强。与西方微博客多谈论网民日常起居不同，中国微博客强烈关注时事。网民通过"跟从"链接而形成的微博客群落，相当于一个小型的时政新闻平台和论坛。由普通网民临时客串的"公民报道者"，可在微博客上对突发事件进行"现场直播"。例如，在石首骚乱中，一位匿名网民在饭否网上实时播报街头消息约 200 条。微博客有效地突破了某些信息屏障，赶在了传统媒体报道和政府新闻发布的前面，第一时间发布大量第一手的信息，成为杀伤力最强的舆论载体。

互联网和无线终端嫁接的另一个产品是微视频。微视频是短则几十秒、长不过半小时的视频短片，在突发事件现场，用手机、DV 等非专业设备拍摄，然后发布到网上。例如 2009 年元宵节晚 9 时左右央视新址配楼大火，第一个报道的是网民"加盐的手磨咖啡"，9 时 4 分在天涯社区发帖《CCTV 大楼元宵夜起大

火了吗????》，上传了手机拍摄的火灾现场照片。2009 年夏天土豆网等发布了一段网民视频《北京街头最痛心的一幕》，反映一女子在协和医院门口被公交车蹭倒受伤流血，拨打 120 急救电话 40 分钟仍未得到救护。网民跟帖感叹："当别人发生灾难，在我们眼里就是故事。岂不知，当自己发生灾难，在别人眼里也是故事。这个世界不能太冷漠！"网友信奉"无图无真相"，特别是城市管理中一些老大难问题，如城管与商贩、拆迁户与开发商冲突的现场画面传到网上，更容易激起网民的强烈不满，引爆舆论。

### （四）互联网和传统媒体相互借力，放大舆论

网络舆论已深刻地影响到传统媒体。报纸记者、编辑和电视主持人习惯于到网上寻找新闻线索；网络"意见领袖"也乐于为报刊撰写专栏，到电视台做嘉宾访谈。网上的爆料，由传统媒体接手深入采访和评论，提升了可信度，更能引起政府重视；而传统媒体对社会不良现象的批评报道，经互联网的放大，迅速凝聚民意，产生强大的舆论压力。新老媒体相互借力，推动了不少社会问题的解决。

例如，上海交通管理部门"钓鱼执法"问题的解决，就是互联网和传统媒体联手推进的结果。职业经理人张军 9 月 8 日开私家车搭载一个声称胃疼的路人而"被钓"，12 日他以"公子羿"为 ID 在天涯社区发帖控诉。"80 后"作家韩寒在博客中转述和评论此事，引起了更大的关注。国庆节过后，传统媒体大举介入，挖掘出上海其他"钓鱼"案例，某区对黑车罚款获取天价收入，法院与交通管理部门串通制定审判指导意见，等等。特别是司机孙中界助人"被钓"后愤而断指自证清白的事件发生后，传统媒体在第一时间追踪报道，把舆论推向高潮。

### （五）体制内报纸、电视台和网站积极回应网民关切

在上海"钓鱼执法"案中，央视《经济半小时》栏目曝光上海可能存在"职业拦车群体"，《新闻 1＋1》栏目制作专题调查，《人民日报》连续发表《人民时评》，与网民的愤怒和都市报的质疑相呼应，迫使上海浦东新区和闵行区政府认错。近年来《人民日报》、中央电视台、《中国青年报》等传统主流媒体在一系列突发事件中，不缺席、不失语，特别是勇于举起社会公正的旗帜，与某些基层政府的不作为、乱作为和少数无良官员相区隔，表现出体制内改良政务管理、倾听民意、化解民怨的坚强决心。

中央重点新闻网站在 2009 年针对政府处理公共事务的得失加大了舆论监督力度。例如，在王帅因为发帖被"跨省抓捕"后，人民网于 4 月组织了四次在线访谈。第一次访谈时，当事人王帅刚刚取保候审，在一个秘密的角落上网讲述事件真相。在第三次访谈中，河南省副省长兼公安厅厅长秦玉海承认警方执法错误，将对王帅进行国家赔偿。人民网还针对石首骚乱、杞县钴 60 事件、上海"钓鱼执法"等组织了一系列访谈，作出权威解读，有时走在都市报的前面发声，增强了政府背景网站的公信力。

从 2009 年 11 月份起，《人民日报·人民时评》专栏、《中国青年报》"法制社会"版和《冰点》专刊、中央电视台《新闻 1＋1》栏目与人民网舆情监测室联手，在天涯社区开设"主流媒体"频道，这是体制内媒体深入网络社区与网民对话的一次集体尝试。

## （六）调整网络表达形式，抑制"群体极化"现象

中国网民群体，包括网络管理员和版主在内，多为 30 岁以下的年轻人。阅历和思想认识水平的局限性，使其很难在短时间内厘清事情背后复杂的社会和心理动因，非理性和过于主观的声音经常容易占据上风。从河北容城县"艾滋女"和 279 名"嫖客"案件看，网民和媒体都有可能以讹传讹，推波助澜，对当事人造成伤害。

所谓"群体极化"（Group Polarization），是传媒学者詹姆斯·斯托纳提出来的，指群体中原已存在的倾向性通过相互作用而得到加强，使一种观点朝着更极端的方向转移，即保守的会更保守，激进的会更冒险。互联网的匿名环境、海量帖文的气氛渲染，观点相近人群的频繁沟通，更容易产生"群体极化"，并可能发展为人身攻击，甚至威胁社会正常秩序。为遏制网络"群体极化"，各网站、BBS 和政府管理部门动了不少心思。如网易放弃了著名的"无跟帖，不新闻"的浪漫口号，代之以"文明上网，登陆发帖"的叮咛。继 BBS 以后，门户网站也开始要求注册发帖，让网民在登陆后多花一点时间来沉淀思考。新闻跟帖的显示比例缩水，有时显示数只有实际发帖数的几分之一。一些网站取消了新闻跟帖中的赞成、反对功能，似有避免单一网友的声音被过度放大的考虑；有的网站甚至把"反对"改成"举报"，更有压制偏激言论的意图。人气旺盛的天涯社区遇到敏感话题，经常锁帖或把跟帖控制在 5 页以内。

## 三 网民社会心理和行为的演变

### (一) 网民社会阶层的分野

目前网上草根民众和知识精英的舆论并行发达。草根类舆论体现在众多新闻跟帖和普通网民的个人博客中；精英类言论则集中于微博客，文化界名人博客，凯迪网络、中国改革论坛等 BBS，五柳村、中国选举与治理网等学术文化类网站。据 2005 年底对凯迪网络用户的调查，他们多分布在经济发达地区和城市，拥有手机、笔记本电脑、汽车和房产的比例高；与全国网民平均水平相比，本科学历高出 21.8 个百分点，研究生学历高出 9.4 个百分点，而在校生比例低了 32.5 个百分点；男性多，多数已结婚生子，喜欢阅读和旅游。[1] 这些数据均提示他们在社会上具有较高的经济文化地位，这是凯迪网络成为知识分子思想园地的人口学基础。

网络草根和精英都同情弱势群体，痛恨社会不公，关注公权力尽责和诚信，维护社会道德底线。2009 年，在张海超 "开胸验肺"、孙中界断指抗议 "钓鱼执法" 等新闻事件上，精英和草根的意见高度一致。但在另一些问题上，网络精英与草根之间意见分歧往往很大。例如，在如何看待山西煤矿 "国进民退" 改制的问题上，普通网民多为口碑糟糕的 "煤老板" 绝大多数被整合而兴奋，但知识界对于山西政府是否尊重私营经济产权和市场契约颇有疑虑。

### (二) 网民的社会关怀大幅提升

网上参与人数最多的言论形式是新闻跟帖。例如，2009 年 6 月 12 日、13 日宝马、奔驰国产车型入选公务车的新闻跟帖踊跃，搜狐 1430 条，网易 3261 条，新浪 14002 条。这三大商业门户网站的用户三教九流都有，尤以学生和底层民众居多，因此，新闻跟帖更像 "草根的围观"，他们强烈的社会和道德批判精神，提示所谓当今中国人 "政治冷漠" 的印象并不准确。

截至 2009 年 6 月底，1.81 亿网民开设了个人博客或个人空间，其中 1.13 亿

---

① 广西南宁波普市场调查公司：《凯迪网络受众调查报告》，2006。

人平均每个月至少更新一次。过去，写博客主要是记述个人生活；2008～2009年上半年，针对"社会现象"发言的作者所占比例达到 54.5%，比 2007 年上升了 44.5 个百分点。① 以新浪博客为例，与"孙伟铭死刑"相关的博文 271600 篇，网民热议酒后驾车肇事应否抵命，该以交通肇事罪还是危害公共安全罪论处。重庆"打黑"也是博客热门话题，在新浪可找到与"王立军 重庆"相关的博文 423308 篇，找到与"文强 重庆"（"打黑"中落马的最高官员）相关的博文 1088049 篇。网民强烈的社会关怀提示民气可用、民怨可畏。

## （三）网民的组织化程度提高

随着网络言论载体的逐渐发达，相当多的网民已经不再是孤立的个体，他们在网上结成各种虚拟的社群，同声相应，同气相求。

腾讯 QQ 网民结成的 QQ 群，据称有 5000 万个之多。依托于同学、同事、同乡等现实社会关系的除外，其他如影视音乐、动漫、游戏、车行天下、旅游、体育联盟、追星族、星座缘分等类别的 QQ 群，基本上源于虚拟的网络交往。在邓玉娇事件中，《新京报》和《南方人物周刊》记者在巴东县野三关被不明身份的人围困，记者被打，相机被抢，媒体 QQ 群里几乎是实时播报。接着，记者编辑们在群里商量由谁来报道，财经网编辑自告奋勇尝试发稿。果然，半小时后，财经网挂出记者被打的新闻。由于网友经常加入不止一个 QQ 群，信息和图片可在瞬间从一个群复制流传到其他的群，具有病毒似的传染性，因此 QQ 群的动员和组织潜力巨大。

近一年来崛起的社交类网站 SNS（Social Network Site），能为用户提供个人博客、群组、照片、视频、音乐等多种朋友互动功能。如开心网面向白领，注册用户逾 5000 万；而校内网则垄断了在校大学生市场。现阶段 SNS 以娱乐内容为主，比如偷菜、占车位，但不乏关注社会问题的潜质。如新华社入住开心网后，开设"新华社电视"频道，从 2009 年 5 月 11 日清晨 6 时到 13 日下午推出汶川地震一周年电视直播节目，网民寄语留言多达 63 万条。SNS 很可能成为今后中国社会一种重要的组织资源。

"百度贴吧"是一种特殊形态的 BBS，网友基于关键词而自由创建。百度平

---

① 中国互联网络信息中心（CNNIC）：《2008～2009 博客市场及博客行为研究报告》。

均每天新建贴吧 8000 余个，发新帖 200 万个。由于贴吧进行的是特定主题的深度交流，能够寻找和聚集利益相关人群，给一些地方政府和社区型国有大型企业带来很大舆论压力。例如，在石首骚乱中，当地政府封锁消息，在长达 80 个小时的时间里只发布了 3 条新闻，其中还包括一条匪夷所思的石首街头举行多部门联合消防演习的新闻通稿。但在"百度贴吧·石首吧"里，出现了近 500 个与此案有关的主帖，追踪报道石首街头的真实情况。

其他网络社群组织形式，包括 BBS 的版聚（活跃在同一论坛的网民线下聚会），作者社会背景相同或博文主题相近的博客圈（仅搜狐博客就有 11825 个圈子），豆瓣网的讨论群组（2.2 万个），还有一些小的专业类网站，如户外运动类网站结成的"驴友"社群，当年率先质疑周正龙虎照的"色影无忌"摄影爱好者网站。

有学者认为，网络社群"加强了民众之间的联系与集体行动"，因而拥有比西方更大的民主潜力。[①] 上海团市委一项调查显示，仅与团市委建立固定联络的网络社团就有几十个，包括车友会、音乐发烧友、收藏发烧友等。这些网络社团大都没有经过正式注册，但组织能力强，经常开展线上和线下的活动。[②] 现阶段这些网络社团没有政治色彩，至多只是某种意识形态或审美、价值偏好的小圈子。

## （四）网民开始走下互联网

2009 年，在一些突发事件中，部分网民不满足于网上的"口水战"，企图在网下有所表达。例如，在杭州飙车案中，就在警方宣布肇事车速仅 70 码的当晚，不少网友来到车祸地点文二西路，点起蜡烛、献上菊花，表示对遇害者的哀悼和公正办案的诉求。在邓玉娇案中，一些网友纷纷到巴东"旅游"，有的还请求为邓玉娇立"烈女碑"。当地政府感到压力巨大，长江航线巴东码头自抗日战争以来首次停航，宾馆宣布客满。在北京，西客站附近广场出现"行为艺术"，一个女青年以纱布层层缠裹自己，呈极力挣扎却无法挣脱状，身边摆放着几个大字："谁都可能成为邓玉娇"。

7 月 16 日，网友郭宝锋因在网上发布严晓玲"被轮奸致死"的流言，被福

---

① 胡泳：《网络社群的崛起》，《南风窗》2009 年第 22 期。
② 《〈瞭望〉文章：网络意见领袖"显性化"》，新华网，2008 年 6 月 24 日。

州警方以涉嫌诽谤而拘留。恰恰在这一天，"百度贴吧·魔兽世界吧"传出一句无厘头的贴文"贾君鹏，你妈妈喊你回家吃饭"。知名网民"北风"受此启发，在线发起"一人一张明信片，喊郭宝锋回家吃饭"的活动。两个星期内，上百张明信片从全国各地寄往福州市第二看守所，每张上面都写着"郭宝锋，你妈妈喊你回家吃饭"。7 月 31 日下午，郭宝锋取保候审，走出了看守所。律师认为，郭宝锋是被网民用明信片"喊"回了家。

可以这么说，互联网上的"新意见阶层"已经结成了一个有现实影响力的虚拟"压力集团"，面对贫富冲突、劳资矛盾、城市拆迁、农村土地流转、环境污染、医疗教育、道德失范等问题，特别是政府施政缺失和司法不公，形成巨大舆论压力。网民从自身利益出发评议公共政策，经常能够有效地改变决策方向。例如上网过滤软件"绿坝——花季护航"就是在网民的质疑和激烈反对中，在 7 月 1 日强制安装起始日的前夕——6 月 30 日晚工业和信息化部紧急宣布推迟预装；后来又改口说，"绝不会出现在所有销售的计算机里一律强制安装的问题"，改进后的预装方案主要限制在学校、网吧等公共场合的计算机。"绿坝"事件是 2009 年网民作为"压力集团"整体发声和发力的一个标志性事件。但这种虚拟"压力集团"不是政治组织，现阶段在若干具体利益问题上具有温和表达不满和不服从的特征，不会对社会稳定产生颠覆性影响。

### （五）网络非理性情绪值得关注

2009 年群体性事件对抗性增强。例如，在石首事件中，约 7 万民众走上街头，与数千名武警对峙，这是新中国成立以来最严重的街头骚乱。现阶段群体性事件多发生在中西部县域，影响多具有局部性和一过性。但在 2009 年群体性事件和其他一些突发事件中，现场民众和网民非理性情绪抬头，有蔓延趋势。

例如，7 月 24 日，吉林通化钢铁公司股权调整引发职工不满，民营企业派驻的总经理被活活打死。新闻跟帖几乎一边倒地赞扬通钢"工人阶级了不起"，幸灾乐祸于"打死个把资本家有什么了不起"。这场网络起哄属于"泄愤事件"，也就是绝大多数参与者与最初引发的事件并没有直接利益关系，主要是路见不平或借题发挥，表达对社会不公的不满。①

---

① 于建嵘：《中国的社会泄愤事件与管治困境》，《当代世界与社会主义》（双月刊）2008 年第 1 期。

网络非理性情绪的另一个预警信号，是邓玉娇案中的"屠夫"现象。网民"屠夫"在凯迪网络向其他网民募捐，得到资助后赶到巴东，促成邓家聘请北京律师，到邓玉娇被羁押的精神病院会见了邓玉娇，并在博客里以第一手图片和文字报告案件进展。继邓玉娇案后，"屠夫"又到昆明为"小学生卖淫案""闹场"，被云南秉持理性批评的"躲猫猫"调查委员会的网民"边民"用一场温和对话击退。"屠夫""用杀猪方式参与社会个案的模式"，公民责任心可嘉，却不能归结为公民有序政治参与的常态，其对社会的潜在破坏性值得忧虑和警醒。

## 四　政府与网民互动，顺应与管理平衡

### （一）政府上网从 web1.0 走向 web2.0

政府上网工程启动 10 年来收效显著，到 2008 年底，中央政府部门和地方省市一级已全部建立政府门户网站，地市级和县级政府拥有门户网站的比例也分别达到 99% 和 92%，很多街道、乡镇甚至村（居）委会都建立了网站或网页。

网络留言板成为党政机关了解民情、听取民意、集中民智的新形式。影响最大的是人民网"地方领导留言板"，截至 2009 年 11 月上旬，接收网友留言 40 多万条，37 位书记或省长、95 位地市主要领导作出公开回应。据不完全统计，约 6000 项网友提出的问题得到落实和解决。"地方领导留言板"也因此获得了 2009 年中国新闻奖一等奖。河南、天津等省市还以文件的形式明确了办理留言要求，安徽还规定不及时认真解决网友问题，造成严重后果的将予以严肃问责。

越来越多的领导干部"触网"，现身论坛、博客。2009 年中，有 15 位正省部级以上领导来到人民网社区做在线访谈，回答网民关注的问题。7 月，云南省委宣传部副部长伍皓现身凯迪网络"猫眼看人"论坛，就昆明"小学生卖淫案"实名发帖，回应网络和媒体的质疑，并提出宣传部门要从"捂盖子"思维向"揭盖子"思维转变："一壶已经烧开的水，如果还使劲捂着盖子，结果只能是连壶底都被烧穿；而盖子一揭，尽管有可能会烫着自己的手，但沸腾的民意也就会变为蒸汽慢慢消散。"10 月，广东 15 个省直单位全部设立"网络发言人"。

### （二） 网络舆论应对提速，官员问责力度加大

面对网络舆论影响与日俱增的形势，2009 年，从中央部委到地方政府，普遍建立快速应急机制，回应网民关切，网络舆情应对提速。如成都"6·5"公交车燃烧事件发生仅两个小时，成都市政府就召开了首场新闻发布会，当天连开三场，不断公布伤亡、救治和现场情况，让真相赶在传言前边。6 月 6 日第四场发布会主动回应市民有关疑问，使质疑声音减弱。7 日第五场发布会认定"有人带油上车"，网民转而追查纵火者，民众的思路和情绪与政府逐渐合拍。最终这一突发恶性事件平稳落幕。10 月 7 日新疆建设兵团"最牛团长夫人"敦煌打人事件被天涯社区曝光，10 日兵团领导批示进行调查，兵团新闻办立即向天涯社区发去回应，12 日相关人员被免职。贵州省思南县一起"引水工程"引发的官民对峙，就是因为网上一篇帖子悄然改变了发展轨迹：乡政府表示放弃该工程，重新寻找水源。发帖人说："多种力量汇合，最终促成杨家坳乡政府顺应民意，悬崖勒马，避免了流血冲突事件。这件事能够出现转机，应主要归功于网络。"一个偏远地区乡政府能够如此重视网络舆论，与两年前"黑砖窑"事件中山西洪洞县政府对网络舆论沸腾一无所知形成鲜明对照，提示网上官民良性互动的局面正在中国形成。

2009 年中央进一步加大了对严重违背民意、招惹民怨的官员问责力度。6 月 30 日中共中央办公厅、国务院办公厅印发《关于实行党政领导干部问责的暂行规定》，在问责的 6 种情形中，包括"对群体性、突发性事件处置失当，导致事态恶化，造成恶劣影响的"情形。2009 年中在网上网下造成恶劣影响的王帅案、邓玉娇案、石首骚乱、开胸验肺案、"替党说话，还是替老百姓说话"事件、重庆高考加分作弊案等事件发生后，当事官员先后被问责。

另外，由于近年来大量贪腐问题经网络举报后得到查处，2009 年政府拓宽了网络举报的通道，鼓励实名，允许匿名。中央纪委、监察部于 10 月 28 日统一开通全国纪检监察举报网站，受理群众对党员、党组织和行政监察对象违反党纪政纪行为的检举控告，开通之初一度因访问过多而导致服务器无法承受。中组部"12380"举报网站、最高人民法院法官违法违纪举报中心网站、最高人民检察院举报网站（12309）等也相继开通。

### （三）突发事件中的网络管理得失互见

遭遇突发事件特别是群体性事件，控制信息流动、统一宣传口径，成为一些干部的思维定式。就像陕西绥德县某官员所言："以前没有网络的时候多好啊，想让他们怎么说就怎么说！"在 2009 年，出现了一些人为制造"没有网络"的情形。在邓玉娇案中，其家乡湖北巴东县野三关镇的电视和网络信号一度因为"防雷击"而中断。无独有偶，湖北石首事件发生后，石首市区网吧断网，事发地一带还一度断电，但这都并未能阻止网上的舆论浪潮。

更荒唐的事情是河南杞县重现"杞人忧天"。6 月 7 日杞县一辐照厂发生放射物卡源事故，情况在网上流传、发酵，政府却一直失语，7 月 17 日，随着"放射源将爆炸"谣言的出现，大批群众纷纷奔向周边县市"避难"，杞县县城一度几成空城。在这起事件中，看似谣言是引发大规模社会恐慌的诱因，但其背后隐含的，却是公共事务透明度低下和政府公信力缺失。事后，杞县政府未能反躬自省，反而迁怒于网民，抓了 5 名在网上夸大事故危险性的"造谣者"和转帖者。

近年来，一些党政部门经常使用"网络群体性事件"这个概念。群体性事件有严格定义，指聚众实施未经法律允许或批准的行为，如集体上访、游行示威、罢工、罢市、罢课、绝食静坐、围堵交通、围攻党政机关等。而"网络群体性事件"，从字面看上看，容易被理解成通过网上组织串联，导致网下聚众行动、制造事端。但考察近几年的情况，因为互联网而产生网下聚众行为的事件并不多。像 2007 年厦门部分市民反对 PX 化工项目而上街"散步"，互联网（BBS和 QQ 群）和无线网（手机短信）的确起到了信息沟通和鼓动作用。但在更多的群体性事件中，一些基层政府采取了断网、屏蔽手机信号甚至中断电视转播的做法，事态的恶化跟互联网没有直接关系。而适度开放网络舆论，让公众的利益关切和焦虑、不满得到宣泄，恰恰可能减少群体性事件的发生。

2009 年同时存在另一个方向的改革尝试。如云南省委宣传部尝试推动云南媒体和网络"新政"。在年初"躲猫猫"事件发生后，云南省委宣传部在 QQ 群中发出邀请，由网民组成调查委员会。虽然网民参与司法调查于法无据，但毕竟体现了政府重建公信力的诚意和努力。8 月，云南省陆良县发生一起煤矿与村民因施工纠纷引发的冲突，省委宣传部发出紧急通知，要求新闻媒体在报道类似突发公共事件时，不得随意给群众乱扣"刁民"、"恶势力"等帽子，禁用、慎用"不明真相的群众"和"别有用心"、"一小撮"等形容词。在这一事件中，群众提出 7 个方面的诉求，有 6 个获得圆满解决，剩下 1 个因不够合理而被劝阻。长期以来，"不明真相"和"别有用心"一直是一些政府部门用来抵制民意、搪塞监督的借口。云南表现出地方当政者转换官方话语体系和处事思维的大胆探索，推动了以群众诉求为中心处理突发事件和群体性事件的机制创新，被誉为社会转型期"官民交流的范本"。

### （四）修复政府公信力是舆论应对的核心问题

网络舆情应对的核心，是修复政府公信力。在涉及政府与民众关系的问题上，网民形成了传播学中的所谓"刻板印象"，如对公权力的不信任感，对社会公正的缺乏信心，这类认知和情绪似乎不断得到某些突发事件的验证。另外，据 2009 年初中国青年报社调中心委托腾讯网所作调查，网民选择的举报方式依次为：网络曝光（35.8%）、传统媒体曝光（31.3%）、向纪委举报（17.2%）、向检察院举报（11.4%）、向上级政府机关举报（3.3%）、向公安部门举报（0.5%）。在健全的法治环境下本应成为首选的向检察院和公安部门举报，网民意向却如此之低。有网民感叹"信法（律）不如信（上）访，信访不如信（互联）网"。如何切实树立政府公信力和法制的权威，值得深思。

同样值得注意的是，与鼓励网络举报和网民监督截然相反，当前也有一些地方政府往往把不中听的批评视为诽谤，不仅删帖、封堵 IP，甚至动用警力抓捕发帖人。在王帅案中，人民网作过一个网民调查："河南灵宝青年发帖举报被囚八日，官方称其伤害领导，您怎样看？"投票结果认为这是"以'诽谤'政府为由打压民声"的占到了 93.4%。可见，这种做法对于政府公信力会造成多么严重的不良影响。理性地说，在正确对待网络舆论方面，不仅要合理拓宽网络举报和公民参与的渠道，更要慎用"网络诽谤"之类名目治罪。另外，网络言论的监管技术，包括要求网站提供网民 IP 地址，以收归中央管理为宜，主要用于国家安全目的；尤其不应允许地方基层政府把网络（包括互联网和移动通信网）监管技术滥用于地方政治，特别是打击报复网民对领导干部个人的批评监督。

总体来说，现阶段政务信息透明度已然较高，网络舆论应急处置做得不错；但党务和人大、政协系统的信息透明度和舆论应对意识还有待提高和加强。如何

利用现代信息技术推动党务公开，促进党的组织建设创新，是一个新的课题。中共十七届四中全会审议通过《中共中央关于加强和改进新形势下党的建设若干重大问题的决定》，提出建立党委新闻发言人制度，办好党报党刊和党建网站，是党建工作在互联网时代与时俱进的一项重要部署。人民网"强国论坛"网民称赞："党委新闻发言人一小步，党务公开一大步。"

# Analysis on Internet Public Opinion in China, 2009

**Abstract**: The popular rate of internet in China reaches 26% in 2009, and this number beyond the average international rate. The space of internet public opinion is expanding continually in 2009, especially with the emerging of the micro-blog. The government supervision on network has been strengthened on one hand, and on the other hand, government responses to the internet public opinion are faster than ever. Form local to central government, the monitory, feedback and adopt mechanism have been established. The authorities are putting the network complains as a new channel for the party disciplines, government disciplines and judicial supervision.

**Key Words**: New Opinion Class; Micro-Blog; QQ Group; Message Board of Netizens

# 中国公共支出结构的发展和变化

黄燕芬 林 帆*

**摘 要：** 2009 年，受国际金融危机的冲击，我国积极财政政策肩负扭转经济下滑趋势和保障民生的双重任务。本文回顾了近年来我国财政从建设财政向公共财政转型过程中我国公共支出结构的演变和发展，分析了 2009 年在国际金融危机影响的特定背景下，我国公共支出结构出现的新变化，最后对 2010 年完善我国公共支出结构提出了政策建议。

**关键词：** 公共支出 经济财政政策 社会和谐

中国社会事业的发展，与国家财政的转型和公共财政的建设密切相关。自 1998 年全国财政会议明确了构建公共财政框架的改革目标后，我国公共财政制度不断健全，财政支出不断向民生方面倾斜，公共服务提供成为政府财政支出的重要组成部分及关注焦点。

## 一 近年来我国公共支出结构的演变和发展

中国计划经济时期的财政是"大而全"的财政，财政支出的范围极其广泛，可以说无所不包。1978 年的改革开放启动了财政的公共化转型，特别是 1998 年公共财政成为我国财政改革的战略目标后，更是加快了从建设财政向公共财政的渐进转型步伐，导致我国的公共支出结构出现了以下重大变化。

### （一）经济建设费占财政支出的比例不断降低

我国财政支出中的"经济建设费"基本上包含了所有的生产性支出，分为：

---

* 黄燕芬，中国人民大学公共管理学院教授；林帆，中国人民大学公共管理学院博士研究生。

基本建设支出、挖潜改造资金和科技三项费用、增拨企业流动资金，等等。从经济建设费占财政支出的比例情况来看，1978 年经济建设费占我国财政总支出的比例高达64.08%，随着改革开放的逐渐深入，这一比例不断下降，到2006 年已经降为 26.56%（见图 1）。① 这种下降趋势表明，随着市场化改革的不断推进和政府职能范围的调整，我国财政支出的结构已经进行了积极的调整，财政资源中直接用于生产性领域投资的比例在下降，政府渐进地退出了竞争性项目，其介入私人产品领域的程度不断降低。这不仅有利于把财政支出控制在其职能范围内，防止政府职能的越位，同时，也可以弥补政府因资金不足而在公共服务、社会事业领域中形成的职能缺位，有效增强政府的公共服务职能。

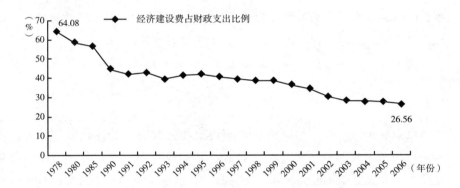

**图 1　1978 ~ 2006 年经济建设费占财政支出的比例**

资料来源：2007 年《中国财政年鉴》。

## （二）社会保障和福利支出在较低的起点上快速增长

20 世纪 90 年代以来，我国加快了社会保障制度改革。在养老保险方面，国务院于 1997 年发布《关于建立统一的企业职工基本养老保险制度的决定》，统一了各地“统账结合”办法，规定了统一的缴费比例、个人账户规模、基本养老金计发办法和管理办法，正式确立了我国企业职工基本养老保险制度的基本框架。在医疗保险方面，国务院于 1998 年发布《关于建立城镇职工基本医疗保险

---

① 由于 2007 年后财政收支分类科目根据《财政部关于印发政府收支分类改革方案的通知》（财预〔2006〕13 号）进行了大幅度改革，支出口径发生变化，因此在本文中，2006 年前及 2006 年后的数据不做统一比较。

制度的决定》，开始了对公费医疗制度、劳保医疗制度的全面改革，确立了覆盖城镇所有用人单位及其职工、社会统筹和个人账户相结合、单位和职工共同缴费的城镇职工基本医疗保险制度。2003 年以来，医疗保障制度不断向农村居民和城镇非从业居民扩展，先后开展了新型农村合作医疗试点和城镇居民基本医疗保险试点，逐步实现了医疗保障制度的全覆盖。① 在城市居民最低生活保障制度方面，1997 年，国务院发布《在全国建立城市居民最低生活保障制度的通知》，截至2006 年底，城市居民最低生活保障对象为 2240 万人。全国有 25 个省（自治区、直辖市）的 2133 个县（市）实行了农村最低生活保障制度，保障对象 1509 万人。②

上述社会保障制度的建设，反映在财政支出结构上，是社会保障支出和福利支出从 1996 年的 182.68 亿元增加到 2006 年的 4361.78 亿元，增长了 22.88 倍。其占财政支出的比重从 1996 年的 2.3% 增长到 2006 年的 10.79%，占 GDP 比重从 1996 年的 0.26% 增长到 2006 年的 2.07%。虽然 2007 年、2008 年的数据与2006 年之前不可比，但是我们依然可以看到，2007 年、2008 年社会保障和福利支出继续保持稳定增长的势头，其占 GDP 比重分别提升到 2.18% 和 2.26%，占财政支出比重分别达到 10.94% 和 10.87%（见表 1）。

表 1  1996 ~ 2008 年社会保障和福利支出及其占 GDP、财政支出的比重

| 年份 | 社会保障支出和<br>福利支出（亿元） | 占 GDP 比重<br>（%） | 占财政支出比重<br>（%） |
| --- | --- | --- | --- |
| 1996 | 182.68 | 0.26 | 2.30 |
| 1997 | 328.42 | 0.42 | 3.56 |
| 1998 | 595.63 | 0.71 | 5.52 |
| 1999 | 1197.44 | 1.34 | 9.08 |
| 2000 | 1517.57 | 1.53 | 9.55 |
| 2001 | 1987.40 | 1.81 | 10.51 |
| 2002 | 2636.22 | 2.19 | 11.95 |
| 2003 | 2655.91 | 1.96 | 10.77 |
| 2004 | 3116.08 | 1.95 | 10.94 |
| 2005 | 3698.86 | 2.01 | 10.90 |
| 2006 | 4361.78 | 2.07 | 10.79 |
| 2007 | 5447.16 | 2.18 | 10.94 |
| 2008 | 6804.29 | 2.26 | 10.87 |

资料来源：相关年度的《中国财政年鉴》。

---

① 董克用、郭开军：《中国社会保障制度改革 30 年》，2008 年 12 月 25 日《中国信息报》。
② 2007 年《中国财政年鉴》。

**（三）政府预算卫生支出占财政支出的比例扭转了 2002 年之前不断下降的趋势，并且卫生总费用构成中政府预算卫生支出所占比重上升较快**

1985～2002 年间，我国的医疗卫生事业受到国有企业改革的影响，医疗机构渐进市场化，一些地方公开拍卖、出售乡镇卫生院和地方的国有医院。虽然政府卫生投入绝对额逐年增多，但是政府卫生支出占卫生总费用和财政支出的比重在下降。2003 年"非典"事件直接暴露出了我国公共卫生领域的问题，引起了政府对卫生工作尤其是公共卫生的高度关注，由此国家增加了在医疗卫生领域的投入，用于完善公共卫生建设，强化重大疾病防治、卫生执法监督等方面的工作。表 2 显示，政府卫生支出占财政支出的比重从 2002 年的 4.12% 微增到 2006 年的 4.40%，占卫生总费用的比重从 2002 年的 15.7% 增加到 2006 年的 18.1%。2007 年、2008 年政府卫生支出占财政支出的比重继续稳定在 4% 以上。

表 2 1996～2008 年政府卫生支出及其占卫生总费用、财政支出的比重

| 年份 | 政府卫生支出（亿元） | 占卫生总费用比重（%） | 占财政支出比重（%） |
|---|---|---|---|
| 1996 | 461.61 | 17.0 | 5.82 |
| 1997 | 523.56 | 16.4 | 5.67 |
| 1998 | 590.06 | 16.0 | 5.46 |
| 1999 | 640.96 | 15.8 | 4.86 |
| 2000 | 709.52 | 15.5 | 4.47 |
| 2001 | 800.61 | 15.9 | 4.24 |
| 2002 | 908.51 | 15.7 | 4.12 |
| 2003 | 1116.94 | 17.0 | 4.53 |
| 2004 | 1293.58 | 17.0 | 4.54 |
| 2005 | 1552.53 | 17.9 | 4.58 |
| 2006 | 1778.86 | 18.1 | 4.40 |
| 2007 | 2271.7 | 20.4 | 4.56 |
| 2008 | 2757.04 | — | 4.41 |

资料来源：相关年度的《中国财政年鉴》，2009 年《中国卫生统计提要》。

**（四）教育支出占财政支出比例不断下滑的态势基本得到控制，农村义务教育经费保障机制全面实施**

1997 年亚洲金融危机爆发后，内需不足造成了国民经济增长疲软。为了多

方寻找扩大内需的途径，"教育产业化"改革思路被采纳，旨在实现缓解教育经费紧张和扩大内需的双重目的。受"教育产业化"思路影响，我国教育支出占财政支出比例自 1997 年开始不断下滑，从 1996 年的 17.84% 下降到 2006 年的 13.39%。不过 2001 年以后教育支出占财政支出比例不断下降的态势基本得到控制，已经稳定在 13% 以上（图 2）。

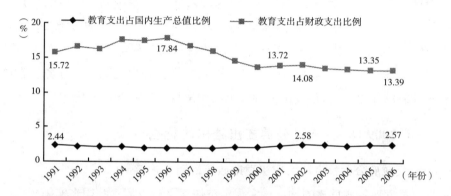

**图 2　1991～2006 年教育支出占 GDP 和财政支出的比例**

资料来源：2007 年《中国财政年鉴》。

　　应该说，我国近年在教育财政支出上最突出的成就是在农村全面推行义务教育经费保障机制，将公共财政的"阳光"照到农村。2006 年，按照《国务院关于深化农村义务教育经费保障机制改革的通知》要求，为确保农村义务教育中央专项资金及时规范支付，财政部制定了《农村义务教育经费保障机制改革中央专项资金支付管理暂行办法》和《农村义务教育经费保障机制改革中央专项资金会计核算暂行办法》，全部西部地区和中部 12 个试点县免除学杂费和提高公用经费保障水平政策全部落实到位，5007 万名农村义务教育阶段学生享受了免学杂费政策。[①] 2007 年，对全国农村义务教育阶段学生全部免除学杂费，全部免费提供教科书，对家庭经济困难寄宿生提供生活补助，提高中小学公用经费和校舍维修经费补助标准，中央财政支出 364.8 亿元，地方财政也相应支出 323 亿元，使 1.5 亿学生和 780 万名家庭经济困难寄宿生受益。2007 年还安排中央投资 30 亿元，实施农村寄宿制学校建设工程、中西部农村初中校舍改造工程和农村

---

　　① 2007 年《中国财政年鉴》。

中小学现代远程教育工程。① 教育财政支出向农村义务教育倾斜，缩小了城乡义务教育水平的差距，提高了教育的公平程度。

## 二 2009 年中国公共支出结构的新变化

2009 年，受国际金融危机的冲击以及国内周期性经济调整的影响，我国经济社会发展面临重大挑战。在国际国内严峻的经济形势下，中央经济工作会议确定了 2009 年经济社会发展的指导方针和总体要求是"保增长、保民生、扩内需、调结构"，积极财政政策肩负扭转经济下滑趋势和保障民生的双重任务。在这种背景下，2009 年 1～9 月份我国公共支出结构出现了一些新的变化。

### （一）2009 年 1～9 月公共支出结构的特点

#### 1. 扩大政府公共投资成为积极财政政策最重要内容

为应对世界金融危机的冲击，实现经济快速平稳发展，我国在实施积极的财政政策过程中，把扩大政府公共投资作为促内需、保增长优先考虑的手段。《财政部 2009 年工作要点》把"扩大政府公共投资"列在积极财政政策措施的首位，指出"增加中央基建投资，主要用于农业基础设施及农村民生工程建设，保障性住房建设，教育、医疗卫生等社会事业建设，地震灾后恢复重建，节能减排和生态建设，支持企业自主创新、技术改造及服务业发展，铁路、公路、机场、港口等基础设施建设"。继国务院推出 4 万亿元刺激经济方案后，24 个省、直辖市的地方政府提出了接近 18 万亿元的投资计划，投资项目以交通基础设施为主。② 这些政策措施反映到财政支出结构上表现为：交通运输支出、环境保护支出、农林水事务支出成为 2009 年前三季度同比增长速度最快的三个科目，即交通运输支出同比增加 985.97 亿元，增长 66.3%；环境保护支出同比增加 323.31 亿元，增长 56.4%，农林水事务支出同比增加 1320.06 亿元，增长 51.2%。③ 这说明，2009 年政府加大了对铁路、公路、机场、港口、新能源、环

---

① 2008 年《中国财政年鉴》。
② 李静睿：《地方政府出台 18 万亿投资计划资金来源受关注》，2008 年 11 月 25 日《新京报》。
③ 《2009 年 9 月份财政收支情况》，财政部网站，http：//gks．mof．gov．cn/guokusi/zhengfuxinxi/tongjishuju/200910/t20091016_ 218908．html。

境保护重大治理工程、环保产业及农村基础设施等领域的投资。政府通过加大对基础设施和重大工程的投资,扩大生产规模,促进就业,实现经济增长。

**2. 教育和社会保障支出增长速度低于财政支出总体增长速度**

2009 年 1~9 月份,我国教育和社会保障支出增速减缓,教育支出同比增加 960.69 亿元,增长 17.7%,低于上年同期的同比增长率 21.2%;社会保障和就业支出同比增加 779.75 亿元,增长 17.7%,与上年同期的同比增长率 40.4% 相比大幅度下降。考虑到年度财政支出安排可能不均衡,我们也把 2009 年 1~9 月教育、社会保障和就业支出的同比增长率与 2008 年全年的同比增长率进行比较,表 3 显示,2009 年 1~9 月教育、社会保障和就业支出的同比增长率均低于 2008 年全年的同比增长率。鉴于 2009 年 1~9 月教育、社会保障和就业支出的同比增长率低于 2008 年同期全国财政支出同比增长率,很有可能 2009 年教育、社会保障和就业支出占财政支出的比例会下降。

表 3　教育、社会保障和就业支出:2009 年 1~9 月和 2008 年 1~9 月比较

单位:%

| 时　　间 | 教育支出同比增长 | 社会保障和就业支出同比增长 | 财政支出同比增长 |
|---|---|---|---|
| 2009 年 1~9 月 | 17.7 | 17.7 | 24.1 |
| 2008 年 1~9 月 | 21.2 | 40.4 | 25.5 |
| 2008 年全年 | 26.5 | 24.9 | 25.7 |

资料来源:《2009 年 9 月份财政收支情况》,财政部网站;《2008 年 9 月份财政收支情况》,新浪财经,国研网。

**3. 医疗卫生支出同比增长速度虽然高于财政支出同比增长率,但与 2008 年同期相比增长速度放缓**

2009 年,医疗卫生支出同比增加 477.49 亿元,增长 30.5%[1],是今年增长速度较快的一个公共服务项目,其快速增长的直接原因是 2009 年 4 月出台了《中共中央　国务院关于深化医药卫生体制改革的意见》。新一轮医疗改革的启动,将建立健全覆盖城乡居民的基本医疗卫生制度,以为群众提供安全、有效、

---

[1] 《2009 年 9 月份财政收支情况》,财政部网站,http://gks.mof.gov.cn/guokusi/zhengfuxinxi/tongjishuju/200910/t20091016_ 218908.html。

方便、价廉的医疗卫生服务作为总体目标。其中，2009～2011 年这三年的五项改革意见要求充足的财政投入支持，[①] 这一系列政策措施的施行使得医疗卫生支出在 2009 年的增长成为必然（见表 4）。

表 4　医疗卫生支出：2009 年 1～9 月和 2008 年 1～9 月比较

单位：%

| 时　　　间 | 医疗卫生支出同比增长 | 财政支出同比增长 |
| --- | --- | --- |
| 2009 年 1～9 月 | 30.5 | 24.1 |
| 2008 年 1～9 月 | 35.8 | 25.5 |

资料来源：《2009 年 9 月份财政收支情况》，财政部网站；《2008 年 9 月份财政收支情况》，新浪财经，国研网。

尽管如此，2009 年 1～9 月医疗卫生支出的同比增长率仍低于 2008 年同期的同比增长率 35.8%。同时，如果我们把两个时间段的医疗卫生支出同比增长率与同期财政支出同比增长率相比较，就可以发显，2008 年 1～9 月医疗卫生支出同比增长率高于财政支出同比增长率 10.3 个百分点，而 2009 年 1～9 月医疗卫生支出同比增长率只高于财政支出同比增长率 6.4 个百分点。这一现象说明，中国 2009 年 1～9 月医疗卫生支出与 2008 年同期相比增长速度放缓了。

### （二）2009 年 1～9 月公共支出结构特征引发的思考

如何看待 2009 年 1～9 月公共支出结构的新变化？我们有以下三点思考。

**1. 积极财政政策侧重政府公共投资加剧了投资和消费增长不协调的状况**

近年来，我国一直存在"高投资，低消费"的经济运行模式，投资率一直保持着稳定上行的态势，从 2000 年的 36.4% 上升到 2008 年的 57.5%；相反，我国消费率持续偏低，从 2000 年的 61.1% 下降至 2008 年的 48.6%。[②] 2009 年，中央和地方为保经济增长偏重扩大政府公共投资，必将加剧投资和消费不协调的状况，经济运行孕育着巨大风险，从而对我国经济增长的可持续性产生不利影响。首先，投资率过高、消费率过低容易造成产能过剩，导致产品供过于求的矛盾凸现，对产品价格水平形成向下的压力，进而引起企业利润滑坡、失业增加。其

---

① 《中共中央国务院关于深化医药卫生体制改革的意见》（中发〔2009〕6 号）。
② 《中国统计年鉴 2009》，中国统计出版社，2009。

次，消费需求是真正的需求，消费率过低、投资率过高往往造成内需不足，迫使企业为给过剩的生产能力和产品寻找出路，只能到海外市场寻求外需，从而导致出口压力进一步增大，以及由此引起的贸易摩擦增多、人民币升值压力增大的外部风险加剧。最后，投资率过高，最终消费率尤其是居民消费率过低，可能导致投资行为偏离其为了消费的目标，从而使投资因缺乏最终消费的强力支撑而难以为继，形成经济的大起大落，不利于国民经济持续、稳定、健康发展。因此，今后一个时期的财政政策应以促进消费为重心，把扩大内需作为保增长的根本途径，把改善民生作为保增长的出发点和落脚点。

**2. 在保增长的同时，财政在社会事业的投入可能受到一定程度的影响**

长期以来，我国经济增长与社会事业发展相对失衡，"一条腿长，一条腿短"。1998 年公共财政正式进入政府议事日程后，特别是中共十六届三中、四中全会相继提出"科学发展观"的指导思想和"构建社会主义和谐社会"的战略任务后，我国逐步加大了对科教文卫等社会事业的整体投入，使各项社会事业有了长足进步。但是，2009 年为应对世界金融危机的冲击，经济增长实现"保八"成为各级政府的第一要务，有些地方在保持经济增长的同时，一定程度上忽视了社会事业的发展，2009 年 1～9 月教育和社会保障支出增长速度低于财政支出总体增长速度，是增长速度最慢的两项支出，并且低于 2008 年同期的同比增长速度。2009 年 1～9 月医疗卫生支出同比增长速度虽然高于财政支出同比增长率，但与 2008 年同期相比增长速度放缓。同时，我们还要看到，2009 年新增的公共服务支出大量用于公共服务领域的基本建设投资，公共服务支出偏重流向有形资本而不是现实的人力资本和社会发展服务措施，中国 2009 年公共支出结构的变化似有走回头路之嫌。

**3. 应该重视提高公共教育投入在财政支出中所占比例**

早在 1993 年颁布的《中国教育改革和发展纲要》就明确提出："财政性教育经费占国民生产总值的比重，在本世纪末达到 4%。"这一目标最初是参考1991 年发展中国家教育支出占 GDP 4.1% 的平均水平而设定的。在"十五"计划、"十一五"规划中又重提"保证财政性教育经费的增长幅度明显高于财政经常性收入的增长幅度，逐步使财政性教育经费占国内生产总值的比例达到 4%"。但是，21 世纪已经快过去 9 年了，"十五"计划已经结束，"十一五"规划也将于 2010 年到期，而 2008 年按照新的教育支出口径计算，公共教育支出占 GDP

比例仅仅上升到 2.997%；2009 年 1~9 月份，我国教育支出增速减缓，教育支出同比增加 960.69 亿元，增长 17.7%，不仅明显低于 2008 年同期的增长率 21.2%，而且低于今年同期全国财政支出同比增长率 24.1%。可以由此推论：2009 年 1~9 月教育支出占财政支出的比例反而下降了。教育对整个社会的人力资源发展具有决定性作用，而人力资源又是经济发展最重要的要素之一，同时，教育对促进科技进步和社会进步也起到了巨大作用。因此，如何重视提高公共教育支出在财政支出中所占比例，并坚定不移地加以落实，是摆在我国各级政府面前的一大难题。

## 三　2010 年：完善我国公共支出结构的政策建议与前景展望

2010 年是实施"十一五"规划的最后一年。为了完善我国公共支出结构，使积极财政政策在加强国内经济增长可持续性、提高经济回升质量的同时，注重改善民生和加强社会事业建设，从而实现经济社会协调发展，我们提出以下政策建议。

### （一）积极财政政策应适时从扩张投资转为扩大消费

在我国经济呈现企稳回暖、逐步向好的发展轨迹时，为了扭转"增长靠投资"的局面，我国积极财政政策应适时从扩张投资转为以促进消费为重心，以改善民生作为保增长的出发点和落脚点，把扩大消费和内需作为保增长的根本途径。因此，优化财政支出结构，保障和改善民生，加大对教育、医疗卫生、社会保障和就业、保障性安居工程等民生领域的支出，是扩大内需的最有效手段之一。同时，用于公共服务领域的新增支出，应该有相当高的比例用于现实的、满足人类发展需要的人力资本和社会发展措施，而不是热衷于大搞基本建设投资，公共服务支出偏重流向有形资本。只有这样，才能改善民生、扩大内需，以确保经济增长的质量和持续性，并体现了科学发展的理念，促进经济、社会协调发展。

### （二）提高教育、医疗卫生、社会保障支出增长速度，并确保其在财政支出中所占比重不断上升

2009 年，我国的教育、医疗卫生、社会保障支出虽然保持了增长的趋势，

但增长速度不尽如人意，因为从 1～9 月份的数据看，它们占财政支出的比例在下降。随着 2010 年我国经济走出低谷进入上升期，民众对教育、医疗卫生、社会保障等公共服务的需求会进一步增大。为了扩大消费需求，加快公共财政的转型步伐，应提高教育、医疗卫生、社会保障支出的增长速度，并确保其在财政支出中所占比重不断上升。为此，要增加公共教育支出，尽快实现教育支出占 GDP 的比例达到 4% 的目标；要配合医疗卫生体制的改革，加大政府的支出份额，强化政府在医疗卫生领域的责任，切实减轻居民的医疗负担，提高中低收入者的福利水平；要着重推进和完善社会统筹与个人账户相结合的企业职工基本养老保险制度，扩大城镇职工基本医疗保险覆盖面，尽快在全国农村全面推行新型农村合作医疗制度，提高筹资标准和财政补助标准费用，减少广大人民对未来不确定性的担忧，提高消费信心。

### （三）构建农村公共服务体系

在建设社会主义新农村的过程中，为农村居民提供满足其基本需求的公共服务和公共产品是其中极为重要的一环。但一直以来，农村的公共服务提供缺失，道路、饮水、污水处理等农村基础设施老旧；农村社会保障体系尚不健全，大多数农村人口无法享受到基本的社会保障和养老保险；教育和医疗服务水平较之城市处于非常落后的状态。农村公共服务投入的薄弱，拉大了城乡间公共服务的差距，使得农村人口无法获得基本的教育、医疗、社会保障等公共服务，这在无形中剥夺了其获得个人发展和生存的权利，不利于农村人口素质的全面提升，更不利于社会的和谐发展，因此必须尽快构建农村公共服务体系。2010 年，我国经济进入恢复发展时期，在构建和谐社会和建设社会主义新农村的双重背景下，建立农村公共服务体系，实现城乡公共服务一体化已经成为一项刻不容缓的任务。

### （四）推进财政管理体制创新，有效解决基层政府财政困难

县级政府是我国职能完备的基层政权组织，具有承上启下、连接城乡、沟通"条""块"的特殊地位。从我国目前政府间财政收支责任安排的情况来看，县级基层政府承担了主要的基本公共服务提供责任，但其掌握的财力资源十分有限，特别是 2000 年以来推行的农村税费改革取消了屠宰税、乡统筹费、农业特产税，减免直至全部取消农业税，对农村县乡政府的财政来源产生了重大的影

响，致使我国特别是中西部地区县级基层政府普遍出现财政困难，严重阻碍了地区基本公共服务的均等化。为了有效缓解基层政府财政困难，提高基层政府提供公共服务的能力，促进城乡一体化，2010 年应该继续推进省直管县财政管理方式改革试点工作，同时加大一般性转移支付力度，逐步建立县级基本财力保障机制，有效解决基层政府财政困难，提高基层政府提供公共服务的能力。

# The Changing Public Spending Structure in China

**Abstract**：In the year of 2009, China's active fiscal policy is undertaking both tasks of guaranteeing economic growth and valuing people's livelihood. This paper reviewed the development of China's public spending structure in the transformation from "construction finance" into "public finance" in recent years, and analyzed new changes of China's public spending composition in the background of international financial crisis in 2009. At the end, it gave some policy suggestion for improving China's public spending structure in the year of 2010.

**Key Words**：Public Spending；Active Fiscal Policy；Social Stability

# 阶 层 篇

REPORTS ON SOCIAL STRATA

# 2009 年中国职工状况和劳动关系

乔 健

摘　要：2009 年中国职工状况的主要特点，是国际金融危机导致生产萎缩，部分企业停产倒闭，企业采取减薪、欠薪、裁员、增加员工休假、控制招聘规模等应急策略，使部分企业劳资关系趋于紧张。本文概述了当前劳工阶层的现状，重点分析了国际金融危机对我国劳动关系的影响以及特点，并对当前劳动关系政策特别是劳工权益保障政策进行了评述。

关键词：劳动关系　劳工政策　劳动法制

## 一　劳工阶层的现状

### 1. 职工的就业压力有所缓解

在经历了 2009 年初 GDP 的增长减速后，中国经济正逐步回暖。2009 年前三季度国内生产总值 217817 亿元，按可比价格计算，同比增长 7.7%，比上半年加快 0.6 个百分点。分季度看，一季度增长 6.1%，二季度增长 7.9%，三季度增长 8.9%。在经济增速的推动下，职工就业压力有所缓解。2009 年 2 月，中央农村工作领导小组办公室主任陈锡文在国务院新闻发布会上称，根据农业部对 15 个外来工输出省的抽样调查结果测算，在中国 1.3 亿外来工中，有 15.3% 的人失去了工作或者没有找到工作。据此比例推算，大约有 2000 万外来工由于经济不景气失去工作或者还没有找到工作就返乡了。① 据人力资源和社会保障部会同国家统计局调研，到 2008 年底，全国农民工就业的总量是 2.25 亿，其中外出农民工 1.4 亿。2009 年春节前，大概有 50% 的农民工返乡，约有 7000 万，其中的 1800 万需要解决就业问题。春节以后，有 95% 的农民工回到城里就业，剩下的还有 5%（350 万）在农村就地就近就业和返乡创业。② 到 2009 年 7 月初，大学毕业生就业率为 68%（415 万），还有约 30% 的大学毕业生需要就业，加上 2008 年以来没有实现就业的大学生，约有 300 万。同时，由于产业结构调整、企业的工价过低或农民工的职业技能不适应岗位需求等原因，沿海部分城市甚至出现所谓"民工荒"现象。

**2. 劳动关系仍不稳定，劳动争议高位运行**

2008 年下半年以来，在《劳动合同法》、《就业促进法》、《劳动争议调解仲裁法》实施和经济危机加剧的情况叠加下，企业裁员破产、劳资争议等矛盾纠纷显著增加。2008 年全国各级劳动争议仲裁机构共受理劳动争议案件 69.3 万件，当期案外调解 23.7 万件。当期立案的劳动争议案件比上年增长 98.0%，涉及劳动者 121.4 万。其中，集体劳动争议案件 2.2 万件，涉及劳动者 50.3 万。2009 年前三季度，全国各级劳动争议仲裁机构共立案受理劳动争议案件 51.9 万件，同比下降 0.2%，但仍在高位徘徊。当期审结案件 49.6 万件，同比上升 14%，当期结案率为 95.6%。③

针对当前企业劳动关系不稳定的现状，各地劳动保障部门把贯彻《劳动合同法》与应对金融危机结合起来，加强对企业用工的指导和服务，研究起草企

---

① 陈锡文：《无工作返乡的农民工约两千万，政府积极应对》，新华网，http：//news. xinhuanet. com/politics/2009 – 02/02/content_ 10750425. htm。

② 《2009 年上半年中国就业和社会保障工作进展情况》，中国政府网，2009 年 8 月 4 日。

③ 《人力资源和社会保障部 2009 年第三季度新闻发布会》，人民网，2009 年 10 月 23 日。

业经济性裁员规定、劳务派遣专项规定等配套规章草案。人力资源和社会保障部会同有关部门制定印发《关于进一步规范中央企业负责人薪酬管理的指导意见》。各地及时发布 2009 年工资指导线和劳动力市场工资指导价位，做好预防和解决企业工资拖欠工作。在集体劳动关系协调方面，金融危机爆发后，全国总工会大力开展工会、职工与企业的"共同约定行动"，敦促企业不减薪、不裁员，强调共克时艰，共谋发展。

**3. 职工的社会保障进展顺利**

由于国际市场不景气，推进社会保障工作就成为启动内需的一项关键举措，因而受到各地政府的重视。其特点为：一是扩面征缴总体形势良好。截至 2009 年 9 月底，基本养老、基本医疗、失业、工伤、生育保险参保人数分别为 22857 万、36295 万、12492 万、14484 万、10314 万，分别比上年底增加 966 万、4473 万、92 万、697 万和 1060 万。1～9 月，五项社会保险基金征缴收入 9534 亿元，同比增长 15.4%。截至 9 月底，全国农民工参加基本养老、基本医疗、工伤、失业保险人数分别为 2464 万、4292 万、5281 万、1563 万，分别比上年底增加 48 万、26 万、339 万、14 万。①

二是各项社会保险待遇按时足额支付。2009 年 1～9 月全国按时足额发放企业离退休人员基本养老金 5815 亿元，同比增长 16.4%，全国已连续 69 个月实现企业离退休人员基本养老金按时足额发放。9 月底，全国失业保险金领取人数 248.4 万，失业保险基金支出 219.1 亿元，同比增长 31%；医疗、工伤和生育保险待遇做到按规定支付，1～9 月全国共支付三项社会保险待遇 2084 亿元，同比增长 29.9%。

三是社会保险制度进一步完善。配合做好《社会保险法（草案）》研究修改工作和《工伤保险条例（修订草案）》公开征求意见工作，制定公布《社会保险业务档案管理规定（试行）》。加快推进基本养老保险省级统筹，目前已有 28 个省份建立省级统筹制度；会同财政部研究 2010 年调整企业退休人员基本养老金的方案。扩大失业保险基金使用范围，失业保险援企稳岗工作取得积极成效，东部 7 省市延续试点政策。城镇居民医疗保险制度全面推开，关闭破产企业退休人员参加医疗保险工作顺利推进。国务院对开展新型农村社会养老保险试点工作进

---

① 《人力资源和社会保障部 2009 年第三季度新闻发布会》，人民网，2009 年 10 月 23 日。

行了部署，全国新农保试点工作正式启动。

此外，落实对企业"五缓四减"措施正在取得初步成效，它一方面为企业减轻了负担，但另一方面也为未来埋下了隐患。

**4. 职工的职业安全趋于好转**

2009 年上半年，由于开展安全生产，以及经济危机对企业生产经营的影响，全国安全生产保持了总体稳定、趋于好转的发展态势。上半年，全国共发生各类事故 186775 起，死亡 36370 人，同比减少 32787 起、5115 人，分别下降 14.9% 和 12.3%。其中煤矿发生 749 起，死亡 1175 人，同比减少 204 起、265 人，分别下降 21.4% 和 18.4%。其中，较大事故、重大事故和特别重大事故发生起数和死亡人数均呈下降趋势。[①]

## 二　经济危机对中国劳动关系的影响和特点

按美国学者的观点，此次国际金融危机的主要原因是从亚洲流入美国的过剩资本和美联储推行的低利息率政策，以及由低利息率、积极的抵押贷款营销和松懈的监管共同吹起的房地产泡沫，金融机构的短期收益目标和高风险借贷政策，加之美国人的低储蓄率和银行的高资产负债率所导致。[②] 但它主要对中国的实体经济造成冲击，使工业生产受到很大影响，所以经济危机在中国表现为产能过剩，对企业劳动关系的影响主要表现在以下十个方面。

一是金融危机使中国各类企业均遭遇到前所未有的经营困难。从国有企业来看，从 2008 年第四季度开始，中央企业的营业收入增长 17.9%，利润下降了 34.1%。2009 年 1 ~ 4 月，中央企业的营业收入下降 9.2%，利润下降 36%。2008 年地方国有控股企业营业收入增长 18.9%，利润总额下降 24%。2009 年 1 ~ 4 月，地方国有控股企业营业收入下降 8.4%，实现利润下降 58.1%。受行业垄断化趋势的影响，部分地区和行业出现民营经济被挤出效应。除大型民营企业外，多数中小型民营企业缺乏核心技术和自主品牌，在剧烈波动的市场环境中缺

---

① 《2009 年上半年全国安全生产基本情况及下半年形势分析和重点工作》，安监总局网站，2009 年 7 月 20 日。

② 理查德·波斯纳：《资本主义的失败——〇八危机与经济萧条的降临》，沈明译，北京大学出版社，2009，第 13 ~ 15 页。

乏竞争力。金融危机对外资企业的影响尤其显著，主要表现在：外商投资能力下降，出口型企业订单大幅减少，资金紧张，企业经营成本上升，市场需求的萎缩等。①

二是出口加工企业生产开工不足或停产关闭，导致裁员或变相裁员。根据广东省的调查，珠三角地区停工、放长假甚至倒闭的企业约占被调查企业总数的20%，其中加工制造企业占到72.2%，300人以下的中小企业占75.2%；广东省从2008年10月到2009年5月底，1.03万户规模以上企业裁减员工72.25万人。有的企业先前下了订单，但看到情势不妙，赔钱也不做了。②

三是企业用工谨慎，劳务派遣等灵活用工形式比重大幅上升。企业联合会调查显示，受金融危机影响，销售收入下降，不少企业用工成本比重增加，有的企业人事费用率达25%以上。因此，绝大多数企业用工需求减少，用工谨慎。在此背景下，许多企业想方设法通过控制或减少正式用工，替代使用劳务工来减轻人工成本压力，增加了劳动关系的复杂性和不稳定性。根据全国总工会的估计，全国约有劳务派遣工2700万，人力资源和社会保障部估计也在1500万左右，在部分行业已成为主流用工模式。

四是部分企业减薪或变相减薪，拖欠工资情况加重，欠薪逃逸事件时有发生。有的企业采用直接下调工资标准方式，有的企业则通过提高劳动定额标准或采取基本工资不变、减少相关福利等方式变相降低员工收入，还有的企业则通过延长休息时间、放假、在岗培训等变通方式间接降低人工成本支出。如大连开发区外资企业采取班组、车间甚至工厂间职工相互调剂的办法来限制加班或不安排加班，或者采取"工作四天，休息三天"、"工作三天，休息四天"、"放半个月或一个月长假"，休息期间，职工拿60%~80%的工资的措施。

五是实行综合计算工时工作制。综合计算工时工作制打破了每日8小时、每周40小时的固化工时，便于企业灵活安排员工的工作和休息时间。金融危机形势下，企业订单减少和预期降低以后，标准工时工作制的适应性受到了严重挑战，企业申请实行综合计算工时工作制的数量大量增加。有些地方政府对特殊工

---

① 王亦捷：《金融危机形势下不同所有制企业劳动关系状况分析及对策建议》，全球经济危机下的劳动关系和劳工权益国际学术研讨会论文，广州，2009。

② 金融危机形势下的劳动关系新变化及对策研究座谈会记录，北京，2009。

时的审批制度，根据经济发展的实际需要进行了有益探索，有效地解决了工作时间的不均衡、不稳定问题，确保企业生产经营的有序性。

六是社会保险关系中断人员增多，涉及缴纳社会保障费纠纷增多。企业经营困难、支付能力下降，加上一些企业对当前社会保险制度建设进展情况心存不满，因此拖欠或中断缴纳社会保险费经常发生。根据企业联合会调查，多数企业反映社会保险负担过重。目前企业为职工缴纳的社会保险与住房公积金费率合计平均占职工工资总额的40%～50%，如果加上职工个人缴纳的费率及个人所得税，有些企业已经超过了70%，这个比例甚至超过了部分发达国家的水平。目前社会保险的城乡二元制和地区分割问题严重，外来工尤其是农民工因为不拥有本地户籍，很难享受到当地社会保险特别是养老保险、失业保险和住房公积金待遇。当这些外来工返乡或者跨省就业时，企业为其缴纳的社会保障费既不能随劳动者个人转移，也不能返还给企业，而是被社会保障基金无偿占用。这对企业来说是无效成本支出，而且职工也不愿意缴纳，企业和职工的参保积极性均大受影响。[1]

七是农民工就业与权益保障困难增大。一方面，原来的劳动力流入大省在遭遇金融危机后，释放出大量外来务工的农民工，如广东省企业裁减的员工中来自外省的有43.96万人，占裁员总数的60.8%，其中从事低端产业和简单劳动的农民工首先受到冲击；而另一方面，一些劳动力输出大省则出现了农民工返乡滞留的情况，给当地劳动力市场造成结构性供大于求的压力。在失业和难以找到工作的背景下，农民工的权益也难以得到有效保障。[2]

八是规避劳动法律的隐性违法行为增多。部分企业遭遇危机后，未经劳资双方协商即选择降薪、换岗和调动工作地点等"软裁员"手段，迫使员工主动辞职；有些企业采取大量使用劳务派遣工来规避使用劳动合同工，甚至通过异地派遣、异地参保达到少缴社会保险费、逃避劳动监察的目的；而一些想要离职的员工也采用消极怠工、破坏生产工具等行为设法让企业提出解除劳动合同以获得经济补偿金。[3]

---

① 王亦捷：《金融危机形势下不同所有制企业劳动关系状况分析及对策建议》，全球经济危机下的劳动关系和劳工权益国际学术研讨会论文，广州，2009。
② 孙群义：《对中国的经济危机及劳动关系变化的思考》，全球经济危机下的劳动关系和劳工权益国际学术研讨会论文，广州，2009。
③ 金融危机形势下的劳动关系新变化及对策研究座谈会记录，北京，2009。

　　九是劳动争议案件大幅增加，群体性争议案件比重上升较快，劳资冲突程度加剧，且群体性事件中的暴力性和非理性成分增加。在新《劳动合同法》、《就业促进法》和《劳动争议调解仲裁法》实施和经济危机加剧的叠加下，企业裁员破产、劳资争议等矛盾纠纷显著增加。如浙江省劳动争议仲裁机构 2008 年受理的劳动争议案件总量比上年大幅增长 76%，其中劳动报酬争议案件占 46.3%。又如四川省 2009 年第一季度劳动争议仲裁机构受理案件 5869 件，比上年同期增长了近 23%；四川省国有企业的劳动争议同比增加了一倍以上。与此同时，争议双方的冲突性大大提高，一些地区出现了劳动者"跳楼秀"、杀人等过激行为，如东莞职工刘汉黄为索要工资将两名台资企业高级经理杀死的恶性案件、农民工张海超"开胸验肺"事件、吉林通钢职工因股权调整群殴总经理陈国君致死事件、海南 30 余人讨薪投燃烧弹致 12 人受伤事件、富士康 25 岁员工跳楼自杀事件、厚街员工廖世锴不满工厂长期加班跳楼身亡事件等，预示着劳资矛盾、劳政矛盾的对立性在增强。

　　十是劳动保障部门出台的"五缓四减三补两协商"等危机期间为企业减负的短期政策可能会给经济复苏后劳动关系的协调留下隐患。"五缓"是指对暂时无力缴纳社会保险费的困难企业，在一定条件下允许缓缴养老、医疗、失业、工伤和生育五项社会保险费；"四减"是指阶段性降低除养老保险外的四项社会保险费费率；"三补"是指使用失业保险基金为困难企业稳定岗位支付社会保险补贴和岗位补贴，以及使用就业专项资金对困难企业开展职工在岗培训给予补贴；"两协商"是指困难企业不得不进行经济性裁员时，对确实无力一次性支付经济补偿金的，在企业与工会或职工双方依法平等协商一致的基础上，可签订分期支付或以其他方式支付经济补偿的协议。这些政策在危机时期可能会起到维持企业生存发展的作用，但也可能引发通胀、社会保障支付能力下降等问题，为劳动纠纷日后的集中爆发埋下隐患。

　　总的来看，经济危机使劳动关系的协调处理难度明显加大了。一方面，由于危机和新劳动法实施的叠加效应，劳资利益更显对立，劳政矛盾日益突出，劳资双方规避法律的手段日益隐性化，劳动争议案件和违法案件数量大幅上升，增大了劳动关系协调处理的工作量和难度，加之劳动争议处理和劳动监察队伍本身力量不足，使得劳动关系协调和维护稳定的压力急剧增加。另一方面，金融危机并未转化成为一场劳资关系的重大危机或酿成声势浩大的劳工运动。① 从中国的经验看，就是政府和全国总工会推动的促使劳资双方相互谅解、相互让步、相互妥协、共克时艰的举措。面对金融危机，各地都创造并积累了劳资双方互谅互让、共渡难关的经验，如工会在企业和职工中广泛开展"共同约定行动"，力保岗位不减、工资收入不降，职工对企业临时性采取的弹性工时、弹性工资、灵活用工措施予以理解和支持。

## 三 劳动法制和劳工权益保障面临新考验

### 1. 应对危机劳动关系政策

2008 年末以来，为应对金融危机，国务院及各部委出台了一系列政策文件，除了财政、货币等政策加大投入扩大内需外，稳定就业岗位和劳动关系的措施主要是增强社会保险制度的灵活性和劳动标准调整的灵活性，帮助企业稳定就业、减少裁员。这些政策包括《国务院关于做好当前经济形势下就业工作的通知》，《国办关于加强高校毕业生就业工作通知》，人力资源和社会保障部《关于做好春节后农民工就业工作有关问题的通知》，人力资源和社会保障部、财政部、国家税务总局《关于采取积极措施减轻企业负担稳定就业局势的通知》，人力资源和社会保障部、全国总工会和中国企业联合会三方《关于应对当前经济形势稳定劳动关系的指导意见》，以及全国总工会《关于深入推进"共同约定行动"的意见》等。政策的主要包括以下内容。

第一，在 2009 年之内，可以阶段性降低城镇职工基本医疗保险、失业保险、工伤保险、生育保险的费率，减轻困难企业缴费负担和参保人员费用负担。

第二，对暂时无力缴纳社会保险费的困难企业，可以在 2009 年之内、最长不超过 6 个月的期限内缓缴社会保险费。

第三，调控和预警失业，鼓励国有企业减少裁员。

第四，使用失业保险基金和就业专项资金，支持鼓励困难企业开展职工在岗培训、轮班工作、协商薪酬等办法稳定员工队伍，并保证不裁员或少裁员。失业保险基金可用于支付社会保险补贴和岗位补贴。

---

① 2009 年 11 月，美国康奈尔大学产业和劳资关系学院院长 Harry Katz 教授访华时也表达了类似的观点。

第五，暂缓调整企业最低工资标准，指导符合条件企业及技术先进型服务外包企业实施综合计算工时和不定时工时制。

第六，大规模增加政府投资，实施总额 4 万亿元的两年投资计划。其中中央政府拟新增 1. 18 万亿元，实行结构性减税，扩大国内需求；大范围实施调整振兴产业规划，提高国民经济整体竞争力；大力推进自主创新，加强科技支撑，增强发展后劲；大幅度提高社会保障水平，扩大城乡就业，促进社会事业发展。

第七，积极支持和鼓励劳动关系双方共同稳定就业局势。各级企业联合会要会同有关企业组织，积极引导和鼓励企业切实承担社会责任，尽最大努力不裁员或少裁员。各级工会组织要大力开展工会、职工与企业的"共同约定行动"，引导职工理解并支持企业采取弹性工时、在岗培训、协商薪酬等措施，动员广大职工为企业发展献计出力，努力提高劳动生产率，降低生产经营成本，与企业同舟共济，共克时艰，共谋发展。

第八，推动企业加快建立集体协商机制。生产经营困难的企业可通过与包括农民工在内的广大职工进行集体协商，采取弹性用工、弹性工时、弹性工资、组织培训等措施，共同应对当前经济困难，稳定就业岗位和劳动关系。

第九，加强对困难企业经济性裁员的指导和管理，规范企业裁员行为，切实维护职工合法权益。困难企业实行经济性裁员，可签订分期支付或以其他方式支付经济补偿的协议。

第十，积极预防和妥善处理企业工资拖欠问题。进一步建立工资保证金制度，将工资保证金制度的实施范围由建筑行业逐步扩大到其他行业。

第十一，建立健全解决劳动关系重大问题的沟通协调制度。要建立健全劳动关系调处应急机制，认真总结近年来处理因劳动关系问题引发群体性事件工作的经验，妥善处理因企业无力支付工资或欠薪逃匿等引发的重大群体性事件。

此外，政府针对返乡农民工实施的一系列政策措施，如切实保障返乡农民工的土地承包权益，加强农民工技能培训和职业教育。一些劳动力输出地方规定：返乡农民工 3 个月以上未能重新就业的，当地政府可按照最低工资标准的 70%给予失业救助，救助期不超过半年。

人力资源和社会保障部强调，在金融危机的形势下，要围绕中央"保增长、保民生、保稳定"的目标，转变经济快速增长时期习惯性的劳动保障监察维权工作思路，使监察工作思路由"一突出"向"两并重"转变，即由突出维护劳

动者权益，向维护劳动者权益和促进企业发展并重、维护劳动者基本权益和长远利益并重转变，并提出了"柔性执法"① 的口号。

**2. 对劳动法制和劳工权益保障的影响**

劳动行政主管部门的指导思想和政策精神对劳动法制的执法环境产生了巨大影响。这就产生了以下两个问题：在经济增长的上行期制定的劳动法律能否适用于经济危机的下行期？在危机背景下，劳动行政部门和地方政府是否有权改变劳动保障执法监察的标准和尺度，甚至突破或违背法律对其进行"解释"和实施？从实际情况看，一些地方出台了越权解释劳动法律的"规范性文件"，也有的正在设法压制劳动者依法维权的行为，使劳工权益保障面临新的问题。

首先是《劳动合同法》被越权解释的问题。由于恰逢经济危机，该法的贯彻实施遭遇了前所未有的阻力，许多人本不满《劳动合同法》的有关规定，便把经济危机带来的种种不利影响归咎于该法的实施。此次参与"唱衰"新法的已不仅仅是企业家代表和部分学界代表，甚至包括了部分地方政府的首脑、劳动行政部门的领导和法官。

其次，不考虑居民消费价格指数的变动，强行暂停最低工资标准调整，不无可议之处。人力资源和社会保障部于金融危机爆发后的 2008 年 11 月 17 日发出通知，提出根据经济形势和企业实际，暂缓调整企业最低工资标准，各地实际也基本暂停了最低工资的调整。

再次，《劳动争议调解仲裁法》被变通解释和执行，导致劳动者权益受损。如广东省高级人民法院、广东省劳动争议仲裁委员会印发《关于适用〈劳动争议调解仲裁法〉、〈劳动合同法〉若干问题的指导意见》的第二条、第三条就缩小了《劳动争议调解仲裁法》规定的劳动争议的受案范围，认为"未缴纳"社会保险才属于劳动争议，排除了"未足额缴纳"的情形。第六条针对《劳动争议调解仲裁法》规定的 45 日结案的仲裁程序时限，将"案件排期"列为中止事由，规定劳动者因此向法院起诉的，应当提交劳动者不可能取得的"劳动争议仲裁委员会出具的已接受其申请材料的凭证及尚未受理的证明"、"尚未裁决的证明"，不符合《劳动争议调解仲裁法》立法精神。同样，第七条规定"《劳动

---

① 对"柔性执法"的一种官方解释是，以建立多渠道、开放式的调解网络为重点，用柔性化方式将争议化解在基层。

争议调解仲裁法》中规定的'三日'、'五日',均指工作日",也违反了《民事诉讼法》的规定,从而为拖延劳动争议案件处理时间创造条件。

再如人为设置调解前置程序,延长劳动者的维权时间,调解以劳动者让步为基础。《劳动争议调解仲裁法》及《民事诉讼法》等规定的是调解自愿,"不愿调解、调解不成或者达成调解协议后不履行的,可以向劳动争议仲裁委员会申请仲裁"。但一些地方为降低劳动争议仲裁工作量,延缓劳动争议案件"井喷"高峰的到来,以"快速解决纠纷,便利当事人"的名义,强制设置调解前置,未经调解程序的劳动争议仲裁委员会不予立案。除部分当事人有调解意愿的案件能经此解决外,剩下的案件当事人不得不在漫长的"一裁两审"之外再被迫加上"一调"程序。而且,在高调解率的统计数字面前,根据有关调查,除极少数特殊案件尤其是集体争议案件外,绝大部分劳动争议案件是以劳方的让步为调解基础的。①

最后,劳务派遣大行其道,各地超"临时性、辅助性、替代性"使用派遣工有扩大趋势。在适用范围的问题上,《劳动合同法》第六十六条规定劳务派遣一般应限定在临时性、辅助性或者替代性的工作岗位。法律出台后,对这一条款的理解分歧较大。但是从法律用语分析,该条款属于倡导性规定。因为法律没有使用代表强制规范的"应当"与"必须"用语。人力资源和社会保障部劳科所调研证实,全国各地超"临时性、辅助性、替代性"使用派遣工现象不仅在《劳动合同法》颁布前广泛存在,而且在《劳动合同法》实施后,还有进一步扩大的趋势。

《劳动合同法》对劳务派遣的定位是提供用工数量灵活性,减少摩擦失业,但是目前劳务派遣在这方面发挥的作用十分有限。多数派遣企业均不接受临时性和替代性派遣业务,而且不接受因为用工单位生产或季节因素的波动导致的退工。因为《劳动合同法》规定的劳务派遣公司必须要和被派遣劳动者签两年以上的固定期限合同,但是,实际情况是派遣公司根本无力承担这一劳动合同期限,基本都将劳动合同期限转嫁给用工单位。因此,对于用工单位来说,劳务派遣价值更多地体现在规避无固定期限劳动合同和试用型派遣,这也是它在危机期

---

① 段毅:《经济危机下劳动法治现状探析》,全球经济危机下的劳动关系和劳工权益国际学术研讨会论文,广州,2009。

间受到欢迎的一个重要原因。

劳务派遣工权益保障不尽如人意。一是同工不同酬问题在国有企业问题比较突出。相对于国有企业正式职工劳动报酬偏低（相对于外部一般企业又略高），有的甚至相差 50% 以上。二是尽管社会保险缴纳比率比较高，但是，缴费基数偏低及到相对较落后地区投保问题突出。三是尽管没有全国情况统计情况，但还有相当数量的劳务派遣工没有加入工会。据上海市总工会调查，44.9% 的劳务工加入实际工作单位的工会组织，17.2% 的劳务工加入劳务派遣机构的工会组织，还有 2.8% 的劳务工加入户籍所在地的工会组织，尚有 35.1% 的劳务工没有加入工会组织。①

针对各地大范围超越法律执法判案的现实，2009 年 7 月最高人民法院公布的《关于当前形势下做好行政审判工作的若干意见》（简称《意见》）② 要求，全国各级法院要始终坚持法制统一原则，不能以牺牲法律为代价迁就明显违反法律强制性规定、侵犯当事人合法权益的行为。对于那些以应对危机为借口擅自突破法律规定，形成新的地方保护和行业垄断，侵犯公民、法人和其他组织合法权益的违法行为，要依法予以纠正。但同时，《意见》也提出"要坚持法制的原则性和灵活性相结合，法律标准与政策考量相结合"这一似是而非的主张，说明在经济危机的背景下，如何处理劳动法制与劳工政策的关系，仍需要进一步探索与实践。

此外，在中国劳动关系日趋市场化、全球化、多样化、灵活化的今天，单纯依靠国家的劳动法制进行规制，已经难以适应各地纷繁复杂的劳动关系现实，尤其是在经济进入下行通道的过程中，应当更多地发挥劳资自主博弈的作用，以更加现实和公平合理地处理劳资关系问题。迄今为止，工会发起了"共同约定行动"敦促企业不减薪、不裁员，并且是劳动法制最为坚定的支持力量，2009 年特别出台了关于开展行业性工资集体协商工作的指导意见③，要求加强行业工会组织建设，扩大工资集体协商覆盖面，增强实效性，使行业性工资集体协商在维护职工权益、促进劳动关系和谐方面发挥更大作用。一些群体性事件频发的沿海

---

① 李天国：《中国劳务派遣立法规制的现状、存在的问题及挑战》，"劳务派遣与立法规制"国际研讨会，北京，2009。
② 杨维汉：《最高法院：禁止以危机为借口突破法律侵权》，新华网，2009 年 7 月 5 日。
③ 《全国总工会关于开展行业性工资集体协商工作的指导意见》，2009 年 7 月 21 日《工人日报》。

地区工会已经开始探索如何组织罢工的议题①。但总体上看，推进工会组织体制的民主化、群众化和社会化变革，加强工会与会员的内在联系，从会员和广大职工那里寻求"资源和手段"，提升劳权保护意识，加强代表性和协商、谈判、组织、发动能力的建设，仍是市场经济对工会作用的内在要求，更是工会应对危机的迫切需要。

# Labor Conditions and Labor Relations in China, 2009

**Abstract**: In 2009, the international financial crisis led to production shrinkage and bankrupt boom of some domestic enterprises. Emergency response adopted by many corporations, including wage and salary arrears, layoffs, more leave without pay, less recruitments, etc, raise the tension in the labor relations. This paper summarizes the current situations of working class, focusing on the analysis of the impacts of international financial crisis onto domestic labor relations. Current policies of labor relations especially those of labor rights are reviewed as well.

**Key Words**: Labor Relation; Labor Policy; Labor Law

---

① 如确定发起组织罢工的四项条件：资方恶意侵权、证据确凿、罢工局限于工厂区内、保护生产设备等。

# 2009 年中国农民发展报告

樊 平*

**摘 要**：2009 年，在国际金融危机和自然灾害的严重影响下，中国农村经济发展持续，农业增长稳定，夏粮继续增产，农民收入小幅增加，前三季度农村社会商品零售额增速超过城镇。继农民阶层分化为务农和非农的职业群体之后，由于农业生产技术和经营管理的现代化水平提升，务农农民内部也在分化，其异质性在增强。2009 年，农村中出现的重大事件是农用土地流转规模化，土地权益已经成为农村社会矛盾和社会冲突的焦点，对于农村发展和稳定有越来越主要的影响。

**关键词**：农民 农业现代化 土地流转 农村公共服务

## 一 农民群体的构成和特征

据《中国统计年鉴 2009》的数据，2008 年末全国农民的基本状况是，农村居民 72135 万人，城镇化水平为 45.68%；第一产业就业者为 30654 万人，占全部就业人口的 39.6%；第一产业占 GDP 比重为 11.3%。中国的城市化水平低于同类型发展中国家的水平，就业结构变化与产业结构和城市化进程相比明显滞后。

### （一）农民阶层各群体的状况

依据农民与土地的关系，现在的农村人口可以被分为三部分人：进城务工人员、失地农民、职业农民。中国推动城市化和经济社会发展，需要解决好这三部

---

* 樊平，中国社会科学院社会学所副研究员。

分农民的问题。

进城务工人员，也就是所谓的农民工。这部分人中有长期进城者，主体（即 70%）是 30 岁以下的年轻人，他们虽然不一定拥有城里人的思想观念和生活方式，但大多已经不愿意再回到农村；他们一般还不愿意放弃土地，但已经很难将从事农业生产作为优先选择；他们还要求继续保留土地，其目的也主要是获得生存保障而不是实现就业。国家统计局报告显示，2009 年春节前，在 1.4 亿外出农民工中，共有 7000 万农民工返乡，其中约 20% 即 1400 万人系因企业受到冲击而返乡；换言之，当时全国有 2000 万农民工因国际金融危机而失业。而根据 2008 年 12 月至 2009 年 2 月对农民工就业和流动情况的跟踪调查，年初农民工失业问题加剧，下岗返乡农民工继续外出务工的意向非常强烈。在相关政策的促进下，农民工在本地就业的环境好于外出就业环境、中西部地区的就业环境好于东部地区的就业环境。国家统计局最新公布数据证实：2009 年第二季度新增农民工就业中，东部地区增加 56 万人，增长 1.6%；中部地区增加 80 万人，增长 1.8%；西部地区增加 242 万人，增长 6.5%。中西部对农民工新增就业的贡献都超过了东部。到第三季度末，全国农村外出务工劳动力 15198 万人，比二季度末增加 101 万人，增长 0.7%。人力资源和社会保障部对 250 个行政村农民工的就业状况进行直报，到 2009 年 9 月底已经返城的农民工达到了 94% 以上。

农民工创业已经成为乡镇企业新的增长点。据农业部抽样调查结果推算，全国有约 520 万农民工回乡创业，创办工商类乡镇企业 85 万家，平均每个企业安排 7.5 人。返乡创业或就业的农民工人数的增加，一方面推动了农村社会文化的现代化进程，在改变农民的文化观念如婚育观念等方面发挥了作用；另一方面也引发一些问题，例如，一些已经习惯城镇生活的农民工返乡后感到不适应；一些地方土地流转纠纷增多；部分农民工子女回乡后，面临着家乡学校在教材版本、教学进度、教学质量和条件等方面与原来就学的学校不同所导致的学习困扰，等等。

失地农民。这个群体主要是城市近郊的农民，以及其他农村地区的那些其土地被工程项目占用了的村民。他们面临城市化扩张对土地的汲取压力，他们的土地被用于城市发展所产生的巨大增值收益的分配，已经成为中国社会利益矛盾和冲突的重要根源之一。他们中有一部分人融入了城市，脱离了农民身份；还有一部分人没有了土地资源，也未能被城市社会保障体系有效覆盖，沦为失地失业无保障的一个农民群体。他们一般并不肯轻易放弃土地，因而对土地的争夺和捍卫往往成为社会冲突的焦点，而他们自己则成为 2009 年乡村社会矛盾和城乡社会冲突中的焦点群体。

职业农民。这是有农民身份并承包土地从事农业生产的在地农民群体，其主体是种粮农民。他们是保障粮食安全的直接行动者和成本承担者。他们依靠土地和种粮为生，除了离开农村当农民工以外，这部分人不可能放弃土地，当种粮的平均收益太低时，他们在维持自给后没有动力保护耕地。

### （二）2009 年农民的收入和消费

根据国家统计局数据，2009 年前三季度，农村居民人均现金收入 4307 元，比上年同期增长 8.5%，增幅较上年同期回落 11.1 个百分点，但高于上半年 0.4 个百分点。扣除价格因素后，实际增长 9.2%，增幅比 2008 年同期回落 1.8 个百分点。农民收入增速第三季度明显快于第二季度。前三季度农村居民现金收入中工资性收入增长 9.9%，出售农产品收入增长 4%，第二、三产业生产经营收入增长 10.5%，财产性收入增长 11.7%，转移性收入增长 26.4%。转移性收入增长明显较快，同比增幅达到 26.4%。目前，农民的转移性收入由三大部分组成。一是各项补贴，如已实施几年的农资补贴、购买大型机具补贴，都属于转移性收入范围；二是各项社会保障资金；三是救济款。2009 年，中央在面临经济比较困难的形势下加大了转移性支付，中央财政的"三农"支出安排 7161.4 亿元，增长 20.2%。"汽车下乡"、"家电下乡"等各项刺激农村消费措施的推动，使农民在进行消费得到实惠的同时也加快了转移性收入的增长。农民外出务工的收入也有所增长。国家统计局调查显示，2009 年第三季度末，外出务工劳动力的月均收入为 1444 元，比第二季度末增加 40 元，增长 2.8%。

在农民收入普遍有所增长的同时，农村内部尤其是不同地区农民收入差距呈扩大趋势。珠江三角洲、长江三角洲和北京农民收入增长比例高。2009 年上半年，沪郊农村居民家庭人均可支配收入同比增长 7.6%。

2009 年农村消费出现增长超过城镇的势头。前三季度，我国城市消费品零售额 61013 亿元，增长 14.8%；县及县以下消费品零售额 28663 亿元，增长 16.0%，农村市场消费增长快于城市。

### （三）2009 年的农民社会保障

在农民收入增长之外，农村的各项社会保障制度和政策的覆盖范围都有所扩大。中央提高了农村学校公用经费和家庭经济困难寄宿生补助标准，巩固发展新型农村合作医疗，逐步扩大农村最低生活保障范围。到 2009 年 6 月底，全国已有 4470 多万农民被纳入最低生活保障体系。另据人力资源和社会保障部新闻发言人通报，截至 2009 年 6 月底，全国农民工参加基本养老、基本医疗、工伤、失业保险的人数分别达到 2380 万人、4153 万人、5054 万人、1518 万人。同时，让农民在 60 岁后享受国家普惠式养老金的制度正在筹备。国务院常务会议审议并原则通过了新型农村养老保险体系建设试点的指导意见，该指导意见现在正在征求各地政府的意见，准备进一步修改完善之后正式发布，启动试点。过去的老农保是自我储蓄模式。新农保是个人缴费、集体补助和政府补贴相结合，是三个筹资渠道。中央财政对地方进行补助，这个补助直接补贴给农民人头。这是继取消农业税、农业直补、新型农村合作医疗等一系列惠农政策之后的又一项重大的惠农政策。新农保在支付结构上的设计是两部分：一部分是基础养老金，一部分是个人账户的养老金。基础养老金由国家财政全部保证支付。

## 二 农业现代化有明显进展

2009 年农业现代化有明显进展。原因之一是中央重视，年内出台了一系列文件指导，切弊务实；二是农业投入增加，2009 年"三农"投入达到 7161 亿元；三是农业现代化的机制创新和社会化服务有重大突破。在这三个条件下，再加上农民的生产积极性和创新意识提高，部分返乡农民工带着创新精神返回农业，带动和促进了农业现代化水平的提高。

深化农村改革、创新农业经营体制机制是 2009 年农村经济发展的一个亮点。"推进农业经营体制机制创新，加快农业经营方式转变"是党的十七届三中全会提出的明确要求，前提是毫不动摇地坚持稳定和完善农村基本经营制度，关键是推进"两个转变"，即从家庭经营向提高集约化水平转变，从统一经营向提高组织化程度转变。推进"两个转变"的核心是落实和维护农民对承包土地的各项权利，重点是引导土地流转平稳健康发展，关键是健全土地承包经营纠纷调处

机制。

在推进农业现代化的进程中，浙江的做法值得关注。首先，浙江致力于以营销促进农业建设和农业发展。农产品营销为浙江农业注入了新的活力，也为农业主体的成长带来契机。以千家万户小农经济为主的粗放经营开始淡出，现代农业市场化、标准化、规模化、品牌化日渐清晰。仙居县农业局信托生态条件得天独厚，将"浙江绿色农产品基地"与基地配套的"绿色农产品专卖市场"结合起来，进入市场的农产品必须具备"身份证"。市场里配有检测设备和检测人员。仙居的绿色稻米从每公斤1.8元涨到了3元；土猪肉的价格每斤比原来高出了2元。仙居的生态优势由此转化成经济优势，仙居农产品商品化率显著提升。嵊州专门就茶叶品牌建设作出规划：先通过修订生产技术标准、建立质量保障体系和质量追踪体系，做好品质提升；接着拓展市场，将"越剧"和"越乡龙井"相结合，在北京和杭州等地开设茶楼，开设专卖店。过去，黄岩主要通过"龙头企业＋合作社＋农户"模式，把农产品卖到上海、杭州等地的一些大型农贸批发市场，其特点是数量大、品种少、价格低、保障性差，现在，通过营销管理中心的协调，当地农产品与超市专卖店等建立了供求联盟，虽然数量少、品种多、外观讲究，工作量及成本有所增加，但是，价格高，销售情况稳定，农民得到的实惠相比更多。营销管理中心的组建，不仅在生产上解决了农产品卖难问题，更重要的是，在整个农业生产过程中强化了营销的重要地位，为生产性农业向经营性农业蜕变创造了条件。

其次，加大力度推进土地流转。农业经营和管理现代化提高了土地价值，增加了农民收入，也促进了土地经营规模化。全国土地的平均流转率不到20%，浙江土地的平均流转率则达到28%，高出全国8个百分点，一些地方如慈溪市的土地流转率更是高达58.3%。这种变化反映出：因为营销所发挥的由浅入深的作用，浙江农村的小农经营正在经历升级，走向以标准化、规模化、品牌化经营为特征的现代农业。

再次，推进农业生产经营信息化。浙江省的网络"农民信箱"取得较好成效。该省采用实名制登记注册发展网络农民信箱，并使农民信箱与手机同步联网使用。因为信息真实可靠，使用快捷方便，农民信箱的注册用户4年间快速发展到190万户，许多农民都利用这个信箱进行了成功的交易。2008年初，浙江省利用"农民信箱"专门举办了首届网上农博会，一周时间达成交易2.7亿元，平均每天交易额 3000 多万元。2009 年，农民信箱"每日一助"活动效果显著。注册农民如果需要帮助销售农产品，只要通过农民信箱发布，所有的注册用户手机都会收到求助信息。据统计，至 2008 年底，浙江利用农民信箱先后开展杨梅、葡萄等 22 场产销对接活动，成交额达 51 亿元以上，减少营销成本 2.3 亿元。农民信箱的成功运行，对浙江农产品营销方式的改变产生了深刻影响，农产品网络营销这一崭新的概念在浙江得到越来越普遍的应用。

另外，在中央和地方财政的大力支持下，中国的政策性农业保险得到了长足发展。2009 年上半年，农业保险继续保持着快速发展态势，截至 6 月底，全国农业保险的保费收入 70 亿元，提供风险保障 1436.5 亿元，参保农户 6152 万户次，共承保各类农作物 3.5 亿亩，各类牲畜 3.6 亿头，向 500 余万户受灾农户支付赔款 34.1 亿元，有力地支持了灾后农业生产的恢复。

## 三 农村土地流转规模化程度提高

家庭承包责任制条件下的土地产权关系有利于调动农民家庭经营的积极性，缺陷是经营权分散，不利于农业的规模经营和现代化发展，因而这也是深化土地产权关系改革要解决的主要问题。党的十七届三中全会提出推动和完善土地承包经营权流转，就是在总结家庭承包责任制实践的基础上，一方面更充分地实现农民土地承包经营权的权能，使土地承包经营权真正成为农民的一种财产权利；另一方面又为实现土地经营权的集中提供了土地产权制度的保证。

2009 年，在工商业比较发达的农村地区，农村集体建设用地使用权流转已经相当普遍。经济发展带动了对农村土地的需求，并使农村集体土地的资产价值逐渐显现出来。以出让、转让、出租、联营、入股、抵押等形式，自发流转集体建设用地使用权的市场行为早已客观存在，且在数量和规模上有不断扩大的趋势。全国不少地方都在进行以多种形式流转土地承包经营权的探索与尝试。

重庆市、成都市在推进城乡统筹时采取了多种形式，如以土地承包经营权入股，将农业用地集中到龙头企业和种植养殖大户手中，实现土地的集约化经营；农业用地改为城市用地时，对征地动迁的农民采取现金补偿加股份补偿的方式予以补偿；集中配置宅基地等非农用地资源。通过这些措施，流转出来的土地产生了巨大的经济效益，农民收入增加，土地撂荒现象减少，农村土地上呈现出新的

生机。

福建省人大常委会审议通过了《福建省促进闽台农业合作条例》，规定台湾地区的农民在福建经营农业的，可以通过农村集体土地流转的方式获得土地承包经营权。这一规定可以有效解决台商在闽进行农业开发的土地瓶颈问题，受到来闽经营农业的台商的关注和好评。

北京郊区农民以自己的土地承包经营权入股，成为公司股东，在保证每亩收入每年不低于1200元，现金入股年回报率不低于10%的前提下，他们还受聘成为园区工人，参与公司利润分配，获得每月数百元工资收入。有意思的是，2009年北京农民的土地流转还出现了最惠方待遇条款，在明确租金标准的前提下，还加上了租金不低于周围村的专项约束条款。乡镇建立土地流转平台，发布信息，提供服务。

浙江在坚持农村基本经营制度的基础上，提出"赋予农民更加充分而有保障的土地承包经营权，现有土地承包关系要保持稳定并长久不变"、"完善土地承包经营权权能，依法保障农民对承包土地的占有、使用、收益等权利"，这是在农村改革30年后完善农村土地生产关系的又一次创新，意味着土地承包经营权作为农民的一种用益物权可以为农民带来财产性收入。浙江省工商局和浙江省农业厅联手，在国内出台了首个规范土地流转的《浙江省农村土地承包经营权作价出资农民专业合作社登记暂行办法》。该办法在自愿有偿、平等协商的出资原则下，对出资方式、投资对象、评估和验资方式、业务范围和出资总额都作了具体规定。土地经营权可以出资出质，既解决了农民规模经营的资金问题，又为离土农民"离土不弃土"提供了保障。土地经营权资产权证化解决"离土不弃土"，既可以解除人与土地对应关系的机械性，又可以保证人与土地权属关系的稳定性。农村土地承包经营权作价出资在遵循平等协商、自愿有偿的原则基础上，还有三条底线，即不得改变土地所有权性质，不得改变土地的农业用途，不得损害农民土地承包权益。由此，全国首批12家由农户以剩余年数的土地承包经营权作价出资设立的新型农民专业合作社出现在浙江，并于2009年3月15日正式领到了工商营业执照。这标志着今后浙江农民手中的土地经营权可以物权化、股权化，而经营权本身及土地的用途却不会发生改变。截至2008年底，浙江省土地流转面积已达546万亩，占总承包耕地面积的27.6%；涉及流出土地农户276.54万户，占该省家庭承包经营总农户的29.6%，农民依靠土地流转致富的需求十分旺盛。

为了规范土地流转，不仅浙江，目前江苏、四川等地也都相继出台了土地流转合同的示范文本。国家工商总局表示，将在江苏、浙江等地试点的基础上，尽快制定推广全国性的土地流转合同示范文本，重点规范、明确土地承包经营权流转合同的标的、期限、价款、付款方式及时间、双方权利和义务，以及违约责任等内容，确保农村土地承包经营权流转不改变土地的农业用途，维护双方当事人特别是农民群众的合法权益。

可以说，家庭联产承包责任制解决的是"人尽其力"的问题，而农村土地使用权流转所解决的则是"地尽其用"的问题。集约化和规模化经营是现代农业发展的必然要求，这也对土地流转提出了要求。需要注意的是，农民在土地流转过程中基本上是弱者，他们缺乏必要的合同法知识，缺少对土地升值的预见能力，甚至缺少话语权。因此，要进一步完善土地流转制度，提供多种流转方式供农民选择。在进行制度设计时，既要尊重农民意愿，尊重农民话语权，又要合理评估土地价值，增强合同的科学性、严肃性；既保证农民能够分享土地增值的收益，又能保证土地转让期间的稳定，发挥土地规模经营的效果。

## 四　农村基层组织

2008 年全国有镇 19234 个，乡 15067 个，村委会组织 604285 个。村委会逐年减少，与 1990 年的 1001272 个相比减少了近 40%。村委会成员 233.9 万人，从 1990 年以来除 2003 年略有回升外，呈现整体下降趋势。村委会数量在减少，但农村基层组织的管理工作方式在创新，服务空间在拓展，面对的工作内容日益复杂，新的难题也不断出现。

村民自治管理中遇到的一个新的问题是农村村民身份与土地承包之间的权益关联。根据现行的土地法律制度，农村土地属于农民集体所有，村民享有土地承包经营权。我国《土地管理法》和《农村土地承包法》提到的"农村集体经济组织"在法律上并没有明确界定，谁是"农村集体经济组织"或者"村庄"的成员？具备什么样的资格才能成为此种组织或村庄的成员？法律上对此没有明文规定。一般理解是，以户口所在地作为界定一个人是否具有某村庄成员资格的条件。2006 年制定的《广东省农村集体经济组织管理规定》就强调了以户口为原则的标准。问题是，承认一个人只要具有某个村庄的户口即可享有土地承包经营权的做法，已经成为引发农村土地纠纷的难题，因为农村户籍并不是村委会和村民大会所能够决定和管理的。如果以户口作为村庄成员资格和土地承包条件的话，还会遇到"时间差"，即是否一个人的户口一旦落入某个村庄，就应当立即享有土地承包经营权。实际上，很多村庄的土地都是几年甚至十几年才调整一次，新入户的人口无法立即获得土地承包权。当一些农民将自己承包的土地出租给他人后，如果其户口迁出本村，是否应当立即撤销其租赁合同？如果是，对于承租方显然不公平，会使其投资无效。现在，人们的户籍"身份"变化的可能相当大，给土地权利的界定带来困难，在村庄管理和村民权益之间造成大量冲突和纠纷。这迫切需要权威和明确的司法解释。

近年来，村委会换届中贿选现象比以往有所增加，涉及基层选举的信访、越级上访告状量也增多了。2008年浙江省第八届村民委员会选举后，各地共查处各类违法违纪案件294起，其中以贿选居多。义乌市就查处了37起破坏选举和贿选案件，10名党员受到了党纪处分，90人被行政拘留。2009年6月中共中央办公厅、国务院办公厅印发了《关于加强和改进村民委员会选举工作的通知》，规范了村民自治选举的程序和管理办法。现在的村委会已经不同于20世纪90年代，需要政府针对农村发展的形势变化和现实需求给予规范和指导，以保证农民的权益和农村的社会秩序。

富人治村成为值得关注的乡村新现象。综合调查数据发现，在全国发达经济地区农村有1/3、在浙江有2/3以上的村由企业家、工商户、养殖户等先富起来的村民担任村委会主任或村党支部书记。部分"老板村官"用自己的资金建设新农村，更多的"老板村官"主要是为农村未来发展谋划出路。他们思路开阔，组织能力较强，在长期企业经营中形成了现代市场理念，在新农村建设中作用非常突出。但是，"老板村官"身兼两职，精力分散，也带来了村干部是否需要专职化的争论。在浙江省的温州、台州等地农村，存在着部分村两委干部自己在外经商赚钱、委托代理人处理村务的现象。村委会是自治组织，村委会干部没有财政拨款支持，其工作的重要特征是"不脱离生产"，因此不可能像限制公务员一样限制他们经商；然而，将村务委托他人代理终究是不合适的，因为村干部肩负着村民的信任，他们没有权利转让这种信任。

大多数"老板村官"的处事动机是出于公益考虑，旨在造福于乡里和百姓，但其背后也存在着不容忽视的隐患：一旦发展农村的"公益冲动"与违规利己的"私益冲动"相互冲突，在农村市场经济发展、职业分化细化、村民异质性增加的新形势下，由于大多数村民的眼界、阅历、技巧有限，对村干部的监管可能成为难题。一些调查和访谈发现，在部分由富人群体组成的村干部队伍中，确实存在利用手中权力进入更高平台、发展更好人脉、进一步谋求或保护自己经济利益的现象，甚至不排除在村集体经济中做手脚、捞好处、发展壮大自己和其家族势力的行为。目前，农村的突出问题是人才空心化。由于富人往往是当地的能人，与其让富裕的能人都选择离开农村，不如让他们通过担任村干部这种形式尽可能留在农村，为"三农"发展服务。同长期困扰农村的人才和资金外流现象相比，这是一种推动人才和资金回流的好方式。但培训和监管也需要跟上和到位，否则可能弊大于利。企业家走进基层组织"从政"是一种趋势，只要政策调整得当，这批干部可以成为推进乡村民主政治的重要力量。避免"富人治村"带来的负面问题，最关键的是完善监督机制，用公开、透明的制度来解决问题。要深化村务公开化，真实、及时公开涉及群众切身利益的事项，保障村民的知情权、参与权和监督权；要量化目标管理，形成优奖劣汰的用人机制，对谋位不谋政的村干部及时予以调整并落实责任追究。

另外，2009 年，创办和利用农村信息化服务平台局域网，向群众普及科学知识、传播科学文化，成为农村基层组织为村民服务的一种新形式。福建南安市兰田村党支部，创办"世纪之村"农村信息化服务平台。该信息服务平台有两大模块、八大功能，第一模块是村务管理及公开模块，具备政府监管、村务管理、村财会电算化、农村社区服务等四大功能；第二模块为农村市场服务模块，具备农家店、劳务需求、星火科技培训、企业展品等四大功能。该村还把网络平台的信息通过有线电视视频转换，让没有电脑的村民也能了解村务。村里设置了十几个信息点，免费让村民查询信息。该平台自 2008 年推行以来，取得了良好效果。村民不但可以了解村务公开、监督村财管理等，还能发布供求信息当"网店"老板，也能接受科技培训上"网校"。以前，村务公开的程度不够，往往造成群众和干部间的不了解、不信任，村里的各项工作缺少凝聚力。"世纪之村"网络平台的建设，解决了以往干部和群众之间"说不清、道不明"的问题，提高了村级政务管理效率，加大群众参与和监督村务管理的力度，增强了村级工作的凝聚力。

## 五　农村公共服务

一直以来，由于历史欠账多，农村公共服务滞后，农村的社会事业和基础设施与城市的差距很大。2009 年，由于国家投入和地方财政支持，农村公共服务取得了显著进展。在成都近郊农村的标准化幼儿园里，农村孩子也享受到了与城里同样的师资和游乐设施。让城乡教育、卫生资源实现均衡分配的标准化工程的措施进入试行。建立城乡统一的公共服务体系，需要首先形成覆盖城乡的公共财政体系，这就需要合理调整国民收入分配格局。加快将政府社会管理和公共服务职能由城市向农村延伸，并探索公共服务的实现形式，如政府发包购买服务，方便农民等。

村级卫生体系建设是农村卫生服务体系建设的一个薄弱环节。河南省漯河市在进行农村医疗服务体系建设中"以资源换资金"，80% 以上的农民都参加了新型农村合作医疗，参合人数已达 140 多万人，农村基本合作医疗账户资金总额已经有将近 1700 万元。若按每人每年平均医疗消费 40 元的标准计算，该市将有 5600 多万元的医疗市场资源。对于掌控在政府手中的这一资源，漯河市采取了向农村合作医疗定点卫生所倾斜的做法，让农村合作医疗定点卫生所在使用这些资源的同时向广大农民群众提供优质的医疗卫生保健服务。他们采取这种办法，短短几个月就在郾城区 177 个行政村建起 177 个高标准的农村合作医疗定点卫生所，使政府掌控的医疗市场资源有效地转化为可供政府开支使用的农村医疗卫生建设资金。这种用资源换取资金投入的做法在农村医疗卫生服务体系建设中值得借鉴。

## 六　结论和建议

2010 年，推进农业农村经济稳定发展面临挑战与困难。统筹城乡发展正处在重要时期，统筹区域发展任务艰巨，国际贸易环境仍然严峻，使得继续保持农业农村经济良好发展势头难度加大。保持农业稳定发展，保持农村社会稳定，促进农村劳动力转移就业，促进农民收入持续增长，仍然是农村经济和社会协调发展的基本目标。从总体上看，农民收入水平偏低、农村产业比较薄弱、农村经济社会发展不平衡、社会保障建设滞后、城乡差距扩大等矛盾依然突出。归纳起来，2009 年农村经济社会发展要注重结构、素质、公共服务三个方面的问题。

进一步完善农村土地流转。就 2009 年发展态势和效果看，农村土地流转很有可能成为立足于农村来统筹城乡发展的一个新支点，成为提高农民的财产性收入比例的一个重大突破口，成为整体推动中国经济继续增长的一项重大经济政策，是对家庭联产承包责任制的继续和完善。土地流转（市场化交易）的意义在于，当土地成为可交换的商品时，一方面，买方一般总能比卖方用同样多的土地创造更多的价值；另一方面，土地交易或抵押等能为土地拥有者提供直接的货币价值。农村土地流转包括农地流转和农村建设用地流转，将会重新调整农村的经济和社会发展格局，激活各种因素，因此需要在实践先导前提下，积极开展调查研究，发现问题，制定相应措施予以解决，促进其发展。需要注意的是，土地在流转中升值，农村劳动力在土地流转中重组和重新选择就业方向，这些都是必然趋势，但也会改变和重构村民的发展预期，从而有可能导致出现以前所没有的新的社会合作和新的社会冲突。村民自治、乡村社会管理和农村公共服务对此都要有预见和相应的思想准备，要在方向、技术、程序上有所预见和保障。集体所有制与国有土地应当同地同价，在转变农地用途时不宜继续实行低价征用补偿的办法。对土地交易产生的级差地租收益的市场化分配，还要通过税收办法加以调节。在符合土地用途规划的前提下，农户应可将土地长期使用权在各种用途中转让、出租、抵押、入股和出售，从而增加农民财产性收入。

培训农民不仅重要，而且迫切。提高农民技能，有助于农民工稳定就业。随着现代农业的发展，农村必将有更多脱离土地的剩余劳动力通过外出务工，而他们的技能水平的高低对其收入的多少起着重要的作用。缺乏技能的农民人力资本投入少，多从事体力性工作，收入较低；反之，技能较高的农民工较多从事半体力和非体力的工作，收入较高。此外，劳动力市场竞争还会使低技能农民工的务工具有临时性、季节性、不稳定的特点。随着市场经济的发展，这部分人将被高技能务工者替代，因而可能会出现农民工返流现象。因此，提高农民技能，对促进农民工稳定就业意义重大。实现培训对象层次化，以新生劳动力为重点，以中长培训为主，并兼顾技能和学历，做到因需施教，依人培训。

构建现代农业产业体系，加快转变农业生产方式。现在的农业已经超出了农民的传统知识积累，承包责任制中的联产的约束力相对淡化，现在的农业种植已经不是由农民愿意种什么就种什么、想怎么种就怎么种的愿望所决定得了的，而是越来越多地要由市场来决定，由投入产出的效率来决定。因此，迫切需要政府提供有效的正确引导和服务。应当把引导和建构现代农业提上日程，推进农业经营体制创新，提高农民组织化程度，提高农业生产效率，提高农产品的标准化和市场化水平，需要典型引路，更需要推广和创新。农村的公共服务也要服务于这一目标，政府的介入和推动不可或缺。

加强农村基层组织建设。要加强对乡村干部的新知识新技能轮训、岗位资格培训和政务公开培训等，提高农村干部的素质。对于农村中新出现的问题，政府相关部门要给以及时的指导。

# Report on Peasants' Development in China, 2009

**Abstract**: In spite of the impact of international financial crisis and natural disasters, Chinese rural economy keeps growing in 2009. Summer crop production keeps increasing and peasants' income grows slightly as well. In first three quarters, the growth rate of retail sales of social commodities in rural area is faster than that in urban area. The stratification in peasants between agricultural and non-agricultural occupational groups is followed by the further stratification within each group, which is caused by the advancement of agriculture technology and the management skill. The large scale circulation of agricultural land in rural area is a significant event in 2009. The interest in land has become the focus of social contradictions and social conflicts in rural area, and it shows an increasingly important influence to rural development and stability.

**Key Words**: Peasant; Agricultural Modernization; Land Circulation; Rural Public Services

# 国际金融危机下的中国私营企业主阶层

张厚义 *

**摘　要：**中国从社会主义初级阶段的具体国情出发，对私营经济采取了在鼓励、支持和引导的同时，加强监督、管理的政策。在此次国际金融危机的影响下，私营企业主阶层也受到前所未有的冲击，增长率、从业人数和企业赢利状况等主要发展指标都出现下降的趋势。不过，随着我国整体经济形势的趋稳向好，预计私营企业的发展状况将逐步恢复。

**关键词：**私营企业主　政策调整　金融危机　发展困境

## 一　私营经济政策的调整与完善

### （一）突破"不准雇工"的禁区

如所周知，"1957 年以后，'左'的思想开始抬头，逐渐占了上风"（邓小平语）。"左"的思想在经济社会政策上的表现，就是不断地批资、反资、防资，"除了允许的，都是禁止的"。改革开放初期，雇工仍然是个禁区。直到 1980 年9 月，中共中央文件仍然强调"在包产到户的社队"，"重申不准雇工"。

然而，当时大批知识青年返城需要就业，社会上普遍存在着"有人没事干"和"有事没人干"、买难卖难的现象。面对这种情况，1980 年 8 月，中共中央在转发全国劳动就业会议文件的通知中，第一次提出要在调整所有制结构中解决就业问题，"实行劳动部门介绍就业，自愿组织起来就业和自谋职业相结合的方针"。发展个体经济已经提上了政府的议事日程。但是，个体工商户扩大规模能

---

* 张厚义，中国社会科学院社会学研究所研究员。

不能雇请帮工仍然是个问题。而在现实生活中，雇工经营这种既古老而又熟悉的经营形式已经星星点点地出现。有些人担心，这样发展会不会影响到我国改革的社会主义方向？许多地方的政府根据中央的上述原则精神，制定了一些临时性的规定、措施，以应付个体经济的迅速发展。

实践表明，国务院亟须尽快制定一个政策性规定，以指导、规范个体经济的健康发展。在国务院有关负责人的领导下，有关文件起草小组从当时的实际情况出发，认为既要考虑政策的延续性、严肃性，更要切实解决紧迫的就业问题，必须巧妙地、悄悄地回避、绕开，而又能够确实突破"雇工"的禁区。他们从历史文献中找到了相关的政策依据。

一份是 1950 年 8 月《政务院关于土地改革中一些问题的决定》，规定："富农与富裕中农的分界，以剥削收入是否超过全家一年总收入的 25% 为准。"剥削收入在 25% 以下者，称轻微剥削，为中农或富裕中农。

另一份是 1979 年 11 月中共中央批转的中央统战部等六部门《关于把原工商业者中的劳动者区别出来问题的请示报告》（以下简称《报告》）。《报告》根据 1950 年 8 月政务院的有关决定，根据中共中央过去的有关规定精神，并且结合实际情况，对劳动者的标准作了如下规定："占有一定生产资料，雇佣少量工人或店员（商业 1 人，饮食服务业、交通运输业雇佣 1~2 人，手工业雇佣 1~3 人），自己参加劳动，以为生活主要来源者，为小业主。""小业主虽有轻微剥削，仍属于劳动者范畴。"1950 年 8 月，《政务院的若干新决定》还对小手工业者和手工业资本家的主要区别作了说明："小手工业者只雇佣辅助自己劳动的助手和学徒，而手工业资本家雇佣工人和学徒则不是辅助他自己劳动，而是为了获取利润。"

从上述《决定》的精神看，"不准雇工"只是"不准雇请较多的帮工"，而雇请少量的"助手和学徒"还是允许的。依据这些政策精神和解放思想、适当放宽的原则，起草的文件必须申述"不准雇工"，同时又必须表明可以适当雇工。既然雇佣少量的助手和学徒可以允许，那么就在这句话上认真推敲。首先，把"助手和学徒"分开阐述；其次，把"助手"升格为"帮手"；再次，用"请"和"带"取代"雇佣"，变成"请帮手"、"带学徒"。关键是要做足"少量"、"适当"的文章。何谓"帮手"？"帮手"就是帮助做事的人，就是熟练工人。"请帮手"，就是雇工，只不过是换了一个说法。所以，"请帮手"，要严格控制在最小规模上，限定为 1 ～ 2 人。相对于帮手而言的学徒，只有经过培训，才能成为熟练工人。学徒拜师是为了学艺，师徒关系并非雇佣关系，一般不存在剥削。但是，带的学徒人数过多，也会使个体经济发生质变。因此，对"带学徒"，也要有个数量限制。考虑到原先规定的手工业者雇用的学徒和助手为 2 ～ 3 人，现在放宽到最多不超过 5 个。至于"请帮手"这个新的提法能否被社会接受，关键是文件能否被通过。起草小组认为，在最后讨论、审核文件时，只要没有人提出异议，或者有异议但又找不到更为恰当的词代替，文件就能通过。

文件起草工作从 1980 年 9 月着手，历经几次讨论、修改，终于在 1981 年 7 月审核通过，正式公布。《国务院关于城镇非农业个体经济若干政策性规定》共 18 条，其中最核心的是前言和第五条两段文字。

前言是文件的指导思想。它首先明确，个体工商户是"遵守国家的政策和法律"、"不剥削他人劳动"、"自食其力的独立劳动者"。即，要对其用"国家的政策和法律"进行"限制"，特别是不准雇工，不能有剥削行为。这是个基本前提，否则文件就不能通过，即使勉强通过，在执行过程中人们也会有疑虑。

第五条规定："个体经营户，一般是一个人经营或家庭经营；必要时，经过工商行政管理部门的批准，可以请一至两个帮手；技术性较强或者有特殊技艺的，可以带两三个，最多不超过五个学徒"、"请帮手、带学徒，都要订立合同"。这一段文字，是整个文件的点睛之笔，字斟句酌，不厌其烦地反复推敲。一是加了几个限制词，如"一般"、"必要"、"经过批准"、"最多"等，以"限制"个体经济发展，不会导致资本主义泛滥。二是防止个体工商户请帮手、带学徒过多，使个体经济发生质变，为此做了两条规定：请帮手、带学徒，最多不超过 7 个；都要订立合同。

从文字上看，整个文件没有"雇工"两个字，但其精神实质则是用"请帮手、带学徒"突破了"雇工"的政策禁区，从而为私营经济的孕育、萌生提供了合法的政策依据。

## （二）对雇请较多帮工的，也不要急于取缔

一些创业者和地方干部，把"请帮手、带学徒"的政策用到了极致。各

地都出现了雇工较多的"专业大户"、"个体大户"和承包的社队企业。农村经济欣欣向荣,工商业经济异常活跃。但是,少数地区的走私贩私、投机诈骗、贪污受贿等犯罪活动也很猖獗。为此,中共中央、国务院于1982年4月决定,打击经济领域中的严重犯罪活动,重点是打击走私、长途贩运和投机倒把行为。依据的政策则是1981年1月国务院的有关指示。该《指示》规定,只允许"从事个人力所能及(肩挑、手提、人拉、自行车驮)的、允许上市的农副产品的贩运活动",而"不允许私人购买汽车、拖拉机、机动船等大型运输工具从事贩运"。《指示》还对投机倒把活动列出了12种类型,如:代出证明、发票、合同,提供银行账户,从中牟取非法收入。仅此一条,即可将温州的"挂户经营"、"农民购销员"置于死地,使日后的"温州模式"胎死腹中。当时的舆论认为:雇请较多帮工经营而先富者,就是"暴发户",流通领域中赚大钱则是投机倒把行为。尽管基层政府严格区分政策界限,但在实践中,许多地方都发生了错批、错抓的现象,最为典型的是温州柳市镇的"八大王"被抓。一时间闹得人心惶惶,群众怀疑是否要退回到过去的老路上去。

针对这种情况,中央决定于1982年7月份召开"农村经济政策座谈会",就私人雇工、长途贩运、私人购买大中型运输工具和农村个体商业等问题进行座谈讨论,要求与会者在调查研究的基础上提出政策性建议。座谈会如期召开,来自10个省、市、国务院有关部门、研究机构的有关人员与会。会议材料表明,各地都出现了雇工经营特别是雇请较多帮工的现象,出现了争议很大的(如"傻子瓜子")案例。经过热烈讨论,座谈会就上述问题提出了初步的政策性建议。11月,中央召开全国农村工作会议,对上述问题再深入进行讨论,最后形成了以放活农村工商业为中心内容的《当前农村经济政策的若干问题》的送审稿,经中央政治局审议通过后,作为1983年中央1号文件下发。文件根据我国的具体国情和"适当放宽、因势利导"的方针,明确提出:我国是社会主义国家,不能允许剥削制度存在。但是,我们又是一个发展中的国家,允许资金、技术、劳力一定程度的流动和多种方式的结合,对发展社会主义经济是有利的。因此,对超过国务院政策规定雇请较多帮工的,不宜提倡,不要公开宣传,也不要急于取缔。同时明确:允许长途贩运、允许私人购买大中型运输工具,支持农村发展个体商业。

对雇请较多帮工的，由过去的"坚决取缔"到现在的"不要急于取缔"，这是中国共产党执政后，对私营经济政策进行重大调整而迈出的关键的第一步。

## （三）依据社会主义初级阶段的具体国情，承认私营经济的合法地位

在对雇请较多帮工的私营经济"看"了几年之后，尊重群众的创造和选择，中共中央于 1987 年初发出文件，首次肯定了私营经济存在的必要性和对它采取的基本政策。文件指出：私营经济作为社会主义经济结构的一种补充形势，对于实现资金、技术、劳动力的结合，尽快形成社会生产力，对于多方面提供的就业机会，对于促进经营人才的成长，都是必要的。对它们应当采取"允许存在，加强管理，兴利抑弊，逐步引导"的方针。

同时，在讨论新中国成立以来党的若干问题历史决议的过程中，经过充分的思想酝酿，终于对我国社会所处的发展阶段逐步形成了共识。中共十三大报告以此作为立论的基础，明确提出：我国已经进入社会主义和处于社会主义初级阶段，这是当代中国最大的实际和具体情况。同时，十三大报告强调，我国从 20 世纪 50 年代生产资料私有制的社会主义改造基本完成，即进入社会主义初级阶段。在初级阶段，尤其要在以公有制为主体的前提下，发展多种经济成分。私营经济是存在雇佣劳动关系的经济成分，但在社会主义条件下，它是公有制经济必要的和有益的补充，建议尽快制定有关私营经济的政策和法律。

根据中共十三大的建议，全国人大于 1988 年 4 月通过《宪法》修正案，明确"国家允许私营经济在法律规定的范围内存在和发展"。

早在 1987 年 1 月，根据中央文件确立的指导方针，国务院即组成《私营企业暂行条例》起草小组，并立即着手工作。在确定私营企业标准的问题上，当时有三种意见：一是恢复 1950 年《私营企业暂行条例》中的提法，即"私营企业为私人投资经营从事营利性的各种经济行业"。这个提法的不足是没有确定雇工人数，导致资本家与小业主的政策界限不清。二是采用个体工商户请帮手、带学徒最多不超过 7 个的规定，超过了这个规定者，为私营企业。但是，它没有明确私人投资。三是综合上述两条意见的长处，把私人投资和雇工 8 人以上作为划定标准。这种意见，比较准确地反映了私营企业与当时的国有企业、集体企业和个体工商户在法律上的区别。同时，还兼顾了政策上的延续性和一致性。当时，

把工商业者与劳动者区别出来的具体标准，就是私人投资和雇工人数。最后，采纳了第三种意见，形成了如下的文字："本条例所称私营企业是指企业资产属于私人所有，雇工8人以上的营业性的经济组织。"1988年6月，国务院颁布了《中华人民共和国私营企业暂行条例》。这是一部关于私营企业的综合性的基本法规。从此，私营企业的发展和管理被纳入了法制的轨道，在国家法律保护和规定的范围内发展。

这样，国家对私营经济政策完成了由"坚决取缔"到"允许存在"的重大调整。此后，在社会主义市场经济理论和"三个代表"重要思想指导下，私营经济发展进入了一个新的历史阶段。在新的历史阶段，私营企业主阶层已经成为一个具有相当经济实力和社会影响的社会阶层。他们在创造社会财富的同时，也会给一些地方带来某种程度的消极影响。因此，国家政策继续完善的重点，应是坚持"兴利抑弊"，像鼓励、支持他们发展一样，加强监督、管理，以引导他们健康成长。遵照社会主义市场经济规律，逐步形成合理、有效的运行机制，做好不同类型代表人士的思想政治工作，使他们能够接受党委和政府的领导、社区居民的监督，从制度上规范他们的行为，防止、减少"问题富豪"的产生。

## 二 私营企业发展的基本状况

### （一）私营经济在逆势中增长，但增长速度呈下降趋势，注销企业有所增加

截至2008年底，全国登记注册的私营企业达到657.4万户，比上年同期增长9.0%。但是私营企业户数的增长率从2003年起连续5年出现下降。如果以省为单位进行分析，则有11个省、自治区、直辖市私营企业户数的增长率在平均数以下，分别是：北京（6.9%）、辽宁（5.9%）、上海（4.6%）、浙江（5.0%）、山东（4.9%）、湖南（6.1%）、广东（7.9%）、重庆（7.0%）、贵州（4.8%）、陕西（2.1%）、西藏（-0.75%）。

有些省注销企业有所增加。2008年，浙江省全省共注销企业2.92万家，同比增加4.62%。其中，私营企业注销上升幅度最大，同比增长10.99%。值得注

意的是，除经营不善等原因正常注销歇业外，还出现了企业突然关闭、企业主隐匿等极端异常情况。据统计，浙江全省私营企业发生非正常消亡的有 302 家，多集中在绍兴、嘉兴、台州、宁波等地，从行业分布看，主要是纺织、服装、箱包等劳动密集型行业，其原因主要是外向出口依赖重，传统产业产品层次低，以及虚拟经营、盲目扩张和民间资本借贷依赖强等。同时，全省制造业新设企业数同比下降 24%，注销企业数同比上升 7%。

广东省同期私营企业注销户数同比增长 39.46%，其中批发和零售业占40.27%。河南省全省 80% 的私营企业开工不足。其中，半停产、半停业企业占8.5%，停产、停业企业占 4.8%，倒闭、破产企业占 8.1%。

同一时期，全国私营企业从业人数为 7904 万人，比上年同期增长 9.0%（见表 1），其中，私营企业投资者为 1507.4 万人，同比增长 7.9%；雇用工人6396.6 万人，同比增长 9.2%。也是从 2003 年起，连续 5 年出现下降。其中，私营企业从业人数出现下降的省份有：天津（-2.47%）、浙江（-0.21%）、安徽（-8.39%）、山东（-4.24%）、海南（-16.25%）、陕西（-3.51%）、青海（-16.0%）。

表 1　全国私营企业发展情况（2002～2008 年）*

| 年　份 | 私营企业户数（万户） | 增长率（%） | 从业人数（万人） | 增长率（%） | 注册资本金总额（万亿元） | 增长率（%） |
| --- | --- | --- | --- | --- | --- | --- |
| 2002 | 263.8 | 20 | 3247.5 | 19.7 | 2.48 | 35.9 |
| 2003 | 328.7 | 24.6 | 4299.1 | 32.4 | 3.53 | 42.3 |
| 2004 | 402.4 | 22.4 | 5017.3 | 16.7 | 4.79 | 35.7 |
| 2005 | 472 | 17.3 | 5824 | 16.1 | 6.13 | 28 |
| 2006 | 544.1 | 15.3 | 6586.6 | 13.1 | 7.6 | 24 |
| 2007 | 603.1 | 10.8 | 7253.1 | 10.1 | 9.39 | 23.6 |
| 2008 | 657.4 | 9 | 7904 | 9 | 11.74 | 25 |

* 表中私营企业户数包含分支机构数量。
资料来源：国家工商行政管理总局。

截至 2008 年底，全国私营企业注册资本总额为 11.74 万亿元，比上年同期增长 25.0%。纵向比较，这个增长率略高于 2006 年、2007 两年，却低于 2002～2005 年。其中，私营企业注册资本额增长率低于 20% 的省份有：北京

（15.58%）、辽宁（18.23%）、上海（11.60%）、江西（18.53%）、湖北（19.73%）、广西（19.24%）、重庆（14.47%）、西藏（13.84%）、青海（19.80%）和宁夏（15.0%）。私营企业户均注册资本额为178.5万元，同比增长14.7%。

同一时期，全国私营企业总产值4万亿元，同比增长8.9%；销售总额5.9万亿元，同比增长30.6%；社会消费品零售总额2.5万亿元，同比增长12.9%。

另据国家工商行政管理局的统计，截至2008年底，全国登记个体工商户为2917.3万户，从业人数5776.4万人，注册资金总额9006亿元，分别比上年同期增长6.4%、5.1%和22.5%。同期，港澳居民在内地设立的个体工商户达3660户，从业人员9649人，注册资金额2.42亿元，分别比上年同期增长20.7%、19.3%和28.3%，他们多集中在广东省（占81.1%），主要经营行业为零售业、餐饮业和理发及美容保健业（占91.6%）。台湾农民个体户有174户，从业人员676人，注册资金额2389.5万元，其中，种植户27户，养殖户16户。

## （二）在私营企业的内部结构中，有限责任公司和第三产业仍占主导地位

### 1. 从企业组织形式看

截至2008年底，全国私营有限责任公司有535.3万户，同比增长22.7%，占私营企业总户数的81.4%；注册资本额10.69万亿元，同比增长22.3%，占私营企业注册资本总额的91.1%。私营股份有限责任公司1.12万户，同比增长4.1倍；投资者11.27万人，增长76.4%；从业人员44.85万人，增长48.5%。独资企业有108.3万户，同比增长3.8%，占私营企业总户数的16.5%；注册资本额5748.8亿元，增长24.1%，占私营企业注册资本的4.9%。合伙企业有12.7万家，下降5.96%，占私营企业总户数的1.9%；认缴出资额1572.1亿元，增长95.3%，占私营企业注册资本总额的1.3%。

2008年，有民营上市公司562家，占全部上市公司总数的35%。尽管2008年较2007年少增加16家上市公司，但依然有57家民营企业成功上市。不过，它们多集中在上半年。由于受到国际金融危机的严重影响，民营上市公司的利润出现了多年来少有的负增长。2008年民营上市公司实现利润总额619亿元，同比下降20.6%，而2007年的利润增长率则超过了150%。但是，相对于其他A

股上市公司的利润而言，还是较好，所有上市公司2008年的利润下降了24.5%。

**2. 从产业结构看**

私营企业中的服务业发展迅速，第三产业所占比重持续上升。全国从事第一产业的私营企业实有13.5万户，占私营企业总分户数的2.1%；从事第二产业的私营企业实有202.6万户，占私营企业总户数的30.8%，同比下降2.1个百分点；从事第三产业的私营企业实有441.3万户，占私营企业总户数的67.1%，同比增加2.1个百分点。在第三产业中，私营企业经营批发和零售业的最多，有233万户，同比增长23.5%，占从事第三产业私营企业户数的52.8%；其次为租赁和商务服务业，达60.4万户，同比增长20.3%；再次为科学研究、技术服务和地质勘察业（31.4万户），信息传输、计算机服务和软件业（24.0万户），房地产业（21.5万户），交通运输、仓储和邮政业（16.9万户）和住宿、餐饮业（13.1万户）。

## （三）全国私营企业在地区分布上，多半集中在东部地区和城镇

全国私营企业在东部地区发展数量较多，发育程度较高。东部12省、市有私营企业437.9万户，同比增长11.5%，占全国私营企业总户数的66.6%；西部10省、区有私营企业90.5万户，同比增加9.4%，占总户数的13.8%；中部9省有私营企业129万户，同比增长1.1%，占总户数的19.6%。其中，私营企业户数排在前5名的是江苏省（81.6万户）、广东省（73.2万户）、上海市（58.8万户）、浙江省（51.8万户）和山东省（42.2万户）。以上5省、市共有私营企业307.6万户，占全国私营企业总户数的46.8%。私营企业户数增长最快的前5个省区为：内蒙古（21.5%）、黑龙江（28.2%）、吉林（19.0%）、四川（15.0%）和海南（14.7%）。注册资本金额增长最快的前5个省区为：陕西（79.1%）、宁夏（65.5%）、辽宁（63.3%）、安徽（40.1%）和甘肃（30.3%）。从私营企业户数和注册资本额增长数据看，中部地区私营企业增长幅度明前高于东部地区。

城镇私营企业发展速度快，数量多；而农村私营企业则继续向城镇集中。全国城镇实有私营企业455.1万户，同比增长19.8%，占全国私营企业总户数的69.2%，同比增加了0.3个百分点。农村私营企业为202.4万户，同比下降9.3%，占全国私营企业总户数的30.8%，同比减少了0.3个百分点。

**（四）私营经济对全国经济社会发展的贡献持续增长，但增幅明显放缓**

1. 民营经济投资速度较快，在全国固定资产投资结构中民营经济所占的比重已达 64.9%。截至 2008 年底，全国社会固定资产投资累计完成 17.23 万亿元，同比增长 25.5%，其中，国有经济完成 4.64 万亿元，同比增长 20.0%；外资企业投资完成 1.41 万亿元，同比增长 5.5%；民营企业则完成 11.2 万亿元，同比增长 31.1%。同 2003 年比较，在全国社会固定资产投资结构中，国有经济所占比重由 39% 下降到 27%，民营经济则由 52.2% 上升到 64.9%。

2. 私营工业企业增加值增长速度回落。截至 2008 年底，全国规模以上工业企业增加值同比增长 12.9%。其中，私营工业企业增加值同比增长 20.4%，高于国有及国有控股企业 11.3 个百分点。但是，私营工业企业与自身 2007 年的增长速度比较，则回落 6.3 个百分点。2009 年第一季度，较 2008 年底再次回落 4.2 个百分点。

3. 私营企业进出口总额有所增加，但增长幅度较小。截至 2008 年底，私营企业进出口总额占全国净出口总额比重较上个年度增加 1.8 个百分点，其中出口总额比重较上年增加 2.5 个百分点。私营企业进出口总额增长率较全国平均数高出 13.5 个百分点，其中出口总额增长率较全国平均数高出 14.5 个百分点。但是，从纵向看，私营企业进出口总额增长率较上个年度下降 11.4 个百分点，其中，出口额增长率下降 13.3 个百分点。

4. 民营工业企业利润增长幅度相对较高，但纵向比较则呈回落态势。截至 2008 年 11 月，全国规模以上各类工业企业实现利润总额 24066 亿元，同比增长 4.9%。其中，私营工业企业完成利润额 5495 亿元，同比增长 36.6%。但是，纵向比较则出现增长幅度回落的态势。其中，内资民营工业企业利润增长幅度同比回落 17.8 个百分点。

5. 私营企业缴纳的税收增长较快，但纵向比较增长幅度回落明显。截至 2008 年底，全国私营企业缴纳税收总额 5873.7 亿元，同比增长 23.1%，高于全国平均增长率 6.1 个百分点。在全国税收总额中所占比重达倒 10.2%，同比增长 0.6 个百分点。2009 年第一季度，全国税收总额完成 14063.9 亿元，首次出现

6.9 个百分点的负增长。其中，私营企业完成税收额 1441.8 亿元，同比下降 3.8 个百分点，但与全国平均数与国有企业的比较，分别少下降 3.1 个和 13.1 个百分点。尽管如此，这些数据仍然反映出私营企业在当前形势下面临的困难处境，赢利能力明显下降。

## 三　私营经济还没从困境中走出来

### （一）受多重因素影响，私营企业生产经营成本上升

2008 年上半年，受国际原材料价格上涨和国内宏观调控政策从紧等因素的影响，私营企业遇到了生产资料价格上涨、汇率上升、出口退税下降等一系列困难。据制造业经营者反映，2007～2008 年，每年人民币汇率升值 7%、退税下降 3%、员工收入上升 12%、利息提高 12%，而制造业的平均利润率只有 3%～5%。

### （二）受国内外市场需求不旺影响，私营企业投资和发展放慢

随着国际金融危机的扩张和我国经济增长的放缓，企业投资信心和居民消费信心均出现下降，我国股市自 2007 年 10 月大幅下跌后，长期在低位徘徊，资本市场严重缩水，这直接影响到私营企业的市场销售情况。以房地产为例，2007 年全国房地产购地 3.1 万亿元，投资 3 万亿元，销售 2.9 万亿元；而 2008 年前三个季度，上述三个指标的下降幅度均超过 50%。到了 2008 年下半年，外向型企业贸易出口明显减少，出口价格降低。2009 年春季广交会出口成交 262.3 亿美元，同比下降 16.9%。据宁波市的调查显示，2009 年以来，有一半以上的企业出口订单和利润均出现下降，1/3 的企业出口订单和利润基本持平。在此情况下，出口企业只能采取加强内部管理、节省开支、维持运转等"熬冬"策略。

### （三）受金融危机制度、政策影响，私营企业融资难的老问题仍未解决

我国贷款担保制度规定，一旦某个企业的资金链出现紧张或断裂，而其担保

的企业就会成为银行讨债的对象，从而造成好企业被问题企业拖垮的现象。在私营企业几乎无法得到长期贷款的情况下，截至 2008 年底，私营企业贷款在全部短期贷款余额中的比重仅为 3.7%。而这一微弱的比重在 2009 年 1、2 月份，竟然出现了下降的苗头（分别为 3.26% 和 3.25%）。

### （四）受行业垄断强化趋势影响，部分地区和行业出现私营经济挤出效应

国家 4 万亿元投资，银行 5 万多亿元新增贷款，十大产业调整与振兴规划，总体上是向基础设施投资，向国有企业倾斜，私营企业受益较少。在近期不仅没能有效带动民间资本投资，而且对民营经济产生了挤出效应。

私营企业要在困境中立于不败之地，唯有提高竞争力，掌握自主权，做强自己的拳头产品。目前，多数私营企业缺乏核心技术和自主品牌，在市场竞争中缺乏竞争力，其生存和发展主要还是靠要素的投入和投资的拉动，而不是通过技术创新、工艺创新、流程创新等来实现。同时，它们的自主知识产权和核心技术以及有较多附加值的名牌产品都相当匮乏。

多数私营企业处于产业链底端，受制于人，不能掌握发展的主动权。它们多是劳动密集型、资源依赖型、能源消耗型企业。在产业链中处于为核心企业做配套生产或服务的从属地位。所以，一旦核心企业的生产经营出现问题，就会迅速波及上下游的这些中小企业。据浙江温州市调查，从全球产业价值链分工看，很多产业仅得到产品价值链末端 5%~8% 的加工利润。产品档次低、附加价值低的总体特征还没有根本改变，仍然处在贴牌加工为主、价格竞争为主的初级阶段。从温州市汽车摩托车配件、眼镜、鞋帽、纺织品等产品看，超过 85% 的出口产品为贴牌加工。

近日，国家统计局公布的 2009 年前三个季度国民经济数据显示，国务院一揽子经济刺激计划取得了成效，经济企稳回升的势头逐步增强，总体经济形势积极向好。《国务院关于进一步促进中小企业发展的若干意见》出台，对中小企业的扶持政策比以往有很多突破，特别是在缓解中小企业融资难题、加大财务扶持力度方面，出台了许多具体措施。现阶段我国劳动力的优势，决定了私营企业产品在国际市场上的有利地位。随着宏观经济形势的好转，私营企业主阶层将会迎来一个新的春天。

# China's Private Entrepreneurs under International Financial Crisis

Abstract: Based on the situation during the primary stage of socialism, besides adopting the encouraging, supporting and guiding policy, China strengthened the supervising and managing policy on private sector of economy. Suffered from the international financial crisis, China's Private Entrepreneurs face the decline of the growth rate, employment and profit. With the improvement and stable of the overall economic situation, the development of private enterprises will be back on track.

Key Words: Private Entrepreneur; Policy Adjustment; Financial Crisis; Development Predicament

# 中国全面建设小康社会进程监测

"全面建设小康社会统计监测"课题组

李　纲　吕庆喆　施凤丹 执笔*

**摘　要:** 本文根据全面建设小康社会统计监测指标体系, 对实现2020年我国全面建设小康社会目标的进程进行了监测。结果表明, 2008年, 我国全面建设小康社会的总体进程又向前迈进一步, 由2007年实现目标的72.7%上升至实现目标的74.6%, 提高了1.92个百分点。但是, 从监测指标体系的六大方面来看, 经济、社会、环境等方面的发展并不均衡; 从23项监测指标的实现程度看, 难易程度存在较大差异; 从全国四大区域来看, 全面建设小康社会进程均有上升, 但区域间的差距依然较大。

**关键词:** 全面建设小康社会　指标体系　统计监测

---

\* 国家统计局统计科学研究所全面建设小康社会统计监测课题组, 组长: 李强; 副组长: 李纲、康君。执笔人: 李纲、吕庆喆、施凤丹。

全面建设小康社会是党的十六大提出的在 21 世纪头 20 年的奋斗目标，党的十七大又从实际出发，适应国内外形势发展的新变化，对目标提出了新的更高要求。到 2010 年，时间即将过半。为了科学地反映中国全面建设小康社会的进程，为党和政府制定政策提供依据，国家统计局统计科学研究所已连续多年从经济发展、社会和谐、生活质量、民主法制、文化教育、资源环境等六个方面进行了统计监测，2009 年又在此基础上继续对 2008 年的进程进行了监测。结果表明，2008 年我国经受住了历史罕见的重大挑战和考验，经济保持平稳较快发展，居民生活质量有所提高，资源环境得到改善，全面建设小康社会稳步向前迈进。

# 一　2008 年中国全面建设小康社会监测结果

对中国而言，2008 年是极不平凡的一年，年初罕见的南方地区严重雨雪冰冻灾害和震惊世界的"5·12"汶川里氏 8 级特大地震，都给我国的经济发展和人民生活带来了前所未有的重大影响；而与此同时，由美国次贷危机引发的国际金融危机最终导致席卷全球的经济危机，又使许多国家和地区陷入了第二次世界大战以来最为严重的经济衰退。在这种大背景下，我国及时果断调整宏观经济政策，在全力保持经济平稳较快发展、控制物价过快上涨的同时，全面加强了以改善民生为重点的各项社会建设，全面建设小康社会进程由 2007 年的 72.7% 上升至 74.6%，提高了 1.9 个百分点，比上年度的增速虽然有所减缓，但确实来之不易。在指标体系的 23 项指标中（见表 1），有 8 项指标的实现程度已处于 90% 以上，其中 3 项指标已达到目标；另有 3 项指标的实现程度位于 80%~90% 区间，2 项指标的实现程度位于 70%~80% 区间，7 项指标的实现程度位于 60%~70% 区间；仅有 3 项指标的实现程度低于 60%。

从全国四大区域看（见表 2），东部地区 2008 年全面建设小康社会的实现程度达到了 83.5%，位列四大区域之首，比 2007 年提高了 2.2 个百分点；东北地区的实现程度仅次于东部地区，为 77.6%，比 2007 年提高了 2.8 个百分点，增幅高于其他三大区域；中部地区的实现程度为 72.4%，略低于全国平均水平，比 2007 年提高了 2.1 个百分点；西部地区的实现程度只有 66.3%，比全国的平均水平低了 8.3 个百分点，与 2007 年相比增幅仅为 1.9 个百分点。

从六个方面的监测结果看：

表1  2000～2008年中国全面建设小康社会进程统计监测结果

单位：%

| 监测指标 | 2000年实现程度 | 2001年实现程度 | 2002年实现程度 | 2003年实现程度 | 2004年实现程度 | 2005年实现程度 | 2006年实现程度 | 2007年实现程度 | 2008年实现程度 |
|---|---|---|---|---|---|---|---|---|---|
| 经济发展 | 50.3 | 52.2 | 54.4 | 56.3 | 58.2 | 60.4 | 62.8 | 65.6 | 67.9 |
| 1. 人均GDP | 25.0 | 26.9 | 29.2 | 31.9 | 34.9 | 38.3 | 42.5 | 47.8 | 51.8 |
| 2. R&D经费支出占GDP比重 | 36.1 | 38.0 | 42.8 | 45.3 | 49.2 | 53.5 | 56.7 | 57.7 | 61.4 |
| 3. 第三产业增加值占GDP比重 | 78.0 | 80.9 | 82.9 | 82.5 | 80.8 | 80.2 | 80.0 | 80.8 | 80.2 |
| 4. 城镇人口比重 | 60.4 | 62.8 | 65.2 | 67.6 | 69.6 | 71.7 | 73.2 | 74.9 | 76.1 |
| 5. 失业率（城镇） | 100.0 | 100.0 | 100.0 | 100.0 | 100.0 | 100.0 | 100.0 | 100.0 | 100.0 |
| 社会和谐 | 57.5 | 59.6 | 57.1 | 56.1 | 59.8 | 63.2 | 67.7 | 72.1 | 76.4 |
| 6. 基尼系数 | 98.6 | 94.8 | 85.7 | 75.1 | 80.7 | 76.1 | 74.4 | 66.9 | 65.9 |
| 7. 城乡居民收入比 | 99.8 | 98.2 | 90.0 | 82.3 | 85.1 | 78.9 | 74.6 | 61.2 | 62.2 |
| 8. 地区经济发展差异系数 | 80.9 | 79.6 | 76.1 | 78.7 | 80.7 | 89.5 | 94.4 | 98.4 | 100.0 |
| 9. 基本社会保险覆盖率 | 14.8 | 16.3 | 16.9 | 17.6 | 21.9 | 27.2 | 38.2 | 54.7 | 65.0 |
| 10. 高中阶段毕业生性别差异系数 | 71.7 | 83.5 | 83.8 | 87.9 | 90.7 | 98.6 | 99.7 | 100.0 | 99.9 |
| 生活质量 | 58.3 | 60.7 | 62.9 | 65.5 | 67.7 | 71.5 | 75.0 | 78.3 | 79.9 |
| 11. 居民人均可支配收入 | 24.5 | 26.6 | 29.9 | 32.7 | 35.7 | 39.4 | 43.8 | 49.1 | 53.6 |
| 12. 恩格尔系数 | 87.7 | 90.7 | 93.3 | 94.9 | 92.5 | 95.9 | 100.0 | 99.9 | 97.4 |
| 13. 人均住房使用面积 | 70.2 | 73.4 | 75.7 | 78.8 | 81.4 | 87.3 | 90.5 | 93.4 | 95.8 |
| 14. 5岁以下儿童死亡率 | 30.2 | 33.4 | 34.4 | 40.1 | 48.0 | 53.3 | 58.3 | 66.3 | 64.9 |
| 15. 平均预期寿命 | 95.2 | 95.6 | 96.0 | 96.4 | 96.9 | 97.3 | 97.7 | 98.1 | 98.5 |
| 民主法制 | 84.8 | 82.6 | 82.5 | 82.4 | 83.7 | 85.6 | 88.4 | 89.9 | 91.1 |
| 16. 公民自身民主权利满意度 | 66.7 | 69.6 | 72.4 | 75.3 | 78.2 | 81.1 | 83.8 | 87.0 | 88.9 |
| 17. 社会安全指数 | 100.0 | 93.4 | 90.9 | 88.3 | 88.3 | 89.3 | 92.3 | 92.4 | 93.0 |
| 文化教育 | 55.5 | 57.1 | 59.5 | 61.1 | 62.2 | 63.7 | 65.5 | 67.3 | 67.3 |
| 18. 文化产业增加值占GDP比重 | 31.0 | 34.0 | 37.0 | 40.0 | 43.0 | 46.2 | 49.0 | 52.0 | 55.0 |
| 19. 居民文教娱乐服务支出占家庭消费支出比重 | 73.0 | 73.7 | 80.2 | 81.4 | 78.8 | 78.3 | 75.8 | 75.4 | 63.7 |
| 20. 平均受教育年限 | 74.2 | 74.6 | 75.1 | 75.5 | 75.9 | 76.4 | 78.6 | 80.0 | 80.8 |
| 资源环境 | 65.6 | 64.9 | 66.6 | 68.2 | 67.7 | 69.3 | 70.3 | 72.2 | 74.0 |
| 21. 单位GDP能耗 | 60.2 | 63.0 | 64.9 | 61.9 | 58.7 | 58.6 | 59.7 | 62.5 | 63.5 |
| 22. 耕地面积指数 | 100.0 | 100.0 | 100.0 | 100.0 | 100.0 | 100.0 | 100.0 | 100.0 | 100.0 |
| 23. 环境质量指数 | 57.8 | 54.4 | 56.7 | 61.8 | 63.0 | 66.3 | 67.5 | 69.4 | 72.3 |
| 全面建设小康社会进程 | 59.3 | 60.4 | 61.7 | 63.0 | 64.7 | 67.3 | 70.0 | 72.7 | 74.6 |

表2　全国及各区域全面建设小康社会实现程度比较*

单位：%

| 区　域 | 2000年 | 2001年 | 2002年 | 2003年 | 2004年 | 2005年 | 2006年 | 2007年 | 2008年 |
|---|---|---|---|---|---|---|---|---|---|
| 东部地区 | 64.2 | 66.3 | 68.8 | 70.3 | 72.4 | 75.2 | 78.2 | 81.3 | 83.5 |
| 东北地区 | 60.8 | 62.3 | 64.2 | 66.3 | 67.8 | 69.1 | 72.1 | 74.8 | 77.6 |
| 中部地区 | 55.5 | 57.9 | 58.8 | 60.2 | 62.0 | 64.0 | 66.7 | 70.3 | 72.4 |
| 西部地区 | 52.6 | 54.2 | 55.1 | 56.1 | 57.1 | 59.4 | 61.0 | 64.4 | 66.3 |
| 全　国 | 59.3 | 60.4 | 61.7 | 63.0 | 64.7 | 67.3 | 70.0 | 72.7 | 74.6 |

　　*东部地区包括北京、天津、河北、上海、江苏、浙江、福建、山东、广东和海南等10省（市）；东北地区包括辽宁、吉林和黑龙江等3省；中部地区包括山西、安徽、江西、河南、湖北和湖南等6省；西部地区包括内蒙古、广西、重庆、四川、贵州、云南、西藏、陕西、甘肃、青海、宁夏和新疆等12省（市、区）。

### （一）经济发展平稳较快增长，到2008年的进程为67.9%，比2007年提高2.3个百分点

　　在反映经济发展的5项监测指标中，"人均GDP"是一个从总体上反映一国经济社会发展水平的核心指标，中共十六大报告在论述全面建设小康社会目标时提出来的最主要的一个量化指标就是到2020年国内生产总值比2000年翻两番，中共十七大报告又在此基础上提出了人均GDP翻两番的要求。据测算，2008年我国人均GDP已达16268元，按可比价格计算，比2007年增长8.4%，是2000年的2.07倍。对于我国这样一个发展中的大国来说，科技投入对经济和社会发展的支撑作用尤为重要。2008年，我国"R&D经费支出占GDP比重"为1.54%，比上年的1.44%和2000年的0.90%均有较大幅度增长。"第三产业增加值占GDP比重"为40.1%，比2007年下降0.3个百分点，比2000年上升了1.1个百分点。农村剩余劳动力向非农产业和城镇转移是实现工业化和现代化的必然趋势，自2000年以来，我国"城镇人口比重"逐年上升，2000年为36.22%，到2007年已升至44.94%，2008年又增加到45.68%。"城镇调查失业率"也基本保持稳定，均处于5%~6%之间（见表3）。

　　在全面建设小康社会的六大方面中，经济发展是我国四大区域差距最大的一个。2008年，东部地区的实现程度已达83.1%；东北地区是75.2%，相当于东部地区2006年的发展水平；而中部和西部地区则分别为57.3%和55.5%，只相当于东部地区2000年的发展水平。

表3 中国全面建设小康社会统计监测指标体系及指标数值*

| | 监测指标 | 单位 | 权重(%) | 2000年 | 2001年 | 2002年 | 2003年 | 2004年 | 2005年 | 2006年 | 2007年 | 2008年 | 目标值(2020年) |
|---|---|---|---|---|---|---|---|---|---|---|---|---|---|
| 经济发展 | 1. 人均GDP | 元 | 12 | 7858 | 8448 | 9154 | 10009 | 10953 | 12025 | 13346 | 15002 | 16268 | ≥31400 |
| | 2. R&D经费支出占GDP比重 | % | 4 | 0.90 | 0.95 | 1.07 | 1.13 | 1.23 | 1.34 | 1.42 | 1.44 | 1.54 | ≥2.5 |
| | 3. 第三产业增加值占GDP比重 | % | 4 | 39.0 | 40.5 | 41.5 | 41.2 | 40.4 | 40.1 | 40.0 | 40.4 | 40.1 | >50 |
| | 4. 城镇人口比重 | % | 5 | 36.22 | 37.66 | 39.09 | 40.53 | 41.76 | 42.99 | 43.90 | 44.94 | 45.68 | >60 |
| | 5. 失业率（城镇） | % | 4 | 5.30 | 5.23 | 5.60 | 5.67 | 5.53 | 5.60 | 5.24 | 5.34 | 5.51 | ≤6 |
| 社会和谐 | 6. 基尼系数 | 以失为1 | 2 | 0.412 | 0.423 | 0.438 | 0.450 | 0.444 | 0.449 | 0.451 | 0.458 | 0.458 | ≤0.4 |
| | 7. 城乡居民收入比 | % | 2 | 2.85 | 2.96 | 3.18 | 3.30 | 3.26 | 3.35 | 3.40 | 3.55 | 3.54 | ≤2.80 |
| | 8. 地区经济发展差异系数 | % | 2 | 68.74 | 69.04 | 69.77 | 69.23 | 68.78 | 66.47 | 64.71 | 62.52 | 58.60 | <60 |
| | 9. 基本社会保险覆盖率 | % | 6 | 13.3 | 14.7 | 15.2 | 15.9 | 19.7 | 24.5 | 34.42 | 49.23 | 58.46 | >90 |
| | 10. 高中阶段毕业生性别差异系数 | % | 3 | 110.64 | 108.13 | 108.06 | 106.96 | 106.10 | 102.35 | 101.08 | 100.19 | 99.25 | =100 |
| 生活质量 | 11. 居民人均可支配收入 | 元 | 6 | 3678 | 3997 | 4490 | 4909 | 5359 | 5907 | 6565 | 7363 | 8043 | ≥15000 |
| | 12. 恩格尔系数 | % | 3 | 45.6 | 44.1 | 42.9 | 42.2 | 43.2 | 41.7 | 39.8 | 40.0 | 41.1 | <40 |
| | 13. 人均住房使用面积 | 平方米 | 5 | 19.0 | 19.8 | 20.4 | 21.3 | 22.0 | 23.6 | 24.4 | 25.2 | 25.9 | >27 |
| | 14. 5岁以下儿童死亡率 | ‰ | 6 | 39.70 | 35.90 | 34.90 | 29.90 | 25.00 | 22.50 | 20.60 | 18.10 | 18.50 | <12 |
| | 15. 平均预期寿命 | 岁 | 3 | 71.4 | 71.71 | 72.02 | 72.33 | 72.64 | 72.95 | 73.26 | 73.57 | 73.88 | >75 |
| 民主法制 | 16. 公民自身民主权利满意度 | % | 5 | 60 | 62.6 | 65.2 | 67.8 | 70.4 | 73 | 75.4 | 78.3 | 80 | >90 |
| | 17. 社会安全指数 | % | 6 | 100 | 93.40 | 90.87 | 88.30 | 88.30 | 89.30 | 92.26 | 92.37 | 92.98 | >100 |
| 文化教育 | 18. 文化产业增加值占GDP比重 | % | 6 | 1.55 | 1.7 | 1.85 | 2 | 2.15 | 2.31 | 2.45 | 2.6 | 2.75 | >5 |
| | 19. 居民文教娱乐服务消费支出比重 | % | 2 | 11.68 | 11.79 | 12.83 | 13.03 | 12.61 | 12.53 | 12.12 | 12.06 | 10.19 | >16 |
| | 20. 平均受教育年限 | 年 | 6 | 7.79 | 7.84 | 7.88 | 7.93 | 7.97 | 8.02 | 8.25 | 8.40 | 8.48 | ≥10.5 |
| 资源环境 | 21. 单位GDP能耗 | 吨标准煤/万元 | 4 | 1.40 | 1.33 | 1.30 | 1.36 | 1.43 | 1.43 | 1.41 | 1.34 | 1.32 | ≤0.84 |
| | 22. 常用耕地面积指数 | % | 2 | 100 | 99.51 | 98.20 | 96.22 | 95.48 | 95.20 | 94.96 | 94.93 | 94.91 | >94 |
| | 23. 环境质量指数 | % | 6 | 57.8 | 54.4 | 56.7 | 61.8 | 63.0 | 66.3 | 67.5 | 72.3 | 72.3 | =100 |

*①数据主要来源于《中国统计年鉴》、《中国教育统计年鉴》、《中国劳动统计年鉴》、《中国卫生统计年鉴》、《中国环境统计年鉴》，各有关年份。②人均国内生产总值、居民人均可支配收入，单位GDP能耗均按2000年价格计算。③城镇调查失业率是根据有关数据推算得出。④2001年、2003~2008年基尼系数是根据国家统计局城镇和农村居民住户调查资料得出。⑤人均住房使用面积是根据国家统计局城镇和农村居民住户调查资料得出。⑥2001~2004年平均受教育年限，2001~2004年、2006~2008年平均预期寿命为估算数。⑦公民自身民主权利满意度是根据近年来我国民主进程的发展状况及部分省调查结果进行估计的。⑧2000~2003年、2008年文化产业增加值占GDP比重为估算数。2000年，2007年、2008年文化产业增加值占GDP比重为估算数。

## （二）社会和谐程度明显提高，到 2008 年的进程为 76.4%，比 2007 年提高 4.3 个百分点

在反映社会和谐的 5 项监测指标中，"基尼系数"是世界各国广泛认同并普遍采用的能在很大程度上反映居民收入分配差异程度的经典指标。据测算，2008 年我国基尼系数为 0.458，与 2007 年持平，比 2000 年增加 0.046。"城乡居民收入比"（以农为 1）由 2007 年的 3.55 微降至 3.54，但仍比 2000 年的 2.85 增加了 0.69。地区差别主要体现在地区经济发展水平的差异程度上，利用各地区人均 GDP 计算的"地区经济发展差异系数"可以反映地区之间经济发展的差异程度。2000 年，我国的地区经济发展差异系数为 68.74%，到 2007 年已缩小至 62.52%，2008 年又进一步减小到了 58.60%。在社会保障的各项目中，基本养老保险和基本医疗保险与群众关系最为密切，对群众生活影响最大。近年来，随着农村社会基本养老制度和农村新型合作医疗制度的不断完善与大力推进，农村社会保障的覆盖范围不断扩大，2008 年全国"基本社会保险（基本养老保险和基本医疗保险）覆盖率"达到 58.46%，比 2007 年提高 9.23 个百分点，比 2000 年增加 45.16 个百分点。性别平等是社会发展的重要组成部分，也是衡量社会进步的尺度，只有两性平等协调发展，社会才能更加和谐。反映男女生在接受教育方面平等程度的"高中阶段毕业生性别差异系数"，2008 年为 99.25%，比 2007 年的 100.19% 降低了近 1 个百分点，比 2000 年的 110.64% 降低了 11.39 个百分点。

在社会和谐方面，我国东部和东北地区的实现程度都达到了 80% 以上，分别为 85.6% 和 82.5%，中部地区也达到了 78.3%，差距较小，但相比之下，西部地区的实现程度仅为 65.4%。与 2007 年相比，中部地区的实现程度增长了 5.41 个百分点，增长较快。

## （三）居民生活质量逐步改善，到 2008 年的进程为 79.9%，比 2007 年提高 1.6 个百分点

经济快速发展推动了城乡居民收入的大幅增长，居民生活质量也得到了逐步改善。在反映生活质量的 5 项监测指标中，2008 年，我国"居民人均可支配收入"为 8043 元（按 2000 年不变价格计算），比上年增长 9.2%，比 2000 年增长了近 1.2 倍。国际上通用的反映居民总体消费水平与结构的主要指标"恩格尔系

数"，自 2000 年以来在中国显示出下降趋势，然而，2008 年的物价尤其是食品价格涨幅较大，使城乡居民家庭恩格尔系数的变化趋势异于前些年。与 2007 年相比，2008 年城镇恩格尔系数上升了 1.6 个百分点，农村上升了 0.6 个百分点，但仍比 2000 年分别降低了 1.5 和 5.4 个百分点。住是居民生活中最基本的组成部分之一，衡量居民居住水平的城镇居民"人均住房使用面积"已由 2000 年的 17.6 平方米提高到 2008 年的 23.0 平方米，农村居民人均住房使用面积（砖木、钢筋混凝土结构）由 2000 年的 19.8 平方米提高到 2008 年的 28.3 平方米。衡量儿童健康、福利水平和变化程度的国际公认标准"5 岁以下儿童死亡率"，在前些年逐年下降的基础上小幅回升至 18.50‰，比 2007 年增加 0.40‰。"平均预期寿命"自 2000 年以来一直呈现增长趋势。

在四大区域中，东部地区在生活质量方面的实现程度已达 90.3%，基本实现全面小康；中部、东北地区和东部地区相比则存在较大差距，分别为 79.3% 和 78.9%；西部地区的实现程度仅为 69.4%，相当于东部地区 2000 年、中部和东北地区 2004 年的发展水平。

### （四）民主法制逐步健全，到 2008 年的进程为 91.1%，比上年提高 1.2 个百分点

反映民主法制的共有 2 项监测指标。2008 年，通过抽样调查而得的"公民自身民主权利满意度"达到 80%，这在一定程度上反映了公民对自身的政治、经济和文化权益的满意程度。"社会安全指数"是指一定时期内社会治安、交通安全、生活安全、生产安全等关系社会安全几个主要方面的总体变化情况，表示整体社会安全状态的变动趋势，可以反映社会主义法制建设的成果。2008 年，我国的社会安全指数由 2007 年的 92.37% 上升到了 92.98%。总的来说，民主法制在逐步健全。

### （五）文化教育事业稳步发展，到 2008 年的进程为 67.3%，比 2007 年提高 1.8 个百分点

在反映文化教育的 3 项监测指标中，随着国家对文化教育的重视，"文化产业增加值占 GDP 比重"由 2007 年的 2.6% 稳步上升到 2008 年的 2.75%。"居民文教娱乐服务支出占家庭消费支出比重"既是综合反映物质文明和精神文明建

设的指标，也是综合反映居民文化教育水平的指标。2008年，一方面食品价格的上涨，使食品支出在居民消费中所占比重的增长抑制了其他类别消费品在居民消费中所占的比重，另一方面九年制义务教育的落实，又使学费得到进一步减免，从而使居民文教娱乐服务支出占家庭消费支出的比重从2007年的12.06%下降到了10.19%。反映全民族科学文化素质和人民受教育水平的"平均受教育年限"也逐年上升，2000年为7.79年，2007年已升至8.40年，到2008年增长到8.48年。总体来看，2008年我国文化教育事业仍稳定发展。

## （六）资源环境受到重视，到2008年的进程为74.0%，比2007年提高1.8个百分点

在反映资源环境的3项监测指标中，吨标准煤/万元"单位GDP能耗"可以从能源资源综合利用的角度反映资源利用的效率。在国家"节能减排"得力措施的影响下，2008年我国单位GDP能耗比上年下降5.88%。反映我国耕地总量动态平衡和占补平衡实现程度的"耕地面积指数"（以2000年为100%），2008年已经下降到94.91%。由大气环境、水环境、绿化等环境要素构成的环境质量指数逐年好转，2008年，31个省会城市空气质量达到二级以上（含二级）标准的天数占全年的86.2%，略高于2007年；地表水达标率由2007年的47.9%上升到55.0%；森林覆盖率也在扩大。由此可见，资源环境受到重视，取得了不小的进步。

在全面建设小康社会的六大方面中，四大区域在资源环境方面实现程度之间的差距是最小的。最高的东部地区2008年为77.7%；中部地区仅次于东部地区，为76.1%；东北和西部地区则分别为72.9%和72.2%。然而，就2000年以来平均每年的增长幅度而言，东部地区却是最小的，平均每年仅增长0.69个百分点；东北地区平均每年增长幅度最大，达1.32个百分点；中部地区为1.30个百分点；西部地区为0.97个百分点。与2007年相比，东部地区增长幅度小的劣势就更为明显，东北、中部和西部地区的实现程度比上年分别增长了2.31、2.81和2.54个百分点，东部地区仅增长了1.13个百分点。由此可见，资源环境是东部地区在全面建设小康社会进程中的瓶颈，而其他区域则可借此缩小与东部地区的差距。

## 二 中国全面建设小康社会进程中的重点和难点

从以上监测结果可以看出，2008 年我国各族人民迎难而上，奋力战胜各种艰难险阻，在经济、社会等各个方面均取得了长足的发展，并为今后推进全面建设小康社会奠定了良好基础。然而，从我国现阶段发展情况看，全面建设小康社会进程中仍存在一些重点和难点，主要反映在以下几个方面。

### （一）大力发展经济是实现全面小康的前提条件

我们所要建设的全面小康社会，是经济、社会、民主、环境等诸多方面协调发展的小康，而在诸多方面中，"经济发展"是基础，因为物质基础是一个社会得以发展的根本，而且经济发展水平的高低，同时又影响了"生活质量"、"社会和谐"、"文化教育"等方面的发展。从我国现阶段而言，经济发展的程度与全面建设小康社会的目标还有较大差距：2008 年，"经济发展"的实现程度仅为67.9%，虽然比 2007 年有一定进步，但是在所检测的六大方面中几乎是最低的，因此，大力发展经济仍然是全面建设小康社会的重中之重。

### （二）提高生活质量是实现全面小康的内在要求

只有将经济建设的成果体现在人民生活质量的提高上，才是全面建设小康社会的内在要求。2008 年，我国居民人均可支配收入持续增长，人均住房使用面积有所扩大，平均预期寿命得到延长，总的来说，居民的生活质量得到一定程度的改善和提高。但是与人均 GDP 的增长速度相比，人均可支配收入的增长速度明显过缓；5 岁以下儿童死亡率仍然较高；有一部分人的住房状况急需改善，尤其是很多年轻人和中低收入群体的住房问题尚未得到解决，人民生活质量还有很大提升空间。因此，应该不遗余力地继续着力提高人民生活质量。

### （三）缩小贫富差距是实现全面小康的关键所在

由于我国目前仍然是典型的二元结构社会，城乡差距较为显著，同时由于我国幅员辽阔，不同地理位置的省份和区域由于多方面的原因导致区域发展并不均衡。2008 年，反映贫富差距的"基尼系数"和城乡差别的"城乡居民收入比"

离全面建设小康社会的目标存在很大差距，而我国东部、中部、西部、东北地区，尤其是各省（区、市）之间在全面建设小康社会进程中所占的位置更是参差不齐，如北京和上海已基本实现全面小康，而新疆、青海、甘肃、贵州的实现程度仍在60%以下，尚未达到整体小康的水平。因此，如何缩小各阶层、各区域之间的贫富差距是实现全面建设小康社会的关键。

### （四）改善生活环境是实现全面小康的重要任务

全面建设小康社会的目标，已经不仅仅是让人们"吃饱穿暖"，同时也对生活环境的改善提出了较高要求。而生活环境的改善，就必须要求建设资源节约型、环境友好型社会，实现人与自然的和谐发展。2008年，我国"资源环境"的实现程度仅为74.0%，单位GDP能耗和环境质量指数还与全面建设小康社会的目标存在较大差距。如何在目前我国工业化、城镇化进程快速推进的情况下保持资源环境的可持续发展，这将是当前和今后一段时期必须面对的艰巨任务。

## 三 实现全面小康的政策建议

当前，面对复杂的国内外环境，我国在全面建设小康社会的进程中存在很多不确定因素。为了到2020年如期实现全面小康建设目标，建议做好以下几个方面的工作。

### （一）构建现代产业体系，促进产业结构优化升级

构建现代产业体系是推动经济发展的重要手段。要积极构建现代产业体系，促进产业结构优化升级。首先，要由主要依靠第二产业带动经济发展向依靠第一、二、三产业协同带动转变。要加快服务业发展，把发展服务业作为推进经济结构调整、转变发展方式的重要环节和战略举措，促进重点产业优化升级，壮大战略支撑产业，改造提升传统优势产业，培育发展后续支撑产业。其次，要由主要依靠增加物质资源消耗向依靠科技进步、劳动者素质提高和管理创新转变。增强科技创新能力，认真落实国家制定的各项优惠政策，增加财政投入，加强科技合作与交流，切实发挥企业在科技创新中的主体作用。

### （二）加快社会保障体系建设，切实增加居民收入尤其是农民收入

提高人民生活质量的前提就是增加居民收入，完善社会保障体系，解决居民的后顾之忧。第一，要健全与经济发展同步的收入增长机制，广辟就业渠道，不断增加城乡居民收入，努力缩小城乡居民收入差距，就必须高度重视农村建设与农业发展，激活"三农"内部潜力，多渠道增加农民收入，加快发展农村第二、三产业，积极引导农村劳动力有序转移就业，提高劳务输出的组织化程度，增加农民务工收入。第二，要扩大社保覆盖面，增加受保人群基数，将更多的社会成员特别是中低收入者纳入社会保障体系。要加快完善城镇医疗保障体系，针对不同人群医疗保障需求建立保障制度多模式、保障方式多样式、保障水平多层次的医疗保障体系，实现人人享有基本医疗卫生服务。总之，建立完善的社会保障体系，对促进消费，进而拉动经济增长，使经济从投资型拉动向投资、消费双重拉动转变具有特殊的意义。

### （三）努力改善生态环境，建设资源节约型社会

我国目前仍处于快速工业化进程中，能源消耗与环境保护面临着极为严峻的形势。特别是在金融危机背景下，如果一味强调经济快速增长而忽视资源环境的保护，将对我国经济增长的长期目标产生诸多不利影响。因此，要正确处理经济发展与环境保护之间的关系，实现经济、社会的可持续发展。一要坚持经济与环境协调发展，转变经济发展方式，以科学发展推进生态环境保护，要大力发展高附加值、低消耗、低污染的新兴产业，形成以高新技术产业为引领、以优势产业为支撑的产业布局；二要加大环境污染治理力度，解决好重点城市及工业园区周边空气污染、水源污染、噪声污染等问题，重点监控有重大污染隐患的排污企业，严格控制污染物排放总量；三要积极推进科技节能和新能源、可再生能源的开发利用，大力发展循环经济，提高能源使用效率。

### （四）注重各省（区、市）的协调发展，形成合理的区域发展格局

目前，我国的各省（区、市）的发展非常不均衡：2008 年，北京和上海的实现程度已达 90% 以上，广东等 6 省（市）的实现程度位于 80% ~ 90% 区间，山东等 13 省（区、市）的实现程度位于 70% ~ 80% 区间，广西等 6 省（区）的

实现程度位于60%～70%区间，另有新疆等4省（区）的实现程度还低于60%。以东部、东北、中部、西部来划分的四大区域之间的差距更是呈现逐年加大的趋势。因此，要实现全面建设小康社会的目标必须注重各省（区、市）的协调发展，构建合理区域发展格局，发挥各区域的优势，扬长避短，在全面发展的同时要有所侧重，从而使我国的区域差距尽量缩小，早日实现全面建设小康社会的伟大目标。

# Monitory Report on the Process of Building a Moderately Prosperous Society in All Respects

**Abstract**: According to the statistical monitoring index system of building a moderately prosperous society in all respects, this paper monitored the ongoing process of building a moderately prosperous society in all respects in 2020. The data shows that, the general well-off progress has moved on in 2008. The well-off rate rose to 74.6% from 72.7% of 2007. However, the statistical monitoring index system also shows that, the development between economy, society and environment is imbalanced. As for the four regions in China, the progress continues, yet the gap between the different regions still remains.

**Key Words**: Building a Moderately Prosperous Society in All Respects; Index System; Statistical Monitoring

# 中国社会发展统计图（2009）

张丽萍[*]

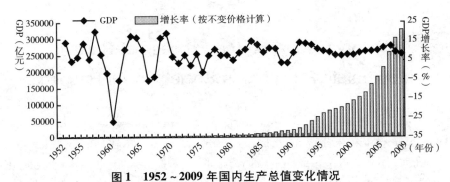

**图1　1952~2009 年国内生产总值变化情况**

数据来源：国家统计局编《新中国人口 60 年》，中国统计出版社，2009。

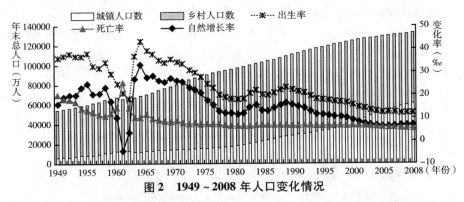

**图2　1949~2008 年人口变化情况**

　　注：①1981 年以前数据为户籍统计数；1982 年、1990 年和 2000 年数据为人口普查数据，1987 年、1995 年和 2005 年数据根据全国 1% 人口抽样调查数据推算，其余年份数据为人口变动情况抽样调查推算数；1982~1989 年数据根据 1990 年人口普查数据有所调整；1990~2000年数据根据 2000 年人口普查数据进行了调整。
　　②按城乡分人口中现役军人计入城镇人口。
　　数据来源：国家统计局编《新中国人口 60 年》，中国统计出版社，2009。

---

＊　张丽萍，中国社会科学院社会学所助理研究员。

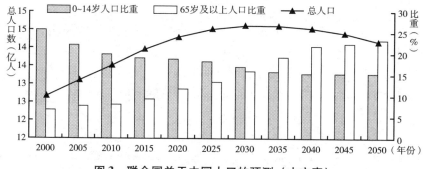

**图3　联合国关于中国人口的预测（中方案）**

数据来源：联合国秘书处经济和社会事务部人口司《世界人口前景（2008 年修订本）》。

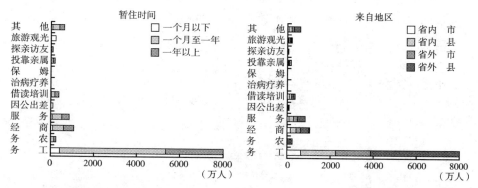

**图4　2008 年年中全国按暂住时间、来自地区分的暂住人口数**

注：表中数据统计时点为 2008 年 6 月 30 日 24 时。

数据来源：公安部治安管理局编《2008 年全国暂住人口统计资料汇编》，群众出版社，2008。

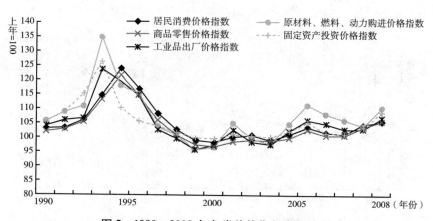

**图5　1990～2008 年各类价格指数变化情况**

数据来源：国家统计局编《中国统计年鉴（2009）》，中国统计出版社，2009。

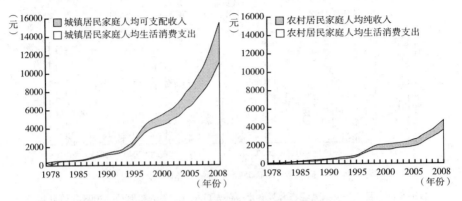

图6 1978~2008年全国城乡居民家庭人均收支情况

数据来源：国家统计局编《新中国人口60年》，中国统计出版社，2009。

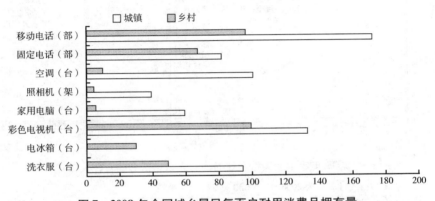

图7 2008年全国城乡居民每百户耐用消费品拥有量

数据来源：国家统计局编《中国统计年鉴（2009）》，中国统计出版社，2009。

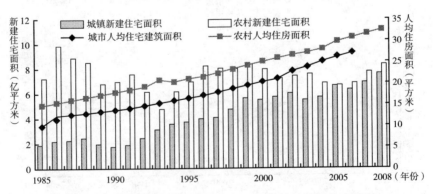

图8 1978~2008年全国城乡新建住宅面积与居民住房情况

数据来源：国家统计局编《中国统计年鉴（2009）》，中国统计出版社，2009。

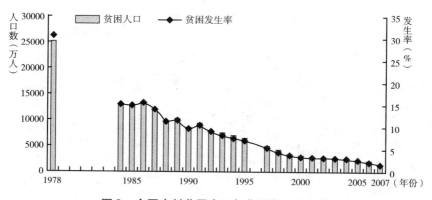

**图9  全国农村贫困人口与贫困发生率变化**

数据来源：国家统计局《2008 中国发展报告》，国家统计局农村社会经济调查总队《中国农村贫困监测报告2000》。

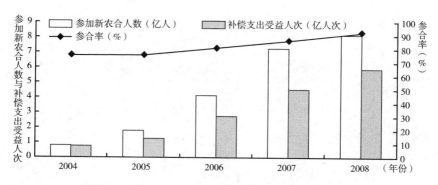

**图10  2004～2007 年全国新型农村合作医疗情况**

数据来源：卫生部《2009 年卫生统计摘要》。

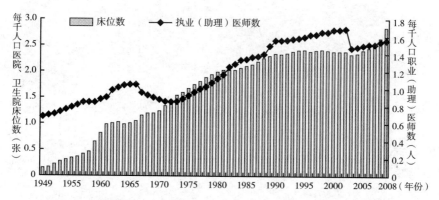

**图11  全国各类卫生机构每千人口床位数与职业（助理）医师数**

数据来源：国家统计局编《新中国人口 60 年》，中国统计出版社，2009。

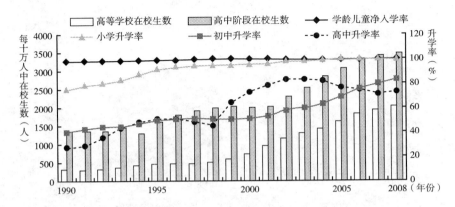

**图12　全国各类学校平均在校生数及入学率、升学率**

数据来源：国家统计局编《新中国人口60年》，中国统计出版社，2009。

**图书在版编目（CIP）数据**

2010 年中国社会形势分析与预测/汝信，陆学艺，李培林
主编. —北京：社会科学文献出版社，2009.12
（社会蓝皮书）
ISBN 978 - 7 - 5097 - 1212 - 2

Ⅰ.①2… Ⅱ.①汝… ②陆… ③李… Ⅲ.①社会分析 –
中国 – 2009 ②社会预测 – 中国 – 2010 Ⅳ.①D668

中国版本图书馆 CIP 数据核字（2009）第 215771 号

社会蓝皮书
**2010 年中国社会形势分析与预测**

主　　编/汝　信　陆学艺　李培林
副 主 编/陈光金　李　炜　许欣欣

出 版 人/谢寿光
总 编 辑/邹东涛
出 版 者/社会科学文献出版社
地　　址/北京市西城区北三环中路甲 29 号院 3 号楼华龙大厦
邮政编码/100029
网　　址/http://www. ssap. com. cn
网站支持/（010）59367077
责任部门/皮书出版中心　（010）59367127
电子信箱/pishubu@ ssap. cn
项目经理/邓泳红
责任编辑/郑　嬿　秦静花
责任校对/单远举
责任印制/蔡　静　董　然　米　扬
品牌推广/蔡继辉

总 经 销/社会科学文献出版社发行部
　　　　　（010）59367080　59367097
经　　销/各地书店
读者服务/读者服务中心（010）59367028
排　　版/北京中文天地文化艺术有限公司
印　　刷/北京季蜂印刷有限公司

开　　本/787mm×1092mm　1/16
印　　张/21.75　字数/372 千字
版　　次/2009 年 12 月第 1 版　印次/2009 年 12 月第 1 次印刷

书　　号/ISBN 978 - 7 - 5097 - 1212 - 2
定　　价/49.00 元

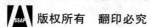

# 盘点年度资讯，预测时代前程

## 从"盘阅读"到全程在线，使用更方便
## 品牌创新又一启程

· **产品更多样**

从纸书到电子书，再到全程在线网络阅读，皮书系列产品更加多样化。2010年开始，皮书系列随书附赠产品将从原先的电子光盘改为更具价值的皮书数据库阅读卡。纸书的购买者凭借附赠的阅读卡将获得皮书数据库高价值的免费阅读服务。

· **内容更丰富**

皮书数据库以皮书系列为基础，整合国内外其他相关资讯构建而成，下设六个子库，内容包括建社以来的700余种皮书、近20000篇文章，并且每年以120种皮书、4000篇文章的数量增加。可以为读者提供更加广泛的资讯服务；皮书数据库开创便捷的检索系统，可以实现精确查找与模糊匹配，为读者提供更加准确的资讯服务。

· **流程更方便**

登录皮书数据库网站www.i-ssdb.cn，注册、登录、充值后，即可实现下载阅读。购买本书赠送您100元充值卡。请按以下方法进行充值。

---

**充值卡使用步骤：**

**第一步**
· 刮开下面密码涂层
· 登录 www.i-ssdb.cn
  点击"注册"进行用户注册

**第二步**
登录后点击"会员中心"进入会员中心。

SSDB
社科文献资源库
SOCIAL SCIENCE
DATABASE

**第三步**
· 点击"在线充值"的"充值卡充值"，
· 输入正确的"卡号"和"密码"，
  即可使用。

社会科学文献出版社 SOCIAL SCIENCES ACADEMIC PRESS (CHINA) 皮书系列

卡号：52436063374359
密码：

(本卡为图书内容的一部分，不购书刮卡，视为盗书)

如果您还有疑问，可以点击网站的"使用帮助"或电话垂询010-59367071。

# 社会蓝皮书®

## BLUE BOOK OF CHINA'S SOCIETY

○ 本书是中国社会科学院关于"中国社会形势分析与预测"的第18个年度报告，信息量大，权威性高，具有专家的独特视角，得到社会的广泛认同，是一部热销学术著作。参与本书撰写的专家，来自中国社会科学院、国家有关部委和部分高校，他们从人民生活、人口、就业、收入分配、社会阶层、社会保障、教育、医疗、社会舆论、社会治安和环境保护等诸多方面，深入分析中国当前的社会形势和热点问题。

○ 本年度"社会蓝皮书"围绕金融危机后中国社会经济发展进入新成长阶段的态势，认为未来一年中国社会经济发展的主要趋势和任务是：转变发展方式，调整社会经济结构；调节收入分配，减少社会利益矛盾；促进中小企业发展，稳定增加就业；加快社会保障体系建设，构建覆盖全民的社会安全网；实施全面社会改革，建立适合新阶段的社会运行机制，促进社会和谐稳定。

## 盘 点 年 度 资 讯 · 预 测 时 代 前 程

上架建议：社会学

ISBN 978-7-5097-1212-2

9 787509 712122 >

内赠阅读卡

中国皮书网：www.pishu.cn
www.ssap.com.cn

ISBN 978-7-5097-1212-2
定价：49.00元